아레티노 평전

역사도서관 012

아레티노 평전

르네상스기 한 괴짜 논객의 삶

곽차섭 지음

도서출판 길

지은이 **곽차섭** | 부산대학교 사학과 교수

미국 존스홉킨스 대학교와 UCLA, 캐나다 UBC 방문학자로 연구했다. 문화사학회 회장을 역임했으며, 현재는 한국서양사학회 회장을 맡고 있다. 관심 분야는 르네상스기 이탈리아 지성사, 미시문화사 그리고 미술사이다. 저서로 『마키아벨리즘과 근대 국가의 이념』, 『조선 청년 안토니오 코레아, 루벤스를 만나다』, 『포스트모더니즘과 역사학』(공저)이 있고, 편저로는 『미시사란 무엇인가』, 『역사 속의 소수자들』(공편)이 있다. 편역으로는 『마키아벨리와 에로스』, 역서로는 『역사학과 사회 이론』(피터 버크), 『이탈리아 민족부흥운동사』(루이지 살바토렐리), 『마키아벨리 평전』(로베르토 리돌피), 『코앞에서 본 중세』(키아라 프루고니), 『탐史』(마리아 팔라레스-버크), 『책략가의 여행』(내털리 제이먼 데이비스), 『마키아벨리언 모멘트』(존 포칵) 등이 있다. 『군주론』(니콜로 마키아벨리)이 곧 간행될 예정이며, 『포르노그래피의 기원』을 집필 중이다.

역사도서관 012

아레티노 평전
르네상스기 한 괴짜 논객의 삶

2013년 6월 15일 제1판 제1쇄 인쇄
2013년 6월 25일 제1판 제1쇄 발행

지은이 | 곽차섭
펴낸이 | 박우정

기획 | 이승우
편집 | 김미경
전산 | 김기분

펴낸곳 | 도서출판 길
주소 | 135-891 서울 강남구 신사동 564-12 우리빌딩 201호
전화 | 02) 595-3153 팩스 | 02) 595-3165

등록 | 1997년 6월 17일 제113호

ⓒ 곽차섭, 2013. Printed in Seoul, Korea

ISBN 978-89-6445-068-0 93920

이 저서는 2007년 정부(교육인적자원부)의 재원으로 한국학술진흥재단의 지원을 받아 연구되었음(NRF-812-2007-1-A00044).
(신청 원제: 아레티노 평전: 한 르네상스 괴짜 논객의 삶)

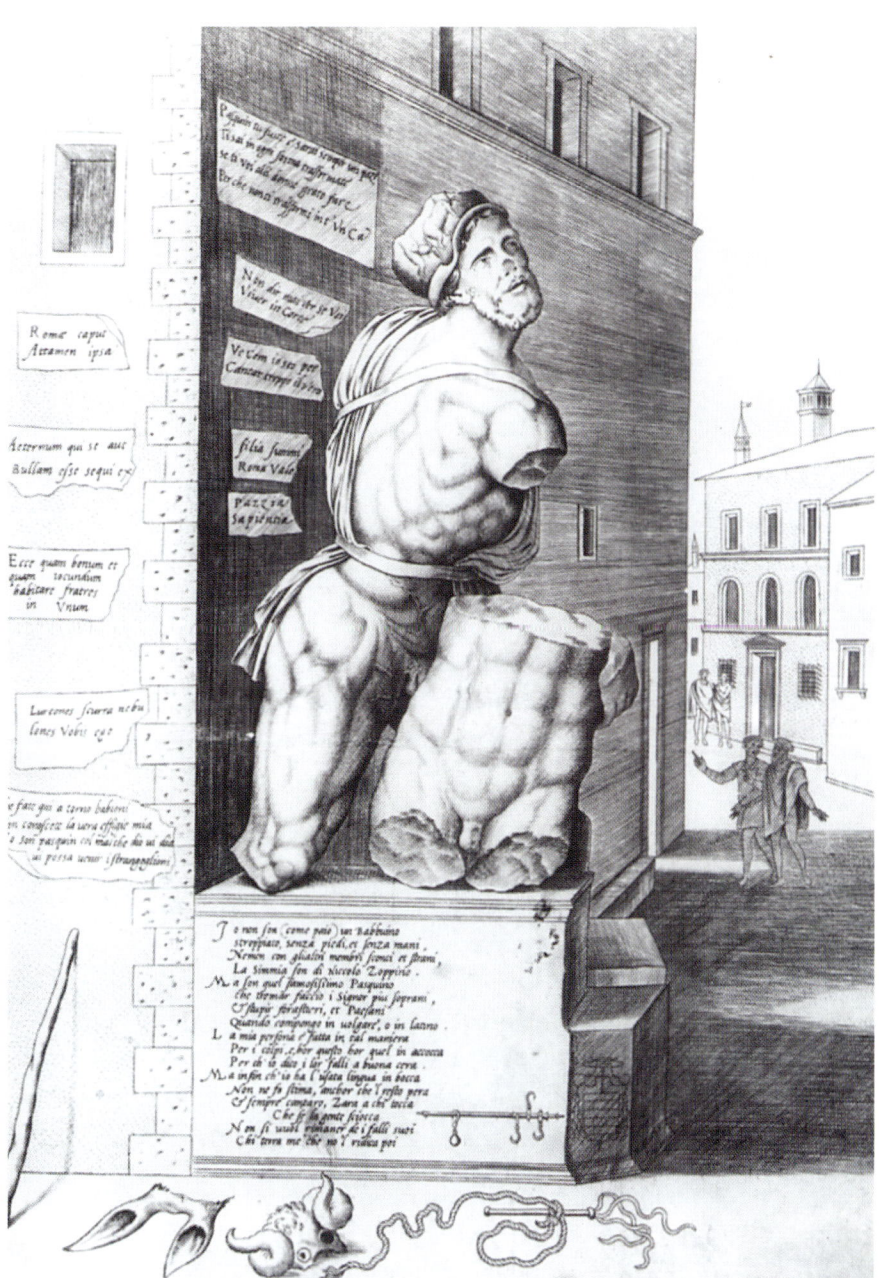

그림1
안토니오 라프레리, 「파스퀴노 조상(彫像)」, 1550년.

Fottiamci anima mia, fottiamci presto
 Poi che tutti per fotter nati siamo
E se tu il cazzo adori, io la potta amo
E saria il mondo un cazzo senza queste;
E se post mortem fotter fuss'honesto
 Direi tanto fottiam, che ci moriamo
 Per fotter poi de la Eua, & Adamo
 Che trouaro il morir si dishonesto;
Veramente glie uer, che s'i furfanti
 Non mangiauan quel pomo traditore
 Io sò che si sfoiaunno gli amanti,
Ma lasciamo ir le ciancie, & in sino àl core
 Ficcami il cazzo, e fa ch'iui si schianti
 L'anima, che'n su'l cazzo hor nasce hor more
  E s'è possibil fore
Non mi tener la potta i coglioni
 D'ogni piacer fottuto testimoni.

그림 2-1(왼쪽), 그림 2-2(오른쪽)
피에트로 아레티노, 『체위』의 도판과 함께 발간된 목판본 『음란한 소네트』(첫째와 둘째 소네트), 1527년.

Mettimi un dito iu cul caro uecchione
　E spingi dentro il cazzo a poco a poco
　Alza ben questa gamba, e fa buon gioco
　Poi mena senza far reputatione;
Che per mia fé qdesto è, miglior boccone
　Che mangiar il pan unto apresso il foco
　E s'in potta ti spiace, muta loco
　C'huomo non è, chi non è bugerone;
In potta io ue'l farò questa fiata,
　E, in cul quest'altra, e 'n potta, e 'n culo il cazzo
　Me fara lieto, e uoi lieta, e beata;
E chi uol esser gran maestro e pazzo
　Che proprio è un uccel perde giornata
　Che d'altro, che di fotter ha solazzo,
　　　　　　　　　　E crepi nel palazzo
Ser cortigiano, & aspetti, che 'l tal moya,
Ch'io per me penso sol trarmi la foia

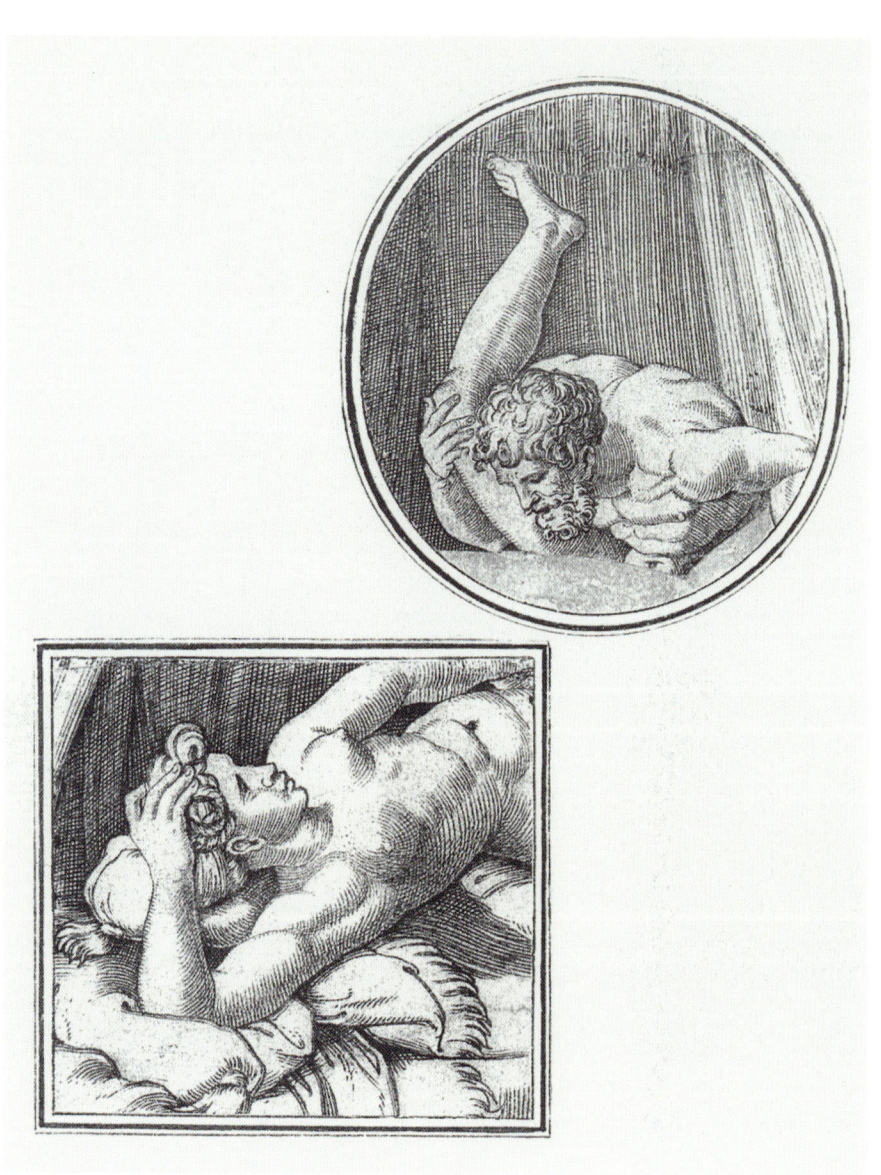

그림 3
줄리오 로마노, 마르칸토니오 라이몬디, 『체위』 초판 단편, 1524~1525년 / 영국박물관.

그림4

마르칸토니오 라이몬디, 「피에트로 아레티노」, 1525년, 판화, 21.4×14.8cm / 뉴욕 메트로폴리탄 미술관.

그림5
알레싼드로 비토리아, 「피에트로 아레티노의 메달」(앞뒷면), 1552 ~ 1553년
캘리포니아 대학교(샌타바버라) 미술관.

그림 6
티치아노, 「피에트로 아레티노」, 1537년 말, 캔버스에 유채, 99×82cm / 뉴욕 프릭 컬렉션.

그림7
티치아노, 「피에트로 아레티노」, 1545년, 캔버스에 유채, 96.7×76.6cm
피렌체 갈레리아 팔라티나(팔라초 피티).

사랑하는 아내 진하에게

머리말

피에트로 아레티노, 그는 누구인가? 르네상스를 다룬 책에는 빠짐없이 등장하지만, 단지 돈을 벌 욕심으로 음란한 책들을 쓰고 제후와 명사(名士)들에게 협박조의 편지를 보냈던 부도덕하고 파렴치한 통속작가라는 수백 년 동안의 비난에서 여전히 벗어나지 못하고 있는 인물이 바로 그이다. 그러나 아레티노의 인물과 행적을 자세히 살펴보면 이런 부정적인 평가가 지나친 편견의 소산임을 알게 된다. 르네상스기의 문화지형과 시대정신의 측면에서 볼 때, 그는 오히려 엘리트 계급의 위선을 공격하면서 동시에 상하층 문화 사이의 가교 역할을 한 문화 아이콘이었다는 것이 더 정확한 평가일 것이다.

1492년 피렌체 부근 소도시 아레초의 비천한 집안에서 태어난 아레티노는 10대 초에 가출하여 로마로 가는 길목의 페루자로 간다. 교육은 전혀 받지 못했지만(그는 당시 식자층의 필수 언어였던 라틴어를 몰랐다) 영민한 재능을 타고난 그는 어려운 환경 속에서도 그곳에서 시를 배우고 친구들을 사귀며 미래의 꿈을 키운다. 작은 시집도 한 권 낸다. 몇 년 뒤, 그는 로마의 대부호 아고스티노 키지의 저택에 사환으로 들어가 그토록 바라던 입신의 발판을 마련한다. 아레티노가 교황을 비롯한 고관대작과 라파엘로 같은 예술의 거장들과 조우하게 되는 것도 이때이다. 그는 이들의 행동과 처신에서 장차 어떻게 살아야 하는지 '삶의 기술'을 배우게 된다.

아레디노라는 이름이 세상에 알려지는 것은 그가 20대 중반쯤 메디치 교황 레오 10세의 코르테자노, 즉 정신(廷臣)으로 들어가면서부터이다. 그를 레오와 연결시켜준 계기는 교황이 애완하던 흰 코끼리의 죽음이었다. 아레티노는 이 코끼리가 유언을 남겼다는 기발한 착상의 글을 써서 탐욕스러운 추기경들을 신랄하게 풍자함으로써 명성을 얻는다. 이를 계기로 레오의 총애를 받게 된 그는 교황궁에서 나름의 입지를 넓혀간다. 1521년 레오기 갑지기 서거히고 히드리이누스기 교황 지리에 오름으로써 그는 위기를 맞게 되지만, 곧 그 뒤를 두 번째 메디치 교황 클레멘스 7세가 이으면서 다시 한 번 정신으로서의 권력을 되찾는다. 그러나 줄리오 로마노가 그리고 마르칸토니오가 판각해서 간행한, 남녀의 에로틱한 성행위 장면들을 적나라하게 묘사한 그림책과 그것을 보고 쓴 아레티노 자신의 '음란한 소네트'에 연루된 사건들 때문에 급기야는 암살의 위험까지 겪기에 이른다.

아레티노는 이를 계기로 유력자에게 몸을 의탁하는 코르테자노로서의 궁정 생활에 깊은 회의를 느끼고, 1527년 봄 베네치아로 가 공화국 시민으로서의 새 삶을 시작한다. 이후 약 30년 동안 그는 그곳에서 닦은 인적 관계망을 충분히 활용하여 유럽의 명망 높은 군주제후, 당대 최고의 지식인들, 그리고 예술계의 거장들과 서신을 교환하며 명성을 쌓는다. 그리고 이 명성을 바탕으로 권력자들을 구슬려 막대한 돈과 선물을 얻어낸다. 그러나 그는 결코 어느 누구의 가신으로 머물지 않았으며, 어디까지나 독립적인 한 인간으로서의 삶을 지키고자 노력한다. 당대의 시인 아리오스토는 그의 이러한 면모를 일컬어 "군주를 벌하는 채찍, 신이 내린 피에트로 아레티노"라는 별칭을 붙여주었다.

베네치아 시대는 아레티노에게 그야말로 황금기였다. 그는 이 '물의 도시'에서 보낸 30년 동안 수십 편에 이르는 문학작품들을 간행했는데, 그중 상당수가 베스트셀러가 될 만큼 인기가 높았다. 그는 거의 모든 문학 장르에 걸쳐 아주 다양한 글을 썼다. '음란한' 창녀들의 대화편들이 있는가 하면, 예수와 성인의 전기들도 있다. 식자와 귀족들의 위선과 허세를 희롱하는 사회 풍자적 성격의 희극을 여러 편 썼는가 하면, 고전적 장엄미를 발휘한 훌륭한 비극도 썼다. 무엇보다 그는 자기가 보낸 몇천 통의 편지를 여러 권의 책으로 펴낸 르네상스기 최초의 작가이기도 하다. 그 목적은 명성 그 자체가 아니라 돈을 버는 데 있었다. 이 때문에 그를 질시하는 사람들의 비난을 받지만, 사실 어떤 작가가 돈을 전혀 도외시할 수 있겠는가. 특히 아레티노처럼 딱히 기댈 만한 부도 문벌도 학벌도 없이 오직 스스로의 재능만으로 살아가야만 하는 경우라면 더욱 그랬을 것이다.

아레티노에 대한 가장 큰 미스터리는 미천한 출생인 그가 어떻게 글을 통해 당대의 권력자들에게 그토록 큰 영향력을 행사할 수 있었느냐는 것이다. 그의 놀라운 명성을 흠모하거나 질시한 많은 문인들이 그를 모방하여 입신을 노렸지만 성공한 사람은 아무도 없었다. 아레티노는 베네치아 주재 우르비노 대사 잔 야코포 리오나르디에게 보낸 1537년 12월의 한 편지에서, 수많은 사람들이 산꼭대기에 오르려고 하지만 계속 미끄러지는 바람에 실패를 거듭하는 광경을 어느 날 꾼 꿈에서 보았는데 그중에는 자신의 정적(政敵)들도 끼어 있었다는 이야기를 하며, 아무리 그래 봤자 그들이 아레티노가 될 수는 없다는 자신감을 내비치고 있다.

아레티노가 "군주를 벌하는 채찍"이 될 수 있었던 비결은 과연 무엇이었을까. 우선 그는 자신이 주목하는 인물들의 성격과 심리상태가 어떤지 정확히 파악하고 그에 맞추어 그들을 대하는 놀라운 능력이 있었다. 그는 군주제후와 명사들의 마음속에 감추어진 명성에 대한 허영심을 자극하거나 그들이 숨기고 싶어 하는 약점들을 이용하여 자신의 요구를 관철했다. 게다가 각계각층의 사람들에게서 다양한 정보를 수집하고 그것을 적재적

소에 쓸 줄 알았다. 그는 또한 자신의 요구가 상대방의 노골적인 증오를 불러일으키지 않도록 그들을 추어올리는 균형 감각도 갖추고 있었다.

그 무렵 한창 상승세에 있던 금속 활판인쇄술의 힘은 아레티노의 능력을 배가시켰다. 그는 자기에게 누가 어떤 이유로 얼마의 사례금과 어떤 선물을 주었는지 세세히 밝힌 편지들을 간행함으로써, 그들의 '관대함'이 어느 정도인지 대중에게 공개했다. 그것이 큰 효과를 발휘했던 이유는, 흔히 알려진 바와는 달리 명사들에 대한 일방적인 위협과 협박 때문이 아니라, 그들 또한 자신들의 관대함을 아레티노를 통해 세상에 널리 알리는 이점이 있었기 때문이다. 쌍방에 이익이 되도록 일을 진행하는 것이야말로 아레티노가 명성을 쌓는 특유의 방식이었다.

아레티노가 무엇보다 싫어한 것은 위선이었다. 위엄 있고 대범한 척하면서도 실제로는 끝없는 권력욕과 허황한 명예욕으로 가득 찬 왕과 제후와 명사들, 학문과 예술을 고고하게 논하는 척하다가도 고대 작가의 권위 앞에서는 무조건 고개를 숙이는 고명한 학자와 문인들이야말로 그의 신랄하고도 감칠맛 나는 풍자의 희생물이었다. 그가 종종 글에서 비난한 사람들에게서 무마의 대가로 돈이나 선물을 받았다는 것은 사실이다. 그가 비열하다고 비난받은 것도 이 때문이다. 그러나 아레티노는 권력자에게서 이익을 얻으면서도 동시에 그들과 거리를 유지하는 비상한 균형 감각이 있었다.

아레티노가 다른 어떤 인물들과도 확연히 다른 점은 글과 행동에서 그가 보여준 관용적 태도이다. 그는 특히 서민들에게 종종 과도하다 싶을 정도로 애착과 동정심을 보였다. 그는 힘에 부치는 일이 있을 때마다 자기를 찾는 주변 사람들의 사정을 잘 들어주었기 때문에, 그의 집은 언제나 그런 사람들로 넘쳐났다. 놀라운 것은 그가 권력자에게서 받아낸 돈을 이들에게 아낌없이 씀으로써 '자비의 은행가'라는 별칭까지 얻었다는 점이다. 물론 그는 자기 취향을 위해서도 많은 돈을 썼기 때문에 이를 일종의 낭비벽이라고도 할 수 있겠지만, 서민을 위한 낭비벽이라면 대단한 자선인 셈이다.

아레티노가 후대에 두고두고 비난받은 이유 가운데 하나는 그가 음란하다는 것이었다. 그가 창녀들의 이야기를 다룬 두 편의 대화편에서 보기에 따라서는 매우 외설적인 묘사를 한 것은 사실이다. 그러나 이는 음란함 그 자체를 목적으로 하고 있지 않다. 그 밑에는 위선적인 세태에 대한 강력한 사회 풍자가 자리하고 있다. 나아가 그는 성(性)에 대한 오랜 위선마저도 전복하려는 대담한 시도까지 하고 있다. 그에게는 성이 숨겨야 하는 부끄러운 어떤 것이 아니라 지극히 자연스러운 인간의 욕망이며 모든 문명의 기초였다. 그가 앞의 대화편에서 여성의 직업을 수녀·아내·창녀로 나눈 뒤, 가장 덜 위선적인 것이 창녀라고 주장한 이유도 여기에 있다. 이러한 메시지를 직설적으로 전달하기보다는 언제나 신랄하면서도 유쾌하며 에로틱하기까지 한 유려한 수사(修辭)를 통해 에둘러 표현한다는 점도 그 특유의 방식이다.

아레티노는 16세기 초 르네상스 성기(盛期)라 불리는 광휘의 시대가 낳은 주목할 만한 하나의 문화 현상이었다. 그는 고전주의와 휴머니즘의 조류가 최고조에 달한 바로 그 시기에, 머지않아 반(反)고전주의와 매너리즘의 경향이 득세할 것임을 알리는 전령과도 같은 인물이었다. 그의 독특성은 매우 통속적 또는 민중적 스타일의 글쓰기를 통해 기존의 엘리트 문화에 도전했다는 데에 있다. 그가 당대의 베스트셀러 작가였음에도 문학사에 쉽사리 등재되지 못한 까닭도 주제와 문체의 통속성을 폄하해온 주류 문단의 편향 탓이다. 그러나 아레티노는 통속성이 비범함을 품을 수 있다는 것을 잘 보여주고 있다. 라틴어를 모르는 한 속어 작가가 앵무새처럼 고전의 권위만을 읊어대는 엘리트 문인들을 질타하고 희롱하는 장면들은 유쾌하기까지 하다.

　내가 아레티노에게 본격적으로 관심을 기울이게 된 것은 2005년 봄 두 편으로 이루어진 창녀들의 이야기 『6일간의 대화』(*Sei giornate*)를 읽으면 서부터이다. 에로틱한 묘사와 사회 풍자가 절묘하게 버물린 이 작품은 지금까지 보았던 르네상스기 주류 저작들에서는 느낄 수 없었던 새로운 감흥을 불러일으켰다. 지극히 엘리트적이었던 르네상스 문화에 균열을 일으켰지만, 동시에 그 문화의 일부가 되어 그것을 더욱 풍부하고 다채롭게 만드는 아레티노의 글과 행적은 또 다른 흥밋거리였다.
　이런 놀라운 인물을 다룬 현대적 전기가 거의 없다는 점도 의외였다. 영어권에서는 20세기 초중반에 나온 에드워드 허턴, 토머스 챱, 제임스 클뤼프의 전기가 있지만 여전히 전설과 역사의 구분이 모호하다. 또한 유럽어권에서는 20세기 말에 간행된 폴 라리바유의 이탈리아어 저작이 단연 뛰어나지만 전기라기에는 너무 복잡할뿐더러 추론의 갈림길에서 여전히 많은 이견의 여지를 남겨두고 있다. 나는 현재 남아 있는 모든 1차 사료를 최대한 활용하고 곳곳에서 크고 작은 나름의 시각을 제시하면서 아레티노의 행적과 생각을 세세하면서도 간결한 필치로 되살려보고자 노력했다. 특히 아레티노가 친구나 연인들과 맺은 사적인 관계까지 포함하여 그의 인간적인 모습이 최대한 드러나게 하는 데 초점을 맞추었다.
　어떤 인물의 전기를 쓴다는 것은 곧 그에 대한 공감의 행위와 다르지 않겠지만, 아레티노의 남다른―특이하다고까지 느껴질 만큼―인생행로는 통상적인 인물들에게서는 볼 수 없는 특별함을 나에게 선사했다. 이런 특별함, 어느 한 일면만이 아니라 인물과 행동이 발하는 총체적인 특별함을 굳이 표현하자면 '괴짜' 정도가 되지 않을까 싶다. 이 말을 이탈리아어에서 찾으면 아마 '별난 사람'이라는 뜻을 가진 '비차로'(bizzarro)가 될 텐데, 일찍이 로베르토 리돌피가 마키아벨리를 가리켜 이 말을 쓴 적이 있다. 우리는 아레티노에게서도, 정교하면서도 즉흥적이며 세련되면서도 통속적이며 신랄하면서도 부드럽고, 종종 '미덕과 악덕의 가면'을 통해 스스로의 언행을 과장하곤 하는 괴짜의 모습을 발견한다. '르네상스인'이 보여주는 개성은 어쩌면 바로 이런 괴짜들의 독특성에서 나오는 것일지도 모르겠다. 그래서 르네상스는 '천재의 시대'라기보다는 '괴짜의 시대'라는 것이 나의 지론이다. 독자들이 이 평전을 통해 '괴짜 아레티노'와 '괴짜들의 르네상스'에 담긴 함의와 그것을 둘러싼 특별한 분위기를 조금이라도 느낄 수 있다면 더 이상 바랄 것이 없다.

  10년 가까이 이 주제와 씨름하는 과정에서 일일이 이름을 들 수 없을 만큼 많은 분들의 도움을 받았다. 특히 거의 매일 만나다시피 하는 오경환, 김혜준, 강명관, 윤애선 선생은 나의 아직 설익은 이야기들을 오랜 시간 동안 즐겁게 들어주었다. 근 10년간 시양미술사와 미술비평을 읽어온 '바자리 모임'의 멤버들도 언제나 따뜻한 우정을 베풀어주었다. 변선경과 이지혜는 최종 원고를 교정해주었다. 도서출판 길의 이승우 선생은 흔쾌히 책의 출판을 맡아주었고, 김미경 선생은 독자의 눈높이에 맞추어 문장을 평이하게 고쳐주었다. 한국학술진흥재단은 이 저술을 위해 연구비를 지원했다. 이 모든 분들에게 고마운 마음을 전한다. 무엇보다 가족의 따뜻한 애정과 배려가 없다면 학문의 여정(旅程)도 외롭고 무미건조할 것이다. 이 책을 사랑하는 아내에게 바친다.

2013년 6월 3일
푸르름이 더해가는 금정산 기슭에서
곽차섭

■ 차례

머리말 ·15

1장. 아레초의 피에트로 ·· 25
    탄생 ·27   어머니 '티타' ·29   아버지 '루카' ·33   루카인가 바치인가 ·39
    초년기 교육 ·44

2장. 페루자의 시인 ·· 47
    페루자로 ·49   친구들 ·50   『신(新)시집』 ·56

3장. 키지 궁의 가르조네 ·· 63
    로마로 ·65   아고스티노 키지 ·68   라 키자나 ·74   가르조네 ·79

4장. 레오의 파스퀴노 ·· 81
    『코끼리 유언장』 ·83   레오 10세 ·90   마에스트로 파스퀴노 ·96

5장. 4인의 페르소나 ·· 101
    하드리아누스 6세 ·103   페데리코 곤차가 ·108   조반니 델레 반데 네레 ·112
    클레멘스 7세 ·116

6장. 포르노그래피의 발명 ·· 121
    『체위』 ·123   『음란한 소네트』 ·136   카초와 포타 ·142

7장. 미덕과 악덕 ·· 147
    가면의 아레티노 ·149   자객 ·151   영웅의 죽음 ·156   『마구간지기』·『계시』 ·160
    로마 약탈 ·163

8장. 카사 아레티노의 친구들 ·· 171
    이탈리아 전쟁 ·173   친퀘첸토 베네치아 ·176   티치아노 ·180   산소비노 ·186
    안드레아 그리티 ·190   아레티노 서클 ·193   『마르피자』 ·195   카 볼라니 ·199

9장. 매너리스트의 탄생 ·· 207
　　지적 이단자 ·209 『6일간의 대화』 ·217 『예수의 수난』 외 ·222 『서간집』 ·229
　　『코르티자나』 외 ·233 『오라티아』 ·238 『서간집』의 아레티노 ·241

10장. 카를, 프랑수아, 헨리 ·· 245
　　줄다리기 ·247 페스키에라의 '전설' ·257 하벨 사건 ·261

11장. "고결한 주제, 음란한 언어" ····································· 267
　　거장과 거인 ·269 「최후의 심판」 ·275 시스티나의 나신들 ·280

12장. "관대한 천성" ··· 295
　　피티 궁의 아레티노 ·297 "최고의 능력" ·299 "자비의 은행가" ·301
　　약자의 후원자 ·303 주인과 하인 ·306

13장. 사랑과 연민 ··· 309
　　여인들 ·311 코르티자나 ·312 숙녀들 ·319 카테리나와 딸 ·321 페리나 ·325
　　이상한 동거 ·330 '코르바초' ·332

14장. 결말을 향하여 ··· 335
　　아드리아 ·337 카 그란데 ·340 진홍빛 모자 ·342 죽음 ·345

15장. 유산(遺産) ··· 349

　　참고문헌 ·355

　　찾아보기 ·381

1장

아레초의 피에트로

탄생

피에트로 아레티노(Pietro Aretino)는 1492년 4월 20일 피렌체 동남쪽의 소도시 아레초에서 태어났다. 그는 1545년 7월 베네치아에서 친구 로도비코 도메니키에게 쓴 편지에서 자기가 태어난 지 "53년"이 지났다고 말하고 있다.[1] 그가 태어난 정확한 시간—4월 19일과 20일 사이의 밤. 20일은 금요일이었다—까지도 알 수 있는데, 앞의 도메니키가 1549년에 펴낸 한 『명시선』(名詩選)에 아레티노 자신이 쓴 다음과 같은 소네트가 들어 있다.

이 청명한 지성(至聖)의 밤
베네레가 그 뒤를 따르리니,

---

[1] Pietro Aretino, *Lettere*, a cura di P. Procaccioli, 6 voll. (Roma, Salerno, 1997~2002), III, n. 250, p. 227. 1552년 11월 베르나르도 콜레에게 보낸 베네치아발 편지에서 아레티노가 자기 나이를 "60세"라고 한 것이나, 1545년 5월 파올로 조비오에게 보낸 베네치아발 편지에서 자기가 아직 "54세"가 되지 않았다고 한 것 역시 그의 탄생 연도가 1492년임을 말해준다. *Lettere*, VI, n. 164, p. 161; III, n. 223, p. 210. 이하 *Lettere*로 약기한 것은 모두 이 판본에 따름.

하염없는 눈물이 아니면 달리 숭배의 염(念)을 표할 수 없을
신의 충직하고 경건한 피조물들의 도움으로

자연은 모성(母性)의 동굴들로부터
내 사지(四肢)에 깃든 정신을 불러내었나니······[2]

'베네레'는 여신 베누스이자 동시에 그녀의 날, 즉 금요일을 뜻한다. '눈물'은 19일 밤에 비가 내렸다는 것을 가리키는 것일 수도 있다. 만약 그렇다면, 새벽하늘은 분명히 '청명'했을 것이다. 어쨌든 이 시에 나타난 묘사로 보아 그가 태어난 시각은 20일 새벽이었던 것이 거의 틀림없다.

그가 아레초 출신이라는 것 역시 아레초의 공문서와 그의 편지에서 쉽게 확인된다. 그가 피에트로 아레티노로 알려지게 된 것도 이러한 출신지 때문이다. '아레티노'란 성(姓)이 아니라 아레초 사람이라는 뜻이다. 그는 성이 없었다. 르네상스기에 성(姓)은 귀족이나 명문가, 또는 최소한 중류층 평민들만이 사용하는 것이었고, 하층민은 아예 성이라는 것이 없었다. 그리고 피에트로처럼 아주 흔한 이름일 경우, 뒤에 출신지 명을 붙여서 동명의 다른 사람과 구별하는 것이—특히 어느 정도의 명성을 얻게 되었을 때—그 시기의 관행이었다. 예컨대 '르네상스 맨'의 전형인 레오나르도 다 빈치 역시 성이 없었다. '다 빈치'는 단지 빈치 마을 출신이라는 뜻일 뿐이다. 빈치는 피렌체 서쪽 아르노 강변에 위치한 소읍인데, 레오나르도는 서자였기 때문에 부유한 공증인이었던 부친 피에로 프루오시노의 성을 제대로 이어받지 못한 것으로 보인다. 레오나르도 또한 흔하디흔한 이름이었

---

[2] Pietro Aretino, "Uno sonetto" in *Rime diverse di molti eccellentissimi autori raccolta nuovamente*, da Lodovico Domenichi (Vineggia, Giolito, 1545); Ristampa, *Rime diverse di molti eccellentissimi autori (Giolito 1545)*, a cura di Franco Tomasi & Paolo Zaja (San Mauro Torinese, Res, 2001), p. 199, sonetto XXXIII ("Di M. Pietro Aretino"), vv. 1~6.

으므로 「모나리자」와 「최후의 만찬」을 그린 화가 레오나르도는 각별히 레오나르도 다 빈치라는 이름으로 불리게 된 것이다.

아레티노도 유사한 경우이지만, 다른 점이 있다면 이름을 레오나르도 다 빈치처럼 관행대로 피에트로 다레초(다 아레초)라고 쓰지 않고 굳이 피에트로 아레티노라는 이름을 사용했다는 것이다. 게다가 그는 이 이름을 십대에 스스로 만들었고, 그 뒤로 다른 식으로 표기한 적은 한 번도 없다는 점 또한 주목할 만하다. 그는 자신의 글 말미에 거의 언제나 (피에트로 또는 아레티노도 아닌) '피에트로 아레티노'라는 이름을 달아놓았다. 그는 아마 자신의 성(姓)을 가지고 싶었던 것 같다. 우리도 그의 이런 바람을 받아들여 앞으로 내내 그를 아레티노라고 부르기로 하자.

아레티노가 태어난 해에는, 15세기 후반 절묘한 외교술로 이탈리아와 피렌체의 세력균형을 유지하는 데 기여했던 피렌체의 지배자 로렌초 데 메디치 일 마뉘피코(대인)가 세상을 떠났고, 그 뒤로 이탈리아는 불안정과 전쟁의 길로 접어들게 된다. 동시에 이해는 콜럼버스가 아메리카 대륙과 조우함으로써 훗날 19세기 프랑스 역사가 미슐레가 명명한 "세계의 발견"이 본격화하기 시작한 때이기도 하다. 그러나 문인으로서의 아레티노의 인생행로는 후자보다는 전자의 영향을 더 직접적으로 받게 된다.

어머니 '티타'

아레티노의 부모에 대해서는 별로 알려진 바가 없다. 남아 있는 기록도 정확하지 않다. 하지만 일단 어머니에 관해서는 그녀가 누구인지 확정할 만한 자료들이 있다. 1548년 12월 초, 아레티노는 『미술가 열전』(*Le vite dei più eccellenti pittori, scultori e architetti*)으로 유명한 조르조 바자리에게 "아레초 그곳에서 나를 낳아준 여인의 초상화를 얻을 수" 있게 해달라는 부탁의 편지를 써 보냈다(이 둘은 이미 1533년부터 간헐적으로 편지를 주고받고 있었다). "산 피에트로 대성당 문 위에 천사에 의해 수태고지를 받고 있는 성모 마리아가 묘사되어" 있는데, 그 여인의 모습이 바로 자기 어머니를 모델로 한 것이라면서 그것을 한 부 모사해달라는 것이었다. 그러고는 이렇게 덧붙이고 있다.

……비록 당시 그녀의 미덕이 그리 잘 알려져 있지는 않았을지 모르지만, 그녀를 그리스도의 어머니 마리아로 이처럼 찬란하게 묘사해놓은 것은 그리도 검소했던 한 여인의 성스러운 삶을 증거하는 것이겠지.[3]

바자리는 자신의 작업 진행 과정과 금전 수수에 대해 적어놓은 『비망록』에서, 같은 달 12일 그의 부탁대로 "메쎄르 피에트로 아레티노의 어머니 초상을 베네치아로 보냈다"고 써놓았다.[4] 몇 개월 후 아레티노는 그에 대한 감사의 뜻으로 다시 바자리에게 보낸 꽤 긴 편지에서, 그 그림을 보는 순간 몹시 기쁘고 감격해 눈물을 쏟았다면서, 원본을 변형시키지 않고 그대로 모사해준 바자리에게 거듭 고마움을 표시했다. 그러고는 다시 한 번 자기 어머니의 미덕과 성스러움을 이렇게 강조했다.

……그녀에 대한 기억이 주는 온화한 애정에 걸고 맹세하건대, 그 그림을 본 사람은 누구나 그녀 자신이 지닌 선함과 고귀함을 칭송하면서, 그녀를 그린 사람의 솜씨가 다소 모자라지만 수태고지를 위해 그녀를 선택한 것이 그 부족함

---

3 1548년 12월 베네치아발 편지. *Lettere*, V, n. 129, p. 109.

4 Giorgio Vasari, *Il libro delle ricordanze di Giorgio Vasari*, a cura di Alessandro Del Vita (Arezzo, Casa Vasari, 1927), p. 63. 바자리에게 어머니 초상화를 모사해달라고 부탁한 아레티노의 편지에는 12월로만 적혀 있고 정확한 날짜는 나와 있지 않다. 하지만 바자리가 이미 12일 그것을 보낸 것으로 보아 아레티노는 12월 초에 편지를 부쳤고, 바자리는 그 편지를 받은 즉시 작업에 들어갔음에 틀림없다.

을 메우고도 남았다고들 하는구먼. 저명한 화가 티치아노도 확언한 바네만, 얼굴에 세속의 천박함이 전혀 보이지 않는 소녀는 아드리아 말고는 본 적이 없다고 하네. 특히 그 아이의 이마와 눈과 코는 티타(사람들은 이 훌륭한 여인을 이렇게 불렀다네)를 꼭 빼닮아서, 내가 아버지가 아니라 그녀가 그 아이의 어머니인 것처럼 보일 정도라네.[5]

훗날 바자리는 다행히도 『미술가 열전』의 「돈 바르톨로메오전(傳)」에서, 이 그림을 그린 화가는 마테오 라폴리라면서, 그것에 얽힌 정황을 좀 더 자세히 밝히고 있다.

…… [돈 바르톨로메오]는 아레초 출신인 마에스트로 라폴리라는 제자를 두었는데, 유능하고 숙달된 화가였다. 라폴리의 솜씨는 [성 아고스티노 교회(Chiesa di Sant'Agostino) 안의] 성 세바스티아노 예배당에 그려진 성 아고스티노의 모습에서 볼 수 있다. …… 앞서 말한 교회 옆문으로 들어가면 왼쪽에 보이는 다른 예배당에는 역시 같은 사람의 솜씨로 '예수의 탄생'을 다룬 프레스코화가 그려져 있는데, 여기서 성모는 천사로부터 수태고지를 받고 있다. 이 천사의 모델은 당시 용모가 매우 아름다운 청년 줄리안 바치였다. 앞서 말한 문 바깥쪽 위에는 '수태고지'를 그려놓았는데, 성 베드로와 성 바울 사이에 있는 성모 마리아의 용모는 대단히 고명한 시인 메쎄르 피에트로 아레티노의 어머니를 모델로 한 것이다.[6]

---

5 1549년 4월 베네치아발 편지. *Lettere*, V, n. 228, p. 175.

6 Giorgio Vasari, *Le vite dei più eccellenti pittori, scultori e architetti*, edizione integrale, intro. Maurizio Marini (Roma, Newton & Compton editori, 1991; Ristampa, 2002), p. 472. 이 판본은 1568년의 수정 2판을 1권에 담은 것이다. 이하 Vasari, *Le vite dei più eccellenti pittori, scultori e architetti*로 줄임. 만약 1550년 초판 텍스트를 인용할 때는 따로 밝힐 것이다.

여기서 바자리는 아레티노가 부탁한 '어머니' 초상이 정확히 어디에 있었는지를 우리에게 말해준다. 그러나 그는 문제의 그림이 정말로 아레티노의 어머니를 모델로 한 것인지에 대해서는 어떤 새로운 증거도 제시하지 않고 있다. 그는 단지 아레티노 자신의 주장을 그대로 옮기고 있을 뿐이다. 이러한 점—절대적인 증거 부족(때로는 서로 모순적인 기록들) 때문에 명석한 추론으로도 사실을 쉽게 확정할 수 없는—이야말로 아레티노처럼 오래전에 살았던, 그러면서도 한 번도 정치와 같은 공적 영역에서 활동한 적이 없었던 인물의 삶을 따라가는 데 가장 큰 장애물이다. 이런 상황에서 역사가는 가장 엄격한 증거의 존재를 요구하면서 전기 쓰기를 포기하든가, 아니면 다른 반증(反證)이 나타날 때까지는 이러한 증거를 적극적으로 받아들여 역사의 틈새를 메워나가든가, 둘 중 하나를 택할 수밖에 없다. 물론 나는 후자 쪽이다.

바자리는 마테오 라폴리가 문제의 초상 외에도 아레초의 교회 여러 곳에 적지 않은 그림을 남긴 것으로 얘기하지만 거의 대다수가 멸실되고, 지금은 성 프란체스코 교회의 성 베르나르디노 예배당에 그려진 「성 베르나르도」와 산타 마리아 교구 성당(두오모)에 있는 「성 세바스티아노」만이 일부 남아 있을 뿐이다.[7] 바자리의 것을 제외하면 마테오에 관한 기록이나 연구 자체가 거의 전무하다. 그의 스승은 사제(司祭)인 돈 바르톨로메오였고, 그의 아들인 조반니 안토니오 라폴리 역시 화가였다. 스승과 아들은 모두 바자리의 『미술가 열전』에서 한 자리씩을 차지하는 영광을 누렸으나, 마테오만은 그러지 못하고 작품마저 멸실되는 불운을 겪었다. 이 때문에 문제의 초상이 과연 아레티노의 주장대로 정말 그의 어머니를 그린 것인지, 그 진위 여부는 이제 영원한 미스터리로 남게 되었다. 설사 그 그림

---

7 Michael Bryan, "Lappoli, Matteo" in *Dictionary of Painters and Engravers, Biographical and Critical*, new ed., rev. and enl. Robert E. Graves & Walter Armstrong, 2 vols. (London, G. Bell & Sons, 1889; 1898), vol. II (L–Z), p. 20.

이 전해온다 해도 결과는 마찬가지겠지만.

아레티노의 어머니는 본치가(家) 출신이었다. 그래서 그녀의 정식 이름은 마르게리타—티타는 이를 줄여서 부르는 애칭이다—본치가 된다. 1540년 9월 18일 니콜로 본치에게 보낸 베네치아발(發) 편지에서 아레티노는 그를 "[외]숙부"라 부르고 있다. 그는 시에나 대학에 법학을 공부하러 간 니콜로가 가끔 아레초로 올 때마다 어김없이 그에게로 뛰어갔던 소년기의 추억을 되살리고 있다. 또한 손위 외숙부로 사제였던 파비아노를 가리켜 진실로 "내가 만난 사람들 중에서 가장 충실한 친구이자 유쾌한 동무였고 아울러 예의 바른 신사 가운데 하나였다"며, 자신이 다시 아레초로 돌아가지 않는 이유는 그가 이미 죽고 없기 때문이라고까지 말하고 있다.[8] 이런 내용으로 보아 그는 소년기에 외가와 매우 가까운 관계였던 것이 분명하다.

아레초에서 본치가는 비교적 명망 있는 집안이었던 것으로 보인다. 앞의 편지를 보면, 니콜로 본치는 시에나에서 법학을 공부하고 돌아와 아레초에서 고위 관직에 도전하려는—그래서 1540년 당시 이미 이탈리아, 특히 아레초에서 상당한 영향력을 행사하고 있던 아레티노에게 도움을 청하고 있다—인물이었으며, 이미 고인이 되었지만 큰 숙부 역시 참사회 회원을 지냈다는 것을 알 수 있다.

아버지 '루카'

문제는 이런 정도의 집안 출신인 티타 본치의 남편, 즉 아레티노의 아버지가 누구였는지, 어떤 사람이었는지가 전혀 분명치 않다는 것이다. 그와

---

8 *Lettere*, II, n. 200, pp. 222~223.

관련해서는 지금까지 크게 두 가지 설이 제시되어왔다. 하나는 그가 아레초의 비천한 '구두장이 루카'라는 것이고, 다른 하나는 그가 아레초 귀족인 루이지 바치로, 아레티노는 그와 티타 사이에서 생긴 서자라는 것이다.

먼저 '루카'설은 아레티노와 동향(同鄕)으로 그와 사이가 좋지 않았던 메도로 누치가 그에게 보낸 1555년 7월 17일자 편지에서 그를 가리켜 "구두장이 루카의 [아들] 아레초 사람 피에트로에게"(Allo Aretino Pietro de Lucha calzolaio)라고 한 데 따른 것이다. 그는 이 편지에서 아레티노의 음란한 작품들과 행실들에 세상이 그토록 경탄하는 이유를 모르겠다며 그를 맹렬히 비난하고 있다.[9] 사실 아레티노의 아버지가 구두상이었다는 주장은 이미 프란체스코 베르니가 썼다고 알려진 『베르니의 피에트로 아레티노의 생애』(1531)에 나와 있었다. 베르니는 진지하면서도 우스꽝스러운 풍자시로 이탈리아 문학사에 '베르네스코'(Bernesco), 즉 베르니풍의 시체(詩體)를 남긴 시인이지만, 아레티노와 원수 같은 사이였던 교황청 다타리오 지베르티―그는 비록 실패로 끝났지만 아레티노 살해 음모를 꾸미기까지 했다―의 비서로서 그 역시 아레티노를 공격하는 데 앞장섰던 인물이었다. 이 책의 저자가 과연 베르니인지를 두고는 논란의 여지가 있다. 아레티노의 친구 포르투니오 스피라가 썼다는 주장이 있지만 여전히 반론도 제기되고 있다.

어쨌든 책 속의 두 등장인물은 이렇게 말을 주고받고 있다.

마우로: 그의 아버지는 무슨 일을 했지?
베르니: 슬리퍼 만드는 사람이었어. …… 그는 아버지의 직업을 이어받았을 뿐 아니라, 지금도 여전히 아레티노가 좋아하는 장화를 만들고

---

9 Carteggio dell'amb. Del Pero col Duca Cosimo, Venezia, 1555, ASF; "Documenti, I" in Alessandro Luzio, "La famiglia di Pietro Aretino", *Giornale storico della letteratura italiana* 4 (1884), p. 385.

있다니까.¹⁰

베르니 이후에도 아레티노의 정적들은 틈만 나면 그의 아버지 직업을 들먹여 그를 곤혹스럽게 만들었다. 니콜로 프랑코는 자신의 『반(反)아레티노 시집』(1548)에서 "네 아비는 가난한 구두장이"(il padre tua sia un pover calzolaio)라고 비아냥거리고 있으며,¹¹ 안톤 프란체스코 도니는 아레티노를 지칭한 제목의 『불량배』(1556)에서 그가 "한 구두장이의 아주 불량스러운 아들"(vilissimo figliolo d'un ciabattino)이라 매도하고 있다.¹² 그렇지만 아레티노의 아버지 이름이 루카라고 주장한 것은 앞의 메도로 누치가 처음이었다.

두 번째의 서자설은 17세기의 족보학자 가무리니가 바치가의 계보를 실명하는 도중 아레티노가 루이지 바치의 서자이며 그 위로 적자인 갈티에리와 프란체스코 바치가 있었다고 주장한 데서 비롯되었다. 아레초에서 "지금도 여전히" 회자되는 전승에 따르면, 루이지의 자손들은 아레티노를 서자로 간주하고 해마다 그에게 얼마간의 양육비를 지급한 영수증을 갖고 있었는데, 뒤에 교회가 아레티노를 탄핵하자 그를 혐오한 피에트로 야코포 바치라는 자손이 그것들을 태워버렸다는 것이다.¹³ 경위야 어쨌든 간

---

10 Francesco Berni (pseudo), *Vita di Pietro Aretino scritta da Francesco Berni* (1531; Milano, G. Daelli e C., 1864), p. 10.

11 Nicolò Franco, *Rime di Nicolò Franco contro Pietro Aretino*, a cura di E. S. (Lanciano, Carabba, 1916), sonetto 28, p. 16.

12 Anton Francesco Doni, *Terremoto del Doni fiorentino* (1556); ristampa in Id., *Contra Aretinum (Teremoto, Vita, Oratione funerale. Con un'Appendice di lettere)*, a cura di Paolo Procaccioli (Roma, Vecchiarelli Editore, 1998), XVI, p. 46. 그러나 이 책 앞부분에서는 아레티노를 가리켜 "네 아비는 제3 신분[사제], 네 어미도 역시 그렇지 않았느냐?"고 말하고 있다. Doni, *Terremoto del Doni fiorentino*, I, p. 26.

13 Eugenio Gamurrini, *Istoria genealogica delle famiglie nobili Toscane et Umbre*, 5 voll. (Fiorenza, Onofri, 1668~1685; Ristampa, Bologna, Forni, [1972]), v. 3 (1673), pp. 324, 329.

에 이 서자설은 18세기에 최초로 믿을 만한 아레티노 전기를 쓴 마추켈리에 의해 받아들여졌다.[14] 게다가 아레티노와 바치가의 두 형제가 주고받은 적지 않은 편지들 속에서 그들이 서로를 "형제"(fratello)로 부르고 있다는 점 역시 이 설의 중요한 근거로 제시되기도 했다. 이 설을 지지한 학자들은 앞의 '구두장이 루카'설이 아레티노를 증오하는 정적들의 주장이라 믿기 힘들다고 생각했다. 하지만 가무리니나 마추켈리는 아레티노의 시대보다 200~300년 뒤의 사람들이라는 점, 특히 가무리니의 근거가 확인하기 어려운 옛 전승이라는 점, 그리고 '형제'라는 호칭도 반드시 혈연적인 의미가 있지는 않다는 점—물론 아주 가까운 사이라는 것을 말해주기는 하지만—이 서자설의 중대한 결함으로 지적되었다.

아레티노는 자신의 비천한 출신과 아버지 직업에 관한 정적들의 이러한 공격에 대해, 언제나 스스로의 출생이 그렇지 않다는—또는 직접적으로 자신이 신사의 서자라는—'진실'을 밝히기보다는 그들의 비열함을 비난하는 우회적인 전략을 택했다. 예컨대 조각가이자 화가인 친구 파올로 펠루카가 아레티노를 비방하는 시를 쓴 어떤 사람을 다시 비난한 자신의 소네트를 아레티노에게 보내자, 그에 대한 답장에서 아레티노는 "내가 보잘것없는 신분이었다는 것은 확실하니, 내 출생의 비천함이 나에게 명예가 되는 것만큼이나 [나를 비방함으로써] 그들의 고귀함을 스스로 더럽히고 있는 셈"이라는 말을 하고 있다.[15] 또 그는 조각가였던 다네제 카타네오에게 보낸 1553년 1월의 편지에서도 특유의 언어 감각으로, 자신이 출생은 비천하지만 그것이 오히려 고귀함의 증거라는, 예리하면서도 여전히 약간은 모호한 말을 남기고 있다.

---

14 Giammaria Mazzuchelli, *La vita di Pietro Aretino* (1741) in *Lettere sull'arte di Pietro Aretino*, a cura di Ettore Camesasca, 3 voll. in 4 (Milano, Edizioni del Milione, 1957~1960), v. 3, t. 1, pp. 21, 121~122.

15 1546년 12월의 베네치아발 편지. *Lettere*, IV, n. 126, p. 94.

내 사랑하는 젊은이여, 내가 비천한 출신임을 입증함으로써 나의 명성을 빼앗을 수 있다고 생각하는 사람들에게 대항하느라 너무 힘을 낭비하지 말게나. 나는 내가 아레초에서 하층민으로 태어났다는 것을 오히려 명예롭게 생각한다네. 내 혈족 어느 누구도 그들 스스로 내가 누리는 영광을 나누어 갖지는 않지만, 그들이 내 혈족이라는 것이 그들에게는 결코 작지 않은 영광이니까 말일세. 왜냐하면, 나 자신은(모든 나라를 내 조국으로 생각하기 때문에 나는 세계의 시민이라네) 그들에게서 어떤 고귀함도 전해 받은 바 없지만, 나는 다른 사람들에게 그러한 고귀함을 줄 수 있기 때문일세.[16]

내가 여기서 그의 말이 '모호하다'고 한 까닭은 그가 말하는 비천한 출생이라는 것이 여전히 스스로가 서자라는 점을 배제하지 않기 때문이다. 그는 결코 아버지가 누구인지, 무엇을 하는 사람인지를 밝히지 않은 채 출생의 '비천함'만을 강조하고 있는 것이다.

문제 해결의 결정적인 실마리는 결국 피에트로 아레티노 그 자신에게서 나왔다. 그는 메도로 누치가 자신에게 편지를 보낸 이틀 뒤인 1555년—아레티노가 죽기 1년 전이다—7월 19일, 피렌체 공작 코지모 1세 데 메디치—1569년에는 토스카나 대공으로 책봉된다—에게 쓴 편지에서 처음으로 자신이 "아레초의 한 구두장이가 생산한"(che un calzolaio ha generato in Arezzo) 아들이라고 밝혔으며, 편지 후반부에 가서 스스로가 "한 구두장이(io, natoci d'uno acconciator di scarpe)에게서 태어났다"는 점을 재차 언급하고 있는 것이다. 이 '구두장이' 아버지는 1551년에 죽은 것으로 보인다. 이해 11월 아레티노는 아레초의 신사 가스파로 스파다리에게 보낸 편지에서, "내 아버지가 세상을 떠나 슬프다"는 말을 남기고 있기 때

---

16 *Lettere*, VI, n. 202, p. 191.

문이다.[17]

그는 왜 그렇게 오래도록 감추어왔던 '진실'을 이처럼 스스로 밝히게 되었을까? 아레초 사람으로 베네치아에서 어려운 처지에 있었던 누치는 아레티노의 환대와 도움 덕분에 어느 정도 살림 기반을 마련할 수 있었다. 이런 정황은 누치의 아내 안젤리카가 아레티노에게 보낸 감사 편지에서 짐작할 수 있다.[18] 그런데 어떤 이유에선지 그와 사이가 벌어진 아레티노는 누치를 고용하고 있던 코지모 1세의 베네치아 주재 대사 페로에게 그가 배은망덕하다고 험담을 했으며, 이에 분개한 누치가 아레티노에게 보낸 편지 속의 내용―특히 출생의 비밀―을 대사에게 퍼뜨린 것이다. 사태의 심각성을 알아챈 아레티노가 코지모에게 보낸 것이 바로 위의 편지였다. 그는 어쩔 수 없이 그동안 그토록 숨기고 싶어 하던 비밀을 자기 입으로 실토하게 된 것이다. 아마 이런 상황에서 코지모에게까지 계속 거짓말을 할 수는 없었을 법도 하다(그렇지만 그는 아버지의 이름에 대해서는 끝까지 함구했다). 이 편지는 코지모의 문서고 속에 들어 있다가 19세기 말 알레싼드로 루치오에 의해 발견됨으로써 아레티노의 출생에 대한 '확고한' 증거로 제시되었다.[19] 아레티노는 비록 그 '비밀'을 자백하지 않을 수 없었지만 그것은 당시 일부 사람에게만 알려졌을 뿐, 그 뒤로 무려 350여 년 동안 침묵에 싸여 있었다. 이런 의미에서 출생의 비밀을 그토록 숨기고 싶어 했던 아레티노의 소원은 꽤 실현된 셈이다.

---

17 코지모에게 보낸 편지는 다음에 실려 있다. Luzio, "La famiglia di Pietro Aretino", pp. 386~387. 스파다리에게 보낸 편지는 다음을 볼 것. *Lettere*, VI, n. 70, p. 80.

18 1550년 1월 12일 안젤리카 누치가 아레티노에게 보낸 아레초발 편지. *Lettere scritte a Pietro Aretino*, a cura di Paolo Procaccioli, 2 tomi (Roma, Salerno, 2003~2004), II, n. 310, p. 288. 이하 *Lettere scritte a Pietro Aretino*로 약기한 것은 이 판본에 따름.

19 Alessandro Luzio, "La famiglia di Pietro Aretino", *Giornale storico della letteratura italiana* 4 (1884), pp. 361~388, con documenti.

루카인가 바치인가

그렇다면 이제 아레티노의 아버지와 관련한 오랜 의문은 풀린 것인가? 말하자면 아레티노가 아레초의 귀족 루이지 바치의 서자일 가능성은 완전히 사라진 것일까? 문제는 여전히 그렇지 않다는 데 있다. 만일 그가 정말로 '구두장이 루카'의 아들일 뿐이라면, 그와 바치가 사람들이 주고받은 적지 않은 편지들 속에 나타나는 친밀한 관계는 도대체 어떻게 설명되어야 하는가? 1523년 3월 1일(이 무렵 아레티노는 교황 하드리아누스를 조롱하는 풍자시를 썼다가 그의 분노를 사는 바람에, 만토바로 피신하는 불안한 처지에 놓여 있었다) '형제' 괄티에리 바치에게 보낸 편지에는 바치가와 본치가(어머니의 가문) 사람들에게 의탁하고 싶은 그의 심정이 잘 나타나 있는데, 그는 이 편지에서 서사설에서 자신의 아버지로 추정되어온 루이시 바치의 장남 괄티에리와 차남 프란체스코를 큰 외숙부 파비아노 본치와 함께 언급하고 있다.[20] 1539년에는 자신의 질녀를 성 카테리나 수녀원에 보내는 데 도움을 준 괄티에리에게 감사의 내용을 담은 편지를 보내고 있다.[21]

바치가와의 서신 교환은 프란체스코 바치의 죽음을 애도하는 1551년 직전까지 이어지는데,[22] 특히 그와 주고받은 편지의 수와 내용으로 미루어 보건대 둘은 각별한 사이였던 것으로 여겨진다. 아레티노는 1542년 11월 누이인 프란체스카가 죽은 뒤 매제인 오라치오 반노티에게 보낸 편지에서, 장례에 참석해준 프란체스코에게 고마워하는 마음을 다음과 같이 피

---

20 Eugenio Gamurrini, *Istoria genealogica delle famiglie nobili Toscane et Umbre*, v. 3 (1673), pp. 332~333.

21 1539년 6월 20일 베네치아발 편지. *Lettere*, II, n. 112, p. 120.

22 1511년 11월 아레티노가 알베르고티에게 보낸 베네치아발 편지. *Lettere*, VI, n. 71, p. 81. 둘 사이의 편지로 지금 남아 있는 마지막 것은 아레티노가 프란체스코에게 보낸 1549년 10월의 편지이다. *Lettere*, V, n. 388, pp. 307~308.

력하고 있다.

프란체스코 바치가 그곳에 갔는데, 그 누가 그 뒤를 따르지 않았겠는가? 그가 그곳에 있었는데, 도시의 그 누가 그와 함께하지 않았겠는가? 나라고 그러지 않았겠는가? 그가 나에게 이러하고 나 역시 그에게 그러하다는 것은 누구나 아는 사실이니, 우리의 이런 관계를 장례식에 온 다른 사람들 모두가 인정할 수 있지 않았겠는가? 나는 이 훌륭한 신사가 그 아이를 위해 눈물을 쏟고 한숨 쉬는 모습을 내 눈으로 보고 마음으로 느꼈다네. 그는 내가 준 상복을 입고 있기 때문에, **그 아이가 그리도 보고 싶어 하고 칭송해 마지않던 오빠**가 자기 옆에 서 있었다는 것 역시 그 누구도 부인할 수 없겠지.[23] [강조는 필자]

이뿐만이 아니다. 다음에서 보는 것 같은, 유산 분쟁과 관련된 얘기까지—이 경우에는 바치가와 본치가가 연관된—나온다. 1549년 1월 28일 프란체스코 바치의 아내 알레싼드라가 아레티노에게 보낸 아레초발(發) 편지는 후자의 질녀 루크레치아가 죽으면서 '카를로'라는 인물의 아내에게 남긴 두 벌의 장옷을 그의 작은 외숙부 니콜로 본치가 돌려주지 않는다는 내용—정확한 상황은 알 수 없다—인데, 이는 바치가와 본치가가 밀접하게 얽혀 있다는 것을 알려준다. 알레싼드라와 니콜로 본치가 이 카를로라는 인물과 어떤 관계인지, 왜 하필 알레싼드라가 이 사실을 아레티노에게 고지하게 되었는지 궁금증을 더한다. 이 편지에서 알레싼드라는 아레티노를 '오빠'(fratello)로, 자신을 그의 '누이'(sorella)로 부르고 있으며, 심지어 아레티노의 질녀인 루크레치아를 '딸'(figliuola)이라고까지 부르고 있다.[24] 물론 앞에서 지적한 것처럼, 이러한 호칭이 곧 혈족관계를 그대로

---

23 *Lettere*, III, n. 20, p. 32.
24 *Lettere scritte a Pietro Aretino*, II, n. 284, pp. 266~267.

가리키는 것은 아니다. 그때는 친밀한 사이라면 그런 식으로 부르는 관습이 있었다. 그렇다 해도 위에 인용된 편지들은 바치가 사람들과 아레티노가 아주 가까운 사이였다는 것을 잘 보여준다.

내친 김에 한 가지 더. 앞서 인용한, 아레티노의 어머니를 모델로 한 그림에 대한 바자리의 설명에는, '다른 예배당'—정확한 이름은 알려져 있지 않다—의 수태고지화에 그려진 천사의 모델이 "용모가 매우 아름다운 청년 줄리안 바치"였다고 되어 있다. 즉 바치가의 한 미소년이 아레티노의 어머니 티타에게 말을 걸고 있는 셈이다. 르네상스기 이탈리아의 관습에 따르면, 도시의 유력 가문들은 그곳 주요 교회 안에 자신들만의 예배당을 가지고 있었다. 이런 경우, 예배당에 그려진 성화의 등장인물들은 통상적으로 그 가문의 가족들을 모델로 하게 된다. 그렇다면 이 예배당은 바치가의 것으로 추측되는데, 그곳에 티타가 마리아로 그려져 있다는 사실은 아무래도 예사롭지가 않다. 아마 바자리는 이 '줄리안'이 누구인지를 알고 있었을 것이다. 왜냐하면 바자리 역시 아레초 출신인 데다가, 1549년 10월 38세의 늦은 나이로 25살 연하의 어린 소녀와 결혼하는데, 그녀는 다름 아닌 아레티노와 절친한 관계였던 프란체스코 바치의 딸 니콜로자였기 때문이다. 아레티노는 이 결혼을 축하하는 편지를 그녀의 부친에게 써 보냈다.[25] 문제의 '줄리안'이 누구인지가 밝혀지면 티타의 행적을 추적하는 실마리가 되겠지만, 어쨌든 이런 풀리지 않는 점들 때문에 아레티노와 바치가의 관계를 둘러싼 미스터리는 더 복잡해져가고 있다.

그런데 아레티노의 어머니 티타는 도대체 어떤 사람이었기에 서로 신분이 확연히 다른 구두장이 루카 및 명망 높은 신사 루이지 바치와 동시에 관계를 맺게 되었을까? 앞서 언급했듯이, 어릴 때 그가 외숙부인 파비아노와 니콜로 본치에게 달려가곤 했다는 내용으로 보아, 티타가 아레초의

---

25 1549년 10월 베네치아발 편지. *Lettere*, V, n. 388, pp. 307~308.

신사 가문 본치가 출신이라는 것은 분명하다. 그리고 위에서 언급한 아레티노의 고백과 증언으로 보아, 그녀가 구두장이 루카와 내밀한 관계에 있었다는 섬 또한 분명하다. 어느 쪽이 먼저였는지는 잘 알기 힘들지만, 티타는 어떤 상황에서 루이지 바치와도 친밀한 관계를 맺게 되었으며, 이것이 곧 서자설의 빌미가 되었을 가능성이 있다. 아레티노의 정적들은 그녀를 가리켜 '푸타나'(창녀)라고 욕했지만,[26] 명망 있는 집안 출신인 티타가 정말로 창녀였다고 믿기는 어렵다.

어쨌든 아레티노는 어머니 티타를 이상적인 존재로 기억하고 싶어 했던 것 같다. 그가 '수태고시'에 묘사된 어머니의 얼굴을 보사해준 데 대해 바자리에게 보낸 감사의 편지에서, "그녀 자신이 지닌 선함과 고귀함"이 "그녀를 그린 사람의 솜씨"의 "부족함을 메우고도 남았다"고 한 것이나, 티치아노가 그 고상함을 높이 평가한 딸 아드리아의 용모가 "얼굴에 세속의 천박함이 전혀 보이지 않"을 뿐 아니라 그녀의 얼굴 생김새가 "이 훌륭한 여인" 티타를 "꼭 빼닮아서, 내가 아버지가 아니라 그녀가 그 아이의 어머니인 것처럼 보일 정도"라고까지 한 것도, 그 말을 뒤집어보면 '창녀'라는 욕까지 듣게 만든 티타의 오명을 그녀가 지닌 청순한 이미지로 감싸려는 의도가 숨어 있는 것으로 보인다. 자신의 비천한 출생이 오히려 명예와 고귀함의 원천이라는, 앞서 지적한 전복적인 표현 역시 같은 맥락에서 해석할 수 있다.

지금까지 밝혀진 '증거'만으로 볼 때, 아레티노는 루카와 티타 사이에서 난 그야말로 '비천한' 출신으로 보인다. 그는 바치가 사람들과 형제이기를 원했지만 노년에 이르러 결국에는 그토록 숨기고 싶어 했던 '진실'을 고백할 수밖에 없었다는 것이 '입증 가능한 한에서의' 역사적 진실인 셈이다.

---

26 Berni (pseudo), *Vita di Pietro Aretino scritta da Francesco Berni*, p. 7: 아비는 '악한'이고 어미는 '슬라브인 창녀'(schiavona e puttana). 슬라브인이 고대부터 노예로 많이 팔려왔기 때문에, 슬라브인이라는 표현은 베네치아에서 아주 낮추어 부르는 말이다.

그러나 역사적 상상력을 조금 발동시킨다면, 법적인 아버지는 루카이지만 실제 아버지는 루이지 바치였을 가능성도 여전히 열려 있다. 물론, 설사 그렇다 해도 루이지가 아레티노를 아들로 인정하지 않은 것은 분명하다. 르네상스기 이탈리아에서 서자 또는 사생아는 흔한 현상이었으며, 그 중에는 보카치오처럼 적자로 인정받은 운 좋은 경우도 있었다. 아레티노는 그런 행운을 얻지 못했던 것으로 생각될 수 있다. 훗날 자신이 비록 허름한 "병원에서이지만 …… 왕의 정신을 지니고 태어났다"[27]고 한 말도 어쩌면 이런 점을 암시한 것일지 모른다. 당시 '병원'(spedale)이라 불린 곳은 극빈자용이었다.

그렇지만 바치가는 그와의 관계를 암묵적으로 인정했고, 그래서 서로 지속적인 서신 교환이 이루어졌다고 한다면 무리일까. 또는 아레티노의 혈통에 대한 루이지 바치의 명확한 언질이 없었기 때문에, 그 아들들과 아레티노 자신마저 이에 대해 확신하지 못했을 개연성도 존재한다. 이처럼 굳이 바치가와의 관계를 가정하는 데에는, 뒤에 나오지만, 아레티노가 청년기에 페루자에서 시집을 간행한 것, 이어서 로마로 가서 당대의 부호 아고스티노 키지의 저택에 하인으로 들어간 것—이 얘기는 뒤에 자세히 하겠다—이 상당한 후원자의 도움이나 추천 없이 가능했겠느냐는 의문들도 여전히 도사리고 있기 때문이다.

아레티노의 편지들에 흩어져 있는 기록들을 종합해보면, 그에게는 적어도 3명의 누이가 있었던 것으로 보인다. 첫째는 '쉬피오네'라는 인물의 아내이자 '오타비아노'의 어머니이며, 둘째는 에우제니아와 앞서 언급한 루크레치아라는 두 딸의 어머니로, 둘 다 아레티노보다 먼저 세상을 떠났다.

---

27 아레티노가 피렌체 공작 코지모 1세에게 바친 3행시의 한 구절. "Capitolo al Duca di Fiorenza" in Pietro Aretino, *Poesie varie*, a cura di Giovanni Aquilecchia & Angelo Romano, 2 tomi (Roma, Salerno, 1992), t. 1, p. 144. 이는 원래 1540년 베네치아에서 간행된 시집에 실려 있었다. 서지사항에 관해서는 위의 책, p. 304를 볼 것.

셋째는 프란체스카인데, 오라치오 반노티라는 사람과 결혼한 여인이다. 이들의 아버지가 정확히 누구인지는—아마 루카인 것 같은데—알 수 없다. 그는 아마도 이런 여동생들을 둔 장남이자 외아들이었던 것 같다.[28]

초년기 교육

아레티노의 초년기 교육에 대해서는 거의 알려져 있지 않지만, 단지 초보적인 수준에 머물렀던 것으로 보인다. 이는 그가 친구 로도비코 돌체에게 보낸 1537년의 편지에 나타나 있다.

친구여, 편지 말미에서 보는 바와 같이 자네에게 시를 써 보내네. ······ 사실 나는 "성 십자가여, 저를 옳은 길로 인도하소서"를 배울 정도로만 학교에 다녔을 뿐이기 때문에, 글이 너저분한 것을 이해해주기 바라네. 나는 그리스인과 로마인의 기예에 심취한 사람도 아니고, 매사를 비판하고 무엇에 대해서든 비난만 퍼붓거나 어떤 모음의 강세를 찾아내는 것으로 명성을 얻는 그런 사람도 아니라네.[29]

여기서 보듯이, 아레티노는 "그리스인과 로마인의 기예"를 숭상하는 휴

---

28 1523년 3월 1일 아레티노가 괄티에리 바치에게 보낸 만토바발 편지. Gamurrini, *Istoria genealogica delle famiglie nobili Toscane et Umbre*, v. 3, p. 333; 1540년 3월 27일 아레티노가 프란체스코 마르케스키에게 보낸 베네치아발 편지. *Lettere*, II, n. 176, p. 200; 1549년 1월 28일 알레싼드로 바치가 아레티노에게 보낸 편지. *Lettere scritte a Pietro Aretino*, II, n. 284, pp. 266~267; 1536년 12월 18일 아레티노가 피렌체 공작(알레싼드로 데 메디치)에게 보낸 베네치아발 편지. *Lettere*, I, n. 82, p. 143; 1542년 11월 아레티노가 오라치오 반노티(매제)에게 보낸 베네치아발 편지. *Lettere*, II, n. 20, pp. 31~32.

29 1537년 11월 25일자 베네치아발 편지. *Lettere*, I, n. 249, pp. 346~347.

머니스트적인 태도를 아주 못마땅하게 생각하고 있다. "모음의 강세" 운운하는 표현이 암시하는 그들의 현학성을 질타하고 있는 것이다. 이러한 반(反)휴머니스트적 정서는 그의 편지 곳곳에서 드러난다. 이는 물론 그러한 고급스러운 지적 교육을 받지 못한 데 대한 스스로의 분노를 표출하는 것이기는 하지만, 동시에 자신만의 경험과 독서를 바탕으로 풍자적 속어 문학의 길을 개척해나가는 계기가 되기도 했다. 어쨌든 뒤에 그가 써낸 수많은 시와 편지와 책을 생각하면, 그는 학습 시간이 짧았음에도 불구하고 매우 영민한 언어 감각을 지닌 학생이었다는 것을 알 수 있다. 그의 이러한 문학적 재능이 최초로 발현된 것은 바로 그가 10대의 몇 년간을 보낸 페루자에서였다.

페루자의 시인

페루자로

아레티노는 10대의 어느 시기에—정확한 때는 잘 알 수 없다—고향 아레초를 떠나 페루자로 갔다. 이에 관한 유일한 기록은 그가 1548년 6월 법률가이자 시인인 안토니오 메차바르바에게 보낸 편지이다. 아레티노는 페루자에서 그의 인도로 처음 시에 눈뜨게 된 시절을 회상하면서, 그때부터 벌써 "40여 년"이 지났다는 말을 남기고 있다.[1] 이 연수를 역산해보면, 그가 페루자로 간 것은 1508년 이전—아마 1505년~1507년께—이라는 계산이 나온다. 그의 나이 대략 14, 5세 즈음이었을 것이다.

아레티노가 나중에 쓴 편지의 언급으로만 보면, 그의 페루자 생활은 아주 행복했던 것으로 보인다. 1536년 프란체스코 부온캄비에게 보낸 편지에서, "내 고향은 말하자면 나를 태어나게는 했지만 키워준 곳은 아니었다"면서, 페루자야말로 "내 젊은 시절을 꽃피운 정원" 같은 곳이라고 쓰고 있다. 또 훨씬 뒤인 1550년 아스카니오 다 라 코르냐에게 보낸 편지에서

---

1 *Lettere*, IV, n. 657, p. 406.

2장 페루자의 시인 49

는, "그 도시는 아레초 이상으로 나에게는 고향과 같은 곳이었다. 아레초가 나를 낳아준 곳이라면 페루자는 나를 키워준 곳이기 때문"이라고 그곳에서 보낸 옛 시절을 되돌아보고 있다.[2]

친구들

아레티노는 페루자 시절 많은 친구들—주로 시를 쓰는 문인들—과 사귀었으며, 그 뒤로도 오랫동안 좋은 관계를 꾸준히 이어갔다. 무엇보다도 그를 시의 세계로 처음 인도해준 인물은 바로 앞서 언급한 안토니오 메차바르바였다. 아레티노는 1948년 6월의 편지에서 그에 관해 이렇게 회상하고 있다.

내가 처음으로 시를 쓰게 된 것은, 바로 그대가 페루자에서 내 마음속에 소네트의 감미로움을 불어넣어주었을 때였다네. 그때 그대는 아름다운 숙녀를 칭송하는 시를 썼지. 그것을 보자 나의 정신은 즉시 시를 향한 사랑에 흠뻑 젖어들게 되었다네. 그리고 말을 가다듬고 그것으로 작시를 하는 매 순간, 나는 입술 사이로 마치 만나를 맛보는 듯한 감미로움을 음미하곤 했지. 그래서 이런 3행연구도 읊었다네.

자색으로 충만한 사랑스런 그대의 입술이여!
불타는 두 개의 홍옥으로 벌어져
진귀한 것을 보게 하고 감미로운 말을 듣게 하나니.

---

[2] 1536년 1월 28일자 편지. *Lettere*, I, n. 62, pp. 119, 120; 1550년 8월의 편지. *Lettere*, V, n. 532, p. 424.

나의 정신이 위대한 벰보가 칭송했던 그러한 빛깔을 띠게 된 지도 어언 40여 년이 되었구먼.[3]

아레티노는 또 자신의 희극 『마구간지기』(Il Marescalco)에서 그를 16세기 이탈리아의 문인·학자들과 함께 거명하면서, "여기 선량한 안토니오 메차바르바도 있구먼. 그는 법률 공부를 하느라 아깝게도 시재(詩才)를 썩히고 있었지"라고 표현하고 있다.[4] 메차바르바 또한 1535년의 한 편지에서 쓴 "진실로 비할 데 없는 피에트로 아레티노, 나의 경애하는 귀하에게"라는 인사말로 보아(이런 유의 표현이 지닌 수사학적 장식성을 감안하더라도),[5] 둘은 서로에게 경의와 애정을 품고 있었던 것이 분명하다.

페루자의 신사 프란체스코 부온캄비도 아레티노가 일찍이 그곳에서 가깝게 지낸 친구 중 하나였다. 1536년 아레티노는 그가 "첫 친구들의 즐거움"을 느끼게 해주었다고 고백했다.[6] 그때부터 9년 후, 아레티노는 자신을 대신하여 그를 펠리체 그라치아니—당시 유명한 용병대장이던 카밀로 오르시니 휘하의 장군—의 아들 세례식에 대부로 천거할 정도로[7] 그에게 깊은 애정을 지니고 있었다. 바로 이 부온캄비야말로 일찍이 아레티노를 메

---

3 *Lettere*, IV, n. 657, p. 406.

4 Pietro Aretino, *Il Marescalco* in *Tutte le commedie*, a cura di G. B. De Sanctis (Milano, Murscia, 1968; 1973), a. 5, s. 3, p. 98. 이 작품이 간행된 것은 집필하고 6~7년 후인 1533년 베네치아에서였다.

5 1535년 2월 14일 메차바르바가 아레티노에게 보낸 파도바발 편지. *Lettere scritte a Pietro Aretino*, I, n. 247, p. 236. 메차바르바의 가계와 생애에 관해서는 거의 알려진 바가 없다. 그가 쓴 시 일부를 인지한 글로는 다음이 있다. Carlo Frati, "Antonio Isidoro Mezzabarba e il Cod. Marciano Ital. IX. 203", *Nuovo Archivio Veneto*, n.s., 23 (1912), pp. 189~199.

6 1536년 1월 28일 부온캄비에게 보낸 편지. *Lettere*, I, n. 62, pp. 118.

7 아레티노가 '마돈나 펠리체 그라치아니'에게 보낸 1545년 6월 베네치아발 편지. *Lettere*, III, n. 237, p. 219. 원문에는 남편과 부인의 이름이 동명(同名)으로 되어 있는데, 아마 원래의 실수인 것 같다.

차바르바에게 소개해 그로 하여금 시인의 길로 접어들게 만든 장본인인 '프란체스코 본캄피'와 동일 인물이라는 추측도 있다.[8]

이러한 '첫 친구들' 중에는 나중에 의사가 된 루카 알베르토 포디아니라는 인물도 있었다. 아레티노는 그 무렵 페루자에서 추방당한 상태였던 그의 아들 마리오가 되돌아올 수 있도록 카살레 주교에게 부탁의 편지를 썼다. 포디아니는 이에 감사의 뜻을 전하면서, "어린 시절 페루자로, 뒤에는 로마로 돌아다니면서 우리가 나눈 스스럼없고 유쾌했던 대화"를 기억한다고 말하고 있다.[9] 한 해 전에는 페루자 당국이 아레티노에게 베네치아 정무위원회와의 일을 부탁하는 편지를 포디아니를 통해 보내기도 했는데, 여기서 그는 아레티노에게 "우리의 도시에서 나누었던 젊은 시절의 대화를 아직도 기억하고 있겠지. 그래서 우리는 당신을 형제이자 거의 우리 도시의 시민으로까지 생각하고 있다네"라면서 페루자 시민들이 그에게 품고 있는 애정을—그가 페루자에 품은 애정처럼—표시했다.[10]

페루자 시절 누구보다도 절친했던 친구로 아레티노보다 약 17세 연상이었던 쟘바티스타 카포랄리—별명이 '비테'였다—를 뺄 수 없다. 그는 나중에 화가이자 건축가로서의 경력을 쌓게 된다.[11] 1537년 직전쯤, 그는 기원전 1세기경에 살았던 로마의 고명한 건축가 비트루비우스의 『건축론』(De Architectura)을 이탈리아어로 번역, 주해한 책을 간행했다.[12] 카포

---

8 Alessandro Luzio, *Pietro Aretino nei primi suoi anni a Venezia e la corte dei Gonzaga* (Torino, Loescher, 1888; Ristampa, Bologna, Forni, 1981), p. 110, n. 1.

9 1541년 4월 10일 포디아니가 아레티노에게 보낸 페루자발 편지. *Lettere scritte a Pietro Aretino*, II, n. 142, p. 153.

10 1540년 4월 7일 포디아니가 아레티노에게 보낸 페루자발 편지. *Lettere scritte a Pietro Aretino*, II, n. 82, p. 93.

11 Cf. P. Scarpellini, "Caporali, Giovan Battista, detto Bitte" in *Dizionario biografico degli italiani*, vol. 18 (1975), pp. 683~685.

12 *Architettura con il suo comento e figure. Vetruvio in volgar lingua rapportato per M.*

랄리는 이 책 한 부를 아레티노에게 증정했고, 후자는 이에 대한 감사의 편지를 보냈다. 아레티노는 이 편지에서 책을 읽으면 그가 생각날 것이라며, 둘 사이의 친밀했던 옛 우정을 이렇게 회상하고 있다.

그러면 아모레가 언제나 새로운 가니메데를 새겨놓는 그 가슴으로 예전의 그 프리아노를 한껏 놀려먹으면서 우리를 그토록 유쾌한 기분에 젖게 하곤 했던 얘기들이 내 마음속에 다시 되살아날 겁니다. …… 나는 우리가 그 시절에 그랬던 것처럼 지금도 여전히 좋은 동무라고 믿고 싶습니다. 명성과 안락함이 더하면 할수록 우리 사이의 유쾌함과 다정함도 더 커지지 않겠습니까. 내가 살만 찌지 않는다면 세월의 무게도 가볍게 느껴질 것 같습니다만. 물론 내 체질을 생각하면 도무지 믿을 수 없는 일이긴 하겠지만 말입니다.[13]

인용문 중의 '프리아노'가 누군지는 잘 알 수 없지만, 문맥으로 미루어 아마 남색(男色)이었던 것으로 보인다. 아모레는 곧 큐피드로, 아프로디테의 아들이기도 하고 연인이기도 한데, 화살로 상대방을 사랑하게 만드는 능력이 있었다. 가니메데는 트로이의 영웅으로 아주 매력적인 청년이었다. 그의 미모를 사랑한 제우스가 독수리로 변신해서 그를 유괴하여 술시중을 들게 했다고 신화는 전한다. "아모레가 언제나 새로운 가니메데를 가슴에 새겨놓는"다는 말은 아마 '프리아노'가 골수 남색이었다는 것을 뜻하는 듯하다. 전반적으로 르네상스기 이탈리아에는 '소도미아'라 불린 동성애—하지만 지금의 게이나 레즈비언과 달리, 거의가 남성 간 동성애와 남녀 간 이성애를 모두 포함하는 양성애였다—가 마치 유행병처럼 만

Giambattista Caporali di Perugia. 현재는 영국박물관에 소장된 1540년의 페루자 재간본만 남아 있다.
13 1537년 8월 3일자 베네치아발 편지. *Lettere*, I, n. 169, pp. 248~249.

연해 있었다. 예술가와 문인들은 서로를 비방할 때 흔히 상대방을 '남색'이라고 몰아세우곤 했다.[14] 아레티노와 카포랄리도 남색을 했는지는 확인할 수 없지만, 일반적인 경향으로 볼 때 가끔씩이나마 '프리아노'와 함께 그런 '놀이'를 즐겼을 법도 하다.

카루비노 디 베네데토와 잠베르나르디노 쿠쎄도 페루자 시절에 가까웠던 친구들이다. 1538년 옛 시절을 되살리는 카루비노의 편지를 받은 아레티노는 그에 대한 답장에서 "마음은 항상 젊고 몸은 늙어가지 않았으면 좋겠네"라면서 지나간 세월을 아쉬워하고 있다.[15] 둘 사이의 우정은 오래 이어진 것 같다. 10년 뒤인 1548년 4월, 역시 카루비노가 보낸 편지에 대한 답장에서 아레티노는 서로 어울려 지내던 악동 '4총사'를 이렇게 회상한다.

> 나의 비테, 나의 카루비노, 나의 쿠쎄, 우리는 때로 함께 모여 열심히 얘기를 나누었지. 때로는 목탄으로 은빛 수염을 시커멓게 만들면서 놀기도 하지 않았나. 방종한 행동은 젊은이도 늙어 보이게 만들고, 절제 있는 처신은 노인도 젊어 보이게 만드는 법이지. 그래도 신은 이 모든 것을 기쁘게 여기셨을 것이라 믿어 의심치 않네. …… 나는 지금도 별 생각 없이 빈둥거리면서 페루자 시절과 같은 식의 생활과 경험을 하며 살고 있다네.[16]

1545년 5월, 4총사의 한 사람인 쿠쎄에게 보낸 편지에서도 그는 "이제

---

14 이런 측면에 대해서는 다음을 참조할 것. 곽차섭, 「르네상스기 이탈리아의 동성애자들」, 곽차섭·임병철(편), 『역사 속의 소수자들』(푸른역사, 2009), 17~39쪽; 곽차섭, 「파노르미타의 『헤르마프로디투스』와 르네상스 휴머니즘의 딜레마」, 『서양사론』 93 (2007), 33~58쪽.

15 1538년 8월 14일자 베네치아발 편지. *Lettere*, II, n. 70, pp. 73~74.

16 *Lettere*, IV, n. 448, p. 277.

는 지나간 좋았던 젊은 시절, 사랑하고 장난치며 서로를 놀려대던 그 시절 일어났던 일들이 생각난다"면서, 포이아노, 일 콰드로네, 루비노 등 다른 친구들의 이름도 거명하고 있다. 역시 그즈음에 법률가 줄리오 오라디니에게 보낸 편지에서는 그가 보내준 좋은 치즈에 고마운 마음을 전하면서 "우리의 비테 카포랄리와 우리의 잔 베르나르디노 쿠쎄, 그곳에 살고 있는 우리의 모든 동무들"의 안부를 묻고 있다.[17]

서로 주고받은 편지는 각각 한 통씩밖에 남아 있지 않지만, 피렌체의 문인 아뇰로 피렌추올라도 페루자 시절의 친구였다. 그는 당시 법률 공부를 위해 시에나를 거쳐 그곳에 왔는데, 방종하고 놀기 좋아하는 성격이어서 아레티노와 죽이 맞았던 것 같다. 그는 부를레스코풍의 설화집, 희극작품, 산문집 등을 썼지만, 무엇보다도 고대 로마 작가 아풀레이우스가 쓴 동명(同名)의 작품을 자유롭게 번안·각색한 『황금 나귀』(*L'asino d'oro*)가 그 뒤 판을 거듭하며 인기를 얻게 된다.

훗날 피렌추올라가 보낸 한 편지에 대한 답장에서, 아레티노는 그와 함께 보낸 혈기 넘치던 악동 시절을 그저 한때의 혈기일 뿐이라는 듯 유쾌한 기분으로 회상한다. 대낮에 거의 벌거벗은 채 미친 듯이 고함을 질러대자 그 꼴을 보고 깜짝 놀란 노파가 뒤도 돌아보지 않고 줄행랑쳤던 일, 친구들이 카밀라 피사나라는 여인과 잘해보라며 아레티노를 그곳에 남겨놓고 갔을 때 그가 싸움을 일으켰던 일, 페루자에서 알던 화가 바냐카발로—뒤에 라파엘로의 공방으로 들어간 바르톨로메오 라멘기—를 훗날 로마에서 우연히 만나 깜짝 놀랐던 일 등을 수다 떨듯이 늘어놓고 있다.[18] 놀기 좋아하던 아레티노에게 동무가 어찌 이들뿐이었겠는가!

---

17 *Lettere*, III, n. 196, p. 194; III, n. 195, p. 193.
18 1541년 10월 26일 아레티노가 피렌추올라에게 보낸 베네치아발 편지. *Lettere*, II, n. 301, pp. 329~330. Cf. 1541년 10월 5일 피렌추올라가 아레티노에게 보낸 프라토발 편지. *Lettere scritte a Pietro Aretino*, II, n. 172, p. 187.

『신(新)시집』

아레티노가 이 젊은이들과 어울려 그저 놀기만 하지는 않았다는 것은 페루자 시절 그가 썼다는 한 시집에서 확인할 수 있다. 어떤 경로를 통해서였는지는 잘 모르지만, 1512년 그는 78편의 시편을 담은 최초의 작품 『신(新)시집』(Opera nova)을 출판한 것으로 알려져 있다. 발간일은 1512년 1월 22일로 찍혀 있고, 발간지는 베네치아의 조피노 출판사로 되어 있다.[19] 이 시집에는 56편의 스트람보토(6/8행 11음절시), 12편의 소네트(14행시), 4편의 바르젤레타(강약격 8음절시), 4편의 카피톨로(11음절 3행시), 1편의 에클로가(전원시), 그리고 1편의 디스페라타 등 다양한 형식의 민중시가 실려 있다.

『신시집』의 존재는 발간 이후 오랫동안 잊혔다가 1878년 알레싼드로 단코나가 베네치아의 비블리오테카 나치오날레 마르차나(성 마르코 국립도서관)에서 사본 한 권을 발견함으로써 현대 학자들에게 알려졌다. 단코나는 이 아레티노가 과연 누구인지 의문을 나타냈고, 20세기 중반 알레싼드로 루치오는 처음으로 그가 바로 우리의 아레티노라는 주장을 펼쳤다.

그러나 루치오의 정연한 논증에도 불구하고, 논란의 여지가 완전히 사라진 것은 아니다. 시집의 저자가 '피에트로 픽토레 아레티노'(Pietro Pictore Arretino)로 명기되어 있을 뿐 아니라(시집 속에도 여러 곳에 저자명이 이런 식으로 씌어져 있다), 첫 부분의 스트람보토가 끝나고 소네트로 이어지는 대목에 "이 분야와 함께 그림을 공부한 피에트로라는 어느 아레초 출신 청년이 쓴 얼마간의 시들"이라는 구절이 나오는데, 아레티노가 '픽토

---

19 *Opera Nova del Fecundissimo Giovene Pietro Pictore Arretino zoè Strambotti Sonetti Capitoli Epistole Barzellete & una Desperata* (Venetia, Nicolo Zopino, 1512). 최근 판본으로는 다음을 볼 것. *Poesie varie*, a cura di Govanni Aquilecchia & Angelo Romano, 2 tomi (Roma, Salerno, 1992), t. I, pp. 39~90.

레', 즉 화가였다는 증거가 거의 전무한 데다가(그가 남긴 그림도 없고, 그가 어떤 공방에 속해 있었는지도 전혀 알 수 없다), 아무 연고도 없는 베네치아의 출판사에서 어떻게 시집을 낼 수 있었는지, 또한 빈한한 집안 출신으로 교육도 제대로 받지 못한 그가 언제 그렇게 공부해서 시를 쓸 수 있게 되었는지(물론, 앞서 언급했듯이 페루자에서 그가 메차바르바에게 시를 배웠다는 것은 알려져 있다) 등등 의심스러운 점이 한두 가지가 아니기 때문이다.[20]

하지만 그가 초기에 그림을 배웠다고 짐작할 만한 증거가 전혀 없는 것은 아니다. 루치오는 그 증거로 베네치아의 연대기 작가 마리노 사누도의 『일기』(*Diarii*)를 인용하고 있다. 그는 1532년 11월 29일자에서, "여기에서는 내가 도저히 칭송하기 어려운 일이 시작되었는데, 이는 로마인들이 파스퀴노 조상(彫像)에다가 하는 것을 모방해 리알토 교각에다 다양한 소네트와 카피톨로를 붙여놓는 것이나. 가장 먼서 붙은 것이 아레티노를 공격하는 것이었다. 이처럼 시와 산문을 통해 신사들과 다른 여러 사람들을 비방하는 것이다. 그래서 나도 그것들을 보았고 많은 사람들이 그것들을 베껴갔다"는 말을 남기고 있다. 그런데 여기서 사누도가 언급한 문제의 1532년 11월 리알토 교각에 붙어 있던, "아레티노를 비방하는 시"(*Capitolo contra Pietro Aretin* ……)에는 아레티노가 한때 그림을 그렸음을 암시하는 "당신의 화필"(il tuo pennello)이라는 표현이 나온다.

오, 내가 당신을 칭송하면 할수록

---

20 Alessandro D'Ancona, *La poesia popolare italiana* (Livorno, Vigo, 1878; 2ª ediz. accresciuta, Livorno, Raffaello Giusti, 1906; poi ripresa, Bologna, Forni, 1967), p. 135, n. (1ª ediz.); pp. 160, n. 3 (2ª ediz.); A. Luzio, *Pietro Aretino nei primi suoi anni a Venezia e la corte dei Gonzaga*, pp. 109~111; 루치오의 주장에 조심스럽지만 명확한 의혹을 제기한 학자는 베르타니이다. Carlo Bertani, *Pietro Aretino e le sue opere, secondo nuove indagini* (Sondrio, E. Quadrio, 1901), p. 12, n. 34. 다음도 볼 것. Giuliano Innamorati, *Tradizione e invenzione in Pietro Aretino* (Messina, G. D'Anna, 1957), pp. 93ff.; Giorgio Petrocchi, *Pietro Aretino tra Rinascimento e Controriforma* (Milano, Vita e pensiero, 1948), p. 302.

> 당신의 화필을 놓지 않았지.
> 옛날에 살았던 핀다로스처럼……
> 대시인이 되기를 원하는
> 오, 불쌍한 자여…….[21] [강조는 필자].

또 아레티노의 친구였던 로도비코 돌체가 쓴 『회화에 관한 대화』(1557)에도, 그가 "이 기예에서 화필(pennello)을 제대로 휘둘러본 적이 없다"고 공박하는 장면이 나온다.[22]

이런 일화도 전해온다. 페루자의 광장에서 사람들이 자주 들르는 곳에 그림 하나가 있었다. 그리스도의 발아래 막달라 마리아가 두 팔을 벌리고 슬퍼하는 모습이었다. 그러나 어느 날 누가 그녀의 손에 류트를 그려놓았는데, 그 장본인이 바로 아레티노였다는 것이다. 1662년 카를로 카포랄리는 16세기 후반에 활동했던 체자레 카포랄리 작(作) 『마이케나스의 장례(葬禮)』(Esequie di Mecenate)에 해설을 붙인 『주석집』(Osservazioni)을 간행했는데, 여기에 이 얘기가 나온다. 원래 체자레 카포랄리는 다만 '불경한 아레티노'에 대한 예로 "불경한 아레티노가 지옥형을 받았다네 / 감히 속된 말을 내뱉었으니 / 남은 것은 땡전 한 푼짜리 촛불 두 자루뿐"이라고 읊었을 뿐인데, 뒤에 카를로 카포랄리가 '불경한 아레티노'에 적절해 보이는 일화를 첨부한 것으로 보인다.[23] 이 일화의 진위 여부는 알 수 없지

---

21 Marino Sanudo, *Diarii*, 58 voll. (Venezia, 1879~1903; Ristampa, Bologna, Forni, 1970), v. 57, p. 288; Luzio, *Pietro Aretino nei primi suoi anni a Venezia e la corte dei Gonzaga*, pp. 110 & n. 2, & 111. 사누도의 『일기』에는 이 시가 실려 있지 않다.

22 Lodovico Dolce, *Dialogo della pittura intitolato l'Aretino* (Venezia, 1557), in *Trattati d'arte del Cinquecento. Fra manierismo e controriforma*, a cura di Paola Barocchi, 3 voll. (Bari, Laterza, 1960~62), v. 1, p. 154.

23 Cesare Caporali, *Rime*, a cura di Gennaro Monti, 2 voll. (Lanciano, R. Carabba, 1916), vol. 1, "Esequie di Mecenate", esp., p. 20 (이 판본은 1651년 판을 저본으로 한 것이다); Cesare

만―이런 유의 이야기들은 대부분 약간의 뼈대에 두툼한 살을 입힌 것이기는 하다―적어도 아레티노가 한때 그림을 그린 적이 있었다는 것을 시사한다. 여러 불확실한 정황 속에서도 시집 속에 나오는 '화가 피에트로'라는 말이 어느 정도 신빙성이 있다는 뜻이다.

아직 경력이 짧은 아레티노가 어떻게 아무 연관도 없는 베네치아의 출판사에서 시집을 낼 수 있었는지에 대한 증거는 없다. 그 무렵 영세한 페루자의 출판업자들은 베네치아의 좀 더 큰 출판사를 통해 자신들의 출판물을 찍거나, 또는 그곳에 페루자 작가의 작품 출판을 의뢰하기도 했다는 점을 감안할 때,[24] 가장 그럴듯한 추측은 아레티노의 『신시집』이 후자의 경우라고 보는 것이다. 실제로 『신시집』을 간행한 베네치아의 조피노 출판사는 1525년 페루자의 카르톨라리 출판사를 대행하여 『사랑 사냥』(*Caccia d'Amore*)이라는 시집을 발간한 적도 있다.[25]

아레티노는 아마도 자신이 시인이자 동시에 화가로 보이기를 바랐던 것 같지만, 그는 문필에 더 재능이 있었다. 그는 결국 자신의 말처럼 "펜으로" 생계를 이을 운명을 안고 있었다. 비록 그의 그림으로 여겨지는 것이 현재 남아 있지는 않지만, 페루자 시절부터―그의 절친한 친구 중에는 화가로 입신한 잠바티스타 카포랄리 같은 인물도 있었다는 것을 상기해보자―인생 내내 고명한 화가들과 줄곧 각별한 관계를 유지했고 그림에 대한 비평도 탁월했던 점으로 미루어보아, 화가로서의 그를 비방한 카를로 카포랄리의 예도 아레티노가 미술비평―그림 그리기가 아니라―에 조예

Caporali, *Rime; con l'Osservationi di Carlo Caporali, dal medes accreciute* (Venetia, 1656), p. 217. 다음에서 재인용. Carlo Bertani, *Pietro Aretino e le sue opere, secondo nuove indagini* (Sondrio, E. Quadro, 1901), p. 199, n. 66. 유감스럽게도 나는 카를로의 『주석집』이 달린 1656년판을 구할 수 없었다.

24 P. Veneziani, "Cartolari, Francesco" in *Dizionario biografico degli italiani*, vol. 20 (1977), pp. 806~807.

25 Paul Larivaille, *Pietro Aretino* (Roma, Salerno, 1997), p. 388, n. 75.

가 깊은 것을 불신앙 쪽으로 몰아가려는 동기에서 비롯되었을 가능성이 있다.

이 '피에트로 픽토레 아레티노'라는 말이 함축하는 또 다른 중요한 의미는 그가 모든 편지에서 자기 이름을 '피에트로 아레티노'라고 쓰는 관행이 바로 이때부터 시작된 것이 아닌가 하는 점이다. 물론 아직은 '피에트로'와 '아레티노' 사이에 '픽토레'를 집어넣음으로써 '아레초 출신의 화가 피에트로'라는 뜻을 전달하고 있다. 하지만 그는 곧 이 '픽토레'라는 말을 빼고 그저 '피에트로 아레티노'라는 이름을 사용하게 된다. 그는 분명히 비천한 아버지 루카—그의 출생이 어떠하든 현실적으로는 루카가 아버지였다—의 가계를 따르고 싶지 않았을 것이다. 그는 자신을 굳이 피에트로 아레티노라고 불렀다. '아레티노'가 마치 원래 자신의 성인 것처럼.

그런데 정작 큰 의문은 그가 페루자에서 어떻게 자신의 기억처럼 '행복한' 생활을 하고, 활발한 교우관계를 맺고, 게다가 시집까지 간행할 수 있었을까 하는 점이다. 앞에서 살펴본 아레티노 가계의 처지로 보아, 아직 젊은 나이의 그가 그런 삶을 살 만한 재력이 있었을 리는 만무하다. 당시 그들의 친구들은 상당한 계층 출신이었고, 그들과 어울리려면—아레티노 특유의 친화력을 감안하더라도—틀림없이 어느 정도의 돈이 필요했을 것이다(돈은 주로 그들이 냈을 수 있겠지만). 누가 그를 후원해주었단 말인가? 여기서 다시 등장하는 인물이 바로 그의 실제 아버지라는 소문이 도는 루이지 바치이다(물론 외숙부들의 도움도 받았을 수 있다). 앞서 말한 것처럼, 그가 루이지 바치의 서자라는 주장이 완전히 불식되기 힘든 이유도 바로 이 때문이다.

그렇다 해도 아레티노의 생활은 결코 넉넉지 못했을 것이다. 그가 페루자에서 "책을 제본"하면서 살았다는 17세기 초의 기록이 있지만, 그 출처가 아레티노를 비난하는 베르니의 소네트 주석이라서 진위가 확실하지 않다. 또한 16세기 이탈리아의 역사가 쉬피오네 암미라토는 스페로네 스페로니에게 들었다면서 아레티노가 "거의 헐벗은 채로, 게다가 걸어서" 로마에 왔다는 말을 전하고 있다.[26] 이 역시 비난조의 전언을 옮긴 것에 불과한 것으로 보이지만, 어쨌든 그가 어렵게 살았다는 뜻으로는 받아들일 만하다.

---

26 Mazzuchelli, *La vita di Pietro Aretino*, p. 24.

3장

키지 궁의 가르조네

로마로

아레티노가 언제 페루자를 떠났는지, 그리하여 언제 로마로 왔는지 알려주는 정확한 기록은 없다. 다만 그가 로마로 오기 전 시에나에 들렀다는 주장은 있다. 그곳 출신 법률가이자 시인이었던 클라우디오 톨로메이는 1540년대 초로 추정되는 한 편지에서 젊은 시절 그의 "오랜 친구"와 "시에나 및 로마에서" 같이 지냈다는 얘기를 하고 있다.[1] 시에나는 당시 아레티노의 외숙부인 니콜로 본치가 법률 공부를 위해 유학하고 있던 곳이다. 정확한 이유는 모르지만, 하여튼 아레티노로서는 이런저런 도움을 받기 위해서라도 그곳에 다녀왔을 법하다. 이 때문에 일부 학자는 아레티노를 로마의 키지가에 소개해준 인물이 바로 그라고 추측하기도 한다.[2] 그러나

---

[1] Claudio Tolomei, *Delle lettere di M. Claudio Tolomei libri sette*, riveduto ed annotato da Raffaele Andreoli. 2 v. in 1 (Napoli, Presso P. Androsio, 1859), 47r. 이 편지의 존재를 처음 알린 학자는 루치오였다. *Un pronostico satirico di Pietro Aretino*, edito ed illustrato da Alessandro Luzio (Bergamo, Istituto italiano d'arti grafiche, 1900), p. 156, n. 2.

[2] Innamorati, *Tradizione e invenzione in Pietro Aretino*, p. 124.

편지만으로는 그가 페루자에 머물고 있을 때 시에나에 잠깐 다녀온 것인지, 아니면 페루자를 떠나 로마로 오는 도중 시에나에 들렀던 것인지가 전혀 명확하지 않을 뿐 아니라, 어린 시절 외숙부들과의 만남을 회상하는 아레티노의 편지[3] 속에도 그런 언급이 일절 없다는 점을 고려할 때, 현재로서는 그러한 주장—니콜로 본치가 시에나의 키지가와 어떤 관계였는지도 전혀 모를뿐더러—에 무게가 실리기는 어렵다.

어쨌든 아레티노가 로마에 온 때는 『신시집』이 간행된 후 몇 년 안의 일이었을 것으로 추측된다. 그가 로마에 언제 도착했는지에 관한 거의 유일한 자료는 프란체스코 베르니의 이름으로 되어 있는—하지만 그가 진짜 저자인지는 불분명하다—『피에트로 아레티노의 생애』(1538)이다. 이는 베르니와 마우로라는 인물이 만나 아레티노의 행적과 삶을 두고 조롱 투의 대화를 나누는 형식인데, 내용이 그에 대한 비난 일색이기 때문에 그대로 믿기는 어렵다. 아무튼 이에 따르면, 그는 로마에 와서 당대 최고의 부자 아고스티노 키지의 저택에서 일하게 됐지만 "불미스러운 일로 쫓겨났고", 이후 야바위꾼, 여관집 하인, 심지어는 사제 행세까지 하며 비첸차며 볼로냐며 라벤나 등지를 떠돌다가 교황 "레오가 즉위한 뒤"에야 다시 로마로 돌아왔다는 것이다.[4] 『신시집』은 1512년 1월에 간행되었고, 이듬해 2월 21일 율리우스 2세가 세상을 떠난 뒤 3월 9일에 레오 10세가 교황이 되었으니, 이 책의 내용을 감안한다면—물론 그의 행적과 관련한 얘기는 믿을 수 없겠지만—아레티노는 이르면 교황 율리우스 2세 말년인 1512년 중에, 또는 1513년이나 늦어도 1514년쯤 처음 로마로 온 셈이다.

---

[3] 1540년 9월 18일 아레티노가 니콜로 본치에게 보낸 베네치아발 편지. *Lettere*, II, n. 200, pp. 222~223.

[4] Berni (pseudo), *Vita di Pietro Aretino scritta da Francesco Berni*, pp. 11, 13, 15. 유감스럽게도 마추켈리 또한 이 이야기를 그대로 답습하고 있다. Mazzuchelli, *La vita di Pietro Aretino*, p. 24.

아레티노가 적어도 1512년에서 1514년 사이에 로마로 왔다는 사실은 다른 경로로도 입증된다. 아레티노가 일명 '일 소도마'(Il Sodoma)—남색이라는 뜻—이라는 별명으로 알려진 화가 조반니 안토니오 바치에게 보낸 한 편지에는 "우리가 로마와 아고스티노 키지의 저택에 있을 때 나눈 진실한 애정……" 운운하는 대목이 나온다.[5] 학자들은 바치가 키지의 연회용 저택 라 키자나의 침실을 프레스코화로 장식한 시기를 대략 1512년에서 1514년 사이로 짐작한다.[6] 이는 아레티노가 1512~13/14년에 로마로 왔다는 앞서의 추정과 거의 들어맞는다.[7]

그런데 아레티노는 왜 "행복했던" 페루자 생활을 버리고 로마로 왔을까? 그가 아레초를 떠나 페루자로 간 것과 비슷한 동기가 작용했을 것도 같다. 그의 삶을 들여다보면, 그가 야심이 큰 영민한 젊은이였다는 것을 쉽게 감지할 수 있다. 그는 아레초의 비천한 생활에 도저히 그대로 머물러 있을 수 없었고, 그래서 꿈을 이루고자 페루자로 갔을 것이다. 그리고 그는 나름대로 조그만 입신에 성공했다. 베네치아의 출판사에서 자기 시집까지 냈고, 많은 명문가 자제들을 친구로 삼을 수 있었다. 그는 이를 밑천 삼아 다시 더 큰 꿈의 성취에 도전하려 했을 것이다. 당시 이탈리아에서 최고의 도시는 의심의 여지없이 로마였으니, 그가 페루자에서 로마로 간 것은 결코 이상한 일이 아니었다. 지도를 보면 아레초에서 로마로 가는 길

5　1545년 8월 베네치아발 편지. *Lettere*, III, n. 270, p. 242.

6　E. Carli, "Bazzi, Giovanni Antonio, detto il Sodoma" in *Dizionario biografico degli italiani*, vol. 7 (1965), p. 329. 카메사스카는 이를 1513년경으로 보고 있다. 그러나 바자리는 1509년 또는 1510년으로 추정한다. *Lettere sull'arte di Pietro Aretino*, commentate da Fidenzio Pertile & a cura di Ettore Camesasca, v. 3, t. 2, p. 295 & n. 1.

7　그렇지만 앞서 언급한 피렌추올라와의 교유 시기가 이 연대와 잘 맞지 않는 문제가 있다. 피렌추올라의 전기 작가들은 대체로 그가 페루자에 있었던 때를 1515~16년경이라 본다 (Giuseppe Fatini, *Agnolo Firenzuola, 1493~1543* [Torino, G. B. Paravia & C., 1932], p. 6; F. Pignatti, "Firenzuola, Agnolo" in *Dizionario biografico degli italiani*, vol. 48, p. 216). 그렇다면 아레티노는 적어도 1515년경에는 페루자에 있었다는 말이 되므로, 풀리지 않는 문제이다.

중간에 페루자가 있다. 그의 꿈은 처음부터 로마였을 것이다. 페루자는 그곳으로 향하기 위한 중간 체류지였다.

아고스티노 키지

아레티노는 로마에서 당대의 부호 키지의 저택에 스스로의 표현을 빌리자면 "사환 비슷한 것"(quasi garzone)으로 들어가게 되었다. 사환으로 번역한 '가르조네'란 통상 주인의 일을 도와주는 젊은이를 가리키는 말이다. 키지가의 가르조네가 되었다는 것은 단순히 그곳에서 일하게 되었다는 것만이 아니라 막강한 권력자를 보호자로 두게 되었다는 것을 뜻한다. 그는 이제 키지 '파밀리아'(familia)의 일원이 된 것이다. 그는 트레비소의 상인 페리에리 벨트라모에게 보낸 1537년 7월 4일자 편지에서 그 시절을 이렇게 회상하고 있다.

> 나는 언제나 그들의 부유함 속에 나타나는 빈곤함을 혐오해왔지만, 나를 조롱한 운의 장난으로 아고스티노 키지의 저택에서 사환 비슷한 것으로 일하게 되었지요. 내가 만약 …… 교황의 장려함이 어떤 것인지를 보여준 레오조차 종종 경악하게 만든, 그토록 화려한 실내장식이며 멋진 만찬을 보고 삶의 의지를 되살리지 않았더라면 나는 그곳에서 주저앉고 말았을 겁니다.[8]

비천한 출신의 아레티노. 수중에 동전 한 푼 없었던 아레티노. 그러나 어린 나이에 페루자로 가서 타고난 문재(文才)와 친화력으로 자기보다 훨씬 나은 가문의 친구들을 사귀고, 게다가 작은 시집까지 낸 아레티노. 이

---

8 *Lettere*, I, n. 160, p. 236.

야심찬 청년은 키지의 저택에서 지금까지와는 전혀 다른 세상을 목격했을 것이다. 이 대상인의 '화려함'에 경악한 그는 이 새로운 상황을 어떻게든 자신의 출세를 위한 발판으로 삼으려 했을 것이 틀림없다. 사실 키지 밑에 들어가게 된 것 자체가 그의 새로운 인생역정의 시작을 알리는 신호탄이었다.

시에나 출신의 상인이자 은행가인 아고스티노 키지는 16세기 초 이탈리아는 물론 유럽 전체를 통틀어서 최고의 부호 몇 사람 중 하나로 꼽히는 인물이었다.[9] 그는 또한 자신의 막대한 재력을 기반으로 교황 율리우스 2세와 레오 10세의 재무관이라는 중임도 맡았다(물론 이 직책을 이용해 더 많은 돈을 벌었지만). 그의 사업 반경은 유럽을 넘어서 동방의 여러 지역에까지 이르렀다. 한창때 그의 밑에서 일하던 사람의 수가 2만 명을 웃돌고, 사업용 선박도 1,000척이 넘을 정도였다고 한다. 그는 프랑스 왕 샤를 8

---

[9] 아고스티노 키지에 관한 기록으로 믿을 만한 것은 그의 증조카 파비오 키지(그는 1655년 알렉산데르 7세 교황이 된다)가 쓴 라틴어 전기(*Chigiae Familiae Commentarij*, 1618)가 거의 유일하다. 19세기 말 쿠뇨니가 이를 발굴해서 해설과 함께 다음에 출판·게재했다. Giuseppe Cugnoni, *Agostino Chigi il Magnifico* (Roma, 1878); Id., "Agostino Chigi il Magnifico", *Archivio della Società Romana di storia patria* 2 (1879), pp. 37~83, 209~226, 475~490; 3 (1880), pp. 213~232, 291~305, 422~448; 4 (1881), pp. 56~75, 195~216; 6 (1883), pp. 139~172, 497~539. 이 전기에 기초해 그의 생애를 요약한 최근의 글로는 다음이 있다. F. Dante, "Chigi, Agostino" in *Dizionario biografico degli italiani*, vol. 24 (1980), pp. 735~743. 파비오 키지는 아고스티노가 "1465년경에" 태어났다고 말했지만, 1934년 프리츠 작슬은 '라 키자나'의 로짜에 그려진 천체도를 고찰하여 그것이 정확히 1466년 12월 1일 19시의 것임을 추론해낸 바 있다. Fritz Saxl, *La Fede Astrologica Di Agostini Chigi. Interpretazione dei dipinti di Baldassare Peruzzi nella Sala di Galatea della Farnesina* (Roma, Reale Accademia D'Italia, Roma, 1934). 최근 롤런드가 고문서 자료에 의거해 이를 같은 해 11월 29일로 수정했다. Ingrid. D. Rowland, "The Birth Date of Agostino Chigi: Documentary Proof", *Journal of the Warburg and Courtauld Institutes* 47 (1984), pp. 192~193. 키지에 관한 아래의 문단들은 따로 밝히지 않는 한 대체로 다음 자료들에 의존했다. Rodolfo Lanciani, *The Golden Days of the Renaissance in Rome, from the Pontificate of Julius II to That of Paul III* (Boston, Houghton, Mifflin, 1906), ch. 7; Gilbert, Felix. *The Pope, His Banker, and Venice* (Cambridge, Harvard University Press, 1980), *passim*.; Ingrid D. Rowland, "Render Unto Caesar the Things Which are Caesar's: Humanism and the Arts in the Patronage of Agostino Chigi", *Renaissance Quarterly* 39.4 (1986), pp. 673~730.

세, 발렌티노 공작 체자레 보르자, 교황 율리우스 2세와 레오 10세 등에게 거액을 대부해주기도 했다. 그가 언제든지 쓸 수 있는 돈이 어느 정도인지는 아무도 가늠할 수 없었다. 한번은 레오 10세가 재산이 얼마나 되느냐고 묻자, 그는 관련 사업체가 먼 지역에까지 흩어져 있어서 자기도 정확히 알 수 없다고 완곡하게 대답했다. 에스파냐, 프랑스, 잉글랜드, 독일의 군주들이 그에게 편지와 선물을 보내왔고, 오스만 튀르크의 술탄은 그를 가리켜 "그리스도교 세계의 대상인"이라 일컬었다. 베네치아 공화국은 그에게 자신들의 수호성인인 '성 마르코의 아들'이라는 칭호를 내린 뒤, 원로원에서 수장(首長)인 도제의 바로 옆자리에 앉을 수 있는 권한을 부여할 정도였다.

키지는 돈 버는 일에서라면 천부적으로 그 누구보다도 날카로운 통찰력과, 이런 일에 필수적인 책략적 두뇌까지 겸비하고 있었다. 그는 1502년 36세의 비교적 늦은 나이에 다른 사람과 동업으로 사업에 뛰어들어 40대 초인 1508년 이미 독자적으로 유럽 각국의 군주들과 거래하는 유력한 사업가로 부상했다. 특히 이탈리아에서는 소금·밀·백반(白礬)—명반(明礬)이라고도 하며, 모직물이나 실크 염색에 필수적이다—전매권을 획득해 엄청난 수익을 올렸다. 그가 사업에서 승승장구하기 시작한 때는 16세기 초 교황 율리우스 2세 치세였다. 초기에는 둘의 관계가 아주 좋아 교황은 그에게 자신의 가문인 델라 로베레가(家)의 깃발과 성(姓)을 쓰라고까지 할 정도였으나, 시간이 흐르면서 관계가 점점 악화되었다. 이런 차에 추기경 시절 자신과 잘 맞던 조반니 데 메디치가 교황 레오 10세로 즉위했으니, 키지로서는 두 손 들어 환영할 만한 일이었을 것이다.

레오 10세는 15세기 후반 영민한 정치적 판단력으로 메디치가의 피렌체 지배를 공고히 했던—반(反)메디치 공화파에게는 재앙이었겠지만—이른바 '대인'(Il Magnifico) 로렌초의 차남인데, 당대 최고의 철학자이자 문인이었던 마르실리오 피치노와 시인 아뇰로 폴리치아노를 사사(師事)

했던, 그야말로 피렌체 휴머니즘의 공기를 깊이 호흡한 인물이었다. 휴머니즘이 되살려낸 이교문화에 관대하고, 정치 문제에는 적극성을 보였지만 영적·정신적 문제에는 큰 관심을 보이지 않은 그의 태도도 이러한 지적·문화적 배경 속에서 어느 정도 이해될 수 있다. 게다가 그는 세속적 쾌락을 즐기는 성품이었다. 19세기 말 방대한 양의 『교황의 역사』를 썼던 교회사가 파스토르는 그가 "음악, 연극, 미술, 시 등을 가리지 않고 깊이 탐닉"했으며, 종종 "코르테자노(정신[廷臣])들과의 영민하고 재치가 넘치는, 때로는 음란하기까지 한 대화"를 즐겼던 인물이라고 묘사하고 있다.[10]

이런 면을 고려하면, 레오가 일찍이 추기경 시절부터 베르나르도 도비치—빕비에나 출신이라 해서 흔히 빕비에나 추기경으로 불렸다—와 절친한 사이였고, 교황이 된 뒤에는 그에게 추기경의 자색(紫色) 법복을 하사하기까지 했다는 사실은 별로 놀랍지 않다. 빕비에나는 쾌락이라면 만사 제쳐놓고 달려드는 인물이었기 때문이다. 특히 춤과 음악을 곁들인 연극에는 일가견이 있었다. 그는 직접 희극 작품 『칼란드라』(La Calandra)를 썼고, 1514년경에는 레오 10세와 만토바 후작부인 이자벨라 데스테 앞에서 그것을 무대에 올리기도 했다. 부도덕한 세태를 재치로 엮어낸 이 작품은 뒤에 마키아벨리가 쓴 『만드라골라』(Mandragola)나 『클리치아』(Clizia)를 생각나게 한다.[11] 어쨌든 레오는 정치와 세속사에서는 매우 적극적이었지만, 아버지인 대인 로렌초와 비교하면 결단력이 부족하고 위엄이 떨어지는 흠이 있었다. 매사에 전투적이었던 전임 교황 율리우스 2세와 달리, 가

---

10 Ludwig von Pastor, *The History of the Popes from the Close of the Middle Ages*, 40 vols. (Original German ed., Freiburg im Breisgau; St. Louis, Mo., Herder, 1886~1933, 16 vols.; London, J. Hodges, 1891~ ; London, Kegan Paul, Trench, Trübner, & Co., 1899~), vol. 6, p. 335.

11 마키아벨리 텍스트의 한국어 번역은 다음에 실려 있다. 니콜로 마키아벨리, 곽차섭 편역·주해, 『마키아벨리와 에로스: 문학작품과 편지에 나타난 사랑과 풍자』(지식의풍경, 2002).

능하면 분쟁보다는 타협을 추구하는 그의 태도도 이러한 성품에서 비롯된 것이었다.

키지로서는 아마도 전투적인 율리우스 2세보다는 평온하고 쾌락적인 성품의 레오 10세가 더 편안했던 것 같다. 좀 더 다루기 쉽다는 편이 더 정확한 표현일지 모르겠다. 그는 레오가 관례에 따라 교황의 자리에 앉기 위해 대로를 행진해올 때, 환영의 표시로 방코 디 산토 스피리토 가(街)에 있는 자기 집 부근에 아주 호화로운 아치를 세웠다. 그곳에는 라틴어로 "가장 훌륭한 평화의 복원자 교황 레오 10세 성하"라는 명문(銘文)이 새겨져 있었다. 덧붙여, 전대의 알렉산데르 6세와 율리우스 2세의 지세를 잎으로의 레오 치세와 비교하는 이런 금박 글귀도 씌어져 있었다. "한때 키프리스가 지배했다가, 이어 마르스의 시간이 왔고, 이제는 팔라스의 치세가 되었도다." 좀 더 풀어 쓰면 이 정도가 되겠다. 쾌락의 극치를 만끽했던 보르자가의 알렉산데르 때는 키프로스의 귀부인, 즉 미와 쾌락의 여신 베누스가 관장했다면, 호전적인 율리우스 시대를 장악한 것은 역시 전신(戰神) 마르스였을 것이고, 앞으로 레오를 이끌 정신은 지혜의 여신 아테네라는 것이다.

키지는 자신이 가진 막대한 부의 상당량을 예술을 후원하는 데 쏟아부었다. 오늘날 로마를 찾는 방문객들에게 놀라움과 찬탄을 불러일으키는 수많은 건축물과 예술품들 다수가 전적으로 키지의 이러한 후원 덕분이라고 해도 과언이 아닐 정도이다. 16세기 로마에는 부를 축적한 다수의 다른 은행가와 사업가들이 있었지만, 예술 후원이라는 측면에서 그에 필적할 만한 인물은 없었다. 키지는 타고난 예술품 수집가로서, 그가 소유한 다수의 저택은 그림, 조상(彫像), 청동상, 반신상, 그리고 고대 로마의 발굴품으로 가득 차 있었다. 라파엘로, 피에트로 페루지노, 조반니 바릴리, 줄리오 로마노, 조반니 다 우디네, 조반니 프란체스코 카로토, 로렌체토, 도나토 브라만테, 지롤라모 젠가, 발다싸레 페루치, 세바스티아노 델 피옴보, 일 소도마 등이 여러 시기에 걸쳐 테베레 강변에 위치한 키지의 빌라 라 키자나를 위시해 로마의 산타 마리아 델라 파체, 산타 마리아 델 포폴로, 산타 카테리나 다 시에나 교회에 있는 그의 예배당, 그리고 로마와 시에나에 위치한 그의 저택들에다 각자의 솜씨를 발휘했다.

예술가들에 대한 키지의 후원은 때로 교황과 추기경들이 그들에게 호의를 보이지 않았을 때조차 변함이 없었다. 동성애(소도미아)에 대한 탐닉 때문에 '일 소도마'라는 별명으로 불렸던 조반안토니오가 1508년 동생인 시지스몬도 키지의 추천으로 로마에 오자, 율리우스 2세의 숙소 위쪽에 있는 바티카노 궁의 몇 개 방을 그림으로 장식하는 일을 맡겼다. 교황이 궁정 예법에 문외한인 이 신입자를 싫어했는지 또는 그의 일솜씨를 마음에 들어하지 않았는지는 잘 알 수 없지만, 하여튼 일 소도마는 해고당했고 남은 마무리는 라파엘로에게 맡겨졌다. 아고스티노 키시에게는 이 일이 자신의 후견인에게—따라서 그 자신에게—무례를 가한 것으로 느껴졌고, 그래서 그는 보란 듯이 그에게 라 키자나의 자기 침실에 그림을 그리도록 조치했다. 궁정 안에서의 이 작은 신경전 덕분에, 우리는 지금 그가 그린 걸작품 「알렉산드로스와 록사나의 결혼」을 즐겁게 감상할 수 있다. 그의 예술 후원에서 약간 이상하게 보이는 점은 당대 최고의 예술가 미켈란젤로와는 거의 접촉하지 않았다는 사실이다. 이유는 확실하지 않지만, 교황에게조차 고개를 숙이기 싫어하던 미켈란젤로의 자존심 강한 성격 때문일 수도 있고, 당시 사람들이라면 누구나 알고 있던 그와 라파엘로 사이의 경쟁관계를 고려한 때문일 수도 있다. 각별히 라파엘로를 애호했던 키지의 예술적 취향으로 볼 때, 어쩌면 두 경우 모두를 염두에 둔 것일 수도 있겠다.

라 키자나

키지 생전에 그의 막대한 부(富)를 특히 인구에 회자하게 만든 것은 그가 교황을 비롯한 교회 최고위 인사들을 위해 연회와 숙박용으로 사용한 호화로운 저택 라 키자나(La Chigiana)의 존재였다.[12] 트란스테베레 지역, 포르타 세티미아나 부근에 있는 이 하계용 빌라를 설계하고 건축한 인물은 발다싸레 페루치였다. 이 건물은 한쪽을 개방해 주로 연회 때 사용한 로짜(loggia) 형태의 지층과, 숙소용으로 꾸민 1층(이탈리아에서는 우리가 말하는 1층과 2층을 각각 지층과 1층이라 부른다)으로 이루어져 있다. 지층 후면 중앙에는 연회용 공간인 로짜 디 프시케가, 그 양옆에는 살라 디 갈라테아(갈라테아의 방)와 살라 디 프레조(장식의 방)가 자리 잡고 있다. 특히 프시케의 로짜의 개방된 쪽에는 바로 옆의 테베레 강에서 끌어들인 강물이 연회장 바로 아래까지 흘러넘쳤다고 한다. 라파엘로는 이 로짜의 천장을 「쿠피도와 프시케」의 사랑에 얽힌 장면들로 아름답게 그려놓았다. 이들 주변에는 갖가지 수많은 꽃과 과실들이 조반니 다 우디네의 능란한 솜씨로—과일들 속에는 마치 숨은그림찾기에서처럼 남자의 성기 모양이 숨겨진 경우도 있는데, 이탈리아 특유의 풍자가 가미되어 성적 음란함이 전혀 음란하게 보이지 않고 오히려 유쾌한 느낌을 주기까지 한다—장식되어 있다.

갈라테아의 방은 발다싸레 페루치와 라파엘로의 솜씨로 장식되었는데, 특히 오비디우스의 『변신』에 나오는 아키스 강의 정령 아키스와 바다의 님프 갈라테아의 비극적인 사랑 이야기를 다룬 라파엘로의 「갈라테오의 승리」는 그 특유의 아름다우면서도 육감적인 터치가 압권이다. 일찍이 부

---

[12] 라 키자나의 건축과 내부 그림들과 관련해서는 다음을 볼 것. Paolo D'Ancona, *The Farnesina Frescoes at Rome* (Milano, Edizioni Del Milione 1955).

르크하르트는 이탈리아 예술 안내서 격인 『데어 치체로네』(Der Cicerone)에서 이 그림을 가리켜 "근대 신화화(神話畵) 중에서 가장 아름답다"고 격찬한 바 있다.[13] 주로 이러한 고전적·이교적 주제를 다룬 에로틱한 프레스코화들은 그 시기의 사교적인 분위기를 잘 전해준다. 라 키자나는 원래 키지의 애인이며 로마 최고의 코르티자나 오네스타—미모와 기예가 빼어나거나 시문에 능한 고급 창녀—중 하나였던 임페리아를 위해 만들어진 것인데, 1579~80년경 알레싼드로 파르네제 추기경이 사들인 이후 지금까지 라 파르네지나(La Farnesina) 또는 빌라 파르네지나(Villa Farnesina)로 불리게 되었다.

키지의 호화로운 생활에 관해서는 많은 일화가 있다. 특히 그가 열었던 몇몇 연회는 그 뒤 두고두고 세인의 입에 오르내려 키지 궁의 명성을 높이는 데 기여했다. 그의 증(曾)조카 피비오 키지(뒤에 교황 알렉산네드 /세가 된다)가 쓴 전기에는 이 부유한 은행가가 열었던 수많은 연회 중에서도 특기할 만한 세 연회에 관한 이야기—주로 그 자리에 동석했던 시에나 출신의 역사가 시지스몬도 티치오를 인용하면서—가 나온다.[14]

첫 번째는 1518년 4월 30일에 열린 연회로, 교황은 추기경 12명을 대동하고 참석했다. 장소는 키지 궁(뒤의 빌라 파르네지나) 안에 있는 마구간과 마차 보관용 별채였다. 그때는 건물이 아직 완성된 상태가 아니었기 때문에, 마감이 덜 된 부분은 플랑드르산(産) 태피스트리며 동양산(産) 카펫,

---

13 Jacob Burckhardt, *Der Cicerone. Eine Anleitung zum Genuss der Kunstwerke italiens* (Leipzig, Alfred Kröner Verlag, 1927), p. 881; Id., *The Cicerone: An Art Guide to Painting in Italy*, trans. A. H. Clough (London, John Murray, 1879; Repr., New York, Garland, 1979; Facsimilr repr., Nabu Press, 2010), p. 162.

14 3번의 연회에 관해서는 다음을 볼 것. Giuseppe Cugnoni, "Agostino Chigi il Magnifico", *Archivio della Società Romana di storia patria* 2 (1879), pp. 66~67, 76~77; Rodolfo Lanciani, *The Golden Days of the Renaissance in Rome, from the Pontificate of Julius II to That of Paul III* (Boston, Houghton, Mifflin & Co., 1906), pp. 301~303; F. Dante, "Chigi, Agostino" in *Dizionario biografico degli italiano*, vol. 24 (1980), p. 735.

왕의 몸값이라도 지불할 만한 고가의 금은제 쟁반들로 가득 채운 벽장 따위로 솜씨 있게 가려놓았다. 상에 오른 음식들도 값을 따지기 힘든 것이었다. 식탁에 오른 산해진미 중에는 예컨대 비산틴 지역에서 산 채로 운반해 온 거대한 칠성장어와 앵무새 혓바닥으로 만든 미트소스도 있었다.

연회가 거의 끝날 무렵 교황 레오 10세는 키지에게 이 대단한 모습을 보니 오히려 그 옛날 자신과 키지가 예의를 벗어던지고 격의 없이 식사하며 담소하던 때가 그립다고 넌지시—지나친 사치에 대해 약간은 힐난하는 투로—말했다. 그러자 키지는 바로 그런 기억 때문에 교황 성하를 이런 누추한 곳에 모실 수 있었다고 재치 있게 응답하면서 바로 옆의 태피스트리를 슬쩍 들어올려 뒤편에 감추어진 모습을 보여주었다. 교황은 결국 마구간 한가운데에 앉아 있었던 것이다!(아쉽게도 이 건물은 19세기 초에 거의 사라져버렸다). 이 세례식 축연에 든 비용은 무려 2,000두카토나 되었다고 한다.

그런데 연회가 끝난 뒤, 은제 대접 11개가 없어진 것을 알게 되었다. 당시 이런 연회에 초대받은 높은 신분의 손님들은 각자의 하인들을 대동하고 오는 관습이 있었는데, 키지는 바로 그들이 접시를 훔쳤을 것이라고 확신했지만, 손님들이 불쾌해하지 않도록 일절 아무 말도 하지 말라고 했다는 것이다. 앞서 말한 바와 같이 그때 "사환 비슷한" 신분으로 그곳에 있었던 아레티노는 약 20년 뒤에 쓴 한 편지에서 "연회에서 몇 개의 은제 잔이 사라졌을 때 아고스티노 키지가 보인 의연함은 사람들을 놀라게 했다"면서 이 일화를 상기시키고 있다.[15]

이 은그릇 도난 사건은 그가 키지가에 있을 때 "불미스러운 일로 쫓겨났다"는 베르니(?)의 근거 없는 말[16]과 연결되면서, 정적들에 의해 그가

---

15 1537년 12월 23일 아레티노가 안치아니 디 파르마에게 보낸 베네치아발 편지. *Lettere*, I, n. 323, p. 445.

바로 은그릇을 훔친 도둑이라는 얘기로 증폭되어 마치 전설처럼 전해오고 있다. 그러나 이를 뒷받침할 만한 다른 증거가 없는 데다가, 앞서 언급한 것처럼 아레티노가 나중에 쓴 편지에서 키지의 부를 보고 자신의 운명이 바뀌었다는 취지의 말을 한 것으로 미루어,[17] 이러한 비난은 날조된 것이 분명해 보인다. 만일 그가 정말로 쫓겨났다면 다음에 얘기할 레오 10세와의 관계가 불가능했을 것이다.

두 번째 연회는 몇 달 뒤 테베레 강의 물결이 바로 곁에서 일렁거리는 정원 남쪽 끝 로짜 차실(茶室)에서 열렸다. 여기서 키지는 식사 때 한 번 사용한 식기들은 다시 쓰지 않는다는 것을 보여주기 위해 그것들을 손님들이 보는 앞에서 창문 너머 테베레 강에다 던져버리게 했다는 것이다(이 것이 고대 귀족의 관습을 따른 것이라는 말도 있다). 이 식기들은 금은제였으므로, 키지가 자신의 호화로움을 얼마나 과시하려고 했는지 알 수 있다. 하지만 그가 누군가. 이재(理財)에서는 당대 최고의 은행가이자 사업가가 아니었던가. 그는 강바닥에 미리 그물을 쳐놓았다가 강물로 던진 식기들을 아무도 몰래 다시 건져올리는 계책을 준비하고 있었다.

세 번째는 1519년 8월 28일, 키지의 성명축일(聲名祝日)—그의 이탈리아식 이름 '아고스티노'와 동명(同名)의 성인, 즉 성 아우구스티누스의 축일을 말한다. 가톨릭이나 그리스 정교를 믿는 국가에서는 자기 이름과 같은 성인의 축일을 기념하는 풍속이 있었다(지금도 유럽과 라틴아메리카에 그런 관습이 남아 있기는 하지만, 반드시 그리스도교와 직접적으로 연관된 것은 아니다)—을 기해 키지 궁에서 열린 자신과 프란체스카 안드레아차와의 결혼 축연이었다. 이 축연에서는 각별히 두 가지 경이로운 광경이 연출되

---

16 Berni (pseudo), *Vita di Pietro Aretino scritta da Francesco Berni*, p. 11.
17 1537년 7월 4일 아레티노가 페리에리 벨트라모에게 보낸 베네치아발 편지. *Lettere*, I, n. 160, p. 236.

었다. 우선 연회에 참석한 교황 이하 20명의 추기경과 외국 대사들은 그들 각자의 앞에 놓인 금은제 접시들에 그들 가문의 특별한 문장(紋章)과 상징·모토 등이 하나의 오류도 없이 정확하게 새겨져 있는 것을 보고 깜짝 놀랐다는 것이다. 두 번째 놀라움은 손님들에게 올린 생선, 육류, 가금(家禽), 과일, 채소, 그 밖의 진미(珍味)와 와인이 모두 각각의 출신지에 특유한 것이었다는 점이었다. 이러한 식재료는 유럽 곳곳에서 연회가 열리는 저녁 시간에 맞추어 동시에 운반되어온 것들이었다.

축연 후, 교황이 주재하는 결혼식이 치러졌다. 키지로서는 두 번째 결혼이었다. 그는 일찍이 시에나 귀족 출신인 마르게리타 사라지니와 결혼했으나 아이 없이 사별했다. 그 뒤 로마의 유명한 코르티자나 오네스타이자 한때 교황 율리우스 2세의 연인이었던 임페리아와 사랑에 빠지지만, 1512년 그녀마저 세상을 떠났다. 외로움에 빠져 있던 그는 1년 전 베네치아에 갔다가 본 프란체스카에게 마음을 두게 된다. 그러나 가난했지만 지체 있던 소녀의 집안에서 딸을 첩으로 줄 수는 없다고 반대하자, 그는 그녀를 몰래 유괴하여 로마로 데려왔다. 그는 그녀와의 사이에 아들 둘과 딸 둘을 낳게 된다(키지가 죽은 후 다섯째 아들 아고스티노가 태어난다). 그는 정식 혼례를 치르지 않은 채 프란체스카와의 사실혼 관계를 유지해오다가, 교황의 권유로 드디어 그녀와 결혼하게 된다. 그녀를 로마로 데리고 온 지 7년 만의 일이었다. 교황 레오 10세는 이 결혼식에도 많은 추기경과 명사들을 대동하고 참석했다. 그는 신부의 손을 잡고 손수 반지까지 끼워주었다.[18]

---

18 프란체스카의 성(姓)은 안드레아차·안드레오차·안드레오시아·안데아스카·오르데아스카·오르데아스키 등 여러 가지로 표기되고 있다. 연회 시기와 일화의 내용에 대해서도 책마다 조금씩 차이가 있다. 특히 페란테는 키지의 결혼식이 1518년 4월 30일에 치러졌다고 쓰고 있지만 잘못으로 보인다. Giulio Marchetti Ferrante, *Rievocazioni del Rinascimento* (Bari, Laterza, 1924), pp. 196~198. 파스토르는 세 번째 연회가 키지의 "생일"에 열렸다고 쓰고 있지만(Pastor, *The History of the Popes*, vol. 8, p. 117), 정확히 말하자면 '성명축일'이다. 임페리아와 키지의 관계에 대해서는 다음을 볼 것. Paul Larivaille, *Le cortigiane nell' Italia del Rinascimento, Roma e Venezia nei secoli XV e XVI*, traduz. Maura Pizzorno (Original

가르조네

그런데 아레티노는 라 키자나에서 어떤 신분이었을까? 이미 언급한 것처럼, 그는 1537년에 쓴 한 편지에서 자기가 "가르조네 비슷한 것"으로 들어왔다고 말한 바 있다. '가르조네'(garzone)란 일반적으로 주인을 도와 별로 중요하지 않은 일을 하는 젊은이이다. 물론 그것이 '세르비토레'(servitore), 즉 하인을 가리킬 수도 있다. 그러나 1541년의 두 편지에서는 자신을 각각 키지의 '크레아투라'(creatura)와 '알리에보'(allievo)였다고 표현한다.[19] 전자는 어떤 사람의 피보호자를 말하는데, '크레아토/크레아티'(creato/creati)라고도 한다. 후자는 학생·도제·제자 등을 가리키는 말이다. 훗날 아레티노는 자기 휘하에 있던 청년 문인이나 예술가들을 종종 이런 식으로 부르곤 했다. 가르조네·크레아투라·알리에노라는 말들은 의미상 미묘하지만 서로 분명한 차이가 있다. 특히 가르조네와 나머지 두 말의 차이는 더 크게 느껴진다.

경력도 보잘것없고 배경도 없기는 하지만, 그래도 자기 시집까지 낸 청년을 키지가 단순히 허드렛일만 하는 하인으로 고용했을까? 그보다는 그의 영민함을 알아본 키지가 일단 그를 가솔로 삼았을 가능성이 더 크다. 크레아토라는 말도 아마 이런 것을 뜻했을 것이다. 실제로 아레티노가 유명해진 뒤 그 스스로 레오나르도 파르팔리오니, 잔암브로조 에우제비, 니콜로 프랑코—이 가운데 마지막 인물은 곧 그의 정적으로 변하고 말지만—등을 자신의 '크레아티'로 삼았는데, 그들은 아레티노의 정신(廷臣/코르테자노)이기도 하고 비서이기도 한 위치에 있었다.[20] 학력도 전무하고

French ed., 1975; Milano, BUR, 1983; 2000), pp. 120~123.

19 1541년 7월 6일 아레티노가 줄리아노 살비아티에게 보낸 베네치아발 편지. *Lettere*, II, n. 264, p. 295; 1541년 9월 5일 아레티노가 조반니 다 우디네에게 보낸 베네치아발 편지. *Lettere*, II, n. 291, p. 321.

나이도 어린 아레티노가 키지의 비서나 정신이 되기는 힘들었겠지만, 어쨌든 곁에 둘 만한 유망한 젊은이로 여겨졌을 가능성이 높다. '가르조네'도 바로 이런 의미였을 것이다. 특히 몇 년 후 아레티노가 『코끼리 유언장』이라는 풍자시를 써서 사람들 입에 오르내린 유명한 사건은 키지가에서 그가 단순한 하인으로만 있었던 것만은 아닐 것이라는 추측에 더 힘을 실어준다.

아레티노는 라 키자나에서 수많은 예술가와 문인과 명사들을 알게 되었을 것이다. 이미 페루자 시절에 확인되었던 그 특유의 시재(詩才)—화필을 휘두르는 솜씨는 발휘되지 못했겠지만—와 친화력을 바탕으로 키지 궁을 드나들던 사람들과 친분을 맺었을 것이 틀림없다. 그중에는 아고스티노 키지가 각별히 애호하던 당대의 명장 라파엘로와 속어파 시인 피에트로 벰보, 로마 최고의 한량(閑良) 빕비에나 추기경이 있었다. 어린 시절부터 그림에 관심이 높았던 그는 특히 많은 화가들과 교분을 텄다. 뒤에 적나라한 성행위 모습을 스케치한 판화집 『체위』를 간행해 교황의 분노를 샀던 줄리오 로마노와 마르칸토니오 라이몬디, 뒤에 베네치아에서 더 각별한 사이로 발전했던 조각가 야코포 산소비노, 아레티노가 '경이로운 화가'라고 칭찬했던 세바스티아노 델 피옴보(그는 아레티노의 초상화—아마도 가장 초기의—를 그린 인물이기도 하다), 라 키자나의 프시케의 방 테두리를 멋있게 장식한 조반니 다 우디네 등도 그중 일부였다. 그는 이런 친분을 바탕으로 로마 상류계층의 삶의 모습과 그들에 관련된 온갖 공사(公私)의 비밀을 접하게 되었을 것이다. 명사들의 비밀을 담보로 스스로의 명성을 쌓는 아레티노의 기묘한 '아르스 비벤디'(ars vivendi), 즉 삶의 기술은 다름 아닌 라 키자나에서 출발했던 셈이다.

---

20 이러한 논의에 대해서는 다음을 볼 것. Larivaille, *Pietro Aretino*, p. 45.

레오의 파스퀴노

『코끼리 유언장』

키지의 저택에서 크레아토로서 생활하며 입신의 기회를 노리고 있던 아레티노에게 드디어 때가 찾아왔다. 그런데 그 기회를 제공한 것은 아이러니하게도 교황 레오 10세가 애완하던 코끼리였다. 1514년 3월, 포르투갈 왕 마누엘 1세는 최근 정복한 아시아와 아프리카의 영토를 에스파냐에 앞서 교황에게 승인받고자 하는 뜻에서 레오에게 대규모 사절단을 보냈는데, 새로운 영토를 상징하는 인도산 흰 코끼리 한 마리가 그들의 호화로운 진상품 물목 속에 들어 있었다.[1] 그는 메디치가의 군주들이 이런 유의 희귀 동물들을 애호한다는 사실을 잘 알고 있었다. 이미 레오의 증조부인 코지모부터 다수의 사자, 곰, 늑대 등을 사육하고 있었던 것이다. 레오 역시 이 선물에 매우 흡족해서 안노네―큰 안노라는 뜻. 안노는 한니발의 예에서처럼 카르타고인 사이에 흔한 이름인데, 교황이 왜 하필 이런 식으로 작

---

[1] 이 코끼리에 관한 자세한 설명은 다음에서 볼 수 있다. Leo X, *Confessions of an Infallible Man: The Secret Memoir of Pope Leo X*, trans. Stanley Wallerstein (Lexington, Lulu, 2012), pp. 153~154; Silvio A. Bedini, *The Pope's Elephant* (London, Carcanet, 1997).

명했는지는 의문이다—라는 이름을 붙여주고 성 베드로 광장 가까운 보르고 산탄젤로에 집을 마련해준 뒤 매우 끔찍이 아꼈다.

그런데 1516년 6월 초 안노네가 갑자기 중태에 빠졌다. 레오는 로마의 저명한 의사들을 모두 불러모았으나, 동물을 어떻게 치료하는지 몰랐던 그들이 이 거대한 환자에게 도움이 될 리 없었다. 결국 그달 8일 안노네는 2년여에 걸친 로마에서의 삶을 끝맺고 말았다. 교황은 크게 상심했다. 최근 그는 오랜 지병으로 고통받던 동생 줄리아노가 말라리아로 세상을 떠나고 자신도 노령으로 점점 더 쇠약해지는 데다, 교황청 일도 순조롭지가 않아서 개인적으로 매우 우울한 상태였기 때문에, 항상 자신의 기분을 북돋워주던 안노네의 갑작스러운 죽음은 그에게 더욱 큰 충격을 안겨주었다.

교황은 예우를 갖춰 안노네를 벨베데레 내정(內庭)에 묻었다. 그러고는 당시 바티카노 궁의 이른바 '불의 방'(Stanza del Incendio del Borgo)에서 작업하고 있던 라파엘로를 불러서 안노네를 기념하는 실물 크기의 그림을 우선적으로 제작하라고 명령했다. 지금은 전해오지 않지만 이 프레스코화는 거리 초입의 벽에 그려졌는데, 순례자들은 그리스도교 성도(聖都)에 들어오면서 이 엉뚱한 그림을 보고 분명 깜짝 놀랐을 것이다.

안노네를 향한 교황의 애정은 여기서 그치지 않았다. 그는 이 동물의 죽음을 애도하는 라틴어 비문까지도 손수 지었던 것이다(물론 글은 대부분 수하의 문인들이 썼지만). 그 첫머리와 끝은 이렇게 되어 있다.

　　이 위대한 언덕 아래 나는 묻어놓았다네
　　동방을 정복한 마누엘 왕이
　　교황 레오 10세에게 포로로 진상한
　　그 힘센 코끼리를.
　　　……

자연이 앗아간 그의 모습을

우르비노의 라파엘로가 그의 기예로 되살려놓았구나.[2]

그러나 안노네의 죽음을 진심으로 슬퍼한 것은 아마 교황 레오뿐이었을 것이다. 로마 시민들에게 이 일련의 사건은 단지 일상의 흥밋거리에 불과했다. 바티카노의 조신들 역시 애도의 분위기와는 달리 교황의 건강을 우려했을 뿐이었다.

레오와 안노네를 둘러싼 일화들이 사람들의 입에 오르내리고 있을 때, 한 편의 기발한 풍자문이 다시 한 번 시민들에게는 웃음과 통쾌함을, 조신들에게는 당혹과 분노를 안겨주었다. 그것은 안노네가 죽으면서 남겼다는 유언장이었다(이 같은 이른바 '유언장 장르'는 13세기 초 독일의 방랑시인 발터 폰 데어 포겔바이데에서 보듯이 유럽 중세 싱기[盛期]의 시문학에서 일찍부터 전해오던 것이었다). 이후 『코끼리 유언장』(Testamento dell'Elefante)이라 불리는 이 익명의 글은 레오의 비문을 연상시키는 문구로 시작된다.

포르투갈 왕 에마누엘이 레오 10세에게 보낸 인도산 코끼리는 주안 바티스타 아퀼란의 감독 아래 로마에서 약 4년간[사실은 2년여] 살다가, 로마의 변덕스러운 온도와 대기 때문인지 아니면 앞서 말한 주안 바티스타의 탐욕이 낳은 결과인지 모르지만 그만 병이 들었다. 우리의 분별과는 무관하게 어김없이 찾아오는 죽음을 생각하면서 코끼리는 자신의 쇠약해진 몸뚱이에 대해 나에게 이런저런 유언을 남겼다. 나에게 공술된 유증의 내용을 토대로 이 유언장을 쓰게 된 추기경회의 재정관이자 공증인 마리아 데이 프레비키는 다음과 같은 유언장을 작성했다.

---

2 전문은 다음에 실려 있다. Bedini, p. 240, Appendix.

이어서 코끼리의 몸뚱이와 정신적 미덕은 29가지로 나뉘어 교황 및 추기경들에게 각자의 성품과 특징에 따라 아래와 같이 유증되고 있다.

내 가죽은 레오 교황 성하께 드리오니, 실물 크기로 만든 목제 코끼리 위에 덮어서, 다른 새 코끼리가 내가 살던 거처로 올 때까지 적어도 내 모습이나마 알아볼 수 있게 하시기를.

내 상아는 산 조르지 추기경 각하[라파엘레 리아리오]께 드리오니, 부디 교황 자리에 대한 그의 끝없는 갈증이 좀 더 가라앉고 완화되시기를.

……

내 분별심은 볼테란노 추기경 각하[프란체스코 소데리니]께 드리오니, 부디 그의 지나친 관대함에 적절히 사용하시기를.

……

내 고환은 세네가이아 추기경 각하[마르코 비제리]께 드리오니, 부디 자손이 더욱 번성하고 성 카타리나 수녀원의 줄리아 수녀와 더욱 유쾌한 적그리스도 출산에 쓰시기를.

내 성기는 그라씨 추기경 각하[아킬레 그라씨]께 드리오니, 부디 아드리아나 부인의 도움으로 더욱 활기차게 사생아의 육화(肉化)에 힘쓰시기를.

……

내 귀는 메디치 추기경 각하[줄리오 데 메디치]께 드리오니, 부디 온 세상 얼간이들의 말도 들을 수 있게 되시기를.

내 턱뼈는 산티 콰트로 추기경 각하[로렌초 푸치]께 드리오니, 전 그리스도교 왕국의 돈을 집어삼키고, 정당하게든 아니든 새로운 세금을 부과해서 모든 수도원과 교회를 고갈시킬 수 있게 되기를…… .[3]

---

3 Pietro Aretino, *Testamento dell'elefante* in *Cortigiana. Opere nova. Pronostico. Testamento dell'elefante. Farza*, a cura di Angelo Romano & introduzione di Giovanni Aquilecchia, 3ª ediz. (Milano, Biblioteca Universale Rizzoli, 2001), pp. 359~363.

그 내용은 통렬했다. 그것은 추기경들의 권력과 재물과 여자에 대한 과도한 탐욕을 여지없이 공격하고 있다. 각각 상아와 분별심을 증여받은 라파엘레 리아리오와 프란체스코 소데리니는 레오를 제거하려는 음모와 관련된 인물들이었고, 성기의 일부를 받은 마르코 비제리와 아킬레 그라씨는 정부(情婦)를 두고 여색을 밝히는 인물들로 유명했다. 로렌초 푸치는 공금 착복과 횡령으로 악명을 떨쳤다. 나중에 클레멘스 7세가 되는 줄리오 데 메디치에게는 귀를 열라는 충고를 통해 우회적으로 그 숨은 뜻을 전하고 있다. 그나마 노골적인 희롱을 피해간 것은 오직 레오뿐이었다.

추기경들의 이러한 악덕은 로마 시민이라면 누구나 알고 있던 사실이므로, 이 유언장은 반짝이는 재치를 바탕으로 교황청의 부패를 날카롭게 비판하면서도 사람들에게는 통쾌한 웃음을 유발한다는 점에서 그 무렵 성행하던 민중적 풍자의 전형이었다. 모든 사람들이 낄낄대면서 과연 이 통렬한 풍자문의 작자가 누구인지 궁금해했을 것이다. 이름이 거명된 추기경들은 그들대로 누가 이 글을 썼는지에 신경을 곤두세웠을 것이다.

이 글의 작자는 과연 누구였을까? 아레티노가 그것을 썼다는 확증은 없지만, 그는 자신의 희극 『코르티자나』(*La Cortigiana*)에서 이 글을 되풀이하여 언급함으로써 그 글을 쓴 사람이 바로 자신이라는 사실을 암시하는 것처럼 보인다. 1525년의 초판 개요편을 보면, "나에게는 코끼리의 유언장이 훨씬 더 큰 것으로 보이는군. 그 짐승의 덩치 자체가 워낙 크니까 말일세"라는 대목이 나온다. 또한 1534년의 개정판—내용이 초판과는 매우 달라져 있다—3막 12장에서는 과르디아노의 입을 빌려 "자네는 코끼리가 죽기 전에 유언장을 썼다고 …… 말하려는 것인가? 세상에 그런 터무니없는 거짓말이 어디 있나?"라는 말을 하고 있다.[4]

---

4 Aretino, *Cortigiana* (1525) in *Cortigiana. Opere nova. Pronostico. Testamento dell'elefante. Farza*, a cura di Angelo Romano & introduzione di Giovanni Aquilecchia, 3ª ediz. (Milano, Biblioteca Universale Rizzoli, 2001), "argomento", p. 65; Aretino, *La Cortigiana* (1534) in

이러한 '암시'와 관련지을 수 있는 대목들은 그의 다른 작품이나 뒤에 쓴 풍자시에서도 발견할 수 있다. 먼저 그는 이 '코끼리 유언장'과 같은 장르의 글을 재차 쓴 적이 있는 것으로 추측된다. 1529년 12월 19일 만토바 발로 아레티노에게 보낸 편지에서 페데리코 2세 곤차가 후작은 "……당신은 이 두 사람[교황 클레멘스 7세와 신성로마제국 황제 카를 5세]에 대해 계속해서 험담을 하고, 그들을 지극히 수치스럽게 만든 **유언장**을 **또 다시 썼지요**"(강조는 필자)라는 말을 남기고 있는데, 비록 그가 언급한 교황과 황제의 '유언장'은 지금 남아 있지 않지만, 이로써 아레티노가 그런 글을 한 번 이상 썼다는 사실을 알 수 있다.[5]

흥미로운 점은 이에 대한 답신에서 아레티노는 페데리코가 언급한 그 유언장들은 결코 자신의 것이 아니라고 두 번씩이나 강력히 부인하고 있다는 것이다.[6] 물론 그가 부인한다고 해서 그것이 곧 진실로 보이지는 않는다. 자신의 목숨조차 위태로울 수 있는 상황에서 어쩔 수 없는 선택이었을 가능성이 있기 때문이다. 사방에 정보원을 두고 있던 만토바 후작이 아레티노가 문제의 유언장들을 썼다고 생각했다면, 그것이 진실일 개연성이 높다. 아무튼 이런저런 증거들을 보면, 아레티노가 오래전부터 이런 유의 유언장에 관심을 기울이고 그것을 실제로 썼을 가능성이 높으며, 당시 사람들도 그런 점을 인지하고 있었다고 보는 것이 전혀 무리한 추측 같지는 않다.[7]

Tutte le commedie, a cura di G. B. De Sanctis (Milano, Murscia, 1968; 1973), a. III, s. 12, p. 180.

5 *Lettere scritte a Pietro Aretino*, I, n. 17, p. 46.

6 이 편지는 다음에 실려 있다. Luzio, *Pietro Aretino nei primi suoi anni a Venezia e la corte dei Gonzaga*, pp. 86~87, n. 2. 원래 편지에는 날짜가 적혀 있지 않은데, 루치오는 여러 정황으로 보아 1529년 마지막 주 중에 씌어졌을 것으로 본다.

7 『코끼리 유언장』을 아레티노의 작품으로 보는 견해로는 Vittorio Rossi, "Un elefante famoso", *Intermezzo*, anno 1, nn. 28~30 (1890), pp. 629~648; A. Luzio, Recensione a

어쨌든 아레티노는 이 사건이 절호의 기회라는 것을 직감했을 것이다. 그리고 곧 익명으로 『코끼리 유언장』을 써서 사람들에게 퍼뜨렸을 것이다. 그는 여기서 일종의 도박을 감행한 셈이었다. 막강한 힘을 가진 추기경들을 조롱의 대상으로 삼는다는 것은 몹시 위험한 짓이었다. 목숨까지도 위태로울 수 있었다. 그러나 그는 레오가 평소 주변의 명사들을 풍자하는 농담을 좋아한다는 사실을 알고 있었다. 피렌체인이었던 교황(그는 '대인' 로렌초의 둘째 아들 조반니 데 메디치이다)은 로마인들이 우스개의 대상이 되는 데 반대할 이유가 없었던 것이다. 아레티노는 자신의 출세를 위해 추기경보다 더 큰 권력을 이용하고자 계획했다. 그리고 그것은 크게 성공했다.

물론 이 사건이 아레티노를 곧 레오 10세의 교황궁으로 불러들이게 하지는 않았을 것이다. 『코끼리 유언장』은 익명으로 씌어졌고, 그가 그것을 썼다는 데 대한 앞서의 증거들은 모두 한참 뒤의 글에서 발견되기 때문이다. 그러나 아레티노가 이 '유언장'을 썼다면, 그는 모든 사람에게 그 비밀을 지키지는 않았을 것이다. 왜냐하면 자기가 작자라는 사실을 사람들이

Pasquinate di Pietro Aretino ed anonime per il conclave e l'elezione di Adriano VI, a cura di Vittorio Rossi (Palermo, Carlo Clausen, 1891), in *Giornale storico della letteratura italiana* 19 (1892), pp. 80~103, esp. p. 80; Angelo Romano, "Il *Testamento dell'Elefante* attribuito a Pietro Aretino", *Filologia e critica* 13.3 (1988), pp. 405~424, ristampa in Id., *Periegesi aretiniane. Testi, schede e note biografiche intorno a Pietro Aretino* (Roma, Salerno, 1991), pp. 89~108. 아직 간행되지는 않았지만, 프로카촐리 역시 긍정적인 입장이다. Cf. *Opere attribuite a Pietro Aretino*, a cura di Paolo Procaccioli (Roma, Salerno). 부정적인 견해로는 다음이 있다. Giuliano Innamorati, *Tradizione e invenzione in Pietro Aretino* (Messina, G. D'Anna, 1957), p. 125; Paul Larivaille, *Pietro Aretino fra Rinascimento e manierismo* (Roma, Bulzoni, 1980), p. 41 & n. 51; Id., *Pietro Aretino* (Roma, Salerno, 1997), pp. 40~43. 라리바유는 전자에서는 아레티노가 1516년 당시 로마에 아직 오지 않았기 때문에 그것을 쓸 수 없었다고 주장한다. 후자에서는 아레티노의 로마 입성을 1512~14년으로 보는 설을 1517년설과 함께 소개하면서, 아예 이 작품의 내용은 언급조차 하지 않는다. 만약 아레티노가 1512~14년에 로마에 왔다면, 1517년 설에 근거하여 그가 저자임을 부인한 스스로의 주장이 무위가 된다는 점을 인지한 결과로 보인다.

아는 것이 관건이기 때문이다. 교황 역시 로마의 뜨거운 여름을 더 뜨겁게 달구며 사람들의 입에 오르내리던 이 글에 대해 몰랐을 리 없을 것이고, 당연히 누가 그런 글을 썼는지 궁금해했을 것이다.

그야말로 추측이지만, 키지의 보호를 받고 있는 한 젊은 문인이 그 글의 작자라는 소문이 어떤 식으로든 교황의 귀에 들어가지 않았을까? 공식적으로는 익명성을 유지하면서도 사적으로는 그 비밀을 유포시키는 것이야말로 아레티노가 구사한 고도의 전략이었다. 그는 1529년 말 만토바 후작에게 자신은 결코 교황과 황제를 비방하는 '유언장'을 쓴 적이 없다고 잡아뗐지만, 후작의 정보망에는 이미 그가 그것을 썼다는 사실이 포착되고 있었다는 것이 이러한 전략의 좋은 예이다. 아레티노는 이런 방식으로 어떤 글을 '썼으면서도 쓰지 않은' 태도를 견지함으로써, 스스로가 원하는 소기의 성과를 거두는 데 성공했던 것이다.

레오 10세

아고스티노 키지의 저택에서 그의 '크레아투라'로 있던 아레티노가 정확히 언제 어떤 경로로 교황 레오 10세 휘하에 들어갔는지는 잘 알 수 없다. 단지 그 시기가 1510년대 말쯤이 아닌가 짐작될 뿐이다. 왜냐하면 그가 1520년을 전후하여 교황궁에서 나름대로의 위치를 차지하게 된 것으로 보이기 때문이다. 이에 관한 거의 최초의 구체적인 증거는 통상 이 시기에 그가 쓴 것으로 간주되는[8] 『소극』(笑劇, Farza)—일종의 단막 오페

---

[8] 이를 피에트로의 작품으로 간주한 최초의 학자는 로씨이다. 다음에 그 전문(全文)과 주석이 실려 있다. *Pasquinate di Pietro Aretino ed anonime per il conclave e l'elezione di Adriano VI*, a cura di Vittorio Rossi, pp. 151~161, 172~173; 인나모라티는, 앞의 『코끼리 유언장』과는 달리 이 작품이 1525년의 『코르티자나』 초판과 매우 유사한 점이 있다는 견지에

라—에서 나타난다. 이 작품은 늙은 코르테자노인 칼란드로와 나폴리 출신의 젊은 사제이자 시인인 실바노 사이의 대화로 이루어져 있다. 칼란드로는 '대사제'(pastor grande)—교황 레오 10세—인 프로시니오 밑에서 봉직하고 싶어 하는 실바노에게 궁정에서의 처세술을 가르치는 것으로 상황이 설정되어 있는데, 여기서 아레티노가 두 번 거명된다.

칼란드로: 이제는 그 누구보다도 피에트로 아레티노라는 사람에게로 가서
만약 그대가 한 일로부터 어떤 성과를 얻으려 한다면,
어떤 수단을 써서라도 그의 호의를 얻어야 할 것인즉……
(중략)
칼란드로: 난 이런 식으로
그 신이 내린 사람에 대해 백 가지도 더 말할 수 있다네.
아레티노가 그대의 친구라는 점을 유념하게나.
그는 그를 해하려 하는 사람에게는 아주 골치 아픈 적이기 때문이지.
실바노: 그의 시구는 자주 보았고요
그가 동무처럼 보이기도 했지요.
일이 있어 그를 만날 때면,
언제나 맑고 순수한 모습이었습니다만.
칼란드로: 확신하건대, 나의 실비오, 이런 것이야말로
신의 뜻일 것 같구먼. 스스로의 두려움은 버리게나.
그야말로 만사를 파멸로 이끌 사람이라는 두려움 말일세.

서 그것이 아레티노의 작품이라는 견해를 지지했다. Innamorati, *Tradizione e invenzione in Pietro Aretino*, pp. 125~135; Paolo Procaccioli, "L'anticamera della corte. Dalla *Farza* alla *Cortigiana*", *Annali dell'Istituto di filologia moderna. Università degli Studi di Roma* 1 (1979), pp. 37~56; Aretino, *Cortigiana. Opere nova. Pronostico. Testamento dell'elefante. Farza*, pp. 375~392. 물론 소수이지만 부정적인 견해도 있다. Larivaille, *Pietro Aretino fra Rinascimento e manierismo*, pp. 41~43.

신이 우리 모두를 그의 말로부터 지켜줄 것이니.⁹

약간은 모호하게 느껴질 수 있는 내용이지만, 이 대목의 요점은 아레디노가 교황궁에서 대단히 영향력 있는 인물이라는 것이다. 또한 그를 비방하고 해하려는 적들이 많지만, 그는 결코 그들이 말하는 식의 악당이 아니라는 것도 강조점의 일부분이다. 오직 신만이 "우리 모두를 그의 말로부터 지켜줄 것"이라는 것은 곧 아레티노의 놀라운 언어적 권력을 시사한다. 그가 편지나 풍자시를 통해 군주제후들에게 믿을 수 없을 정도의 힘을 발휘했다는 것은 잘 알려진 사실이다. 그런 권력이 그의 나이 20대 후반에 불과한 1519~20년경에 벌써 시작되었다는 얘기이다. 물론 아레티노의 말은 매우 과장되었을 가능성이 크다. 그러나 늘 그렇듯이, 그의 말이 완전히 거짓은 아니라는 것 또한 사실이다.

아레티노가 단시간 내에 이러한 힘을 갖게 된 것은 자신이 섬기는 인물의 성격을 정확히 파악하는 능력이 있었기 때문이다. 훗날 발다싸레 카스틸리오네가 『정신론』(廷臣論, Il Cortegiano, 1528)에서 설파했듯이, 코르테자노에게는 주군의 성격과 심기를 재빨리 알아채고 그에 맞추어 행동하는 것보다 더 중요한 일은 없다. 이는 단지 입에 발린 아첨을 위한 것만은 아니며, 자기가 상대하는 중요 인물의 행동과 생각을 예측하는 것이야말로 마키아벨리의 말처럼 처세술의 기본이기 때문이다. 1532년, 아레티노는 교황의 시종이자 교황청 고위 성직자였던 콜랄토 백작에게 보낸 한 편지에서 레오의 성격과 그에 대처하는 방식을 이렇게 얘기한 바 있다.

레오가 양극단을 오가는 성격이었다는 것은 확실합니다. 그래서 그를 즐겁게

---

9 Aretino, *Farza in Cortigiana. Opere nova. Pronostico. Testamento dell'elefante. Farza*, pp. 384~385, vv. 194~196, 222~233.

하는 쪽이 학자의 재능인지 또는 광대의 희롱인지 판단하는 일은 누구에게나 결코 쉬운 일이 아니었지요. 교황이 한쪽만큼이나 다른 쪽도 칭찬하면서 이 두 부류를 모두 후하게 대접했기 때문입니다. 그래서 그가 나에게, 너는 나를 어떻게 섬길 텐가?(내가 그를 섬기고 있었다는 것은 아시는 대로입니다.) 베르길리우스가 되고 싶은가 아니면 나의 계관시인이 되고 싶은가?라고 물을 때면, 난 이렇게 대답하겠지요. 물론 계관시인이지요, 성하. 왜냐하면, 그는 베르길리우스가 성하를 칭송하는 2천 편의 『아이네이스』(*Aeneis*)와 100만 편의 『게오르기카』(*Georgica*)를 바쳐서도 얻기 힘든 것을 7월의 산탄젤로 성에서 더운 물로 부드럽게 만든 포도주를 마심으로써 얻었기 때문이지요. 위대한 지도자들이 훌륭한 시인보다 대주가를 더 좋아한다는 것은 의심의 여지가 없으니까요.[10]

이 인용문은 아주 묘한 뉘앙스를 풍긴다. 우선 아레티노가 예시한 일화가 과연 자신의 것인지 아닌지, 그 자체가 모호하다. "……라고 물을 때면, 난 이렇게 대답하겠지요"라는 표현의 시제가 접속법(또는 가정법)이라는 점을 생각하면, 이는 단지 레오의 성격을 묘사하기 위한 허구적인 일화에 지나지 않는 것처럼 보인다. 그렇다면 괄호 안의 "내가 그를 섬기고 있었다는 것은 아시는 대로입니다"라는 말—이는 사실이다—을 굳이 넣은 까닭은 무엇일까? 아레티노의 글이 언제나 그렇듯이 뭔가 모호한 구석이 있긴 하지만, 아무튼 여기서 그가 강조하려는 것은 학자적 재능과 광대의 희롱 사이를 왔다 갔다 하던 레오에게는 이런 식의 미묘하면서도 재빠른 임기응변이 필요하다는 점이었다. 아레티노가 실제 그런 말로 교황에 응대했다면, 분명히 그는 껄껄 웃으며 즐거워했으리라.

아레티노가 머물렀던 라 키자나와 레오 10세의 교황궁은 가까운 거리

---

[10] 1532년 10월 10일자 베네치아발 편지. *Lettere*, I, n. 32, p. 85.

에 있었지만, 그가 키지를 떠나 레오 아래로 들어갔다는 것은 사실 아주 큰 도약이었다. 키자나에서의 그의 위치가 허드렛일을 하는 하인은 아니었겠지만, 그렇다고 아직 코르테자노까지는 미치지 못하는, 그야말로 문재가 뛰어나 '곁에 둘 만한 유망한 젊은이', 즉 '가르조네 비슷한 것' 정도였을 것이다. 하지만 이제 그는 가톨릭 세계 최고의 권력자인 교황의 힘 있는 '코르테자노'—1520년을 전후해 씌어진 『소극』에서 보는 바와 같이—가 된 것이다. "거의 헐벗은 채로, 게다가 걸어서" 페루자를 떠나 로마에 왔으며, "불미스러운 일" 때문에 키지가에서 쫓겨났다는 비방성 풍문에 시달려왔던 그는 이제 명실상부하게 로마에 안착한 셈이다.

아레티노의 유력한 후원자였던 레오 10세는 1521년 12월 1일 아침 세상을 떠났다. 일요일 아침이었다. 그는 일주일 전 교황의 임시 거처인 빌라 델라 말리아나 부근으로 사냥을 나갔다가, 피아첸차와 파르마를 프랑스군으로부터 탈환했다는 반가운 소식을 듣고 사후 조치를 의논하고자 급히 로마로 돌아왔는데, 그때부터 건강에 이상 징후가 포착된 것으로 전해진다. 그는 그 뒤 2, 3일 사이에 급격히 병세가 나빠졌으며, 아무도 예상치 못한 상황에서 유명을 달리하고 말았다. 그가 너무 갑작스럽게 세상을 떠났기 때문에, 교황의 죽음에 응당 따르는 교회 의식조차 제대로 치르지 못할 정도였다. 심지어 그가 독살당했다는 소문까지 돌았다.[11]

아레티노와 같은 정신(廷臣)에게 주군의 죽음은 곧 스스로의 정치적 사망과 다름없다. 특히 음모와 질시가 난무하는 로마라는 권력의 아레나에서 유력자의 보호망을 상실한다는 것은 곧 모든 것을 잃는 것을 뜻했다. 그가 지닌 모든 힘의 원천은 교황이었기 때문이다. 특히 그는 레오 10세가 "피에트로 아레티노는 운명적 정신(spirito fatale)을 타고났기 때문에, 나

---

11 William Roscoe, *The Life and Pontificate of Leo the Tenth*, 4 vols. (Liverpool, Printed by J. McCreery, 1805; 3 vols., 1826; Repr., Adamant Media Corporation, 2001), vol. 3, pp. 304~313.

는 그가 나에게 불운을 예언하길 바라지 않는다"고까지 평가한 인물이었다.[12] 그가 최초로 몸을 의탁했던 아고스티노 키지는 벌써 한 해 전에 세상을 떠났으니, 아레티노는 불과 한 해 반이라는 짧은 시간에 자신의 보호자를 모두 잃은 것이다.

다행히도 그에게는 또 다른 힘의 잠재적 원천이 있었다. 아레티노는 레오의 코르테자노가 된 후 수많은 명사들을 알게 되었는데, 줄리오 데 메디치도 그중 하나였다. 그는 레오의 3살 아래 사촌동생이었다. 15세기 말 피렌체의 지배자였던 로렌초 일 마뉴피코, 즉 대인 로렌초에게는 줄리아노라는 동생이 있었는데, 줄리오는 그가 낳은 사생아였다. 하지만 그는 메디치 가 최초로 교황이 된 조반니(레오) 덕분에 추기경 지위에 오를 수 있었고, 나아가서는 두 번째 메디치 교황의 자리까지 호시탐탐 노리고 있었다.

그러니 로마 교황청에서 추기경의 권력은 제한적이다. 교황 자리를 노리는 수많은 경쟁자들이 있는 데다, 줄리오는 로마 출신도 아니었다. 그의 영향력 역시 교황 레오에 의존한 것이었다. 관건은 줄리오 데 메디치가 사촌형을 이어 교황 자리에 오를 수 있느냐 하는 것이었다. 레오가 죽은 직후인 1521년 12월 14일 추기경들이 새 교황을 뽑기 위해 콘클라베가 열리는 로마의 비밀 회의장으로 모여들었다. 바야흐로 그리스도교 세계의 정신적 수장—동시에 막강한 세속 권력을 보유한—자리에 누가 오르느냐를 놓고 피 말리는 물밑 각축전이 펼쳐지고 있었다.

당시 추기경단은 친(親)레오파와 반(反)레오파로 대립하고 있었다. 후

---

12 1547년 7월 24일 아레티노가 메디치가의 코지모 1세에게 보낸 베네치아발 편지. "Lettre inédite adressée par Pietro Aretino à Côme Ier", pubblicata prima in Salvatore Bongi, *Annali di Gabriel Giolito de 'Ferrari*, 2 voll. in 1 (Roma, Presso i Principali Librai, 1890~1895; Reprint [USA], Martino, 2000), vol. 1, pp. 132~133; poi in M. Plaisance, "Espace et Politique dans les Comédies Florentines des Années 1539~1551" in José Luis Alonso Hernandez et al., *Espace, Idéologie et Société au XVIe siècle* (Grenoble, Presses Universitaires de Grenoble, 1975), p. 116. 이 문구도 아레티노가 단지 전하는 말이므로 액면 그대로 받아들이기는 힘들겠지만, 그의 글이 언제나 그렇듯 진실의 측면도 담고 있는 것으로 봐야 할 것이다.

자의 주요 세력은 로마의 유력 토호(土豪) 가문인 라파엘레 리아리오와 피렌체의 유력 가문 출신 프란체스코 소데리니였다. 리아리오는 자기 친족이자 전 교황 율리우스 2세의 조카인 프란체스코 마리아 1세 델라 로베레에 대한 레오의 탄압에 불만을 품고 있었으며, 소데리니는 교황이 장조카인 우르비노 공작 로렌초 데 메디치—마키아벨리가 최종적으로 『군주론』을 헌정했던 인물—의 혼인 상대로 자신의 딸을 뿌리치고 프랑스 왕녀를 선택한 사실에 분개하고 있었다. 게다가 교황이 앞의 약속을 저버리고 추기경을 마음대로 임명한 것도 새로운 정적을 만들어낸 이유의 하나가 되었다. 줄리오 데 메디치는 교황이 되기 위해 이러한 적대적인 분위기를 어떻게든 무마하지 않으면 안 되는 어려운 과제를 안고 있었다.[13]

마에스트로 파스퀴노

교황 선출과 같은 중대한 일이 발생했을 때, 로마 시민들에게 그에 관한 중요한 정보를 제공해주는 동시에 그들에게 큰 영향력을 행사하는 존재가 바로 마에스트로 파스퀴노(maestro Pasquino)였다. 파스퀴노란 15세기 말 얼굴과 팔다리가 심하게 손상된 상태로 발굴된 고대 로마의 대리석 조상(彫像)을 가리킨다(그림 1). 이 조상은 자세히 보면 두 덩어리의 인물로 이루어져 있는데, 16세기 말에 그것이 트로이 전쟁의 그리스 영웅들을 묘사한 것으로 밝혀졌다. 얼굴과 몸통이 그래도 많이 남아 있는 쪽이 메넬라오스이고, 그가 안고 있는—복부 부분만 남아 있는데—쪽이 파트로클로스이다. 전자는 미케네 시대 스파르타의 왕으로, 전설 속에서 트로이 전쟁의

---

13 Herbert M, Vaughan, *The Medici Popes: Leo X And Clement VII* (Port Washington, NY, Kennikat Press, [1971]; Repr., Kessinger Publishing, 2007), pp. 244f.

원인으로 회자되는 미녀 헬레네의 남편이다. 파트로클로스는 아킬레우스의 동료로 수많은 트로이 용사들을 죽인 후 왕자 헥토르에게 죽임을 당한다. 메넬라오스는 전투의 와중에서도 그의 사체를 끝까지 지켜냈다고 전해온다(현재 피렌체의 로짜 데이 란치—시뇨리아 광장에 있다—에 설치되어 있는 '파트로클로스의 몸을 부축하는 메넬라오스'가 바로 이 '파스퀴노'를 원래 형태로 복원한 것이다).

언젠가부터 이 고대 유물의 몸통 위에 어떤 인물이나 사건을 비평하거나 조롱하는 풍자 투의 시문들—파스퀴나테(pasquinate)라고 한다—이 마치 현대의 대자보처럼 붙기 시작했고, 이는 곧 로마의 여론을 환기시키는 중요한 통로가 되기에 이르렀다. 어떻게 해서 이 유물이 '파스퀴노'라는 이름을 얻고 이런 역할을 수행하게 되었는지에 대해서는 몇 가지 설이 전해온다. 그중에서도 가장 시대가 앞서는, 그래서 가장 신뢰성이 있어 보이는 증거는 1509년 파스퀴노에 붙어 있던 시문의 머리말에서 발견된다.

한때는 고명했을 헤라클레스상(像)—일부 사람들은 그렇게 추측하고 있다—하나가 지금은 나폴리 추기경(올리비에로 카라파)의 후원으로 그의 궁 모퉁이에 세워져 있지만, 원래는 이곳에서 불과 몇 발짝 떨어지지 않은 장소에 오랫동안 오물을 뒤집어쓰고 방치된 채 자빠져 있었다. 지금은 다리도 팔도 코도 다 떨어져나간 상태이다. 마침 이 조상 앞쪽에 파스퀴노 또는 파스퀼로라는 이름의, 학자연하는 어떤 학교 선생이 살고 있었기 때문에, 이후 그 조상도 같은 이름으로 불리게 되었다…….
복음서의 저자 성 마가제(祭)인 4월 25일, 이 조상에 [그림무늬가 든 아름다운] 아라스 천을 씌우고 좌대 아래 석재 의자에는 융단을 깔아놓았다. 보통은 꽤 많은 다마스쿠스 산 로렌초 교회의 사제들이 그곳에 앉아 있곤 했는데, 하여튼 이때부터 이 조상을 장식하고 시문을 붙이는 일이 시작되었다. 화가들이 다양한 형태의 그림을 그려놓기도 했는데, 이런 관습은 나폴리 추기경 휘하의 몇몇 학자가 고안한 것으로, 화가들의 그림값은 추기경이 지불했다. 몇 년이 지나는 동안 이런 시문들의 수가 점점 더 늘어났다. 그리고 야누스의 그림으로 장식된 올해에는 그곳에 붙은 시문의 수가 약 3천을 헤아렸다.[14]

휴머니스트 학자이자 추기경이었던 올리비에로 카라파가 이 고대 유물을 나보나 광장 한쪽의 자신의 집 모퉁이에 좌대를 만들어 세운 것은 1501년이었다. 위의 인용문에서 묘사되고 있듯이, 그 조상에 천을 감고 융단을 깔고 그림을 그리고 시문을 붙인 것도 바로 이때부터였다. 그리고 이러한 행사는 해마다 되풀이되었다(이후 그 조상은 로마를 찾는 외래 방문객들이 찾아보는 명소가 되었으며, 지금도 바로 그 장소에서 관광객들의 시선을 끌고 있다).

파스퀴노상(像)에 붙은 시문들은 처음에는 특정 주제에 대해 라틴어로 쓴 학자풍이 주조를 이루다가 시간이 흐르면서 속어로 쓴 풍자 투가 대세를 차지하게 된 것으로 보인다. 이러한 변화가 명확해진 시기는 레오 10세의 서거와 뒤이은 콘클라베 기간이었으며, 바로 이러한 변화를 이끈 주역 중 하나가 다름 아닌 우리의 아레티노였다는 점은 주목할 만하다. 그는 은연중 엘리트 문화와 민중 문화의 가교 역할을 한 것이다.[15]

---

14 Domenico Gnoli, "Storia di Pasquino (dalle origini al Sacco del Borbone)", *Nuova antologia*, ser. 3, vol. 25, fasc. 1 (1890), pp. 54~55에서 재인용.

15 19세기 말에 파스퀴노 시문의 기원이 '민중적-속어적'이냐 아니면 '학자적-라틴적'이냐를 둘러싸고 논쟁이 벌어졌다. 전자는 모란디의, 후자는 그놀리의 주장이다. 파스퀴노라는 이름과 그 기원에 대해서는 독설가로 유명했던 재봉사로 1537년에 죽은 안토니오 테발데오였다는 카스텔베트로의 통설(1558~59)과, 파스퀴노가 사실은 이발사였다는 첼리오 세콘도 쿠리오네의 주장(1544)이 있는데, 그놀리는 1509년의 서문이 그 기원에 가장 가까운 증언이라는 점에서 더욱 신빙성이 있다고 본다. 그놀리를 지지하면서, 풍자적 속어풍으로의 변화를 레오가 서거한 이후의 일로 보고, 특히 아레티노의 역할에 주목한 학자는 루치오이다. 이러한 견해는 아레티노의 파스퀴노 시문을 모아 편집한 로씨로 이어진다. 지금은 대체로 그놀리-루치오-로씨의 관점이 정설로 받아들여지고 있다. 이에 대해서는 다음의 글들을 볼 것. L. Morandi, "Pasquino e Pasquinate", *Nuova antologia*, ser. 3,

아레티노에게는 파스퀴노가 어떤 존재였을까? 그는 자신의 『코르티자나』 2판(1534)에서 다음과 같이 명쾌하게 정리한다.

마코: 마에스트로 파스퀴노가 누구요?
안드레아: 제후와 고위 성직자들을 골탕 먹이는 사람이지.
마코: 무슨 기술로?
안드레아: 시를 써서 그리하는 거지.[16]

또한 1534년에 아레티노는 이름난 카드 제작공인 페데리코 파도바노가 자신이 만든 카드들과 유쾌한 대화—말하자면 카드 게임의 유희. 그렇지만 카드 도박에 대해서는 경고하고 있다—를 나누는 『말하는 카드』(Le Carte parlanti)라는 아주 흥미로운 책을 간행하는데, 여기서 그는 파스퀴노가 단지 교황과 성직자들을 풍자하는 데 그치지 않고 소소한 일상사까지 들추어내는 사적 폭로의 측면도 있었다는 것을 세세한 묘사를 통해 말해 준다.

카드: 사람들의 권력과 환상을 만들어내는 모든 기예의 대가들 중에서도, 오직 파스퀴노만은 속이는 법이 없답니다. 누가 형편없는 짓을 하면 그는 그것을 말해버리지요. 출생이 비천하면 그것도 마찬가지로 다 얘기해버

---

vol. 19, fasc. 2 (1889), pp. 271~300; fasc. 4 (1889), pp. 755~782; D. Gnoli, "Storia di Pasquino (dalle origini al Sacco del Borbone)", *Nuova antologia*, ser. 3, vol. 25, fasc. 1 (1890), pp. 51~75; fasc. 2 (1890), pp. 275~296; A. Luzio, "Pietro Aretino e Pasquino", *Nuova antologia*, ser. 3, vol. 28 (1890), pp. 679~708; Giovanni Alfredo Cesareo, "La formazione di maestro Pasquino", *Nuova antologia*, ser. 3, vol. 51 (maggio-giugno 1894), pp. 87~107, 522~540; *Pasquinate di Pietro Aretino ed anonime per il conclave e l'elezione di Adriano VI*, a cura di Vittorio Rossi, esp. xx, n. 1.

16 Aretino, *La Cortigiana* (1534) in *Tutte le commedie*, a. I, s. 22, pp. 136~137.

려요. 누가 고리(高利)로 폭리를 취하면 그는 그것을 폭로하지요. 만약 당신이 첩을 두고 있으면, 그는 그것을 속속들이 들추어내지요. 남색 한다는 소문이 있으면, 그것도 다 까발리지요. 바쿠스 주신(酒神)을 섬기는 사람이 있으면, 그것도 숨기지 않지요. 만약 가족을 괴롭히면 그의 잘못을 조금도 남기지 않고 다 말해버린다니까요.[17]

레오 10세가 죽자 아레티노는 강력한 후임 교황 후보자로 자신의 보호자가 된 줄리오 데 메디치 추기경 편에 서서 경쟁자들을 비방하는 시들을 썼다. 요즘으로 치면 저널리스트의 위치에서 대선 유세에 뛰어든 셈이다. 이 시들은 상대 경쟁자들을 비방하기도 했지만, 당선이 유력한 인물은 누구인지 또는 그들이 어떤 사람인지를 낱낱이 파헤치는 비공식 인사 청문회 구실을 하기도 했다. 당시의 한 풍자시가 전하는 바에 따르면, 메디치 추기경은 코르토나 추기경 및 시에나 추기경과 각각 20퍼센트의 지지를 얻으며 경합을 벌이고 있었다. 베네치아 연대기 작가 마리노 사누도는 메디치 추기경이 30퍼센트로 더 앞서고 있다고 썼다.[18] 이때쯤 아레티노는 아마 스스로의 미래가 다시금 환히 밝아지는 기분이었을 것이다.

---

17 Aretino, *Le carte parlanti*, a cura di Giovanni Casaglegno & Gabriella Giaccone (Palermo, Sellerio, 1992), p. 142.

18 *Pasquinate di Pietro Aretino ed anonime per il conclave e l'elezione di Adriano VI*, xxiii. 풍자시(I)에 관해서는 위의 책, p. 3을 볼 것.

5장

4인의 페르소나

하드리아누스 6세

 그러나 마키아벨리식으로 말하자면 세상사의 절반은 운의 여신 포르투나가 농단하는 것이 아니던가. 자신이 교황위에 오를 수 없다면 다른 유력 경쟁자에게 그 자리를 내주느니 차라리 권력이 미약한 인물을 일단 교황으로 만든 뒤 다시 때를 기다린다는 것이 예나 지금이나 정치판의 생리인 것이니, 줄리오를 거부했던 프랑스와 에스파냐의 추기경들은 궁여지책으로 콘클라베에 참석도 하지 않았던 북방의 한 고집쟁이 서생(書生)을 선택했다. 이렇게 해서 원래 예상과는 딴판으로 위트레흐트의 아드리안이 하드리아누스 6세로 교황위에 올랐다. 그때가 1522년 1월 9일에서 10일 사이였다.
 신임 교황은 신앙이 우선이지 정치에는 관심이 없는 인물이었다. 그는 황제 카를 5세의 선생이었다. 이 때문에 프랑스 왕 프랑수아 1세는 그가 황제에게 유리한 정책을 펼칠까봐 우려했지만 그것은 기우였다. 그는 부임하자마자 로마의 호전적인 제후들을 견제하고, 바티카노의 부패를 척결하고, 오스만 튀르크의 공격에 대비한다는 고원한 이상을 제시했다. 이는 또한 이미 상당한 세력을 얻고 있던 루터의 도전에 대한 가톨릭교회의 대응이기도 했다. 하지만 그는 로마와 교황청의 사정에는 전혀 무지한 상태였기 때문에—그는 사실 로마가 초행길이었다—이러한 계획이 제대로 실행될 리 없었다.

그는 예술에 무관심했을 뿐 아니라 오히려 이교적인 분위기가 가득한 바티카노를 부패의 온상으로 혐오했기 때문에, 레오 치세에 활동하던 많은 예술가들은 당혹감 속에서 로마를 떠나려 했다. 조르조 바자리는 『미술가 열전』 2판 「줄리오 로마노전(傳)」을 통해, "그림에도 조각에도, 그 외 어떤 좋은 것에도 아무런 즐거움을 느끼지 못한"이 "야만인" 교황 치하에서 예술이 놓인 비참한 상태를 다음과 같이 얘기하고 있다.

그리하여 절망에 빠진 줄리오, 조반프란체스코 페리노 델 바가, 조반니 다 우디네, 바스티아노 비니치아노를 비롯해 그 밖에 기량이 우수한 장인들은 (아드리아노가 살아 있는 동안) 거의 아사지경에 이르렀다. 그러나 레오의 대범함에 익숙했던 바티카노 궁이 혼란에 빠지고, 이제 어떤 기예도 보상받지 못할 것임을 알아챈 최고의 장인들이 어떤 곳에 피신처를 마련할 것인지 숙고하기 시작할 무렵, 신의 뜻으로 하드리아누스가 죽고 추기경 줄리오 데 메디치가 클레멘스 7세라는 이름 아래 교황위에 올랐다. 그와 더불어, 모든 디제뇨의 기예가 다른 기예들과 함께 일시에 다시 생명을 얻게 되었다.[1]

바자리는 『미술가 열전』 「안토니오 산 갈로전」에서, 하드리아누스가 "모든 훌륭한 그림과 조상(彫像)들을 헛된 세속의 물건이자 수치스럽고 가증스러운 것"으로 폄하했다면서, 그가 심지어는 시스티노 천장에 그려진 "신이 내린" 미켈란젤로의 프레스코화 「천지창조」를 "나신(裸身)들의

---

[1] Vasari, *Le vite dei più eccellenti pittori, scultori e architetti*, p. 868.

목욕탕"이라 부르면서 그것을 떼어내 "땅에 내팽개치려" 했다고 주장하였다. 그는 같은 책 초판(1550)에서는 모든 기예가 "하드리아누스 6세의 선출과 함께 암살당했다"고까지 혹평하고 있다.[2]

하드리아누스 6세와 함께 사라진 것이 화가와 조각가뿐만은 아니었다. 사실 가장 큰 타격을 입은 곳은 음악 쪽이었다. 레오 10세는 특히 음악에 조예가 깊었고, 그래서 많은 가수와 작곡가를 불러모아 다수의 성가대를 결성했다. 교황 합창단에 곡을 제공했던 아비뇽의 저명한 음악가 엘제아 주네, 일명 '카르팡트라'도 그러한 인물들 중 하나였다. 레오가 죽자 그는 로마를 떠나 돌아오지 않았다. 다른 작곡가들, 예컨대 에우스타키우스 데 몬테 레갈리스는 모데나로 가버렸고, 빈첸초 미쏘네는 캉브레로 돌아갔다. 사실 하드리아누스 사후 새로 교황이 된 클레멘스 7세는 레오 시대의 성가대를 복원하는 데 큰 애를 먹었다. 주요 멤버들이 모두 사라져버렸기 때문이다.[3]

새 교황이 장엄한 옛 이름을 교황명으로 삼는 관례를 무시하고 아드리안(하드리아누스는 라틴식 이름이다)이라는 자기 이름을 그대로 사용한 것 역시 로마인들에게는 탐탁지 않아 보였다. 물론 그는 매우 신앙심이 깊고 신실한 사람이었다. 같은 북방인인 역사가 랑케는, "근면하고 꼿꼿하며 경

---

2 Vasari, *Le vite dei più eccellenti pittori, scultori e architetti*, p. 858; Vasari, *Le vite de' più eccellenti architetti, pittori, et scultori italiani, da Cimabue, insino a' tempi nostri*, a cura di Luciano Bellosi & Aldo Rossi, & Presentazione di Giovanni Previtali, 2ª ediz., 2 voll. (Torino, Einaudi, 1991; 2005), p. 819. 물론 바자리의 견해는 좀 일방적인 측면이 있다. 16세기 이탈리아인들이 그랬던 것처럼, 예술을 지극히 세속적인 관점에서 바라보기 때문이다. 하드리아누스 6세를 혹시라도 '문명파괴적'인 인물로 본다면 이는 큰 오해이다. 그는 다만 예술을 종교적인 수단으로 보았을 뿐이다. 트렌토 공의회 이후의 반(反)종교개혁적 관점이 바로 그러했다. 이러한 측면과 관련해서는 다음을 참조할 것. Sheryl Reiss, "Adrian VI, Clement VII, and Art" in *The Pontificate of Clement VII: History, Politics, Culture*, eds. Kenneth Gouwens & Sheryl E. Reiss (Aldershot, Eng., Ashgate, 2005), pp. 339~362.

3 Richard Sherr, "Clement VII and the Golden Age of the Papal Choir" in *The Pontificate of Clement VII: History, Politics*, Culture, p. 235.

건했던 그는 매우 진중한 성격이었기 때문에, 입가에 희미한 미소만 머금어도 그것이 그에게는 환희의 기분에 가까울 정도였지만, 동시에 자애롭고 순수한 마음으로 가득했으며 진정으로 신앙에 봉사한 인물이었다"면서 인품의 고매함을 칭송하고 있다.[4] 그런 그가 화려함의 극치였던 레오의 궁을 보았을 때 느꼈을 기분을 우리는 쉽게 짐작할 수 있다. 그렇지만 지나칠 정도로 엄격하고 경건한 그의 성격은 지극히 세속적이던 로마의 분위기에는 전혀 맞지 않았다. 그러니 음모와 술수로 점철되던 당시 교황청의 정치 생리에 대해서는 더더욱 그러했다.

다시 우리의 아레티노로 돌아가자. 그는 아드리안이 교황으로 선출된 직후(아마 1522년 1월) 그를 조롱하는 풍자시를 여러 편 썼다. 다음은 그중 하나이다.

> 코르나로는 환희에 차서 그 소식을 알렸겠지만,
> 정작 성 베드로는 비탄에 잠겨 가슴이 터질 지경이구나
> 추기경들이 정말로 민중의 호의를 얻길 원한다면
> 이 일은 이렇게 끝나야 한다네.
> 아레티노를 사절로 삼아
> 황제의 선생에게 보내야 한다고.
> 그래서 로마가 세워졌을 때 누렸던
> 그 승리의 영예를 되새기게 해야 한다고.
> 안드레아 선생과 스트라쉬노가 그와 함께 가리니
> 궐위(闕位)의 시간에 때로는 속어로 때로는 라틴어로

---

[4] Leopold von Ranke, *History of the Popes, Their Church and State, and especially of Their Conflicts with Protestantism in the Sixteenth and Seventeenth Centuries*, trans. E. Fowler. 3 vols. (Original German Ed., 3 vols., 1834~1837; New York, Colonial Press [1901]), vol. 1, p. 65.

추기경회가 읊조리던 일품(逸品)의 시구들을 품은 채…….[5]

여기서 코르나로란 추기경 마르코 코르나로를 가리키는데, 메디치 교황을 원하지 않았던 그는 하드리아누스의 선출이 반가웠으리라. 성 베드로는 곧 베드로의 후계자인 교황을 뜻할 텐데, 교황에 뽑히지 못한 줄리오 데 메디치를 가리킬 법하다. 로마 민중에 의해 '사절'로 지명된 아레티노를 황제의 선생에게 보낸다는 말은, 찬란했던 로마 문명에 무지한 '북방의 야만인' 아드리안에게 과연 로마가 어떤 곳인지, 얼마나 위대한 곳인지를 가르쳐야 한다는 뜻일 것이다.

이 풍자시에는 시인의 서명(署名)이 붙어 있지 않다. 그러나 아레티노 외에 그 누가 아레티노를 황제에게 보내라고 할 사람이 있었겠는가! 사실 그가 썼다고 짐작되는 시편 속에 그의 이름이 등장하는 일은 석지 않다. 이는 아마, 겉으로는 익명이지만 작가가 누군지 사람들에게 넌지시—아니, 어떤 의미에서는 아주 명백히—알려주고자 하는 의도에서 비롯된 것이리라. 혹시라도 문제가 생길 때는 자기가 쓰지 않았다고 우길 수도 있으니 일석이조인 셈이다. 게다가 반대파 문인들이 아레티노를 공격하면 자연히 자기 이름이 인구에 회자될 것이니, 이는 일석이조가 아니라 일석삼조의 효과가 있었다.

아레티노는 여론의 향방이 어떤 것인지를 정확히 알고 있었다. 그는 하드리아누스를 싫어하는 당시의 분위기를 이용해 대중의 인기를 얻고자 한 것이다. 아마 이때는 줄리오 데 메디치의 낙선에 대한 실망과 전혀 예상치 않은 인물의 선출로 로마의 공기가 후끈 달아올라 있었을 것이니, 이러한 시구들이 차후 어떤 심각한 문제를 야기할지는 숙고하지 않았을 것이다.

---

[5] *Pasquinate di Pietro Aretino ed anonime per il conclave e l'elezione di Adriano VI*, pasquinate XXIX, p. 43.

이는 앞서 『코끼리 유언장』에서 추기경들을 조롱한 경우보다 훨씬 더 위험한 결과를 가져올 수 있었다. 지나칠 정도로 경건한 인물이었던 하드리아누스가 이에 대해 격노한 것은 당연한 일이었다.

1522년 7월 말, 불안감을 느낀 아레티노는 교황이 로마에 부임해오기 전에―하드리아누스는 8월 26일 아침에 로마로 들어왔다―일단 볼로냐로 피신했다. 그는 자신의 후원자 줄리오 데 메디치에게 의탁할 생각이었다. 줄리오는 당시 우르비노 공작 로렌초 데 메디치―대인 로렌초의 손자이자 레오 10세의 장조카로 마키아벨리가 『군주론』을 헌정했던 인물―의 죽음(1519)으로 정국이 불안한 피렌체를 다스리고 있었다. 그는 물론 자신의 정적을 공격한 아레티노가 내심 고맙기는 했겠지만, 그럼에도 교황의 눈치를 보지 않을 수 없었다. 입장이 미묘해진 줄리오는 아레티노에게 일단 자기와 가까운 만토바 후작에게 가 있으라고 권유했다. 이듬해 2월, 줄리오는 아레티노가 자신이 진정으로 아끼는 인물임을 강조하면서 그를 천거하는 편지를 썼다.[6]

페데리코 곤차가

아레티노는 1523년 2월 만토바에 도착했다. 만토바 후작 페데리코 2세

---

6 아레티노가 7월 말 볼로냐에 있었다는 사실을 보여주는 증거는 1522년 7월 그의 친구인 화가 안드레아―바로 앞에 인용된 풍자시에 나오는 '안드레아 선생'이 바로 그인 것으로 보인다―가 보낸 편지이다. *Pasquinate di Pietro Aretino ed anonime per il conclave e l'elezione di Adriano VI*, App. III, pp. 164~171. 알레싼드로 루치오가 아레티노가 썼다고 오인한 것을 (Luzio, *Pietro Aretino nei primi suoi anni a Venezia e la corte dei Gonzaga*, p. 7, n. 1) 바로잡은 학자는 이 책을 편집한 로씨이다. 줄리오가 아레티노를 만토바 후작에게 천거하는 1523년 2월 3일자 편지는 다음에 실려 있다. Armand Baschet, "Documenti inédites tirés des Archives de Mantoue. Documents concernant la personne de messer Pietro Aretino", *Archivio Storico Italiano*, serie 3, tomo 3, parte 2 (1866), doc. I, p. 110.

곤차가는 검은 머리카락에 턱수염이 가득한 20대 초반의 미남 청년이었다. 후작은 미인에다 총명하기로 이름난 이자벨라 데스테의 아들이었다. 이자벨라는 15세기 말~16세기 초 이탈리아 르네상스를 이끈 문화 아이콘 중 하나로, 당시 중요한 미술 후원자였다. 특히 그녀의 패션 감각은 이탈리아와 프랑스 궁정 귀부인들이 따라 할 정도로 뛰어났다. 그녀에게는 '세계 제일의 귀부인'이라는 찬사가 따랐다. 그녀는 1509년 남편인 만토바 후작 프란체스코 2세 곤차가가 베네치아에 포로로 잡혀 있는 몇 년 동안 그를 대신하여 만토바를 훌륭히 이끌었다. 1519년 남편이 죽고 아들이 그 뒤를 이었을 때도 여전히 막후에서 국정의 수완을 발휘했다.[7] 그녀는 매우 자존심이 센 여인이었다. 티치아노가 60대의 그녀를 그렸는데, 초상화를 보여주자 너무 늙어 보인다며 더 젊게 고쳐오라고 한 일화가 전해온다. 그래서 그림 속의 그녀는 거의 40대 정도로밖에 보이지 않는다.[8]

카스틸리오네는 1528년에 쓴 『정신론』에서 "오늘날 이탈리아에는 비록 대단한 권력은 없을지언정 그것을 자신의 재능으로 메울 만한 명문가 자제들이 있는데, 그중에서도 가장 성격이 좋고 전도양양한 청년이 바로 페데리코 곤차가"라고 칭찬한 바 있다.[9] 이는 단순한 아첨성 발언만은 아니었고, 일말의 진실이 담겨 있었다. 후작의 가문은 명문가에다 메디치가나 교황과도 친밀한 관계를 유지하고 있었으므로, '전도양양'하다는 표현이 전혀 틀린 것은 아니었다. 그렇지만 페데리코의 재능에 대한 카스틸리오네의 평가는 조금 의심스럽다. 아레티노는 이후 오랫동안 그의 명예욕과

---

7 이자벨라 데스테에 대해서는 다음을 볼 것. Julia Cartwright, *Isabella d'Este, Marchioness of Mantua 1474~1539: A Study of the Renaissance* (London, J. Murray, 1903; Repr., 2 vols., Kessinger, 2007).

8 이 초상화는 현재 빈(Wien)의 예술사박물관에 소장되어 있다.

9 Baldesar Castiglione, *Il libro del Cortegiano*, a cura di Walter Barberis (Torino, Einaudi, 1998), IV, 42, p. 404.

'좋은 성격'을 이용해 자기의 재능을 '시험하는' 기회를 얻게 된다.

어쨌든 그 무렵 페데리코는 아레티노에게 꽤 호감을 느꼈던 것 같다. 줄리오가 천거하는 편지를 쓴 3주 후, 페데리코는 아레티노가 "상대방을 기분 좋게 만드는 싹싹한 성격에다 보기 드물게 뛰어난 재능"을 갖추고 있으며, 그가 하는 "달콤한 제안들과 재기 넘치는 답변"으로 자신은 항상 즐겁다면서, 이런 "재기발랄한" 사람이 있으니 추기경도 왜 즐겁지 않겠느냐며 아레티노를 극찬하는 편지를 줄리오에게 보낸다.[10]

페데리코의 환대는 얼마 후 아레티노가 쓴 편지—이 편지의 수신자는 아레티노가 한때 자신의 아버지라고 주장한 루이지 바치의 아들 괄티에리였다—에서도 잘 나타난다. 그는 후작이 자신과의 "얘기에 빠져서 먹고 잠자는 것도 잊을 정도"라며, "만일 그가 궁에 계속 머무른다면 연간 300 스쿠도의 은전을 하사하겠다"고까지 말했다는 것이다. 또한 그는 우르비노 공작 프란체스코 마리아 1세 델라 로베레가 정권에서 밀려났을 때 그가 머물던 집에서 지내고 있으며, 한 신사가 종일 자신의 세세한 일상을 돌봐주고 있다고 전했다. 그리고 궁에서 만나는 사람들은 깍듯한 존칭으로 그를 대한다는 것이었다.[11] 아레티노는 비록 하드리아누스를 피해 도피해온 신세였지만, 새로운 관계를 자신에게 유리한 방향으로 이끌어가는 탁월한 능력 덕분에 위기가 오히려 행운으로 바뀌는 전화위복의 상황을 누리게 되었다.

아레티노는 또한 계속해서 자신을 유명인사로 만든 풍자시를 써나갔다. 그는 1523년 3월 첫째 주에 『순교자이자 고백신부인 마리아노에게 한 파

10　1523년 2월 24일자 편지. Baschet, "Documenti inédites tirés des Archives de Mantoue. Documents concernant la personne de messer Pietro Aretino", doc. II, pp. 110~111.

11　1523년 3월 1일 괄티에리 바치에게 보낸 편지. Eugenio Gamurrini, *Istoria genealigica delle famiglie nobili Toscane et Umbre*, 5 voll. (Fiorenza, Onofri, 1668~1685; ristampa, Bologna, Forni, [1972]), v. 3 (1673), "Famiglia de' Bacci", pp. 314~339, spec. p. 333.

스퀴노 선생의 고백』(Confessione di Mastro Pasquino a Fra Mariano martire e confessore)이라는 제목으로 대화체의 긴 글을 썼다(마리아노는 레오 10세의 유명한 어릿광대였다).[12] 그 내용은 최근 로마인들의 인구에 회자된 교황—레오 10세와 새 교황 하드리아누스 6세—을 둘러싼 구구한 소문들(이 중에는 그들이 남색이라는 비난도 들어 있었다)에 관한 것이었다. 더불어 일단의 추기경과 제후들에 대한 가벼운 풍자도 있었는데, 물론 자신을 환대한 페데리코는 이 명단에서 빠져 있었다(자신의 후원자는 추어올리고 자신을 박대하는 사람은 가차 없는 풍자로 곤란하게 만드는 것이야말로 아레티노 특유의, 대담하면서도 대단히 정교하게 계산된 글쓰기 방식이다. 이런 측면은 그가 펜 하나만으로 어떻게 명성과 재력을 쌓았는지를 해명하는 중요한 열쇠가 된다). 이 풍자들은 단순한 풍자가 아니라 앞으로 어떻게 될 것이라는 식의 예언적인 어조로 이루어져 있었다. 그는 실제로 나중에 이런 유의 풍자적 예언으로도 유명해진다. 우연이겠지만, 그 예언들이 맞는 경우도 없지 않았다. 아마 거의 그럴 가능성이 높은, 또는 어찌 되어도 별 상관이 없는 사항들만 골라 '예언'한 것이니, 정말로 미래를 맞힌 것처럼 보인 부분도 분명히 있었을 것이다. 자기가 보고 싶은 것만 보는 것. '예언'을 받아들이는 사람들의 태도란 원래 그렇지 않은가.

아레티노는 만토바에서 성공하긴 했지만 그곳에 계속 머무를 생각은 없었다. 만토바는 임시 도피처에 불과했다. 그는 하루바삐 자신의 후원자인 줄리오에게로 돌아가고 싶었다. 그런데 바로 이즈음 또 하나의 난관이 닥쳤다. 그가 앞서 쓴 풍자문『파스퀴노 선생의 고백』이 교황 하드리아누스의 손에 들어간 것이다. 이 글을 본 교황은 다시 격노했다. 그는 줄리오 데 메디치에게 당장 아레티노를 잡아들이라는 명령을 내렸다. 그해 3

---

12 Giovanni Alfredo Cesareo, "Una satira inedita di Pietro Aretino" in Id., *Studii e ricerche su la Letteratura Italiana* (Palermo, Sandron, 1930), pp. 323~347.

월 23일 로마의 정보원에게서 "아레티노가 피렌체로 간다면 추기경도 그를 보호하기 어려울 것으로 보인다"[13]는 기별을 받은 후작은 아레티노에게 위험을 알렸다. 상황이 상황이니만큼 아레티노도 얼마 동안 돌아가는 형편을 살피며 만토바에 머물 수밖에 없었다. 이후 그는 재차 줄리오에게로 돌아가게 해달라고 후작에게 청했으며, 후작도 이제는 이를 허락할 수밖에 없었다. 그렇지만 교황이 아레티노를 잡아들이라고 한 상황에서 줄리오가 그의 피렌체 체류를 용인할지는 미지수였다.

조반니 델레 반데 네레

아레티노가 북부 에밀리아 지방의 레조로 간 것도 바로 이 때문이었을 것이다. 그곳에는 콘도티에레(condottiere)—르네상스기 이탈리아의 용병대장—로 용명(勇名)을 날리던 조반니 데 메디치가 있었다. 그때가 4월 중순경이었으니,[14] 교황이 자신을 버리고 있다는 소식을 들은 그는 아마 몇 주 동안 앞으로의 행보를 놓고 노심초사했을 것이다. 그가 하필 그곳으로 간 이유는 피렌체행을 꺼려한 줄리오가 자신의 친척인 조반니에게 그를 추천했기 때문일 가능성이 크다. 아레티노는 한시바삐 피렌체를 거쳐 로마로 가고 싶었겠지만, 현재 자신과 줄리오가 처한 상황이 어떤지를 잘 알고 있었을 것이므로 어쩔 수 없이 줄리오의 추천을 받아들였으리라. 이 기회에 조반니의 군영에 머무르며 사정이 호전되기를 기다려보자는 생각도

---

13 Baschet, "Documenti inédites tirés des Archives de Mantoue. Documents concernant la personne de messer Pietro Aretino", doc. IV, p. 112.

14 후작은 줄리오에게 보낸 1523년 4월 15일자 편지에서 이에 대해 언급하고 있다. Baschet, "Documenti inédites tirés des Archives de Mantoue. Documents concernant la personne de messer Pietro Aretino", doc. V, p. 113.

있었을 것이다.

조반니 데 메디치는 통상 '흑의대(黑衣隊)의' 조반니라는 뜻의 조반니 델레 반데 네레(delle Bande Nere)라고—달레 반데 네레(Dalle Bande Nere)라고도 한다—불려왔다. 이 별칭은 롬바르디아 평원에서 프랑스군과 대치 중이던 그가 1521년 교황 레오 10세가 죽자 집안 형이던 그를 애도해 병사들에게 상복으로 검은 옷을 입힌 데서 유래했다는 것이 종래의 통설이었지만(조반니는 코지모의 동생 로렌초의 증손자로, 코지모 가계와 비교하면 교황 레오의 팔촌 동생이 된다), 사실은 조반니 자신이 죽고 난 뒤 그의 군대가 그를 애도하여 검은 옷을 입어서 '흑의대의 조반니'라고 불리게 되었다는 것이 최근 새롭게 밝혀졌다.[15]

조반니는 '대(大)마귀'(Il Gran Diavolo)라는 별명이 붙을 정도로 무인답게 성격이 직선적이고 난순한 편이였시만, 동시에 의리가 강하고 기상이 아주 용맹했다. 또한 영민하고 재치 있는 사람들과 담소하기를 즐겼다. 몇 년 뒤인 1526년 7월 말쯤, 밀라노 근처 바디아 아 카사레토에서 황제군과 대치하고 있던 그는 무료함을 달래자는 심산으로 진영에 머물고 있던 마키아벨리—다름 아닌 『전쟁의 기술』(L'arte della guerra)의 저자—에게 실제로 군대를 지휘해보라고 해서 진땀을 빼게 만든, 은근한 유머 감각을 지녔던 인물이기도 하다. 이 일화는 당대의 이야기꾼 마테오 반델로의 『설화집』에까지 등장한다.[16]

용맹하지만 단순하고 소박한 면이 있는 조반니와 신랄함과 재치로 좌

---

15 Maurizio Arfaioli, *The Black Bands of Giovanni: Infantry and Diplomacy during the Italian Wars (1526~1528)* (Pisa, Edizioni Plus, Pisa University Press, 2005), xiii~xiv.

16 Matteo Bandello, *La novelle*, in *Tutte le opere di Matteo Bandello*, a cura di Francesco Flora (Milano, Mondadori, 1942), I, 39; Christopher Hare, pseud. [Marian Andrews], *The Romance of a Medici Warrior, being the true story of Giovanni Delle Bande Nere*······ (London, Paul [1910]), pp. 179~180; 로베르토 리돌피, 곽차섭 옮김, 『마키아벨리 평전』(아카넷, 2000), 367~368쪽.

중을 사로잡는 아레티노는 서로에게 호감을 느낀 듯하다. 조반니는 자기가 가는 곳이면 어디든지 이 유쾌한 친구를 데리고 다녔다. 심지어 연애현상에까지도 그를 대농했던 것 같다. 1523년 아레티노가 레조에 머물 당시 조반니는 그곳에 살던 파올라 부인이라는 여인을 사모하고 있었는데, 그녀는 이미 롤로의 영주 가스파로 세씨와 혼인한 데다 임신까지 한 상태였다. 전장에서는 그토록 용맹하고 거침없던 조반니도 연인 앞에서는 한없이 부드럽고 순수한 모습을 보였다. 조반니와 파올라가 "어렵게" 사랑의 염(念)을 주고받는 동안, 아레티노는 오히려 "수더분한" 사랑으로 그와 "보조를 맞추었다." 8월 중순의 어느 밤, 그는 조반니를 따라갔다가 파올라 부인의 요리사 라우라와 "고기를 굽는 화롯불"의 열기 속에서 눈길을 주고받았고, 둘은 그야말로 "격렬한 사랑을 나누었다."[17] 평소 페트라르카풍의 '우아한' 시어(詩語)를 싫어했던 아레티노이고 보면, 이 라우라—페트라르카의 '상상적' 연인과 이름이 같은—이야기는 이상보다는 현실을 지향하는 그의 기질과 성품의 알레고리처럼 보이기까지 한다.

둘은 이렇게 서로 죽이 잘 맞았다. 둘 다 세련된 궁정풍의 인물은 아니었다. 조반니는 군인이고 아레티노는 대중적 풍자작가였으니, 둘의 언어는 상통하는 데가 있었을 것이다. 몇 년 후 그가 전투에서 죽을 때까지 지속되는 조반니와, 그가 "자연의 경이"(Miracolo di Natura)라 일컫은 아레티노 사이의 진한 우정은 이렇게 시작되었다.[18]

---

17 "8월 중순"이라는 언급으로 보아 라우라와의 사랑은 1523년 8월 레조에서 있었던 일로 보인다. 그러나 아레티노가 이에 대해 얘기한 것은 그때부터 10여 년 후의 일이었다. 다음을 볼 것. 1537년 12월 14일 지롤라마 폰타넬라에게 보낸 베네치아발 편지. *Lettere*, I, n. 289, pp. 399~400.

18 조반니 데 메디치의 삶에 대해서는 다음을 볼 것. Giovanni Girolamo Rossi, *Vita di Giovanni de' Medici* (Milano, Ferrario, 1833); Ristampa, *Vita di Giovanni de' Medici detto delle Bande Nere*, a cura di Vanni Bramanti (Roma, Salerno, 1996). '자연의 경이'라는 호칭은 조반니가 아레티노에게 보낸 일자 불명—1524년과 1525년의 편지 사이에 삽입되어 있다—의 파비아발 편지에 나온다. *Lettere scritte a Pietro Aretino*, I, n. 2, p. 35.

아레티노는 레조에 머물렀던 이 시절을 "행복했던 때"로 기억하면서, 시간의 흐름을 아쉬워한다. 다정한 친구와 아름다운 여인들이 있었기 때문이라는 것이다. 약 10여 년 뒤, 이때를 장난스럽게 회고한 한 편지에서 그는 라우라와의 "사건" 말고도 백작부인 마드리나와 나눈 하룻밤의 진한 사랑 이야기를 거의 데카메론풍으로 전하고 있다. 이 귀부인은 북이탈리아 출신으로 조반니 델레 반데 네레 휘하의 장교였던 카살 포 백작의 아내인데, 내심 아레티노를 흠모하고 있었다. 하루는 그가 그녀의 병상 옆에 잠깐 앉아 얘기를 나누다가 뜨끈뜨끈한 방의 열기 때문에 자기도 모르게 그녀 옆에 쓰러져 잠이 들었다. 누가 깨우는 소리에 황급히 깨고 보니 남편인 "어리숙한" 백작이 와 있었다. 그런데 그가 외친 소리가 걸작이었다. "침대엔 옷을 벗고 올라가야지!" 이 이야기를 듣고 사람들이 "턱이 빠시도록" 포복절도했다는 것이다. 또 한 번은 아레티노가 바로 이 백작부인에게 밀라노에 있던 남편의 편지를 전하러 갔는데, 그 편지를 읽고 난 부인이 이렇게 말했다는 것이다. "내가 남편을 위해 할 만한 일이라면 무엇이든 당신에게 해주라고 썼군요. 그러니 오늘 밤 나와 잠자리를 같이할까요?"[19]

현대의 독자 중에는 아레티노의 이런 일화들을 그의 호색의 증거로만 받아들이는 경우도 있을지 모르겠다(19세기~20세기 초만 해도 그런 경향이 짙었다). 그러나 당시의 여인들은 '정절'에 그렇게 목매달지는 않았다. 16세기 초 이탈리아는 특히 세속성의 발현이 현저했던 곳이었다. 바로 그때 그곳에서 성기(盛期) 르네상스의 꽃이 만개했다는 사실은 결코 우연이 아니었다. 아레티노도 이런 시대적 분위기를 받아들였다. 아니, 그보다는 그

---

[19] 1539년 7월 6일 지롤라마 폰타넬라에게 보낸 베네치아발 편지. *Lettere*, II, n. 116, pp. 125~126. 지롤라마는 조반니 델레 반데 네레 휘하의 장교이자 아레티노의 친구였던 레조의 기사 폰타넬라의 아내이다. 이런 얘기들을 거침없이 한 것으로 보아 아레티노와 그녀는 스스럼없는 사이였던 것 같다.

의 기질이 당시의 분위기와 딱 맞아떨어졌다고 해야 할 것 같다. 언제나 그렇듯이, 그는 자신의 연애 사건들을 아주 자연스럽게 생각했다. 이 세상에 "아름다운 여인들"이 있고 그들을 "바라보는 눈들"이 있는 한, 남녀의 사랑 이야기는 영원히 계속되리라는 것이 그의 지론이었다.[20]

클레멘스 7세

티치노에 머물고 있던 조반니 델레 반데 네레는 1523년 9월 전황을 따라 프랑스군의 공략지인 밀라노로 이동하게 되었다. 아레티노도 그와 함께 움직였다. 11월 밀라노에 도착했을 때 교황 하드리아누스 6세가 세상을 떠났다는 전갈이 왔다. 그가 영면(永眠)한 때가 1523년 9월 14일이었으니, 교황이 된 지 겨우 1년 8개월여 만의 일이었다. 아레티노에게 이는 가뭄에 단비와 같은 소식이었을 것이다. 그를 잡아들이라고 명한 장본인이 사라진 것이 아닌가. 게다가 차기 교황을 선출할 콘클라베가 곧 열릴 것이므로, 그로서는 어떡하든 자신의 후원자 줄리오 데 메디치 추기경을 위해 무언가를 해야 하는 처지였다. 하지만 전장의 사정 때문에 그는 즉시 로마로 떠날 수가 없었다. 그래도 그는 적어도 소네트 한 편은 써냈다.『힘없이 쓰러졌구나, 아드리아노여』(Pataphio di mastro Adriano pecora campi)라는 제목의 풍자시였다.[21]

그러는 사이 이번에는 줄리오 데 메디치가 11월 26일 드디어 새 교황으로 선출되었다는 희소식이 날아들었다. 또 한 명의 메디치가(家) 교황 클

---

20 위의 편지. *Lettere*, II, n. 116, p. 126.

21 Alessandro Luzio, "Pietro Aretino e Pasquino", *Nuova antologia*, ser. 3, vol. 28 (1890), p. 691; *Pasquinate romane del Cinquecento*, a cura di V. Marucci, A. Marzo, A. Romano, & intr. di G. Aquilecchia (Roma, Salerno, 1983), pp. 328~329.

레멘스 7세가 탄생한 것이다. 그는 주요 정적인 콜론나 추기경에게 거액의 뇌물을 주고, 역시 그에게 반대했던 프랑스 왕 프랑수아 1세에게는 일단 교황이 되면 친(親)프랑스·반(反)황제 정책을 펴겠다고 약속했던 것이다. 역대 교황 선출 과정에서 흔히 나타나는 일이지만, 이는 물론 그야말로 공약(空約)에 불과했다.

클레멘스는 어떤 인물이었던가. 그의 성격에 관해서는 프란체스코 귀차르디니가 이미 『이탈리아사』에서 묘사해놓은 유명한 구절이 있다.

그는 그러하리라고 생각되었던 바와는 달리, 새로운 것에 대한 욕심도, 넓고 큰 목적을 추구하려는 위대한 정신도 없었다. 그는 자신의 자문관들과 자신의 의지대로 일을 추진하고 인도하는 인물이라기보다는 차라리 레오가 세운 계획들을 집행하는 수단에 가까웠다. 물론 그는 세상사에 대한 매우 총명한 지력과 놀라운 지식이 있기는 했지만, 그럼에도 그것에 대응하는 결단력과 집행력이 부족했다. 그는 소심한 정신―그것은 그에게 결코 작은 문제가 아니었다―과 지출을 꺼려하는 인색함뿐 아니라 어떤 본성적 우유부단함과 당혹감으로 인한 장애가 있었기 때문에, 오랫동안 예견하고 숙고하고 거의 결심했던 일들에 대해서마저도 막상 결단을 내려야 할 때가 오면 거의 언제나 우물쭈물하면서 모호한 태도로 일관하기 일쑤였다. 어떤 것을 숙고하고 있을 때건 자신이 이미 결정한 일이건, 아주 조그만 문제 또는 길을 가로막을 수도 있는 어떤 조그만 장애물이 새로 나타날 때마다, 그는 금방 결정을 내리기 전의 바로 그 혼란 속으로 되돌아가버렸다. 왜냐하면, 자기가 이미 결정한 일이라 해도, 왠지 앞서 스스로 거부했던 바로 그 조언들이 이제는 더 나은 것으로 보였기 때문이다. 그리하여, 일단 자신이 무시했던 이유들에 마음이 사로잡힌 뒤에는, 자신을 선택하게 만들었던 이전의 이유들은 두 번 다시 생각하지 않았다. ……그는 종종 자신을 희생물로 만들었던 그 어리석은 두려움을 기억해내기는 했으나, 스스로를 그러한 두려움에서 벗어나게 하는 교훈은 배우려 하지 않았다.

그의 복잡다단한 성격과 일을 진행하는 혼란스러운 방식으로 인해 종종 장관들의 말을 그대로 따랐기 때문에, 그들의 조언을 듣기보다는 그들에 의해 인도되는 것으로 보였다.[22]

클레멘스 7세의 소심하고 우유부단한 성격에 대한 귀차르디니의 판단은, 그를 지근에서 보좌한 조반 마테오 지베르티와 당대의 역사가 파올로 조비오 역시 공유하고 있었다.[23] 마키아벨리의 재등용을 가로막아 그를 오랫동안 노심초사하게 만든 인물이 바로 클레멘스였다. 마키아벨리가 친구 파올로 베토리의 도움으로 줄리아노 데 메디치 휘하에 들어가려고 했을 때, 그는 줄리아노에게 은밀히 편지를 보내 그러지 못하게 했던 것이다.[24] 그는 결코 휘하의 어떤 누구도 마음으로부터 복종하게 할 만한 능력이 없는 사람이었다. 아레티노처럼 경이로운 능변과 친화력이 있는 인물조차도 클레멘스의 우유부단함과 그로 인한 변덕 때문에 앞으로 두고두고 곤경을 겪을 운명에 놓여 있었다.

줄리오 추기경이 교황이 된 후에도 아레티노는 약 5, 6개월 동안 레조, 만토바, 밀라노 등지를 전전한 것으로 보인다. 그가 왜 즉시 로마로 귀환하지 않았는지는 분명치 않다. 다만 그가 이즈음 한 여인과 열렬한 사랑에 빠져 있었다는 증거로 보아 귀환이 늦어진 이유가 혹시 이 때문은 아닐까 짐작해볼 수는 있다. 사랑은 종종 다른 모든 것을 앗아가버리는 마력이 있는 법이니까. 아레티노는 1524년 2월 15일자 레조발(發)로 당시 만토바에 있던 조반니 데 메디치에게 편지를 썼다. 그는 여기서 "나는 연정을 불

---

22 Francesco Guicciardini, *Storia d'Italia*, in Id., *Opere*, a cura di Emanuella Scarano, 3 voll. (Torino, UTET, 1970~81), vol. 3, lib. 16, cap. 12, pp. 1592~1593.

23 T. C. Zimmermann, "Guicciardini, Giovio, and the Character of Clement VII" in *The Pontificate of Clement VII: History, Politics, Culture*, pp. 19~27.

24 리돌피, 『마키아벨리 평전』, 260~261쪽.

태우다가도 한탄하며 울기도 한다네. 이 모든 것이 한 여인, 나의 여왕 때문이라네. 오, 불쌍한 아레티노여!"라며 자신의 안타까운 심중을 토로하고 있다. 그녀는 누구인가. 일전에 격렬한 사랑을 나눈 라우라인가, 아니면 다른 어떤 여인인가. 알 길이 없다.[25]

어쨌든 그 와중에도 아레티노는 2월 27일 다시 밀라노에 가 있었다. 그곳에서 코르토나 추기경에게 작년 11월에 쓴 풍자시『힘없이 쓰러졌구나, 아드리아노여』를 보냈다.[26] 또한 그즈음 포 강 근처의 알레싼드로 비텔리—그는 조반니 데 메디치의 수하 장군이었다—군영에서 그를 보았다는 전언도 있다.[27] 그리고 1524년 5월 그는 다시 레조에 와 있었다. 이때 조반니에게 보낸 편지로 보아 그 무렵까지도 그는 여전히 파올라와 관계를 유지하고 있었다.[28]

---

25 *Cortigiane del secolo XVI. Lettere, curiosità, notizie, aneddoti, etc.*, a cura di F. Orlando & G. Baccini (Firenze, Il "Giornale di erudazione", 1892; Ristampa, Bologna, Forni 1967), LVI, pp. 151~155.

26 Alessandro Luzio, "L'Aretino e il Franco. Appunti e documenti", *Giornale storico della letteratura italiana* 29 (1897), p. 263, n. 1.

27 Luzio, "Pietro Aretino e Pasquino", p. 692.

28 *Cortigiane del secolo XVI*, LV, pp. 146~151. 파올라 부인이 조반니 데 메디치에게 보낸 일자 미상의 편지도 볼 것. *Cortigiane del secolo XVI*, LVII, pp. 155~159.

포르노그래피의 발명

『체위』

아레티노가 레조에서 로마로 돌아온 것은 1524년 5월 중순경으로 보이는데,[1] 그는 도착하자마자 곧 인생의 획을 가르는 새로운 사건들과 잇달아 맞닥뜨리게 된다. 이른바 『체위』(*I Modi*) 및 『음란한 소네트』(*Sonetti lussuriosi*) 사건이 그것이다.[2] 이에 관해서는 서양 최초의 근대 미술사가이자 미술평론가라 할 수 있는 조르조 바자리가 일찍이 자신의 유명한 『미술가 열전』에 다음과 같이 적어놓았다.

---

1 페스카라 후작부인 비토리아 콜론나가 1524년 5월 26일자로 지베르티에게 보낸 편지에서 아레티노가 지베르티에게 바친 마드리갈을 언급한 점으로 보아 아레티노는 그때 로마에 있었던 것으로 보인다. Vittoria Colonna, *Carteggio di Vittoria Colonna, Marchesa di Pescara*, a cura di Ermanno Ferrero & Giuseppe Müller, 2ᵃ ediz. con Supplemento, raccolto e annotato da Domenico Tordi (Torino, Loescher, 1889; 1892), n. 12, p. 15.

2 이 두 사건에 대한 이후의 설명은 주로 필자가 발표한 다음의 글에 의존하고 있다. 곽차섭, 「줄리오 로마노의 『체위』와 아레티노의 『음란한 소네트』: 최초의 포르노그래피 탄생의 전말」, 『역사와 경계』 73 (2009), 305~333쪽.

…… 줄리오 로마노는 마르칸토니오로 하여금 음란한 남성과 여성이 교합하는 다양한 방식과 자세와 체위를 보여주는 20장의 판화를 새기게 했다. 사태를 더 악화시킨 것은 각 판화에 피에트로 아레티노가 지극히 음란한 소네트를 썼다는 것인데, 내가 아는 한 그보다 더 음란한 경우는 없었다. 줄리오의 그림 때문에 사람들의 눈이 더럽혀졌다면 아레티노의 글로 인해서는 귀가 더럽혀진 셈이었다. 클레멘스 교황은 이 작품을 보고 진노했다. 그 작품이 간행됐을 때 만약 줄리오가 이미 만토바로 가 있지 않았더라면 그는 교황의 진노 때문에 큰 벌을 받았을 것이다. 이 그림의 일부가 그것이 도저히 있어서는 안 되는 곳에서 발견되었기 때문에 판금 조치가 내려졌고 마르칸토니오는 감옥에 갇혔다. 만약 당시 교황을 모시면서 로마에 와 있던 메디치 추기경과 바초 반디넬리가 그를 풀어달라고 탄원하지 않았더라면 그는 큰 고초를 겪었을 것이다. 사실 신이 내린 재능을 지극히 역겨운 일에 사용해서는 안 되는 법이지만, 그런 일이 종종 일어나고 있는바, 이는 세상을 능멸하는 행위인 것이다.[3]

바자리의 설명에서 무엇보다 중요한 점은 그가 이 판금·투옥 사건을 줄리오가 그리고 마르칸토니오가 판각하고 거기에 아레티노가 시를 쓴 '어떤 한 작품'을 둘러싼 '단일한' 사건으로 보고 있다는 것이다. 그러나 이 사건으로 처벌을 받은 사람은 마르칸토니오뿐이다. 줄리오는 이미 만토바로 갔기 때문에 화를 면했다고 되어 있지만, 시를 썼다는 아레티노에 관해서는 아무 언급도 없다. 그의 설명에는 무언가 석연치 않은 구석이 있는 것이다.

다행히 아레티노는 나중에 자신이 연루된 이 사건을 언급해놓았다. 그는 친구인 바티스타 자티 다 브레쉬아에게 보낸 편지에서 자기가 당시 어떻게 하여 그런 소네트를 짓게 되었는지를 다음과 같이 얘기하고 있다.

---

3 Vasari, *Le vite dei più eccellenti pittori, scultori e architetti*, p. 846.

'16가지 체위' 등등을 동판에 판각한 죄로 감옥에 갇혀 있던 볼로냐 사람 마르칸토니오의 방면을 클레멘스 교황에게 탄원한 뒤, 나는 그것들이 도대체 어떤 그림이기에 지베르티와 그 추종자들로 하여금 그것을 만들어낸 유능한 예술가를 십자가에 못 박아야 한다고까지 고함을 질러대게 했는지 궁금해졌다네. 그 그림들을 본 순간, 나는 줄리오 로마노로 하여금 그것을 그리도록 만든 것과 똑같은 어떤 분위기에 휩싸여버렸다네. 예나 지금이나 때때로 시인과 조각가들은 스스로 자신의 재능을 즐기기 위해 키지 궁에서 보는 바와 같이 소년을 강간하는 사티로스 대리석 조상(彫像)처럼 음란한 글을 쓰거나 그런 것을 조각해왔던 법이므로, 나 또한 그림들 아래에 각각의 소네트를 지어 붙였지. 위선자들에게는 안됐지만 나는 이 음란한 기억을 자네에게 바치는 바일세. 나는 어리석은 편견이나 내숭 떠는 것을 싫어한다네. 사람들은 그런 것들 때문에 정말로 슬섭게 볼 만한 것들을 바라볼 수 없는 법이거든. 남자가 여자를 올라타는 것이 뭐가 나쁘단 말인가? 짐승이 우리보다 더 자유로워야 한다는 말인가? 우리는 종족 보존을 위해 자연이 우리에게 준 그것을, 마치 목에 목걸이를 걸거나 모자에 메달을 달듯이 우리 몸에 걸치고 있어야 한다네. 그것은 인류 탄생의 원천일 뿐만 아니라 축제일에 세상 사람들이 마시는 불사(不死)의 음료이기 때문이지. 현 외과의사 중 가장 훌륭한 그대여, 그대를 만든 것도 바로 이것이라네. 그것은 나를 만들어냈고, 그래서 나는 빵보다 나은 존재라네. 그것은 또한 벰보가 사람들, 몰차가 사람들, 바르키가 사람들, 우골린 마르텔리스가 사람들, 로렌초 렌치가 사람들, 돌치가 사람들, 프라 바스티아니스가 사람들, 산소비노가 사람들, 티치아노가 사람들, 미켈란젤로가 사람들도 만들었고, 그들에 이어 역대 교황과 황제와 왕도 만들었지. 그것은 잘생긴 소년과 신의 '지성소'(至聖所)를 가진 아름다운 여인을 창조해냈다네. 그러니 그것을 기리기 위한 특별한 성일(聖日)과 축제들을 정해 이 모든 것을 경축하는 것이 마땅할진대, 오히려 그것을 작은 천이나 비단 조각 속에 가둬놓아야 하겠는가. 사실 가두어놓아야 할 것은 다름 아닌 인간의 손일 것이네. 왜냐하면 사람들은 그것으로 도박을 하고, 선서를 하며, 고리(高利)를 놓고 음란한 손짓을 할 뿐만 아니라, 찢고 끌고 때리고 상처를 입히고 남을 죽이기까지 하기 때문이지. 입은 또 어떤가? 우리는 그것으로 남을 저주하고, 얼굴에 침을 뱉고, 게걸스레 처먹고, 술을 마시고, 음식물을 토하지 않는가? 잘라 말하자면, 법을 제정하는 자들이 만약 그들의 쓰잘데없는 책 속에 그것에 대해 무언가 특별한 주석이라도 첨가한다면 아마 점수를 후히 받을 걸세. 나는 그들이 그렇게 할 수도 있다고 믿는다네. 그러는 사이에 자네는 내가 과연 각 체위 아래에 있는 연인들을 시로써 자연스럽게 그려냈는지 어떤지 봐주게나.[4]

이 편지를 보면, 아레티노가 소네트를 지은 것은 분명히 마르칸토니오가 감옥에 갇힌 뒤의 일로 되어 있다. 즉 문제의 상황은 바자리의 설명과는 달리 어느 정도 시차를 두고 일어난 두 가지 사건으로 이루어진 것이다. 또한 원래 줄리오가 그리고 마르칸토니오가 판각했다는 그림의 수도 바자리의 말과는 달리 20점이 아니라 16점으로 나와 있다. 또한 아레티노 자신은 이 일로 처벌을 받기는커녕, 오히려 마르칸토니오의 방면에 일조한 것으로 되어 있다. 이러한 의문점을 해소하기 위해서는 이 두 사건의 시초부터 마무리까지의 과정을 세밀히 추적해볼 필요가 있다.

1520년 4월 라파엘로가 죽은 뒤 줄리오 로마노는 그의 후계자 가운데 하나로서 스승의 공방을 이끌게 되었다. 라파엘로는 각별히 교황들의 후원과 애호를 받은 화가였다. 그는 바티카노의 중요한 홀들을 장식하는 작

---

[4] 1537년(?) 12월 19일자 베네치아발 편지. *Lettere*, I, n. 308, pp. 424~425. 이 편지의 일자가 과연 1537년인지는 의문의 여지가 있다. 무엇보다 내용이 사건의 발생 일자와 너무 먼 데다, 원래는 일자가 미기입된 것이었기 때문이다. 특히 1542년 아레티노 『서간집』을 재간행하면서 일자가 미기입된 일부 서간을 1537년으로—아마 편지가 누락된 시기를 채워넣기 위해—바꾸어놓았다는 점도 확인되었다. 이 편지는 내용상 1527년이나 그 이전에 쓴 것으로 보인다. Lynne Lawner, "Introduction" to Pietro Aretino, Marcantonio Raimondi, & Giulio Romano, *I Modi. The Sixteen Pleasures: An Erotic Album of the Sixteenth Century*, ed. & trans. Lynne Lawner (London, Peter Owen, 1988), p. 22.

업을 해왔고, 자신의 그림들—특히 에로틱한 분위기의—을 판각케 하여 소수의 애호가 서클에 파는 사업에서도 수완을 발휘한 것으로 보인다. 그가 일찍이 제자들을 판화로 유명한 뒤러에게 보내 판각술을 배워오게 한 것도 이와 무관하지 않은 것 같다.

16세기 초 이미 판화로 이름을 날렸던 마르칸토니오도 그중 한 사람이었다. 바자리에 따르면, 그는 이후 라파엘로를 위해 수많은 판각 작업을 했다. 라파엘로는 판화를 판매하는 사업을 자신의 조수 바비에라에게 맡겼다. 바비에라는 이 돈으로 라파엘로가 죽은 후에도 그가 생전에 사랑했던 한 여인을 돌봐주었다는 것이다.[5] 라파엘로의 사후 이익이 많이 남았던 이 사업은 줄리오 로마노의 손으로 넘어가게 되었다. 그가 에로틱한 성행위 장면을 묘사한 드로잉 작품들을 마르칸토니오에게 판각하게 한 것도 바로 이러한 사업의 일환이었을 것이다.

줄리오 로마노가 이 그림들의 판각을 의뢰한 것은 정확히 언제였을까? 바자리는 줄리오가 이미 만토바로 떠난 뒤 문제의 사건이 일어났다고 전하고 있다. 줄리오가 이 일로 처벌받았다는 얘기는 어디에서도 나오지 않은 것으로 보아 적어도 이는 사실로 보인다. 라파엘로가 죽자 만토바의 페데리코 곤차가 후작은 그를 데려와서 자신의 궁정 팔라초 테(Palazzo T)의 장식 작업을 맡기고 싶어 했다. 이 일을 대행한 인물은 당시 로마 주재 만토바 대사였던 발다싸레 카스틸리오네였다.[6] 줄리오 로마노가 이 제의에

---

5 Vasari, *Le vite dei più eccellenti pittori, scultori e architetti*, p. 631. 라파엘로의 판화 사업, 그리고 판화를 둘러싼 라파엘로 · 뒤러 · 마르칸토니오 간의 관계에 대해서는 각각 다음을 볼 것. David Landau & Peter Parshall, *The Renaissance Print, 1470~1550* (New Haven, Yale University Press, 1994), pp. 120~146; Lisa Pon, *Raphael, Dürer, and Marcantonio Raimondi: Copying and the Italian Renaissance Print* (New Haven, Yale University Press, 2004).

6 라파엘로의 두 후계자 잔프란체스코 펜니와 (특히) 줄리오 로마노를 향한 후작의 관심에 대해서는 카스틸리오네와 페데리코 곤차가 사이에 오간 1521년 12월 8~27일자 편지를 볼 것. Giulio Romano, *Giulio Romano. Repertorio di fonti documentarie*, a cura di D. Ferrari, 2 voll. (Roma, Ministero Beni Att. Culturali, 1992), I, pp. 22~24.

응하기로 최종적으로 마음먹은 것은 콘스탄티누스 홀의 장식 작업이 끝날 무렵이었다. 바티카노 궁에서 가장 큰 방인 이곳의 벽화 작업은 1519년~1520년 초에 시작된 것으로 보인다. 그런데 라파엘로가 죽자 그 후계자인 줄리오 로마노와 잔프란체스코 펜니가 이 작업을 계속했다. 이는 르네상스 분위기와는 맞지 않았던 북방 출신 하드리아누스 6세(1522~23) 때 잠시 중단되었다가 그가 죽은 후 재개되었다. 이 일은 1524년 8월쯤 완료되었다.[7]

페데리코는 카스틸리오네에게 보낸 8월 29일자 편지에서 "[비서인] 압바디노가 우리에게 화가 줄리오가 [이곳으로] 오고 싶어 한다는 말을 전해주었다"고 썼다. 9월 5일자 답장에서 카스틸리오네는 "화가 줄리오에게 저와 함께 만토바로 가자고 열심히 조르고 있습니다. 어쨌든 그를 데리고 갈 수 있을 것으로 봅니다. 그 자신이 그곳으로 가고 싶어 하는 마음이 아주 크니까요. 다만, 아름답게 장식된 교황의 홀에 대한 작업 비용을 받기만을 기다리고 있을 뿐입니다."[8] 카스틸리오네가 안드레아라는 사람에게 보낸 편지가 10월 12일 만토바발로 되어 있는 것으로 보아,[9] 줄리오 로마노는 아마 10월 6일 카스틸리오네와 함께 로마를 출발해 12일 이전에 만토바에 도착했을 것이다. 그가 떠나면서 마르칸토니오에게 판각할 그림들을 주었다고 볼 때, 제작에 걸리는 시간을 감안하면 문제의 『체위』가 간행된 것은 대략 1524년 말에서 1525년 초 정도로 추정할 수 있다. 따라서 『체위』 사건은 최소한 그 이후부터 아레티노가 그림들을 보고 소네트를

---

[7] Bette Talvacchia, *Raphael* (London, Phaidon Pres, 2007), p. 208.

[8] *Carteggio inedito d'artisti dei secoli XIV, XV, XVI*, a cura di Giovanni Gaye, 3 voll. (Firenze, Molini, 1839~40), II, lett. 102, pp. 155~156; *Giulio Romano. Repertorio di fonti documentarie*, I, p. 64 (8월 29일자 편지).

[9] Baldassarre Castiglione, *Lettere inedite e rare*, a cura di Guglielmo Gorni (Milano, Ricciardi, 1969), n. 65, p. 89.

쏠 때까지 사이의 어느 때에 일어난 것이 분명하다.

가장 중요한 문제는 이 사건이 왜 일어났느냐 하는 것이다. 르네상스기의 교황 대부분은 예술의 에로틱한 면에 꽤나 관대했기 때문에, 『체위』 사건이 좀 의아하게 보일 수도 있다. 더욱이 이러한 판각 사업은 이미 라파엘로 시절부터 성공리에 해오던 것이었다. 그런데 왜 하필 줄리오에게서 문제가 되었을까? 우리는 다시금 앞서 인용한 바자리의 글에서 그 단서를 찾을 수 있다. 바자리는 교황이 진노한 까닭은 "이 그림의 일부가 그것이 도저히 있어서는 안 되는 곳에서 발견되었기 때문"이라고 말하고 있다. 그곳이 과연 어디란 말인가?

르네상스기, 특히 16세기에 '의도적으로 에로틱하게 그린 이미지'—예컨대 성 세바스티아노의 나체를 생생히 묘사한 바르톨로메오 디 산 마르코 수사의 그림을 보고 음란한 마음을 품었다고 스스로 고해한 경건한 여성들처럼, 의도와는 달리 에로틱한 효과를 유발하는 경우도 있지만[10]—가 통용될 수 있는 곳은 오직 소수의 엘리트 집단뿐이었다. 조금 단순하게 구분하자면 그 시기에 도상을 회람할 수 있는 경로는 두 가지였다. 첫째는 모든 사람을 대상으로 하는 광범위한 공적 경로였다. 둘째는 사회적으로 신분이 높은 사람들에게만 제한된 사적 경로였다. 조상(彫像)이든 그림이든, 일반적으로 교회와 공공장소에서 누구나 볼 수 있는 비교적 규모가 큰 모든 예술작품이 전자에 속했다. 반면 후자에는 대영주, 고위 성직자, 귀족, 때로는 부유한 상인 같은 엘리트들의 집에 수장(收藏)된 소규모의 그림과 보석류와 메달류 등까지도 포함되었다. 비록 활판인쇄술과 판화 제작법의 확산으로 이 두 경로 사이의 경계가 계속 모호해지고 있기는 했지만, 특히 에로틱한 이미지일 경우는 아직도 이 구분이 비교적 엄격하게 지켜지고 있었다.[11]

---

10 Vasari, *Le vite dei più eccellenti pittori, scultori e architetti*, p. 593.

소수의 엘리트 집단에만 열람이 허용되던 에로틱한 이미지들도 거의 대부분의 경우—고대의 이미지든 또는 현대의 예술가가 그리거나 조각한 이미지든 간에—문화적으로나 스타일상으로나 품격 있는 관례에 따라 표현되어 있었다. 16세기의 에로틱한 이미지들이 통상적으로 택한 '품격 있는 관례'란 곧 고전고대의 신화에 등장하는 이미 잘 알려진 주제와 형식을 말하는 것이었다. 예술을 애호하던 소수의 사람들은 그러한 관례의 의미를 금방 알아차릴 수 있었다. 심지어 베네치아의 코르티자나 오네스타의 초상화처럼 이미 장르화되어 있는 경우조차도 종종 일부러 신화적 베일 속에 스스로를 숨길 정도였다.[12]

이러한 점들을 고려할 때, 줄리오의 그림들이 발견된 "도저히 있어서는 안 되는 곳"은 일단 위에서 말한 소수의 엘리트 집단을 벗어난 장소, 예컨대 광장 같은 곳이었을 가능성이 있다. 판화와 활판인쇄술 덕분에 이전보다 훨씬 더 싼 값으로 도색적인 물건들을 살 수 있게 되었기 때문이다. 꼭 광장처럼 완전히 개방된 곳이 아니라 해도, 그 그림들이 전통적인 엘리트 집단에 속한다고 볼 수 없는 중간계급의 사람들에게까지 흘러들어갔을 개연성도 결코 작지 않다. 이러한 상황은 특히 에로틱한 이미지에 감시의 눈을 번뜩이고 있던 교회로서는 전혀 원하는 바가 아니었을 것이다.

더욱이 줄리오 로마노의 그림들은 '품격 있는 관례'를 따르지도 않았다. 그것은 남녀 간의 성행위 장면을 체위별로 대단히 적나라하게 묘사하고 있다. 물론 그의 예술적인 기량이 가미되어 있고 또한 등장인물이나 주위 배경이 고대적인 요소를 지니고 있기는 했지만, 그 주인공들은 결코 신이나 그에 버금가는 신적인 존재가 아니라 그냥 평범한 사람들이었던 것

---

11 Carlo Ginzburg, "Tiziano, Ovidio e i codici della figurazione erotica nel Cinquecento" in Id., *Miti emblemi spie. Morfologia e storia* (Torino, Einaudi, 1986), pp. 135~136.

12 Ginzburg, "Tiziano, Ovidio e i codici della figurazione erotica nel Cinquecento", p. 136.

이다. 이처럼 노골적으로 묘사된 그림이라면 더욱더 공공장소에 유출되어서는 안 되었을 것이다. 물론 고위 성직자들이라고 해서 이런 식의 그림을 공공연히 소장하고 열람해도 된다는 것은 아니었기 때문에, 그것이 발견된 장소가 정확히 어디였는지는 여전히 명확하지가 않다. 하지만 줄리오 로마노의 그림들이 그토록 큰 반향을 일으켰다면, 그 그림들의 적나라함을 감안하더라도, 그것들이 전통적인 소수 엘리트 집단의 일원으로 규정하기 어려운 사람들의 손으로 흘러들어갔을 가능성이 크다고 볼 수 있다.

흥미로운 점은 이러한 가능성을 시사하는 당대의 기록이 있다는 것이다. 베네치아의 문인 로도비코 돌체가 아레티노를 주인공으로 내세워 쓴 『회화에 관한 대화』(*Dialogo della pittura*, 1557)에 이런 대목이 나온다.

> 파브리니: ······라파엘로가 남녀가 음란하고 점잖지 못한 자세로 서로 부둥켜 안고 있는 드로잉들을 종이에 그린 뒤, 그것을 마르칸토니오에게 동판화로 제작하라고 시킨 것에 대해, 자네는 여전히 그것을 점잖은 행위라 생각하는가?
>
> 아레티노: 내 대답은 이렇다네. 그 그림들을 그린 사람은 라파엘로가 아니라 그의 제자이자 후계자였던 줄리오 로마노라고 말일세. 그렇지만 설사 라파엘로가 그 그림들 전체 또는 그 일부를 그렸다 하더라도, 그였다면 그것들을 시 광장이나 교회에 공공연히 내놓지는 않았을 걸세. 하지만 그 그림들은 마르칸토니오의 손으로 들어갔고, 그는 그것이 가져올 이익 때문에 바비에라에게 동판화를 만들어주었던 걸세. 만약 내가 조치를 취하지 않았다면, 그는 자신의 무도한 행위 때문에 레오 교황에게서 마땅히 벌을 받았을 거라네.[13]

---

13 Lodovico Dolce, *Dolce's Aretino and Venetian Art Theory of the Cinquecento*, Original Italian and English translation with an intro. by Mark W. Roskill (New York, New York University Press, 1968; Toronto, University of Toronto Press, 2000), pp. 163~165. 돌체의 책에서

『체위』 사건이 일어나고 약 30년 뒤에 쓰여진 이 책은, 비록 교황의 이름을 클레멘스가 아니라 레오로 표기하는 등 오류가 있기는 하지만, 마르칸토니오의 음란한 판화가 당시 "시 광장이나 교회"에서 공공연히 팔리고 있었다는 것을 강력히 시사한다. 이로써 바자리가 말한 "있어서는 안 되는 곳"이 어디였는지는 대강 짐작할 수 있다.[14] 특히 당시는 루터의 종교개혁 이후 프로테스탄트들이 가톨릭교회 및 교황의 부패와 부도덕을 비난하고 있던 시점이어서 이러한 음란한 그림들이 대중 사이에—고위 성직자는 말할 나위도 없겠지만—유통되는 것을 더욱 꺼릴 수밖에 없었을 것이다. 사실 1524년 2월 3일 교황 클레멘스 7세는 교회 개혁을 위한 세 가지 조치를 하명했는데, 여기에는 로마 성직자들이 추문을 일으키지 않고 모범이 되도록 그들의 사생활과 문화를 엄격히 심사하라는 조항이 들어 있었다.[15] 이 점을 감안하면, 이러한 조치에도 불구하고 바로 그 직후에 그러한 음란한 그림이 고위 성직자에게, 심지어 광장에서까지 팔리고 있었다는 사실에 교황이 더욱 "분노"했을 수 있다. 덧붙여서, 전해오는 한 이야기에 따르면 콘스탄티누스 홀의 장식 작업이 끝났는데도 약속된 비용이

처럼, 이 그림의 원작자가 라파엘로였다는 주장은 당시 사람들 사이에 적지 않게 퍼져 있었던 것으로 보인다. 다음을 볼 것. 아레티노의 적(敵) 메도로 누치가 그에게 보낸 1555년 베네치아발 편지. Carteggio dell'amb. Del Pero col Duca Cosimo, Venezia, 1555, ASF; "Documenti, I" in Alessandro Luzio, "La famiglia di Pietro Aretino", p. 385. 사실 라파엘로가 이 그림들과 전혀 관계가 없다는 명확한 근거도 없다. 그가 평소에 대강 스케치해놓은 아이디어를 그의 사후에 제자인 줄리오 로마노가 마무리해서 마르칸토니오에게 판각을 의뢰했을 가능성도 배제할 수는 없다.

14 그러나 탈바키아는 바자리의 관심사로 보아 "있어서는 안 되는 곳"이 고위 성직자 집단일 가능성이 더 높으며, 더 대중적인 집단에까지 흘러갔는지는 알 수 없다고 말하고 있다. Bette Talvacchia, *Taking Positions: On the Erotic in Renaissance Cultures* (Princeton, Princeton University Press, 1999), pp. 72~73. 탈바키아는 돌체의 이 기록에 담긴 의미를 간과하고 있다.

15 Angelo Grazioli, *Gian Matteo Giberti Vescovo di Verona. Precursore della Riforma del Concilio di Trento* (Verona, Stamperia Valdonega, 1955), p. 20.

제때 지급되지 않는 데 분개한 줄리오가 바로 그 홀 벽면에 문제의 도색적인 그림들을 그렸다고 하는데, 이는 아마도 돈 문제와 관련한 소문에 그림이 일으킨 추문이 합쳐져 이런 비현실적인 이야기가 만들어진 것이 아닌가 추측된다.[16]

앞의 인용문에 나오는 마르칸토니오 이야기는 왜 그만 처벌을 받았느냐 하는 의문에 대해서도 어떤 시사점을 던져준다. 인용문에서 보듯이, 바자리는 분명히 "줄리오 로마노는 마르칸토니오로 하여금 …… 판화를 새기게" 했지만, 이미 만토바로 떠났기 때문에 처벌을 피할 수 있었다는 식으로 말하고 있다. 반면 돌체는 만일 라파엘로였다면 그 그림들을 "공공연히 내놓지는 않았을" 테지만, 그것은 결국 "마르칸토니오의 손으로 들어갔고, 그는 그것이 가져올 이익 때문에 바비에라에게 동판화를 만들어" 주었으며, 그래서 그의 "무도한 행위"는 벌을 받아 마땅하다고 말한다.

바자리와 돌체의 말 사이에는 미묘한 뉘앙스 차이가 있다. 후자는 전자와 달리, 마르칸토니오가 처벌받은 이유는 그림을 그렸다는 것 때문이 아니라 그것을 팔아 이익을 보기 위해 동판화로 제작했기 때문이라는 말을 하고 있는 것이다. 정황으로 보아, 줄리오 로마노가 모르는 사이에 마르칸토니오가 드로잉을 판화로 무단 제작했을 것 같지는 않다. 그가 판화를 넘겨준 바비에라는 이미 라파엘로 시절부터 이런 사업을 맡아 하던 인물이었고, 당연히 줄리오와도 잘 아는 사이였다. 게다가 판화 사업은 수익이 높았다. 따라서 이제 곧 로마를 떠나 만토바의 새로운 후원자에게 갈 예정

---

16 린 로너는 이 '전설'을 사건의 진짜 발단으로 여기는 것처럼 보인다. Lawner, "Introduction" to *I Modi*, p. 10. 리처드 아스트는 이 전설에서 "1527년 로마 약탈로 치닫던 시기 로마 민중을 괴롭히던 더 큰 이면의 동기들의 승화"―아마 민중의 빈곤과 교황청의 수탈―를 볼 수도 있다고 말한다. Richard Aste, "Giulio Romano as Designer of Erotica: *I Modi*, 1524~25" in *Giulio Romano. Master Designer*, ed. Janet Cox-Rearick (New York, The Bertha and Karl Leubsdorf Art Gallery, Hunter College of the City University of New York, 1999), p. 47.

이던 줄리오는 어떤 식으로든 자신의 그림을 판각하도록 마르칸토니오에게 얘기했을 것이다. 이를 교황이 몰랐을 리가 없다. 그러나 줄리오 로마노는 이 사건 이후로도 어떤 식으로든 전혀 제재를 받은 적이 없었다. 결국 앞의 모든 정황을 종합적으로 생각해볼 때, 줄리오가 마르칸토니오에게 판각을 의뢰한 것은 거의 분명하지만, 전자의 책임은 유야무야되고 실제로 판각을 한—어쨌든 그것을 널리 유통시킨 장본인이므로—후자만 투옥의 고초를 겪었다는 결론에 이르게 된다.

줄리오 로마노는 도대체 어떤 이유로 화를 면할 수 있었을까? 이 대목에서 고려해야만 하는 인물이 바로 조반 마테오 지베르티이다. 그는 일찍이 줄리오 데 메디치의 비서로서 메디치 서클의 일원이 되었고, 레오 10세와 클레멘스 7세를 거치면서 교황청 내의 권력자로 떠오른 인물이었다. 특히 클레멘스에 의해 다타리오(Datario)로 임명되었다. 이 직책은 평신도의 세속적인 사업과 관련된 교황청 관직과 교황이 내리는 특전, 특별 허가를 관리하고 대사부(大赦符)—인둘겐티아(indulgentia)를 '면죄부'라고 번역하는 것은 잘못이다. 결코 죄를 사해주는 것이 아니기 때문이다—를 판매하는 것으로, 사실상 교황의 측근으로 대내외의 주요 문제를 관장하는 중요한 자리였다. 그만큼 지베르티에 대한 교황의 신임이 컸다는 것을 말해준다.[17]

지베르티는 각별히 부패한 교회의 개혁에 지대한 관심이 있었는데, 성격이 우유부단한 클레멘스로 하여금 여러 개혁 조치—앞에서 언급한 1524년 2월의 조치를 포함하여—를 취하게 한 배후의 인물도 바로 그였다. 이러한 종교적 성향 때문에, 역대 교황의 역사를 쓴 파스토르는 "클레멘스 7세 치하에서 지베르티는 로마의 모든 선한 것의 영혼이었다"고까

---

17 Grazioli, *Gian Matteo Giberti Vescovo di Verona*, p. 17. 다타리오의 직책상 역할에 대해서는 Felix Gilbert, *The Pope, His Banker, and Venice*, pp. 64~65.

지 극찬할 정도였다.[18] 바자리가 전한 『체위』 사건에 대한 교황의 "분노"는 사실 종교적·윤리적으로 매우 엄격했던 지베르티의 분노나 마찬가지였다. 마르칸토니오를 투옥하는 극단적인 조치를 취하게 한 장본인도 아마 그였을 것이다.

그러나 지베르티는 줄리오 로마노에게는 줄곧 우호적인 태도를 보였다. 바자리는 그가 지베르티의 "아주 절친한 친구"였다고 쓰고 있다. 줄리오는 로마에서 지베르티의 의뢰를 받아 교황궁 몇 개 홀을 디자인했고, 유대인들이 성 스테파노에게 돌을 던지는 장면을 묘사한 그림을 그리기도 했다.[19] 게다가 그의 후원자들 중에는 지베르티뿐 아니라 여러 이탈리아 복음주의자들이 있었다. 그가 만토바로 간 뒤에도 에르콜레 곤차가 추기경(만토바 후작 페데리코의 동생이자 1540년 그가 죽은 후에는 공작령의 섭정이 된다), 마르게리타 팔레올로고(페데리고 2세 곤차기의 아내), 그레고리오 코르테제(1538년 당시 유명했던 폴리로네의 성 베네데토 수도원장이 된다), 톰마소 랑고네(라벤나의 저명한 의사이자 예술 후원자) 등 지베르티와 종교적인 성향이 비슷한 개혁주의자들과 가까운 관계를 유지하고 있었던 것이다.[20] 지베르티가 『체위』 사건에서 줄리오 로마노의 책임을 전혀 묻지 않았고(그가 줄리오와 마르칸토니오의 관계를 몰랐을 리는 없을 것이다), 그 뒤로도 꾸준히 우호적인 관계를 이어간 데는 바로 이러한 배경이 있었다고 봐야 할 것이다. 지베르티는 마르칸토니오를 자신의 확고한 개혁 의지를 다시 한 번 천명하기 위한 희생물로 삼았던 셈이다.

---

18 Ludwig von Pastor, *The History of the Popes from the Close of the Middle Ages*, vol. IV, parte II, l. c., quoted in Grazioli, *Gian Matteo Giberti Vescovo di Verona*, p. 20.

19 Vasari, *Le vite dei più eccellenti pittori, scultori e architetti*, p. 870.

20 Manfredo Tafuri, "Giulio Romano: Language, Mentality, Patrons" in *Giulio Romano*, ed. Manfredo Tafuri & trans. Fabio Barry (New York, Cambridge University Press, 1998), pp. 14~15.

『음란한 소네트』

　『체위』 사건은 그것으로 끝나지 않았다. 아레티노가 줄리오 로마노의 그림을 보고 그 분위기를 묘사한 『음란한 소네트』를 씀으로써 이야기의 제2막이 시작된 것이다. 앞서 말한 것처럼, 아레티노는 자신의 유력한 후원자였던 레오 10세가 1521년 12월 1일 세상을 떠난 뒤, 1522년 1월 교황위에 오른 하드리아누스 6세를 비방하는 풍자시를 썼다. 그는 신변에 위험을 느끼고 그해 7월 말 로마를 떠나 볼로냐를 거쳐 피렌체로 갔다가 줄리오 데 메디치의 권유로 1523년 2월 만토바에 도착했다. 하지만 그해 3월 초에 쓴, 새 교황을 비방한 풍자시 『파스퀴노 선생의 고백』이 화근이 되어 그곳에 더 이상 머무를 수 없게 된 아레티노는 당시 레조에서—나중에 밀라노로 간다—진을 치고 있던 친구 조반니 데 메디치에게 몸을 의탁했다. 1523년 9월 그의 정적이었던 하드리아누스가 급사하고 곧이어 줄리오 데 메디치가 클레멘스 7세로서 교황에 선출되었다. 아레티노는 1524년 5월 중순경 로마로 돌아왔다. 하지만 그해 8월 초 아레티노는 다시 로마를 떠나 고향인 아레초에 가 있었다. 왜냐하면, 앞서 몸을 의탁했던 친구 조반니 데 메디치가 8월 3일자 파노발 편지에서 "……이 편지를 받는 즉시 아레초를 떠나 나에게 올 것을 간곡히 부탁하네"라고 썼기 때문이다.[21] 그리하여 파노로 떠난 아레티노는 10월까지는 조반니와 함께 있었던 것으로 보인다.

　전통적으로 학자들은—특히 이탈리아의—조반니의 이 8월 3일자 편지의 내용을 근거로 아레티노가 『음란한 소네트』를 쓴 것이 바로 그 직전인 1524년 5월에서 8월 초 사이였을 것이라고 주장해왔다.[22] 편지의 전문을

21　*Lettere scritte a Pietro Aretino*, I, n. 1, p. 35.

22　Giovanni Aquilecchia, "Per l'edizione critica dei *Sonetti sopra I* 'XVI Modi' di Pietro

보자.

> 피에트로 아레티노, 이 편지를 받는 즉시 아레초를 떠나 나에게 올 것을 간곡히 부탁하네. 나는 정말로 자네가 그러길 바란다네. 물론 자네가 니콜로 수사와 바조네 쪽으로 기우는 바람에 조반 마테오를 잃고 결국에는 교황마저 잃어버린 것을 생각하면 이럴 필요가 없겠지만 말일세. 그런 바람에 세상에 법이라도 세울 만한 능력이 있는 자네 앞길이 꽉 막혀버렸구먼. 자네 때문에 나도 손해를 보았다네. 만약 자네가 로마 궁정에 그대로 있었더라면, 나는 무슨 일이든 내가 하는 일, 벌써 행한 일, 내가 할 수도 있는 일에 개의치 않고 진심으로 나를 변호해줄 친구를 두게 되었을 텐데 말이야. 추측하건대, 나는 자네가 한 일이 비록 판단은 잘못되었다 해도 선의에서 나온 것이었다고 보네. 내가 이런 말을 할 수 있는 까닭은, 다른 모든 사람들이 때때로 술수를 쓴다 해도 자네만은 결코 그러지 않을 것이기 때문이지.[23]

이 편지 속에는 『음란한 소네트』는 물론이고 그것을 조금이라도 암시하는 언급은 전혀 들어 있지 않다. 후원자인 클레멘스가 즉위한 우호적인 분위기에서 1524년 5월 로마로 돌아왔던 아레티노가 8월 초 다시 로마를 떠나 있어야만 하는 이유가 불분명했고, 마침 긴급히 구원의 손길을 내미는 듯한 조반니의 말투와, "조반 마테오[지베르티]를 잃고 결국에는 교황마저 잃어"버렸다는 그의 전언—그 밖의 이런저런 정황에 대한 부정확한 추측까지 가세하여—이 아마 그동안 학자들로 하여금 그것이 『음란한 소네트』가 초래한 상황이 아닌가 의심하게 만들었던 것 같다.

Aretino", *Filologia e critica* 7.2 (1982), pp. 267~282; Pietro Aretino, *Sonetti sopra I 'XVI modi'*, a cura di Giovanni Aquilecchia (Roma, Salerno, 1992), pp. 9~11, 67~68.

23 *Lettere scritte a Pietro Aretino*, I, n. 1, p. 35.

그러나 줄리오가 로마를 떠난 후 『체위』 사건이 터졌다는 바자리의 기록(그리고 마르칸토니오의 방면을 탄원한 뒤 그 그림들을 보게 되었다는 아레티노 자신의 증언)과, 실제로 줄리오가 로마를 떠난 것이 적어도 1524년 10월 6일 이후라는 앞서의 고증이 맞다면, 이 전통적인 연대 비정(比定)은 더 이상 유지되기 힘든 것으로 보인다.[24] 사실 이 편지에서 언급된 "조반 마테오……" 앞뒤의 내용이 뜻하는 것은 『음란한 소네트』가 아니라 국제 정세를 둘러싼 교황청 내의 각축과 그에 대한 아레티노의 처신이었다고 보는 편이 더 적절하다. 당시는 황제 카를 5세와 프랑스 왕 프랑수아가 이탈리아 북부에서 교전 중이었고, 교황은 전세에 따라 수시로 우방을 바꾸는 우유부단한 행로를 지속하고 있었다. 편지 속의 니콜로 수사와 바조네는 각각 친황제파이던 카푸아 대주교 니콜로 숌버그와 그의 오른팔인 바조네(베송) 주교 지롤라모 다 스키오를 가리킨다. 반면 지베르티는 친프랑스파였다. 아레티노는 이 와중에 친황제파를 편들었고—정확히 그가 어떤 일을 했는지는 잘 알 수 없다—이것이 막강한 권력자이던 지베르티의 미움을 샀을 것이다. 11월 초 그가 로마를 떠나 있을 수밖에 없었던 것도 바로 이 때문이었다.

그러나 아레티노는 얼마 후 다시 교황 및 지베르티와 화해하게 된다(이것도 얼마 가지는 못하지만). 그해(1524년) 11월 중순 아레티노는 다시 로마에 와 있었다. 11월 13일 클레멘스에게서 '로디의 기사'라는 칭호를 수여받은 것이었다.[25] 교황의 마음이 왜 갑자기 바뀌었는지는 잘 알 수 없다.

---

24 줄리오가 로마를 떠난 시기를 들어 조반니의 편지가 『음란한 소네트』와 관련이 없다고 주장한 최초의 학자는 폴 라리바유로 보인다. Larivaille, *Pietro Aretino fra Rinascimento e manierismo*, p. 433, n. 35. 이 주장은 원래 프랑스어로 간행된 1판(1972)에서 제기된 것이다.

25 작위를 수여한 날짜는 이 소식을 만토바의 이자벨라 후작부인에게 전한 다음의 편지에서 언급되고 있다. Baschet, "Documenti inédites tirés des Archives de Mantoue. Documents concernant la personne de messer Pietro Aretino", doc. X, p. 118.

한 가지 가능성은 아레티노가 앞서 8월부터 10월 사이 조반니의 진영에 있을 때 프랑스 왕 프랑수아 1세와 가까워진 것이 작용하지 않았을까 하는 것이다. 그때 조반니 데 메디치는 프랑수아에게 봉사하고 있었으며, 아레티노는 이를 계기로 잠깐이지만 그를 만날 기회가 있었다. 호기를 결코 놓치지 않는 아레티노의 친화력이 충분히 발휘되었으리라는 것은 두말할 나위도 없다. 프랑수아 1세는 그에게 상당한 호감을 느꼈던 것 같다. 파비아 전투 직전, 왕은 조반니 데 메디치에게 왜 아레티노를 잡지 않고 보냈느냐면서 다시 그곳으로 오라는 편지를 보내라고까지 했을 정도였다.[26] 교황 역시 지베르티의 영향을 받아 이미 프랑스 쪽으로 많이 기울어 있던 터라, 아레티노와 프랑수아 1세 사이의 관계가 전해지자 교황과 지베르티도 이를 마냥 무시하지는 못했을 것이라는 추측이 가능하다. 이러한 호기를 재빨리 눈치챈 이 레티노가 교황에게 용서를 빌었을 수도 있다.

어쨌든 아레티노가 자신의 능력을 한껏 발휘할 수 있는 무대는 여전히 로마였다. 사실 교황은 그와 사이가 크게 틀어질 이유가 없었다. 문제가 된 황제파 대(對) 프랑스파의 문제도 대외 정책을 전횡하던 지베르티에게서 비롯된 것이었다. 게다가 아레티노는 레오 10세 시절부터 시종일관 메디치 교황에게 봉사해온 인물이 아니던가. 로마로 돌아온 아레티노는 교황의 인물과 업적을 한껏 추어올리는 『클레멘스 7세에게 바치는 송시(頌詩)』(*Laude di Clemente VII*)를 썼다. 또한 교황의 인도 아래 전쟁을 중지하라는 『황제와 프랑스 왕 사이의 평화를 권함』(*Esortazione de la pace tra l'Imperadore e il Re di Francia*)이라는 시도 썼다(그러나 당시 클레멘스는 이미 프랑스 왕과 반(反)황제 밀약을 맺고는 황제군과 대치하고 있었다). 이 두 작품은 그해 12월 로마에서 간행되었다.[27]

---

26 조반니 데 메디치가 아레티노에게 보낸 파비아발 편지. *Lettere scritte a Pietro Aretino*, I, n. 2, p. 36. 날짜가 적혀 있지 않지만, 정황으로 볼 때 이 편지는 파비아 전투가 일어난 1525년 2월 24일 직전에 쓴 것으로 보인다.

자신에게 아주 불편한 감정을 품고 있던 지베르티도 그냥 둘 수는 없었다. 아레티노는 이듬해 초 그에게도 똑같이 감미로운 아첨조의 『다타리오 송가(頌歌)』(Canzone in laude del Datario)를 써 바쳤다.[28] 또한 아레티노는 1525년 초 희극 『코르티자나』의 초고를 쓰고 있었는데, 여기서도 (5막 7장) "그곳[교황청]에는 수많은 사람들이 있지만, 선인(善人)이라고는 가장 존경하옵는 다타리오 님과 라벤나 딱 두 사람뿐이지"라는 말—믿기 어렵지만—을 하는 것으로 보아,[29] 적어도 1525년 2~3월까지는 지베르티와 평온한 상태를 유지하고 있었던 것 같다. 그즈음 아레티노는 파비아에서 황제군과 대치 중이던 친구 조반니 델레 반데 네레의 군영을 오가고 있었다.

다시 앞의 얘기로 돌아가자. 아레티노는 언제 『음란한 소네트』를 썼을까? 가능성이 있는 시기는 1525년 초—아마 2월에서 4월 사이쯤—그가 문제의 그림들을 본 때부터 부상을 입은 7월 28일 이전과, 만토바로 간 10월 13일 이후부터 제노바의 귀족 체자레 프레고소에게 그가 보낸 선물에 대한 답례로 자신도 "소네트와 음란한 그림이 든 책"을 보낸다고 했던[30] 1527년 11월 9일 사이가 된다.

---

27 Aretino, *Poesie varie*, I, pp. 87~90, 93~96. 이 시들을 실제로 쓴 때는 11월 말께로 보인다. 로마 주재 만토바 대사 프란체스코 곤차가가 만토바 후작에게 보낸 편지들에 그러한 정황이 나타나고 있다. 곤차가의 편지들은 다음에 실려 있다. Baschet, "Documenti inédites tirés des Archives de Mantoue. Documents concernant la personne de messer Pietro Aretino", docc. XII, XIV, pp. 119, 120.

28 Aretino, *Poesie varie*, I, pp. 99~102. 이 작품의 경우 표지에 연도가 표시되어 있지 않다. 하지만 프란체스코 곤차가가 만토바 후작부인(이자벨라)에게 보낸 1525년 2월 20일자 편지에서 아레티노가 지베르티 찬가를 썼다는 전언이 나오는 것으로 미루어, 이 시는 교황에 대한 시를 쓴 직후인 12월 말에서 1525년 2월 사이에 씌어져 1525년 초에 출판된 것으로 보인다. 곤차가의 편지는 다음에 수록되어 있다. Baschet, "Documenti inédites tirés des Archives de Mantoue. Documents concernant la personne de messer Pietro Aretino", doc. XVII, p. 122.

29 Aretino, *Cortigiana* in *Cortigiana. Opere nova. Pronostico. Testamento dell'elefante. Farza*, p. 144.

30 *Lettere*, I, n. 10, p. 66.

단서는 1526~27년 페데리코 곤차가가 만토바를 떠나 있던 아레티노에게 보낸 편지 속의 소네트에 관한 언급이다. 1526년 7월 25일자 편지에서 페데리코는 이렇게 말한다. "그대가 나에게 보내준 세 편의 소네트는 나를 몹시 기쁘게 했다네. 큰 즐거움 속에서 나는 읽고 또 읽으며 그 시들을 음미했지. 자네의 박식한 다른 글들을 읽을 때처럼 말일세." 8월 22일, 후작은 아레티노에게 다음 편지는 "몇 점의 아름다운 소네트 또는 마드리갈로 장식해주었으면" 한다고 말했으며, 곧이어 9월 7일에는 아레티노가 보내준 "기분 좋은 것들"에 감사한다는 답장을 보냈다.[31] 1527년 5월 28일 아레티노가 베네치아로 간 지 두 달 뒤에 후작은 다시 한 번 "박식하고 기분 좋은" 소네트들을 보내준 것에 감사의 뜻을 나타내고 있다.[32] 이 같은 모호한 구절들은 소네트의 노골적인 음란함을 직설적으로 표현하지 못하는 데서 비롯된 것으로 보인다. 이러한 증거들로 보아 『음란한 소네트』의 시들은 1526년 여름께부터 1527년 초에 걸쳐 씌어졌을 가능성이 높다.[33]

그런데 여기서 한 가지 생각할 점은 『음란한 소네트』의 시상(詩想) 자체는 이미 그전인 1525년 2~4월—마르칸토니오의 방면과 파스퀴노제(祭) 사이—에 떠올려졌을 수 있다는 것이다. 아레티노는 자티에게 보낸 1527년 12월 19일자 편지에서 "그 그림들을 본 순간, …… 줄리오 로마노로 하여금 그것을 그리도록 만든 것과 똑같은 어떤 분위기에 휩싸여"버렸고, 그리하여 "그림들 아래에 각각의 소네트를 지어 붙였다"고 당시의 기

---

31 Luzio, *Un pronostico satirico di Pietro Aretino*, pp. 94~96.

32 Luzio, *Pietro Aretino nei primi suoi anni a Venezia e la corte dei Gonzaga*, doc. III, p. 63; *Giulio Romano. Repertorio di fonti documentarie*, I, p. 213.

33 1527년 편지와 『음란한 소네트』 사이의 관련성에 대해서는 이미 로너와 로스킬이 지적한 바 있다. Lawner, "Introduction" to *I Modi*, p. 22; Roskill, "Commentary" on *Dolce's Aretino and Venetian Art Theory of the Cinquecento*, p. 304. 1526년 편지들과의 관련성은 최근 탈바키아에 의해 다시 인지되었다. Talvacchia, *Taking Positions*, p. 84.

분을 얘기하고 있다.[34]

물론 이러한 극적 묘사를, 자신이 겪은 어떤 사건을 사후에 좀 더 극적으로 재구성해서 전하는 르네상스기의 특징—일반적으로 사건에 관한 모든 묘사가 설화적인 요소를 포함하고 있지만—으로 볼 수도 있다. 특히 이야기의 귀재인 아레티노라면 자신의 시재(詩才)를 과시하기 위해, 카스틸리오네가 말한 것 같은 '스프레차투라'(sprezzatura)—자기가 한 어떤 행동이나 말에 동반된 기예를 감추고 그것이 별다른 노력이나 숙고 없이 이루어진 것처럼 보이게 하기 위해 겉으로 태연한 척하는 태도. 그는 "기예가 아닌 것처럼 보이게 하는 기예야말로 진정한 기예"라고 주장한다[35]—를 발휘한 것일 수도 있다.

그렇지만 『음란한 소네트』처럼 쾌락적인 분위기의 시라면 그 시상이 발현된 시기는 큰 부상에서 겨우 벗어난 1525년 말~1526년 초보다는 로마의 교황궁에서 다시 영향력을 발휘하던 1525년 2~4월로 비정하는 편이 더 낫지 않을까. 이때 얻은 시상을 시간을 두고 하나하나 써나간 것이 바로 1526~27년 페데리코가 즐거이 감상했다고 말한 그 소네트들이었을 것이다.

카초와 포타

1527년 3월, 교황청의 압력으로 만토바를 뒤로하고 쫓기다시피 베네치아로 간 아레티노는 맨 먼저 자신이 가지고 있던 그림들—줄리오 로마노의 드로잉을 마르칸토니오가 판각한 문제의 『체위』 동판 인쇄본—을 베

---

34 *Lettere*, I, n. 308, pp. 424~425.

35 Baldesar Castiglione, *Il libro del Cortegiano*, I, 26, p. 59.

네치아의 어느 인쇄소로 가져갔을 것이다. 당시 베네치아는 교황의 영향력에서 상당히 자유로운 곳이었고, 따라서 다른 지역에서는 교회의 검열 때문에 간행할 수 없는 서적도 출판할 수 있었다. 1527년 프레고소에게 보냈다는 "소네트와 음란한 그림이 든 책"이 바로 그가 베네치아에 도착한 뒤 처음으로 간행한 작품이었을 것이다[36](바로 이때의 사본이 초판인지는 명확하지 않다. 초판이 이보다 더 일찍 나왔을 가능성도 여전히 존재한다. 그렇다고 해도 편지에서 말한 사본의 간행 시기와 큰 차이가 나지는 않을 것이다).

아레티노는 이 대담한 간행물을 통해, 도덕과 신앙을 내세워 자신(과 예술)을 죽이려고까지 했던 지베르티의 '위선'과 그에 휘둘려 자신을 내쫓은 교황 클레멘스의 나약함에 정면으로 도전하고자 했을 것이다. 아울러 연고가 전혀 없는 베네치아에서 스스로의 경제적·사회적 입지도 확보하고자 하는 의도 또한 있었을 것이다. 그의 책자는 정적에 대한 공격과 경제적 이익의 확보라는 이중의 목적을 성취하기에 더없이 좋은 수단이었던 것이다.

이렇게 해서 『음란한 소네트』─더 정확히 말하면 『체위』와 『음란한 소네트』가 결합된 작품─가 마침내 빛을 보게 되었다. 그림과 글이 합쳐진 서양 역사 최초의 포르노그래피가 탄생한 것이다. 이는 16가지 성교 장면을 드로잉한 줄리오 로마노와, 그것을 판각한 마르칸토니오 라이몬디와, 그림에다 시를 지어 붙인 피에트로 아레티노라는 세 괴짜와, 그것에 대한 과도한 도덕주의적 대응이 낳은 기묘한 합작품─동시에 의도하지 않은 이 방면의 걸작품─이었다.

이 작품은 이후 '체위'라는 뜻의 '포지치오니'(*Posizioni*) 또는 '이 모디'(*I Modi*)라는 이름으로 불리게 된다. 남녀 간의 성애가 적나라한 그림과

---

36 1928년 『음란한 소네트』 사본을 발견한 토스카니니는 이 사본이 16세기 초 베네치아의 많은 인쇄소에서 사용되던 활자로 되어 있다고 말한다. Toscanini, "Le operette erotiche aretinesche", p. 31.

글로 함께 표현된 이 전례 없는 작품은 그 뒤 교회의 검열과 압수 조치에도 불구하고 이탈리아는 물론 유럽 전역에서 큰 인기를 누렸으며, 그것을 모방한 수많은 이본(異本)을 생산했다. 1928년 월터 토스카니니가 발견한, '16가지 체위'를 묘사한—그중 두 체위를 담은 페이지가 유실되었지만—『이 모디』의 목판본 사본도 바로 이러한 이본 가운데 하나였다.[37]

『음란한 소네트』는 성행위 중인 남녀가 각자의 감흥을 주고받는 대화식 토스카나어로 이루어져 있다(그림 2, 3). 다음의 첫 번째 소네트를 보면 그 분위기와 형식을 대략 짐작할 수 있을 것이다. 이에 대응하는 그림은 남녀가 서로 옆으로 누워 키스하면서 관계를 맺고 있는 것으로 묘사되었다. 아래의 시에서 카초(cazzo)와 포타(potta)는 각각 남녀의 성기를 뜻한다. '성교하다'라는 뜻의 동사 'fottere'는 '안는다'로 완곡하게 표현했으니, 나머지는 독자가 음미할 일이다.

안아보자꾸나, 내 영혼이여, 안아보자꾸나
우리 모두가 안고 안기려고 태어났으니
그대는 카초를 나는 포타를 애타게 갈망하네
이렇게 안지 않고는 이 세상도 없다네.
만약 죽은 뒤에도 안는 것이 허용된다면
나는 이렇게 말하겠네 우리 죽을 때도 안아보자꾸나
그러면 저세상에서 아담과 이브도 서로를 안을 수 있겠지
비록 그들의 죽음은 끝이 좋지 않았지만.

---

37 마르칸토니오가 "16가지 체위(i XVI modi)를 동판에 판각"했다는 아레티노의 언급과, 토스카니니가 발견한 목판본 사본도 16가지 체위로 구성되어 있다는 사실로 보아, 바자리가 말한 "20장의 판화" 운운은 부정확한 것임에 틀림없다. 사실 『체위』 사건이 일어났던 1525년 바자리는 13~14세에 불과했으며 로마에 있지도 않았다. 아레티노의 『체위』가 이후에 끼친 영향과 관련해서는 다음을 볼 것. Talvacchia, *Taking Positions*, p. 80.

정말 그렇죠 그 악당들이
그 배신의 과일을 먹지 않았더라면
그 연인들은 훨씬 더 즐길 수 있었을 텐데,
하지만 이제 잡담은 그만두고, 내 심장 깊숙이까지
그대의 카초를 찔러넣어요, 영혼이 부서지도록
그것은 카초로 인해 살고 죽으니.
        할 수 있겠죠
당신의 방울을 포타 속에 집어넣어요
그것이야말로 모든 쾌락을 증거하니까요.[38]

---

38 Aretino, *Sonetti sopra I 'XVI modi'*, n. 1, p. 23.

7장

미덕과 악덕

가면의 아레티노

클레멘스 및 지베르티와 전례 없이 우호적인 관계를 유지하고 있던 이 짧은 몇 개월 어느 쯤에(교황에게서 기사 작위를 받은 1524년 11월에서 4월 파스퀴노제가 열리기 직전인 1525년 3월 사이[1]) 제작됐다고 짐작되는 것이 세바스티아노 델 피옴보가 그린 최초의 아레티노 초상화이다. 세바스티아노는 아레티노가 키지 궁에 '가르조네'로 있을 때부터 친분이 있던 인물이다. 그가 어떤 연유로 이 초상화를 그렸는지는 잘 알 수 없지만, 바자리는 『미술가 열전』에서 세바스티아노가 초상화가로서는 일류라고 평가하면서 그가 그린 아레티노의 초상화에 대해 이렇게 말하고 있다.

그는 또한 이와 같은 시기에 메쎄르 피에트로 아레티노의 초상화도 그렸는데,

---

1 제작 시기의 다양한 비정과 관련해서는 다음을 볼 것. *L'opera completa di Sebastiano del Piombo*, presentazione di Carlo Volpe & apparati critici e filologici di M. Lucco (Milano, Rizzoli, 1980), n. 71, pp. 116~117. 하지만 이들은 모두 피에트로와 마르칸토니오가 연루된 『체위』와 『음란한 소네트』 사건을 고려하지 않았기 때문에 더 정확한 시기를 비정할 수 없었다.

그 모습이 아주 흡사하다는 것 말고도 이 그림은 매우 놀라운 면이 있다. 왜냐하면, 그가 입고 있는 옷들―벨벳 · 공단 · 능직 · 다마스크 · 모직 등으로 만들어진―에 나타나는 대여섯 가지의 검은색을 서로 구별되도록 묘사하고 있을 뿐 아니라, 옷의 검은색들 위로 아주 짙은 검은색 수염이 세세하게 아주 잘 표현되어서 진짜 수염보다 더 진짜처럼 보이기까지 하기 때문이다. 그림의 인물은 손에 월계나무 가지와 클레멘스 7세의 이름이 적힌 두루마리를 들고 있다. 그 앞에는 두 가면(假面)이 놓여 있는데, 전자는 아름다운 미덕의 가면이며 후자는 무시무시한 악덕의 가면이다. 메쎄르 아레티노는 이 초상을 고향[아레초]에 기증했는데, 시민들은 이를 시 평의회 회의실에 걸어놓고 이 재능 있는 시민을 기억하는 명예를 부여했으며, 그에게서 일절 어떤 것[세금]도 받지 않았다.[2]

세바스티아노의 이 작품은 곧 마르칸토니오 라이몬디에 의해 판각되었는데(그림 4), 그 시기는 1525년 3월경이 가장 유력해 보인다.[3] 아마 마르칸토니오는 자신을 감옥에서 방면하는 데 큰 도움을 준 아레티노에게 감사하는 마음이 있었을 것이고, 마침 그 직전에 제작된 세바스티아노의 초상화가 있어 그것을 판각의 원작으로 삼았을 것이다. 여기서는 원화(原畵)의 가면이나 두루마리는 생략되고 모델의 가슴 윗부분만 묘사되고 있다. 얼굴은 전체적으로 이목구비가 뚜렷한 미남형이며, 특히 왼편을 슬쩍 훔쳐보는 듯한 눈동자가 그의 영민함을 암시하는 것처럼 보인다.

---

2 Vasari, *Le vite dei più eccellenti pittori, scultori e architetti*, p. 885.

3 필자의 시기 비정은 세바스티아노의 원작이 1524년 11월에서 1525년 3월 사이에 제작되었다는 앞서의 추정에 의거한 것이다. 초상화 도판과 그에 대한 다양한 시기 비정에 관해서는 다음을 참조할 것. Innis H. Shoemaker & Elizabeth Broun, *The Engravings of Marcantonio Raimondi* (Lawrence, Spencer Museum of Art, 1981), n. 46 ("Portrait of Pietro Aretino"), pp. 150~152. 이 책의 저자들은 판화의 스타일에 의거해 제작 시기를 1517년경에서 1520년 사이로 비정하고 있다.

그림 하단에는 누가 다음과 같이 쓴 라틴어 명문(銘文)이 붙어 있다. "페트루스 아레티누스. 미덕과 악덕을 [동시에] 가장 잘 보여주는 인물. 어떠한 예술가도 그처럼 훌륭한 얼굴을 그리지는 못할 것이다. 또한 이보다 더 고귀한 솜씨로 그런 얼굴이 그려진 적도 없었다. 만약 알렉산드로스 대왕이 살아 있다면 나는 바로 이 화필로써 그를 그리게 하고 싶을 정도이다. 그는 아마 그 화필을 상찬했을 것이다." 바자리도 이 명문의 작가처럼 이 판각이 "마르칸토니오가 만든 것 중 가장 아름다운 초상"이라고 높이 평가했다.[4]

1647년에 보헤미아 출신의 저명한 판화가 바츨라브 홀라(흔히 벤첼 홀라라고 한다)가 판각한 아레티노의 초상 역시 마르칸토니오의 작품과 거의 같은 모습인데, 아마 세바스티아노보다는 마르칸토니오를 다시 모방했을 가능성이 높다(그의 판가에는 원화가 티치아노라고 되어 있다).[5] 세바스티아노와 마르칸토니오의 작품들은 30대 초반(더 젊게 보이기는 하지만)의 아레티노가 어떤 모습이었는지를 우리에게 잘 보여준다.

자객

지베르티와의 전례 없던 이러한 우호관계—결코 서로가 본심에서 그런 것은 아닐 테지만—가 돌이킬 수 없는 상태로 깨진 것은 1525년 4월에 열린 파스퀴노제에서였다. 이 축제를 관장한 인물은 다름 아닌 아레티노였다.[6] 그는 여기서 지베르티에 대해 독설적인 풍자시들을 썼다(또는 적어도

---

4 Vasari, *Le vite dei più eccellenti pittori, scultori e architetti*, p. 844.

5 Shoemaker & Broun, *The Engravings of Marcantonio Raimondi*, p. 150.

6 Baschet, "Documenti inédites tirés des Archives de Mantoue. Documents concernant la

그러한 풍자시들이 씌어지는 것을 묵인했다). 유감스럽게도 그 시들의 전문은 지금 전하지 않는데, 그 이유는 명백하다. 지베르티도 가만있지 않았을 테고, 당시 파스퀴노제를 감독하던 안토니오 마리아 초키 델 몬테 추기경 역시 그 풍자시들의 독설을 맹렬히 비난한 인물이었으니, 그것이 어떻게 교회의 검열을 거쳐 출판될 수 있었겠는가.[7] 이러한 정황은 만토바 후작 휘하의 제르마넬로라는 인물이 로마에서 후작에게 보낸 1525년 5월 1일자 공문에 잘 나타난다. 그는 "마에스트로 파스퀴노제에 씌어진 것으로 이후 간행된 시들을 보냅니다. 원래 훨씬 더 많은 시들이 씌어졌고 그중 거의 절반이 다타리오에게 보내는 것이었으나, 그중 [그를] 비난한 것들은 인쇄되지 않았습니다"라고 쓰고 있는 것이다.[8]

그런데 아레티노는 왜 '갑자기' 지베르티에게 적대적인 태도를 보였을까? 그는 1524년 후반 그의 미움을 사는 바람에 어쩔 수 없이 로마를 떠나 있어야 하는 고초를 겪었고, 겨우 다시 돌아올 기회를 만들어 1525년 초에는 지베르티에 대한 찬사조의 말들을 늘어놓지 않았던가. 바로 여기서 우리는 『체위』 사건으로 다시 돌아오게 된다. 되돌아보면 줄리오 로마노가 마르칸토니오에게 자기 그림들을 넘겨준 때가 대략 1524년 말에서 1525년 초의 일이었으니, 마르칸토니오가 그림들을 판각했다는 죄로—판매했다는 죄까지 첨가되었겠지만—감옥에 갇힌 것은 그 직후였을 것이다. 아레티노는 앞서 언급한 대로 바티스타 자티에게 보낸 편지에서 마르칸토니오의 방면을 탄원한 뒤에 문제의 그 그림들을 봤다고 했으므로, 그

---

personne de messer Pietro Aretino", doc. XXIV, p. 125 (1525년 [4월?] 20일 아레티노가 만토바 후작에게 보낸 로마발 편지).

7 Abd-el-Kader Salza, "Pasquiniana," *Giornale storico della letteratura italiana* 43 (1904), pp. 193~194. 당시의 풍자시 가운데 현재 남아 있는 것은 루치오가 볼로냐 대학 도서관에서 찾아낸 통상적이고 몰개성적인 일부 작품밖에 없다. Cf. Alessandro Luzio, "Pietro Aretino e Pasquino", *Nuova antologia*, ser. 3, vol. 28 (1890), pp. 679~708.

8 Luzio, "Pietro Aretino e Pasquino", p. 696.

때는 아마 1525년 초봄 정도가 될 것이다(그는 이때 이미 뒤에 간행된 『음란한 소네트』의 시상[詩想] 일부를 떠올렸을 수도 있다).

따라서 1525년 4월의 파스퀴노제를 계기로 아레티노가 돌연 지베르티에게 독설을 퍼부은 이유는 『체위』를 파기하고 심지어는 마르칸토니오를 투옥까지 한 후자의 전례 없는 행위에 분노했기 때문이라고밖에 볼 수 없다. 아레티노가 자티에게 보낸 편지에서 "위선자들" 운운하며 "남자가 여자를 올라타는 것이 뭐가 나쁘단 말인가?"라고 직설적으로 말했을 때, 지베르티야말로 그러한 위선자라는 것이 아레티노의 본심이었을 것이다. 예술을 억누르려는 그에 대한 반감이 곧 이어진 파스퀴노제에서의 독설로 표출되었다는 것이 자연스러운 추론일 것 같다.⁹

그러나 마르칸토니오의 방면을 탄원하고, 그것도 모자라 지베르티를 직접 공격하는 독설적인 시까지 썼다는 것(또는 그런 시가 씌어지는 것을 묵인했다는 것)은 아레티노에게 치명적이었다. 지베르티도 이번에는 더 이상 물러서지 않았다. 이는 마침내 아레티노를 암살하려는 시도로 귀결되었다. 친황제파인 지롤라모 다 스키오가 1525년 7월 30일자 로마발 편지에서 페데리코 곤차가에게 7월 28일의 사고 소식을 알렸다.

…… 새벽 2시쯤, 혼자 말을 타고 집으로 돌아오던 메쎄르 피에트로 아레티노가 누군가의 습격을 받았습니다. 그는 아레티노의 가슴에 두 번 칼질을 하고 도망쳤습니다. 그중 한 번은 거의 치명적이었으나 신의 도움으로 용케 살아났습니다.¹⁰

---

9 탈바키아는 일련의 적대감이 증폭되어오던 끝에 파스퀴노제의 풍자시들이 방아쇠를 당긴 것이라고 표현하고 있다. Talvacchia, *Taking Positions*, p. 17.

10 Baschet, "Documenti inédites tirés des Archives de Mantoue. Documents concernant la personne de messer Pietro Aretino", doc. XXVI, p. 128.

자객은 지베르티의 하인인 볼로냐인 아킬레 델라 볼타로 밝혀졌다. 물론 지베르티는 이 사건이 자신의 사주로 일어났다는 것을 부인했다. 지베르티가 연루되는 것을 피하기 위해서였겠지만, 지베르티 집의 한 요리사 하녀를 두고 아레티노와 델라 볼타가 연적으로서 싸움을 벌였다는 그럴듯한 이야기마저 유포되었다.[11] 사실 아킬레 델라 볼타가 범인이었다는 사실이 밝혀진 것은 17년 뒤인 1542년, 델라 볼타가 연루된 볼로냐의 한 재판 과정에서였다.[12]

아레티노는 며칠 동안 생사의 기로에 있었으나 곧 기력을 되찾았다. 8월 3일 로마 주재 만토바 대사인 프란체스코 곤차가는 후작에게 이렇게 쓰고 있다.

> 피에트로 아레티노는 부상에서 회복되는 중입니다. 가슴에 상처가 난 데다 상처가 아주 깊었음에도 불구하고, 이곳의 한 의사 덕분에―그는 상처에 올리브 기름을 발라주었는데 이것이 아주 효과가 있었습니다―위험에서 벗어났을 뿐 아니라 곧 거동할 수 있을 것 같습니다.[13]

약 한 달의 시간이 흐른 뒤 아레티노는 겨우 자리를 털고 일어날 수 있었지만,[14] 이 사건은 그의 마음 깊숙이 로마의 궁정과 정치에 대한 강한 혐오감을 심어주었다. 아레티노는 매우 어둡고 잔인한 분위기를 풍기는 첫

---

11 Angelo Romano, *Periegesi aretiniane. Testi, schede e note biografiche intorno a Pietro Aretino* (Roma, Salerno, 1991), p. 24.

12 Luzio, *Pietro Aretino nei primi suoi anni a Venezia e la corte dei Gonzaga*, p. 33, n. 2.

13 Baschet, "Documenti inédites tirés des Archives de Mantoue. Documents concernant la personne de messer Pietro Aretino", doc. XXVII, p. 128.

14 1525년 8월 25일 프란체스코 곤차가가 쓴 편지에는 "피에트로 아레티노는 이제 회복된 것 같습니다"라고 되어 있다. Baschet, "Documenti inédites tirés des Archives de Mantoue. Documents concernant la personne de messer Pietro Aretino", doc. XXVII, p. 128, n. 2.

희극 『코르티자나』(1525) 2막 5장에서 아들을 궁정에 보내려 한다는 친구의 말에 이렇게 말한다. "글쎄, 그가 자네 적이거나 그를 미워한다면 그렇게 하게나." "일단 궁정의 조신이 되면 그는 남을 질시하고 야심만 가득차고 비열해지며, 배은망덕한 아첨꾼에다가 사악하고 불의를 편들며 이단적인 위선자가 될 걸세. 그뿐인가. 도둑에다 오만하고 거짓말만 주절거리는 대식가가 될 테지. 그리고······ 음······, 세상에서 제일 정도가 낮은 악덕이 뭐지? 배신? 그래, 배신이야말로 그곳에서 자네가 볼 수 있는 가장 정도가 약한 악덕이라네." 그는 3막 7장에서 이 지긋지긋한 로마를 떠나 만토바로 가겠다고 한다. 이렇게 말하는 극중 인물은 성공한 문필가로 나오는 플라미니오인데, 그의 충고는 두말할 나위도 없이 바로 아레티노 자신의 심중을 대변한 것이었다.[15]

실제로 아레티노는 1525년 10월 13일 로마를 떠나 만토바로 갔다. 지베르티의 마수에서 벗어나기 위해서였다. 그는 이때 페데리코 곤차가에게 가는 숌버그의 편지를 가지고 있었다.[16] 페데리코는 황제파 진영의 오랜 일원이었다. 아레티노는 이때의 비통한 심정을 파스퀴노의 입을 빌려 그 특유의 소네트 한 수에 담았다.

---

15 Aretino, *Cortigiana. Opere nova. Pronostico. Testamento dell'elefante. Farza*, pp. 92~93, 116. 루치오 이후 학자들은 이 작품이 1525년 2월에서 7월 사이에 집필되었을 것이라고 추정해왔다. 왜냐하면 파비아 전투에서 프랑스 왕이 황제의 포로가 된 상황이 묘사되어 있고, 아울러 교황과 다타리오에게도 우호적인 태도들이 감지되기 때문이다. 이러한 시기 비정에 대해서는 다음을 볼 것. Luzio, *Pietro Aretino nei primi suoi anni a Venezia e la corte dei Gonzaga*, p. 2; Giovanni Aquilecchia, "Introduzione" a Aretino, *Cortigiana. Opere nova. Pronostico. Testamento dell'elefante. Farza*, p. 46, n. 3. 그러나 아레티노가 다타리오에게 적대적으로 변한 시기를 전자가 후자에 의해 살해당할 뻔한 7월부터라고 본 종래의 시각과는 달리, 앞서 논구했듯이 4월의 파스퀴노제부터라고 본다면, 이 작품의 집필 시기는 2월에서 4월 사이로 더 좁혀야 할 것으로 보인다.

16 Baschet, "Documenti inédites tirés des Archives de Mantoue. Documents concernant la personne de messer Pietro Aretino", doc. XXIX, p. 129.

파스퀴노는 올해 아레티노를 잃었네
그를 위해 얘기해줄 사람도
그의 얘기를 들어줄 사람도 없어
우아하고 유려하며 세련된 그의 말을.
　　불행은 그의 탓이 아니라네
만사가 이유 없이 뒤집히는 것을 보지 않든가
그가 내쫓기고 절망에 빠지게 된 것은
바로 로마에 사는 한 게으름뱅이 노새 때문이지.
　　진실을 말해볼까 쫓기는 자의
엉덩이를 걷어차인 자의 진실을
다타리오의 권세 덕분에.
잠깐이나마 그가 입을 닫고 있는 것은
　　아킬레에게서 느낀 공포 때문이겠지…….[17]

영웅의 죽음

　1526년 봄이 되자 다시 전쟁이 날 거라는 소문이 돌았다.[18] 1525년 2월의 파비아 전투에서 크게 패하고 황제 카를 5세의 포로가 된 프랑스 왕 프랑수아 1세는 부르고뉴를 카를에게 양도하기로 하고 겨우 풀려났다. 복수심에 불탄 프랑수아는 그해 5월 제국에 영지를 빼앗긴 밀라노 공작과 베네치아, 피렌체, 그리고 교황령 국가를 규합해 황제에게 대항하는 코냑 동

---

17 이 풍자시는 베네치아의 연대기 작가 마리노 사누도가 수집한 당시의 몇몇 작품 중 하나이다. Luzio, *Pietro Aretino nei primi suoi anni a Venezia e la corte dei Gonzaga*, p. 11, n. 3.
18 이후 몇 문단에 나타나는, 로마 약탈을 전후한 전쟁 상황과 관련해서는 다음을 볼 것. Francesco Guicciardini, *Storia d'Italia*, vol. 3, libb. 17~18.

맹을 맺었다. 내심 노리는 바는 서로 달랐지만, 이들 모두가 카를의 군대를 알프스 이북으로 몰아내야 한다는 점에서는 뜻을 같이하고 있었다. 로마냐 총독이던 프란체스코 귀차르디니가 교황군 원수직을 맡았고 조반니 데 메디치는 휘하 지휘관 중 하나였다. 아레티노는 1526년 6월 조반니의 군영에 합류했다.

프랑스 동맹군에 맞서는 카를 5세 군대의 총사령관은 부르봉 공작 샤를이었다. 그는 특히 혈족인 프랑수아 1세를 배반하고 황제군에 합류했다는 사실 때문에 당시 많은 비난을 받았다. 그가 탐욕스럽고 기만적이라는 것도 어느 정도는 사실이었다. 하지만 그 역시 전장에서는 조반니 데 메디치만큼이나 용맹 담대한 무인(武人)이자 뛰어난 지휘관이었고, 황제를 향한 충성심이 강했다. 그는 전장에서 언제나 은백색 갑옷을 입고 에스파냐식의 수염─황제에 대한 충성을 표시하는 뜻에서─을 한 모습으로, "에스페랑스, 에스페랑스"─희망이라는 뜻으로 언젠가는 부르봉이 프랑스 왕이 되리라는 기대감을 표시한, 그들 가문의 오랜 모토─라고 새겨진 황색·흑색·백색이 섞인 군기를 앞세워 전투를 벌였다.[19]

부르봉 공작 휘하에는 게오르크 프룬트스베르크, 오렌지 공 필리베르트, 잔 두르비나, 그리고 과스토 후작이 지휘하는 군대들이 있었다. 오렌지 공은 전위와 창병 및 경기병대를, 과스토 후작과 잔 두르비나는 에스파냐군을 맡았다. 그리고 프룬트스베르크는 당시 란츠크네흐트─원래 이름은 란트스크네흐트(나라의 종복)였는데, 그들의 주 무기인 란츠(창) 때문에 곧 이렇게 불리기 시작했다─라 불린 독일 창병을 지휘하고 있었다. 특히 프룬트스베르크는 군인으로서 큰 명성을 떨친 인물이었다. 그는 1499년 이후 수많은 전투에서 혁혁한 공을 세웠다. 그가 맡은 란츠군은

---

19 Judith Hook, *The Sack of Rome: 1527*, with a new foreword by Patrick Collinson (London, Macmillan, 1972; New York, Palgrave Macmillan, 2004), p. 125.

각별히 큰 두려움의 대상이었다. 1470년경 막시밀리안 황제의 용병으로 출발한 이 새로운 군대는 부르고뉴 전쟁에서 기마군을 격파함으로써 명성을 떨쳤다. 란츠군은 원래 스위스 창병을 모방한 것이지만, 대포의 공격에 약한 단점을 보완해 전투에서 상당한 위력을 발휘했다. 파비아 전투에서 프랑스군을 격파하고 왕을 포로로 잡는 데 크게 기여한 것도 바로 프룬트스베르크 휘하의 이 창병이었다.[20]

1526년 10월, 프룬트스베르크의 란츠군이 알프스를 넘어 포 강 쪽으로 내려오기 시작했다. 모두들 두려움에 몸을 떨었다. 귀차르디니의 교황군이 이들과 맞서 싸우기에는 역부족이었다. 조반니의 용맹만이 이들의 진군을 저지하는 유일한 방책이었다. 11월 25일, 조반니는 만토바 남동쪽 지역에 있는 고베르놀로에서 벌어진 란츠군과의 전투 중 포탄—그는 평소 기사의 용맹성을 무용지물로 만들어버리는 이 신무기를 경멸했다—을 맞아 다리에 큰 상처를 입고 말았다. 전황은 급속도로 황제군 쪽으로 기울었다. 조반니가 지키던 최후의 방어선이 무너지자 란츠군은 포 강을 건너 로마를 향해 진격했다. 그때가 11월 28일이었고, 30일에는 조반니 데 메디치가 죽었다.

아레티노가 프란체스코 델리 알비치에게 보낸 편지에는 친구 조반니의 죽음을 대하는 그의 진실한 감정이 잘 드러나 있다.

그러나 결국, 동이 트기 두 시간 전에, 잠시 그를 떠났던 고통이 다시 찾아와 온갖 종류의 고문을 가하며 그를 괴롭혔다네. 문득 그가 벽을 마구 두드리는 소리가 들리더군. 그 소리는 마치 내 가슴에 비수를 꽂는 것 같았다네. 나는 급히 옷을 주워 입고 그에게로 달려갔지. 나를 보자 그는 소리쳤다네. 상처의 고

---

20 Hook, *The Sack of Rome: 1527*, p. 125. 특히 란츠크네흐트에 대해서는 다음을 볼 것. Douglas Miller, *Landsknechts* (Oxford, Osprey Publishing, 1994); John Richards, *Landsknecht Soldier 1486~1560* (Oxford, Osprey Publishing, 2002).

통보다도 자신이 비겁자라는 생각이 더 참을 수 없다고 말일세. 그는 …… 죽음의 덤불 속에 얽혀 있는 자신의 영혼을 이제는 놓아주고 싶다고 말했네. …… 죽음이 그를 저승으로 데리고 갈 순간에 …… 상처로 인한 고통은 훨씬 더 심해진 것 같았네. 모든 가솔들이, 그 위계의 높고 낮음에 관계없이, 그의 부하들과 함께 머리맡에 모여들었지. 그들은 슬픔의 깊은 그늘 속에 드리워진 채, 주인과 함께 지금까지 누려온 모든 것을 잃어버린다는 생각에 슬피 흐느껴 울고 있었네. 모두가 그를 향한 슬픔과 사랑을 가득 담은 눈으로 그를 바라보았다네. 사람들에게 그렇게 둘러싸인 채, 그는 우르비노 공의 손을 잡고 말했지. "당신은 오늘 당신의 가장 가까운 친구이자 충복을 잃는 겁니다." …… 그는 성사(聖事)를 받으며 중얼거렸다네. "이런 식으로 병석에 누워 죽고 싶지는 않아." 그래서 우리는 야전 침낭을 가져다 그를 그 위에 눕혔지. 잠시 후 그의 정신이 사그라지자 죽음이 그를 데려갔다네. …… 그는 믿을 수 없을 정도로 강인한 정신의 소유자였지. 그는 권력보다도 관대함을 더 귀중히 여겼다네. 그 또한 한 명의 병사이기는 했지만, 그는 언제나 그 자신보다도 병사들을 더 잘 대접했다네. 그는 인내의 은총으로 모든 시련을 이겨냈지. 그는 분노를 절제할 줄 알았다네. 그는 한번 하겠다고 한 것은 반드시 하고야 말았지. 그는 부자보다도 용감한 사람을 더 높이 여겼다네. 그가 부(富)를 취할 때도 그것은 단지 자신에게 봉사하는 그 용감한 병사들을 굶기지 않기 위해서 그렇게 했을 뿐이었네. …… 그는 병사들이 먹고 마시는 것을 보며 즐거워했어. 하지만 정작 그 자신의 습관은 소박했다네. 그는 단지 포도주를 탄 물로 갈증을 달랠 뿐이었지. 한마디로, 그는 모든 사람이 부러워하지 않을 수 없지만, 어느 누구도 그를 닮을 수는 없는 그런 사람이었던 게지. 피렌체와 로마는 이제 곧 그가 우리들 사이에 없다는 것이 무엇을 뜻하는지 알게 될 걸세(차라리 이것이 거짓말이었으면 하고 바라네). 벌써 교황의 고함 소리가 들리는구먼. 그는 그를 잃는 편이 자신에게 더 유리하다고 믿고 있다네.

    1526년 12월 10일 만토바에서. 피에트로 아레티노[21]

『마구간지기』·『계시』

소반니의 죽음으로 살 곳이 없어진 아레티노는 대략 1526년 12월에서 1527년 1월 사이 다시 만토바로 간다. 후작은 내심 교황과 지베르티의 노여움을 산 아레티노를 받아들이고 싶지 않았겠지만 그를 당장 내치지는 않았다. 대신 그에게 그들과 화해하라고 권유했다. 그리고 교황과 가까운 프란체스코 귀차르디니—마키아벨리의 친구였던—에게 양쪽의 화해가 후작 자신의 "동생을 추기경으로 임명하는 것만큼이나 중요하다"면서 그의 적극적인 도움을 부탁했다.[22]

아레티노는 기별이 올 때까지의 무료하고도 약간은 불안한 생활 속에서—이때 『체위』 사건 당사자 가운데 하나인 친구 줄리오 로마노와도 다시 만났을 것이다—글을 통해 다시 한 번 자신의 감정을 토로했다. 후작은 귀차르디니에게 보낸 앞의 편지에서 "그가 이탈리아의 모든 재능 있는 사람들이 10년 걸려도 쓰지 못할 시와 산문을 단 한 달 만에 썼다"면서 그의 경이로움에 찬사를 보내고 있다.[23] 아레티노가 자신의 두 번째 희극 『마구간지기』(Il Marescalco)의 초고를 쓴 것도 바로 이때로 보인다.

아레티노가 감지한 로마 궁정의 분위기는 만토바 궁정의 경우와는 정반대였다. 그는 한때 그곳에서 코르테자노, 즉 정신(廷臣)으로 출세하겠다는 일념을 품고 있었지만, 이제는 그를 죽이려고까지 했던 인사들에 대한 적의와 반감만이 가득할 뿐이었다. 그가 이들을 욕하고 비아냥거리는 글들을 쓴 것도 이해할 수 있는 일이었다. 이 중에는 『피에트로 아레티노의

---

21 *Lettere*, I, n. 4, pp. 54~59.

22 1527년 1월 23일자 만토바발 편지. Luzio, *Pietro Aretino nei primi suoi anni a Venezia e la corte dei Gonzaga*, doc. I, pp. 61~62.

23 Luzio, *Pietro Aretino nei primi suoi anni a Venezia e la corte dei Gonzaga*, doc. I, p. 61.

한탄』(*Disperata di Pietro Aretino*)이라는 풍자시도 들어 있었다. 그는 여기서 클레멘스가 "하드리아누스보다 더 불쌍한 작자"라고 비난하면서 로마와 교황의 몰락을 원한다고 썼다.

여기에다 한술 더 떠서 그는 『다섯 번째 복음서 작가, 파스퀴노 선생의 계시』(*Judicio over pronostico de mastro Pasquino quinto evangelista del anno 1527*)라는 제목으로 교황을 비난하는 소책자를 썼다. 현대의 독자들에게는 잘 이해되지 않겠지만, 그 무렵 유럽의 군주들은 이런 유의 예언서에 관심이 많았다. 만사가 불안하고 동요하는 분위기에서 그들은 점성술에 의존해 자신들의 미래가 어떠할지 알고 싶어 했다. 과연 이 전쟁에서 자기가 이길 수 있을 것인지, 적과 맺은 조약은 얼마나 유지될 것인지, 심지어는 자신의 건강이 좋아질 것인지 등등 정치적이든 사적이든 궁금한 일이 한두 가지가 아니었다. 아레티노는 이러한 분위기를 재빨리 감지했다. 그는 그것을 적절히 이용할 만한 능력과 눈치를 겸비한 흔치 않은 인물이었다.

아레티노는 물론 자신의 예언이 진짜라고 믿지는 않았다. 그는 그런 유의 '진지한' 예언가는 아니었고, 단지 예언을 빙자한 풍자작가였을 뿐이다. 이 점을 잘 보여주는 예가 있다. 그 무렵 만토바 후작의 궁정에 있던 저명한 점성가 루카스 과리쿠스가 1526년의 예언서를 후작에게 증정하면서, 후작을 후일의 아킬레우스 · 알렉산드로스 · 카이사르라고 칭송하며 지나치게 아첨하는 듯이 보이자, 아레티노는 곧 과리쿠스를 비롯한 점성가 일반을 모두 싸잡아 조롱하는 일련의 풍자적 예언들로 자신의 경쟁자를 견제했던 것이다.[24] 아레티노나 과리쿠스나 모두 만토바의 테 궁전과 그 주인 페데리코 곤차가의 '몽환적인' 분위기를 이용한 데서는 일치했지만,

---

24 Kate Simon, *A Renaissance Tapestry: The Gonzaga of Mantua* (New York, HarperCollins, 1988), pp. 200~201.

둘의 정신은 서로 만나기 어려울 정도로 양극적이었다. 중세적 마술과 고전적(그래서 근대적) 세속주의가 교차하던 당시의 시대정신 자체가 양극적이었는지도 모르겠다.

클레멘스를 격노하게 한 이 1527년의 『계시』는 유감스럽게도 오직 단편만이 전하지만, 여기에는 마치 그해 5월 카를 황제의 독일 용병대가 로마를 무자비하게 약탈한 사건을 예언하는 것 같은 구절이 보인다(이 때문에 훗날 이 글이 더 유명해진다).[25] 문제는 이 글들을 교황이 보았다는 것이었다. 그가 격노한 것은 당연한 일이었다. 1527년 4월 26일 로마 주재 만토바 대사가 후작에게 보낸 편지를 보면, 교황과 고위 추기경들을 비난한 문제의 책이 후작에게 헌정되어 있다며, 교황 측에서는 만약 후작이 이와 관련이 없음을 증명하려면 아레티노를 한시바삐 만토바에서 쫓아내야만 할 것이라고 했다는 말을 전하고 있다.[26]

상황이 위급하다고 느낀 후작은 서기국을 통해 로마 주재 대사에게 보낸 5월 4일자 편지에서, 자신이 아레티노를 거두어준 것은 조반니 델레 반데 네레와의 친분 때문이었으며(교황 역시 그와 가까웠기 때문에 한 말이었다), 아레티노의 책이 후작에게 헌정되었다든가 그 내용이 교황과 추기경들을 비난하고 있다는 사실을 전혀 몰랐기 때문이었으나, 교황이 그를 내치기 원한다면 당연히 그렇게 할 것임을 전하라고 명했다. 그는 여기서 멈추지 않았다. "만약 성하께서 보기에 …… 그를 후작의 궁정에서 내치는 것으로는 충분치 않다고 여기신다면, 앞으로 어떤 조치가 필요한지 후작 각하께 알려주도록 전하시오. 그럴 경우 …… 후작께서는 비밀리에 필요한 조치를 취할 수 있을 것이오."[27]

---

25 Luzio, *Pietro Aretino nei primi suoi anni a Venezia e la corte dei Gonzaga*, p. 4, n. 1.

26 Luzio, *Pietro Aretino nei primi suoi anni a Venezia e la corte dei Gonzaga*, doc. II, p. 62.

27 Luzio, *Pietro Aretino nei primi suoi anni a Venezia e la corte dei Gonzaga*, doc. II, pp.

이 짧막한 지시 속에는 필요하다면 아레티노를 죽일 수도 있다는 뜻이 숨겨져 있다. 과연 후작이 그를 정말로 살해하려 했을까. 그렇지는 않았을 것이다. 후작과 아레티노는 서로에게 이익이 되는 관계에 있었다. 교황은 멀리 있었으니 일단 그의 뜻을 따르는 체하자는 의도였을 것이다. 게다가 자기가 어떤 상황에 놓여 있는지를 눈치챈 아레티노는 이미 3월 말 베네치아로 가 있었기 때문에 후작이 그를 어찌할 수 있는 상황도 아니었다. 사실 그가 만토바를 떠난 것 자체가 둘이 상의한 결과였음에 틀림없다. 계책을 써서 스스로의 이익을 도모하는 것이야말로 르네상스기 이탈리아 제후들의 생존술이었다.

로마 약탈

자신을 죽이려는 숙적 지베르티의 손아귀를 벗어나려는 것이었지만, 아레티노가 제때에 로마를 떠난 것은 정말 잘한 일이었다. 로마는 곧 역사상 '로마 약탈'(Il sacco di Roma)이라는 말로 지칭되는 전대미문의 재앙을 겪을 것이기 때문이다. 아레티노가 조반니를 애도하는 편지에서, "피렌체와 로마는 이제 곧 그가 우리들 사이에 없다는 것이 무엇을 뜻하는지 알게 될 걸세"라고 한 예언조의 말이 그야말로 거짓말처럼 현실로 나타난 것이다.

1527년 2월 피아첸차 부근에 집결한 부르봉 공작 샤를 3세 휘하의 에스파냐군과 프룬트스베르크가 지휘하는 란츠군은 피렌체를 공략할 작정으로 남하했다.[28] 그런데 교황군의 주력이 토스카나 방어를 위해 집결해

62~63.
28 이하의 상황에 대해서는 다음을 볼 것. Guicciardini, *Storia d'Italia*, vol. III, cap. 8, pp. 1756ff.

있다는 것을 안 부르봉 공작은 원래 계획을 바꿔 로마를 향해 진격하기 시작했다. 봉급도 받지 못하고 물자도 부족한 상황에서 교황군 주력과 일전을 벌이기보다는 수비가 허술한 로마를 치는 것이 유리하다고 본 것이다. 올바른 판단이었다. 5월 5일, 부르봉의 군대는 로마 근교 프라티에 도착해 하룻밤을 보냈다.

5월 6일 새벽, 부르봉군이 바티카노의 구릉지대를 향해 진군함으로써 드디어 서양 문명사에서 악명 높은 전투가 시작되었다. 이날의 운은 부르봉 공작에게 있는 것처럼 보였다. 해가 뜨기 전부터 짙은 안개가 피어올라 그의 군대가 바티카노의 성벽 가까이 접근하는 것을 감춰주었기 때문이다. 전투가 시작되자 부르봉 공작은 선두에 서서 달려나갔다. 총사령관인 그가 이렇게까지 한 이유는, 모든 조건이 열악한 상태여서 이 전투에서 반드시 승리하지 않으면 안 된다는 강박관념이 있는 데다가, 그동안 프룬츠스베르크의 란츠군이 보여준 전투력에 대한 경쟁의식이 작용한 때문이었다.

그러나 부르봉 공작의 운은 여기서 끝났다. 전투가 시작되자마자 그는 성벽 위 누군가가 쏜 화승총탄에 맞아 말에서 떨어져 죽고 말았다. 당시 로마 수비군에 합류해 있던 벤베누토 첼리니—그는 르네상스의 유명한 조각가이자 금세공사로, 청동제 조각 「메두사의 머리를 들고 있는 페르세우스」, 금과 상아로 만든 세공품 「소금통」, 그리고 대리석으로 만든 등신상 「십자가에 못 박힌 그리스도」 등의 걸작품을 남겼다—는 훗날 『자서전』에서 부르봉 공작을 쏜 장본인이 다름 아닌 바로 자신이라고 주장했다.

캄포 산토의 성벽에 도착한 우리는 시내로 들어오려고 온갖 시도를 하고 있던 그 유명한 군대를 볼 수 있었다. 우리가 자리를 잡은 성루 위에는 성을 포위한 적군들에게 살해당한 몇몇 청년의 시체가 길게 누워 있었다. 그곳에서 격렬한 전투가 벌어졌고, 주위는 한 치 앞을 볼 수 없을 만큼 짙은 안개로 뒤덮여 있었다. 나는 알레쌴드로에게로 몸을 돌려 이렇게 말했다. "여기서는 아무것도 할 수 없을 테니 한시바삐 집으로 돌아가세나. 적군이 성벽을 타고 올라오는데도 우리 편은 도망가기 바쁜 게 자네에게도 보이겠지." 공포에 휩싸인 알레쌴드로가 말했다. "아예 이곳에 오지 말았어야 했는데." 그러고는 휙 돌아서서 줄행랑을 놓으려 했다. 나는 그를 확 잡아채면서 이렇게 말했다. "이왕 자네가 날 여기 데려왔으니 뭔가 남자로서 체면은 세울 만한 일은 하고 가야 하지 않겠나." 나는 화승총구를 군인들이 가장 밀집해 있는 방향으로 돌려서 다른 사람들보다 더 높다란 곳에 앉아 내 눈에 띈 한 사람을 겨냥했다. 안개가 짙어서 그가 말 위에 앉아 있는지 그냥 땅 위에 서 있는지 확실히 구별할 수가 없었다. 나는 알레쌴드로와 체키노에게로 고개를 돌려 적군에게 피격되지 않게 하는 요령을 일러주면서 총을 발사하라고 말했다. 각각 두 번에 걸쳐 일제사격을 가한 뒤 성루를 조심스럽게 기어올리기 아래를 내려다보니 적군은 일대 혼란에 빠져 있었고, 나는 곧 우리가 쏜 총탄 가운데 하나가 부르봉 공작을 죽게 만들었다는 것을 알았다. 나는 즉시 그가 바로 내가 앞서 다른 사람들 머리 위로 보았던 그 사람이라는 것을 알았다.[29]

첼리니는 워낙 이야기를 잘 지어내는 인물인 데다가 이 글 자체가 사건이 지나고 30여 년 뒤에 쓴 것이어서, 과연 그의 말을 얼마나 믿을 수 있을지 의심할 만하다. 그렇지만 적어도 첼리니 또는 그들의 총탄이 부르봉 공작을 쓰러뜨렸다는 이 주장은 어느 정도의 개연성이 있다. 어쨌든 거의 수비가 무너지려던 결정적인 순간에 부르봉이 전혀 예기치 않게 피격됨으로써 뒤이은 로마 대약탈의 빌미가 되었다. 카를 5세는 그동안 군인들에게 봉급을 거의 주지 않았고, 이는 사실상 로마 약탈을 묵인하는 셈이었다.

---

29 Benvenuto Cellini, *Vita*, a cura di Ettore Camesasca (Milano, Biblioteca Universale Rizzoli, 1985), I, 34, pp. 165~166.

게다가 지휘관까지 죽고 말았으니, 격렬한 전투로 광폭해진 카를 5세 군대의 야만적인 행동을 어느 누구도 제지할 수는 없었을 것이다(설사 부르봉 공작이 살았다고 해도 과연 이 참사를 막을 수 있었을까?).

카를 5세의 독일 용병대와 에스파냐 연합군은 무너진 제방 사이로 강물이 세차게 쏟아져 들어오듯이 로마 시내로 난입하여 무자비한 약탈을 자행했고, 두려움에 질린 교황 클레멘스는 내성(內城)인 카스텔 산탄젤로, 즉 천사의 성에 갇히는 신세가 되고 말았다. 로마는 아비규환 바로 그 자체였다. 특히 가톨릭교회와 교황에 대한 존경심이 전혀 없는—아니 그를 오히려 적그리스도라 여긴—독일 용병들은 여자라면 수녀든 누구든 가리지 않고 겁탈했고, 남자라면 수도사든 누구든 살해했으며, 교회의 성물도 귀금속으로 된 것이라면 마구잡이로 약탈했다. 이 '로마 약탈'로 제국 이후 서양 문명의 중심임을 자부했던 로마는 치유하기 어려운 상처를 입었다. 아레티노는 『6일간의 대화』(*Sei giornate*) 둘째 권 『난나와 피파의 대화』 두 번째 날에서 그때의 광경을 난나의 입을 통해 다음과 같이 생생하게 묘사한다.

밤이 되었어. 시스토 교(橋)를 방어하던 군대가 도망을 쳤지. 그러자 그들이 트라스테베레에서 로마 시내로 밀려들어왔어. 이미 고함 소리가 진동했고, 문이 땅바닥에 나뒹굴었고, 모든 사람들이 혼비백산해서 달아나고 숨고 울부짖었어. 곧 여기저기에 피가 흘러내렸고, 사람들은 무자비하게 살해당했어. 고문당하는 사람들은 비명을 지르고, 옥에 갇힌 사람들은 살려달라고 기도했고, 여자들은 산발이 되고, 노인들은 벌벌 떨었어. 도시 전체가 쑥대밭이 된 거지. 그런 상황에서 운이 좋은 사람이란 빨리 죽거나, 또는 살아 있더라도 누군가를 먼저 발견해 죽인 사람이었단다. 하지만 과연 어느 누가 그날 밤 일어난 그 끔찍한 일들을 모두 말할 수 있겠니? 무장했든 하지 않았든 상관없이 탁발승, 수도사, 예배당 신부, 그 밖의 이런저런 모든 사람들이 거의 실신한 상태로 구덩이에 처박혔어. 동굴, 구멍, 우물, 종탑, 지하실, 그 밖의 은밀한 은신처는 온갖 종류의 사람들로 넘쳐났어. 지체 높은 사람들은 두들겨 맞았고, 사람들은 그들을 보고 비웃으며 침을 뱉었지. 그들의 옷은 다 찢어져 마치 넝마 조각 같았어. 교회, 병원, 집, 또는 그 외의 어떤 곳도 약탈을 피하지 못했어. 군인들은 사람들의 출입이 금지된 곳까지 들어가 수녀들을 끌어내 사창가로 데려갔지. 그곳에 가는 여자는 누구나 파문당하게 되어 있는데 말이야. 그러나 가장 안타까운 것은 금빛 찬란한 로짜와 아름다운 그림들로 장식된 궁(宮)들이 불길 속에서 타오르는 모습과, 상처를 입어 피투성이가 된 남자들이 눈물을 흘리며 잃어버린 아내를 찾아 슬피 부르짖는 광경이었어.[30]

클레멘스가 성안에 갇혀 수모를 당하면서 후회한 것 중 하나는 아레티노를 박대했다는 사실이었다. 그때 교황과 함께 산탄젤로 성에 갇혀 있던 화가 세바스티아노 델 피옴보는 그가 "피에트로 아레티노가 있었더라면 여기가 이렇게 감옥 같지는 않았을 텐데"라면서 탄식했다고 전했다. 또 그는 시인인 테발데오에게 지시해 황제에게 편지 한 통을 쓰게 했는데(아마 황제에게 로마 약탈을 멈추도록 애원하는 내용이었을 것이다), 이때도 아레티노의 부재를 아쉽게 느꼈을 것이 틀림없다.[31]

이런 소식을 들은 아레티노는 1527년 5월 20일 베네치아발로 재빨리 황제에게 교황을 풀어주십사 하는 내용의 편지를 썼다.

교황을 풀어주옵소서! 그리스도가 폐하께 베푼 승리의 대가로 그의 대리인을 다시 그에게로 돌려주옵소서. 승리의 기쁨 때문에 신의 관습을 저버리지 마옵

---

30 Pietro Aretino, *Sei giornate*, a cura di Angelo Romano (Milano, Murscia, 1991), p. 242.
31 세바스티아노 델 피옴보가 로마발로 보낸 1527년 5월 15일자와 5월 일자 미상(15일 또는 16일)의 편지. *Lettere scritte a Pietro Aretino*, I, nn. 10 & 11, pp. 40~41.

소서. 결단코, 폐하가 이미 얻었고 또한 폐하의 여생 동안 신과 운의 여신이 내리실 모든 전리품 가운데 그 어떤 것도 이보다 더 찬사의 대상이 될 것은 없을 것입니다. 그러나 카를 5세 폐하의 덕월하고 우아하며 신앙이 넘치는 존엄 앞에 감히 그 누가 희망을 의탁하지 않겠습니까? 폐하는 언제나 카이사르이자 아우구스투스이십니다.[32]

아레티노가 황제에게 한 진언은 사실 바르고 적절한 것이었다. 교황을 감옥에 가두어놓는 것은 분명히 좋은 처사라 할 수 없었다. 그렇지만 아레티노가 이 편지를 쓴 진짜 목적은 교황의 호의를 얻는 것이었다. 만일 황제가 제때에 아레티노의 말을 들어준다면 그는 다시 교황에게 가까이 갈 수 있었다. 그러나 늘 그렇듯이 바로 여기서 그의 오만이 발동했다. 그는 1527년 5월 30일 교황에게 직접 훈계조의 편지를 보냈다. 외면상으로는 황제의 죄를 용서하라는 것으로 보일 수도 있으나, 실제로는 황제에게 복종할 것을 완곡하지만 명시적으로 촉구하는 내용이었다.

성하께서 온갖 종류의 잔혹한 경우를 당했고, 그리하여 그 불행으로 인해 조국은 사악한 길로 접어들었으며, 군대는 나약해졌고, 성하의 은혜를 입었던 사람들조차 배은망덕하게 만들었을 뿐 아니라, 신앙은 동요하고 군주들은 질시를 일삼기에 이르렀음은 부정할 수 없습니다. 그러나 설사 제가 이 일들과 아무 관련이 없다손 치더라도, 성하의 분별은 사람들에게 그들이 어떻게 다스려야 하는가뿐만 아니라 어떻게 봉사해야 하는가도 가르쳐주시리라 믿습니다. 그러므로 만사를 주재하시는 신에게 모든 것을 맡기시고, 불행에 빠졌을 때조차도 신에게 감사하십시오. 황제는 성하께서 보호자로 계신 신앙의 토대와 같은 존재로, 신은 교황의 뜻을 황제의 뜻과 맞추고, 종국적으로는 성하의 명예를 우

---

32 *Lettere*, I, n. 7, p. 63.

주 모든 곳에 충만케 하기 위해 성하를 그의 손에 넘겼던 것입니다. 확신하건대, 자비로운 카를은 성하를 곧 예전의 위치로 되돌려줄 것입니다. 황제는 카이사르의 자리와 더불어 지금은 그리스도의 자리까지 차지하고 있는 자신의 위치에 걸맞은 겸손함을 성하께 보여드릴 것입니다. 황제 폐하에게 오만함 따위는 없습니다. 그러니 하늘에서 내려온 그 힘에 기대십시오. 그의 가톨릭 검을 동방으로 향하게 하시고, 그래서 그를 성하의 계획을 수행하는 자로 바꾸십시오. 그러면 사제들의 죄과 때문에 성하가 겪고 있는 이 비참한 상태가 그동안의 인내에 대한 보상으로 바뀔 것입니다.[33]

교황은 틀림없이 편지를 받고 매우 심기가 불편해졌을 것이다. 아레티노는 안 해도 될 짓을 한 것이다. 그렇지만 이러한 행동이야말로 그만의 독특함이기도 했다. 1527년 12월 교황은 황제의 묵인 아래 성을 빠져나왔다. 황제는 딱히 아레티노의 말에 설복되어서가 아니라 그의 말을 듣는 편이 자신에게도 유익해서 그렇게 했을 것이었다. 하지만 이런 기막힌 타이밍으로 스스로의 말을 가치 있게 만드는 것이 아레티노만의 재능이었다. 일전에 아레티노의 암살을 지시했던 지베르티의 비서로 아레티노의 숙적인 프란체스코 베르니는 그의 이러한 오만함을 직설적인 언어로 이렇게 질타했다.

너는 지나치게 너무 많은 말을 지껄이는구나
재치라고는 눈 닦고 봐도 없는 더러운 혓바닥으로.
결국 칼날만이 네 혀를 침묵케 하겠지
그 끝은 아킬레의 칼보다 더 날카롭다네. 고통도 더 크겠지.
교황은 여전히 교황이고, 너란 작자는 다른 사람의 빵과

---

33 *Lettere*, I, n. 8, p. 64.

경멸의 말로 빌어먹는 천한 도적놈일 뿐.

네가 태어난 빈민가 매춘굴에 처박혀 사는

오, 무식한 네다 오만하기 짝이 없는 이 병신자식아! ……³⁴

---

34 Francesco Berni, "Contro a Pietro Aretino" in *Opere di Francesco Berni*. Nuovamente rivedute e illustrate, 2 voll. in un tomo (Milano, G. Daelli e C., 1864), vol. I, pp. 171~173; 이 시는 다음에도 실려 있다. Francesco Berni, *Rime burlesche*, a cura di Giorgio Barberi Squarotti (Torino, Einaudi, 1969; 1991), pp. 69~71.

8장

카사 아레티노의 친구들

이탈리아 전쟁

1527년의 로마 약탈을 전후로 이탈리아에서 세력균형의 추는 신성로마 황제 카를 5세 쪽으로 확실히 기울어졌다.[1] 1494년 밀라노의 루도비코 스포르차가 베네치아를 견제하기 위해 프랑스 왕 샤를 8세를 반도에 끌어들임으로써 시작된 이른바 '이탈리아 전쟁'(Le guerre d'Italia)은 거의 이탈리아 전역을 합종연횡의 전쟁터로 만들어버렸다. 전통적인 세력균형의 구도를 완전히 깨뜨려버린 이 전쟁은 약 60여 년 뒤 카토-캉브레지 조약(1559)을 통해 에스파냐가 반도에서 확고한 우위를 차지하면서 비로소 끝나게 된다.

초기 20여 년 동안 프랑스가 지배하던 전쟁의 양상은 1521년 에스파냐

---

1 로마 약탈 전후의 이탈리아와 그리티 이후 베네치아의 정세에 대한 아래의 몇 문단은 다음에 의존했다. John Julius Norwich, *A History of Venice* (New York, Knopf, 1982), pp. 437~445. 이탈리아 전쟁의 전반적인 정치·군사적 양상을 다룬 최신의 저작이 있다. Michael Mallett & Christine Shaw, *The Italian Wars 1494~1559: War, State and Society in Early Modern Europe* (New York, Addison Wesley, 2012).

왕 카를이 신성로마 황제로 즉위함으로써, 그동안 프랑스 앙주가와 에스파냐의 합스부르크가 사이에 아슬아슬하게 유지되어오던 우호관계가 삽시간에 붕괴되고 말았다. 프랑스 왕 프랑수아 1세는 경쟁자 카를에게 대항해 이탈리아에서 전면전을 시도했지만, 신형 화승총을 앞세운 에스파냐 군에 번번이 패배했다. 급기야는 황제의 손에 들어간 밀라노를 탈환하고자 프랑수아가 직접 군대를 이끌고 롬바르디아로 진군했으나, 1525년 파비아에서 크게 패하고 그 자신이 황제의 포로로 잡히는 수모까지 겪었다. 이러한 황제 우위의 연장선상에서 발생한 사건이 바로 2년 뒤의 루터파 독일 용병을 앞세운 로마 약탈이었다. 이제 황제는 유럽 무대에서 라이벌 프랑수아뿐 아니라 이탈리아의 영원한 지배자였던 교황까지 그의 자비를 애원하게 만드는 유리한 위치로 올라서게 된 것이다.

이탈리아 세력균형의 중요한 축이었던 베네치아는 자신을 견제하고자 하는 다른 도시들과 때로는 동맹을 맺고 때로는 전쟁을 벌이면서 15세기 말~16세기 초의 복잡다단한 정세에 대처했다. 1508년 12월 이탈리아 도시들을 포함한 거의 전 유럽의 강국들—프랑스, 교황, 에스파냐, 신성로마제국, 잉글랜드, 스코틀랜드, 밀라노 공국, 피렌체, 페라라 공국, 게다가 스위스 용병대까지 망라한—이 반(反)베네치아 깃발 아래 결집해 캉브레 동맹을 맺었다. 그들의 속셈은 당시 베네치아의 지배를 받고 있던 베로나·비첸차·파도바·프리울리 등 이른바 테라 페르마(Terra Ferma)—'단단한 땅'이라는 뜻으로, 베네치아 연안 초호(礁湖)와 도서(島嶼)에 대비되는 도시 배후 육지 쪽 영토를 말한다—를 분할, 차지하겠다는 것이었다.

커다란 위험을 감지한 베네치아는 오르시니가의 사촌형제 바르톨로메오 달비아노와 니콜로 디 피틸리아노를 콘도티에레로 고용하지만, 이듬해 아냐델로 전투에서 프랑스군에 대패하는 위기를 겪는다. 그러나 이제는 다시 상승(常勝)의 프랑스에 위협을 느낀 교황 율리우스 2세가 동맹에서 탈퇴해 베네치아와 손을 잡고, 잉글랜드와 에스파냐가 이에 가세함으로써 전쟁 상황은 프랑스 대(對) 교황·베네치아·황제의 대결로 급격히 재편되었다.

그러나 1520년대 이후 전세가 황제 카를 5세 쪽으로 기울자, 1526년 앞서 율리우스처럼 메디치 교황 클레멘스 7세는 베네치아와 피렌체를 비롯한 이탈리아 군소 도시들을 규합해 반(反)황제 코냑 동맹을 결성했다. 교황의 외교정책은 언제나 외적(外敵)—그들이 프랑스든 에스파냐든—이 이탈리아에서 절대적인 우위를 점하지 못하게 하는 것이었기 때문이다. 그런데 때가 좋지 않았다. 황제의 우세를 인지한 베네치아는 뒤로 물러나 중립을 지킴으로써 로마 약탈의 후폭풍을 일단 비켜날 수 있었다.

1523년, 약 2년간 베네치아를 통치한 안토니오 그리마니의 뒤를 이어 앞으로 약 15년간 새로운 베네치아를 이끌어갈 안드레아 그리티가 75대 도제(Doge)—베네치아의 종신제 최고행정관을 말한다—로 취임했다. 그는 68세였지만 도제직에는 고령이 통상적인 관례임을 감안하면 그 나이는 결코 많은 편이 아니었다. 그 무렵 베네치아는 황제 카를 5세와의 외교 협상에 골몰하고 있었다. 베네치아는 세계군주로서의 야망을 품고 한창 기세를 올리고 있던 카를에게 대적하느니 차라리 프랑수아를 버리는 쪽을 택했다.

베네치아는 그리티가 취임한 지 석 달 후인 1523년 7월 말 보름스에서 황제와 서로를 침탈하지 않는다는 평화조약을 맺었다. 1525년 파비아 전투에서 베네치아군이 전장에 나타나지 않은 것도 이러한 조약의 암묵적 결과였다. 그사이에 오스만 튀르크의 술레이만 대제가 빈을 공략해 함락 직전까지 가기도 했으나, 1530년 카를이 교황 클레멘스로부터 로마 황제로 즉위하는 상징적인 의식을 거행함으로써 이탈리아 반도에는 다시금—적어도 오랫동안 전화에 시달려온 이탈리아인들이 보기에—평화의 기운이 감돌기 시작했다. 이로써 베네치아는 그 뒤 약 40년 동안—대략 술레이만에게 키프로스를 잃을 때까지—새로운 안정기를 구가하게 된다.

친퀘첸토 베네치아

비록 거의 모든 점에서 전성기를 지나 쇠퇴와 몰락의 길로 접어들었다는 징후가 벌써 곳곳에서 나타나고 있었지만, 그럼에도 16세기 중엽의 베네치아는 그곳이 아직도 성 마르코의 보호 아래 번성하고 있다는 인상을 주기에 부족함이 없었다.[2] 16세기 초 약 11만 5,000명이었던 인구는 1563년에는 약 16만 8,000명으로 늘어났다. 세기 중엽부터 이탈리아 대부분의 주요 도시들이 황제의 보호령이나 위성국가로 전락했지만 베네치아는 여전히 독립국으로서의 면모를 잃지 않고 있었다. 세기 초에 건축되기 시작한 호화로운 건물들도 변함없이 세워지고 있었다. 베네치아를 정기적으로 찾는 방문객들은 시간이 얼마 지나지 않았는데도 전에 없던 새로운 건물들이 들어선 것을 보고 감탄하곤 했다.

특히 피아차 산마르코(Piazza San Marco)—성 마르코 광장—는 끊임없이 새로운 모습을 선보이고 있었다. 이제는 피아차의 상징처럼 된 산마르코 대성당의 시계탑 캄파닐레(Campanile)는 이미 15세기 초에 완공되어 있었다. 시계탑을 만든 마우로 코두치는 곧 피아차 북쪽에 프로쿠라티에(Procuratie)—프로쿠라토레(정무위원)의 사무실—의 건축에 착수했고, 그는 1504년 세상을 떠났지만 건물은 1532년에 완공되었다.

당시의 유명한 조각가이자 건축가 야코포 산소비노는 1537년 피아차와 남쪽 초호를 잇는 작은 광장 피아체타(Piazzetta)를 만들고, 이어서 약 20여 년에 걸쳐 그 서편에 바로크·로마 양식의 도서관 리브레리아(Libreria Sansoviniana)—지금의 마르코 국립도서관(Biblioteca Nazionale Marciana). 전통적인 고딕을 벗어났다는 점에서 베네치아 건축의 새로운 출발점이 된

---

[2] 16세기 베네치아의 문화 양상에 대해서는 다음을 볼 것. Norwich, *A History of Venice*, pp. 455~458.

다―를 세웠다.

한 세기 전부터 초호를 바라보며 서 있던 고딕풍의 3층 도제궁 팔라초 두칼레(Palazzo Ducale)에서는 동관(東館) 증축 공사가 마무리 단계에 들어서 있었다. 산소비노는 여기에 2층의 도제 사저(私邸)를 잇는 아름다운 금빛 계단 스칼라 도로(Scala d'Oro)를 만들고, 거대 계단 스칼라 지간티(Scala Giganti) 옆에는 메르쿠리오(머큐리)와 네투노(넵튠)의 조상(彫像)을 세웠다. 1586년 빈첸초 스카모치에 의해 피아차 남쪽에 정무위원들을 위한 신청사(Procuratie Nuove)가 들어서면서―그래서 앞서 코두치가 지은 건물은 프로쿠라티에 베키에(Vecchie), 즉 구청사로 불리게 된다―서쪽에서 바라보는 피아차의 풍경은 거의 지금과 다름없어졌다. 그리고 대운하를 따라 팔라초 다리오, 팔라초 벤드라민-칼레르지, 팔라초 마닌, 팔라초 그리마니 등이 호화로운 자태를 뽐내고 있었다.

이는 또한 티치아노와 틴토레토와 베로네제의 베네치아였다. 그들은 청명한 채색을 특징으로 하는 베네치아 화파(畵派)의 삼총사이다.[3] 15세기의 대표적인 베네치아 궁정화가 조반니 벨리니를 대체한 인물이 바로 티치아노이다. 높이 7미터에 이르는 엄청난 크기의 캔버스에 역동적인 구도와 그 특유의 채색주의를 결합시킨 걸작 「성모의 승천」(1516~18)과 같은 제단화에서, 르네상스 이교문화의 걸작 중 하나로 꼽히는 「바쿠스와 아리아드네」(1520~23)같이 고대 신화를 주제로 한 그림 속에서, 그리고 지금은 유실되어 볼 수 없지만 용병대장 바르톨로메오 달비아노가 거침없이 적군을 무너뜨리는 장면을 속도감 있게 묘사한 「카도레 전투」(1538~39)처럼, 베네치아 도제궁의 벽을 장식한 역사화에서 그는 베네치아 화파의 채색주의와 스타일의 진면목을 유감없이 보여주었다.

---

3 이들에 대해서는 다음을 볼 것. David Rosand, *Painting in Sixteenth-Century Venice: Titian, Veronese, Tintoretto*, 2nd ed. (Cambridge, Cambridge University Press, 1997).

'미켈란젤로의 디제뇨(구도)와 티치아노의 콜로리토(채색)'라는 현판을 자기 공방 위에 걸고 화가로서의 길로 매진한 틴토레토 역시 베네치아 화파를 빛내준 한 사람이었다. 그는 도제 지롤라모 프리올리의 초상화를 비롯해 도제궁을 장식했던 「레판토 승전」이나 「바다의 여왕 베네치아」 같은 역사화들을 그렸고, 무엇보다 그가 만년에 남긴 「파라다이스」(1588년 이후)는 유례없는 크기(22.6×9.1미터), 역동적인 구도, 놀라운 상상력을 마술적 터치와 결합시킨 걸작이다. 마치 물결이 흘러가는 듯한 부드러운 구도 속에 갖가지 모습을 한 성인과 인간 군상의 묘사에는 누구라도 경이로운 느낌을 받지 않을 수 없다.

원래 베로나 출신인 베로네제는 만토바를 거쳐 베네치아에 와서 명성을 얻었다. 그는 베네치아 10인위원회 홀의 벽면과 도제궁, 마르코 도서관 천장을 프레스코화로 장식했다. 그의 작품으로 유명한 것 가운데 하나는 역시 「레비 저택에서의 향연」(1573)이다. 베로네제식 "최후의 만찬"으로 그려진 이 방대한 규모의 유화 속에는 호화로운 무대와 의복, "어릿광대들, 술에 취한 독일 사람들, 난쟁이들, 그리고 그 밖의 상스러운 인물들"까지 등장하는데, 이 때문에 성화(聖畵)가 취해야 할 관례(데코룸)을 어겼다는 비난을 받았다.[4] '레비 저택에서의 그리스도'라는 원래 제목이 '……향연'으로 바뀐 이유도 여기에 있다. 그러나 실제로 그림 자체는 거의 바뀌지 않았다는 데서 베로네제의 예술가적인 고집을 엿볼 수 있다.

예술과 건축 분야에서 나타난 광휘는 귀족과 부르주아의 화려한 옷차림에서도 나타났다. 간간이 제정된 어떤 사치법도 자신을 치장해 내보이려는 이런 풍조를 막을 수는 없었다. 공적이든 사적이든, 종교적이든 세속적이든, 단 하루도 볼 만한 행렬이 이어지지 않은 때가 없었다. 아마 냉소

---

4 그는 1573년 7월 18일 성청(聖廳)에 소환되어 이 그림에 대한 심문을 받았다. 영역된 문답의 내용은 다음에서 볼 수 있다. Francis Marion Crawford, *Salve Venetia: Gleanings from Venetian History*, 2 vols. (New York, Macmillan, 1905), vol. II, pp. 29~34.

적인 외국 사절들은 광휘와 화려함 뒤에 감추어진 데카당스의 징후를 자문했을 것이다. 그곳을 찾은 근엄한 루터파 성직자들은 부끄러움을 모르는 사치와 부의 과시에 틀림없이 역겨움을 느꼈을 것이다. 그렇지만 이러한 냉소와 역겨움도 결코 도시의 생기 넘치는 분위기에 대한 깊은 인상을 완전히 지울 수는 없었을 것이다.

베네치아가 보여준 이 시대의 광휘는 어쩌면 요한 회이징아가 뜻한 '르네상스의 가을' 같은 것일 수도 있었다.[5] 곡식이 누렇게 익어가는 황금빛 들판의 풍요로움도 추수가 끝나면 곧 매서운 겨울을 예고하는 황량함으로 변할 것이기 때문이다. 지금 베네치아는 평화가 주는 과실의 단맛을 즐기고 있지만, 그 뒤에는 그러한 평화가 언제 끝날지 아무도 예측하기 어려운 불안감이 배어 있었다.

우리의 아레티노가 바로 이 길지 않은 평화와 풍요의 시기에 베네치아와 함께했다는 것은 그에게는 정말로 큰 행운이었다. 동시에 베네치아가 아레티노를 품에 안을 수 있었다는 것 또한 대단한 행운이었다. 16세기 중엽 베네치아가 얼마나 "자유롭고 풍요로운 곳인지" 스스로를 만방에 알리고자 할 때, 그는 그러한 목적에 가장 부합하는 인물이었다. 베네치아는 제때 그곳에 안착한 아레티노에게 그를 정적들에게서 보호해주는 최고의 안식처이자 일류 문인과 예술가와 명사들과의 우정과 후원을 얻을 수 있는 최상의 삶터를 제공해주었다. 베네치아는 그로 하여금 35년간의 방랑생활을 끝내고 완전히 새롭고도 성공적인 삶을 제공해준 신세계였다. 그는 1556년 세상을 떠날 때까지 이곳에서 '세계의 비서'(Il segretario del mondo)이자 '군주를 벌하는 채찍'(il flagello de' principi)으로서, '신이 내린'(divino)[6] 스스로의 재능을 마음껏 펼치게 된다. 실로 그는 베네치아와 만

---

5 Johan Huizinga, *Herfsttij der Middeleeuwen* (Haarlem, Tjeenk Willink, 1919; 2nd ed., 1921); 이종인 옮김, 『중세의 가을』(고양: 연암서가, 2012).

년의 운명을 함께한 것이다.

티치아노

1527년 3월 25일 아레티노는 새로운 삶이 기다리는 베네치아에 도착했다.[7] "난 아마 베네치아로 갈 것 같구먼. 거기엔 예전에도 가본 적이 있지. 그곳의 자유가 나의 빈곤을 덮어줄 거야. 적어도 그곳에서는 가난한 자들이 자기와 가까운 사람들의 변덕 때문에 파멸하지는 않으니까 말일세. 정의의 여신이 저울을 똑바르게 들고 있는 곳은 베네치아뿐이지. …… 분명코 베네치아는 신성한 도시이자 지상의 낙원이라네." 그는 1534년 베네치아에서 간행된 『코르티자나』 2판 3막 7장에서 자신의 베네치아 생활의 만족스러움을 이렇게 표현하고 있다. 1525년의 같은 책 초판에서 만토바로 가겠다고 한 말을 베네치아로 바꾸어놓은 것이다.[8] 이때 그는 어느덧 35

---

6 "보라, 군주를 벌하는 채찍, 신이 내린 피에트로 아레티노를"(ecco il flagello de' principi, il divin Pietro Aretino)라는 유명한 구절은 아리오스토의 『광란의 오를란도』(1532)에 나온다. Ludovico Ariosto, *Orlando furioso e cinque canti*, a cura di Remo Ceserani & Sergio Zatti, 2 voll. (Torino, UTET, 1997; 2006), vol. II, canto XLVI, 14, p. 1591. 그에게 "신이 내린"이라는 호칭을 쓴 최초의 예는 1527년 화가 세바스티아노 델 피옴보가 아레티노에게 보낸 로마발 편지이다. *Lettere scritte a Pietro Aretino*, I, n. 11, p. 41. "세계의 비서"라는 별칭은 다음에서 볼 수 있다. 1537년 11월 27일 아레티노가 프란체스코 알룬노에게 보낸 베네치아발 편지. *Lettere*, I, n. 257, p. 356.

7 1537년 3월 25일 카라촐로 추기경에게 보낸 베네치아발 편지에서 그는 "…… 오늘이 제가 베네치아가 베푸는 자비로움의 끝자락에 들어와서 언제나 이 도시를 칭송하게 된 지 10년째 되는 날입니다"라고 썼다. *Lettere*, I, n. 106, p. 172.

8 Aretino, *La Cortigiana* (1534) in *Tutte le commedie*, a. III, s. 7, pp. 169~170; Aretino, *Cortigiana* (1525) in *Cortigiana. Opere nova. Pronostico. Testamento dell'elefante. Farza*, a. III, s. 7, p. 116. 아레티노의 베네치아 예찬에 대해서는 예컨대 아레티노가 베네치아 도제 안드레아 그리티에게 보낸 일자 미상의 편지(1530년 9월?)도 볼 것(*Lettere*, I, n. 2). 이와 비슷한 예는 많이 찾을 수 있다.

세의 장년이 되어 있었다.

아레티노에게는 베네치아가 초행이었다. 그곳에 특별한 연고도 없었다. 그가 손에 든 것이라고는 베네치아 도제 안드레아 그리티와 베네치아 주재 만토바 대사에게 가는 후작의 추천서와 그가 준 약간의 돈뿐이었다. 아레티노가 과연 베네치아에 정주하기로 작정하고 만토바를 떠났는지도 의문이다.[9] 당시 그는 교황 클레멘스의 분노를 일단 피해야 하는 상황이었다. 로마와 만토바 말고는 딱히 갈 데가 없었다. 조반니 데 메디치의 죽음으로 거의 유일무이했던 보호자도 잃은 상태였다. 그는 아마 베네치아가 외국인에게 비교적 관대하다는 소문을 들었을 것이다. 그리고 한번 가보기나 하자는 생각에서 그곳으로 발길을 돌렸을 것이다. 그런 그가 이후 생을 마감할 때까지 30년 동안 베네치아에서 새로운 삶을 살게 된 이유는 무엇이었을까.

그 시발점은 화가 티치아노와의 만남이었다. 둘의 견고한 우정은 일생 동안 이어졌다. 불안한 마음으로 낯선 곳에 발을 내딛은 아레티노에게 친구의 존재는 그 무엇보다도 소중한 것이었으리라. 둘은 급속히 가까워졌다. 여기에는 당연히 아레티노 특유의 친화적인 기질도 작용했겠지만, 어린 시절부터 발현된 그림에 대한 감각과 식견이 처음 만난 티치아노의 공감을 불러일으켰을 것임에 틀림없다. 우리는 그가 이미 페루자에서 '화가 피에트로 아레티노'라는 이름으로 『신시집』을 발간했다는 사실을 알고 있다. 게다가 그의 편지에서 나타나듯이 종종 과장적인 수사(修辭)로 점철되어 있기는 하지만, 그럼에도 그의 예술비평은 결코 아마추어 수준이 아니었다. 훗날 미켈란젤로의 「최후의 심판」에 가한 그의 신랄하고도 기발한 비평은 지금도 인구에 회자될 정도이다.

그러나 늘 그렇듯이, 아레티노의 인간관계에서 변하지 않는 상수(常數)

---

9 Luzio, *Pietro Aretino nei primi suoi anni a Venezia e la corte dei Gonzaga*, p. 10.

는 그것을 바탕으로 고양되는 자신의 영향력과 명성이었다. 그가 발휘하는 브로커 또는 중재자로서의 능란한 수완도 바로 이를 위한 것이었다. 티치아노와의 우정도 예외가 아니었다. 그는 베네치아에 도착한 지 겨우 석 달 만에 티치아노를 구슬려 만토바 후작 페데리코 곤차가에게 티치아노가 그린 자신의 초상화를 선물로 보냈다. 이 작품은 유실되어 지금은 볼 수 없지만, 17세기에 베네토 지방 화가들의 전기를 쓴 카를로 리돌피(바자리처럼 그 자신도 화가였다)의 전언(傳言)을 토대로 그 윤곽은 짐작할 수 있다. 아레티노는 만토바 후작의 선물인 금제 메달로 장식된 검은색 모자를 쓰고 있는데, 여기에는 '믿음'(FIDES)이라는 모토가 씌어 있다. 오른손에는 월계관을 들고 있는데, 이는 아레티노가 만토바 후작의 궁정시인이라는 것을 뜻한다.[10]

그러나 아레티노는 스스로를 결코 제후의 후원에 종속된 인물로 여기지는 않았다. 그는 종종 유력자에게 아첨했지만 필요하다면 질타하는 것도 주저하지 않았다. 그는 결코 권력자를 존경하지는 않았다. 그는 자신을 언제나 권력으로부터 독립적인 위치에 두고 싶어 했다. 권력을 이용하면서도 권력과 거리를 두는 것, 이것이야말로 스스로가 또 하나의 권력이 되는 자신만의 방식이었다. 티치아노의 첫 초상화를 가리키는 것으로 보이는 한 소네트("월계관을 쥐고 있는 것으로 묘사된 초상화의 피에트로 아레티노")에서 그는 자신이 "군주도 시인도" 아닌, "고원한 세계의 검열관"이자 "진실의 대리인이자 예언자"라고 천명한다. 자신이 섬기는 만토바 후작도 비판의 대상이 될 수 있다는 것이다.[11] 아레티노의 이처럼 묘한 처세술은 그에게 돈을 위해 공갈협박을 일삼는다는 비난과 '군주를 벌하는 채찍'이라

---

10 Carlo Ridolfi, *Le Maraviglie dell'Arte Ovvero Le vite degli illustri pittori Veneti e dello stato*, 2ª ediz., 2 tomi (Venetia, G. B. Sgaua, 1648; Padova, Cartallier, 1835; Facsimile edition, Adamant Media Corporation, 2006), t. 1, p. 220.

11 Luzio, *Pietro Aretino nei primi suoi anni a Venezia e la corte dei Gonzaga*, p. 13.

는 칭송을 동시에 안겨주었다.

티치아노가 그린 아레티노의 초상화는 만토바 후작에게 보낸 것을 포함해 모두 4점으로 알려져 있는데, 뒤의 3점은 추기경 이폴리토 데 메디치(1535년 이전), 아레티노의 출판업자인 프란체스코 마르콜리니(1537), 피렌체 공작 코지모 1세 데 메디치(1545)를 위해 제작되었다(이 가운데 지금까지 남아 있는 작품은 뒤의 두 점뿐이다. 이들은 각각 프릭 컬렉션과 피티 궁에 소장되어 있다. 각각 그림 6, 7을 볼 것).[12] 당시 고명한 귀족 가문 출신이 아니면서도 자신의 초상화를 유력자들에게 선물로 줄 만한 인물은 아마도 그 말고는 없었을 것이다. 아레티노는 이러한 행위를 함으로써 자신이 당대의 제후들과 어깨를 나란히 할 만한 명성을 지니고 있음을 세상에 알리고 싶었을 것이다.

티치아노는 티치아노대로 아레디노를 통해 노력의 대가로 금전을 얻는 동시에 자기 이름을 명사(名士)들의 기억 속에 각인시킬 수 있으니, 그로서도 대만족이었을 것이다. 티치아노는 이미 1513년 이래 베네치아의 공식 화가로서 활동해왔고, 페라라의 알폰소 데스테의 후원을 받을 만큼 재능을 인정받고 있었다. 아레티노와 만나기 전에 티치아노는 살라 델 콜레조를 장식하는 일련의 그림들과 도제인 안토니오 그리마니와 그 뒤를 이은 안드레아 그리티의 초상화를 그린 경력은 있었으나, 그의 활동 범위는 아직 베네치아를 크게 벗어나지는 못한 상태였다. 당시 이탈리아 회화의 거장들은 대부분 로마에서 활동하고 있었다. 사실 교황이 있는 로마야말로 그들에게 명예와 부를 안겨줄 수 있는 최적의 도시였다.

---

12 티치아노가 그린 아레티노의 초상화에 대해서는 다음을 볼 것. Luba Freedman, *Titian's Portraits through Aretino's Lens* (University Park, Pennsylvania State University Press, 1995), esp., pp. 35~44; Id., "Titian's Portraits in the Letters and Sonnets of Pietro Aretino" in *The Eye of the Poet: Studies in the Reciprocity of the Visual and Literary Arts from the Renaissance to the Present*, ed. Amy Golahny (Lewisburg, Bucknell University Press; London, Associated University Presses, 1996), pp. 102~127.

티치아노는 더 넓은 곳의 더 강력한 후원자를 필요로 했고, 아레티노는 이러한 필요성을 충족시켜줄 만한 능력이 있었다. 일찍이 바자리도 인정했다시피 "당대의 유명한 시인" 아레티노와의 우정은 "티치아노에게 아주 영예롭고도 유용했는데," 왜냐하면 그는 "자신의 펜이 미치는 데까지" 제후와 명사들에게 티치아노를 탁월한 화재(畵才)의 대가로 천거해 주었기 때문이다.[13] 동시에 그들에게 보낼 그림에 대해 자신의 이런저런 비평적 요구사항을 일일이 제시하곤 했다. 이런 의미에서 티치아노의 작품 중 일부는 아레티노와의 합작이라고도 말할 수 있을 정도였다.[14]

아레티노가 티치아노를 황제에게 소개한 일화는 일생을 두고 계속되는 두 사람의 긴밀한 관계를 잘 보여주는 좋은 예이다. 1530년 황제 카를 5세는 볼로냐에서 교황 클레멘스 7세로부터 직접 왕관을 수여받는다. 이는 샤를마뉴의 대관식 이래 신성로마제국 황제들 사이에 이어져온 전통이었다. 더 직접적으로는, 3년 전의 로마 약탈에서 교황을 궁지로 몰아넣었던 황제가 얻은 전리품 같은 것이기도 하고, 동시에 교황에 대한 화해의 제스처 같은 것이기도 했을 것이다(물론 교황으로서는 여전히 쓰라린 상처를 헤집는 아픔이 있었겠지만). 어쨌든 이 소식을 접한 아레티노는 이폴리토 데 메디치를 통해 황제에게 티치아노의 재능을 극찬했다. 황제는 즉시 그를 불러와 그 자리에서 자신의 초상화를 그리게 했다. 티치아노에게 이는 대단한 명예였다. 자신의 재능을 전 유럽에 알릴 절호의 기회를 비로소 맞게 된 것이다.

티치아노는 전설적인 화가 아펠레스가 알렉산드로스 대왕을 그린 것과 같은 생생하고도 우아한 붓놀림으로 황제의 초상화를 완성했다고 전해온

---

13 Vasari, *Le vite dei più eccellenti pittori, scultori e architetti*, p. 1289.
14 티치아노의 작품에 대한 아레티노의 다양한 비평은 그의 편지 곳곳에 잘 나타나 있다. 두 사람의 관계에 대해서는 다음의 관련 부분들을 볼 것. Freedman, *Titian's Portraits through Aretino's Lens*.

다. 황제는 진귀한 장식의 빛나는 갑옷을 입고는, 이마에 별이 새겨진 적 갈색 군마를 탄 모습으로 그려졌다. 특히 황금 재갈을 물린 말이 힘차게 콧김을 뿜어내는 듯한 묘사는 황제의 위풍당당함과 잘 어우러져 보는 사람으로 하여금 그 위엄에 압도당하게 만들었다. 전해오는 바로는, 그림의 묘사가 하도 생생해서 이를 기둥 위에 걸어두었더니 누구든 첫눈에 그것이 황제라는 것을 알 수 있을 정도였다고 한다. 마치 알렉산드로스 대왕의 초상화를 실물인 양 착각한 카산드로스 장군처럼. 이 또한 앞서 말한 카를로 리돌피의 묘사이다.[15]

이는 아마 고대부터 이어져오는 '예술가의 전설'이라는 은유[16]를 통해 화가의 뛰어난 재능을 에둘러 강조하고자 하는 뜻이었을 게다. 유감스럽게도 이 초상화는 유실되어 지금은 볼 수 없다. 그러나 후일 티치아노가 나시 그린 마상(馬上)의 황제상(현재 마드리드의 프라도 미술관에 있다)을 토대로 이 작품의 분위기를 상상해볼 수는 있다. 티치아노는 수고의 대가로 황제에게서 수천 스쿠도에 달하는 금화를 받았다. 그렇지만 이 거금도 그의 이름을 알린 데 견주면 적은 것이었다. 티치아노는 특히 초상화의 대가로 알려져 군주와 명사들이 다투어 그의 작품을 소장하려고 할 만큼 명성이 자자했는데, 그 시발점이 다름 아닌 황제의 바로 이 초상화였던 것이다. 그리고 이 모든 것 뒤에는 아레티노가 있었다.

---

15 Ridolfi, *Le Maraviglie dell'Arte Ovvero Le vite degli illustri pittori Veneti e dello stato*, t. 1, p. 222.

16 고전적 미술사와 미술비평에서 흔히 나타나는 이러한 은유에 대해서는 특히 다음을 볼 것. 에른스트 크리스 · 오토 쿠르츠, 노성두 옮김, 『예술가의 전설』(사계절, 1999).

산소비노

아레디노가 베네치아에 와서 사귄 친구는 티치아노만이 아니었다. 로마 약탈의 전화(戰禍)를 피해 그곳으로 온 야코포 타티도 그중 하나였다. 그는 피렌체 출신의 유명한 조각가이자 건축가로, 보통 야코포 산소비노라고 알려져 있다. 이 별칭은 거의 부자지간의 정을 나눌 정도로 사이가 돈독했던 그의 스승 안드레아 산소비노의 출신 지명을 딴 것이다. 산소비노는 이미 피렌체와 로마에서 명성을 얻고 있었는데, 특히 조반니 바르톨리니가 의뢰한 바쿠스상이 걸작으로 남아 있다. 이 작품은 술잔을 쥔 왼손을 높이 치켜든 모습이 마치 건배라도 하는 양 유쾌한 분위기를 연출하고 있다(지금은 피렌체 바르젤로 미술관에서 볼 수 있다). 그는 도제인 그리티의 강력한 후원을 받아 이후 베네치아 최고의 건축가로서 전성기를 맞는다. 지금도 많은 관광객의 눈길을 끌고 있는 성 마르코 광장의 도서관은 건축가로서의 그의 재능과 성기(盛期) 르네상스 예술의 진면목을 잘 보여준다.[17]

베네치아에 안주하자마자 티치아노로 하여금 자기 초상화를 그리게 하고 그것을 만토바 공작에게 증정한 아레티노가 산소비노라고 해서 그냥

---

17 이 도서관 건축과 관련한 일화가 있다. 1545년 12월 18일 밤, 그가 짓고 있던 마르코 도서관 홀 위의 홍예(아치형 천장)가 무너진 사건이 일어났다. 이 사고로 그는 일시 체포, 구금되는 위기를 겪었는데, 그에게 우호적인 베네치아 유력인사들의 변호로 곧 풀려나 공사를 계속할 수 있었다. 그의 절친한 친구 아레티노와 티치아노도 그를 구명하기 위해 백방으로 노력했을 것임이 분명하다. 그 뒤 건물이 무너진 이유에 대한 아레티노의 설명이 흥미롭다. 당시 베네치아 건축물들은 주로 고대 건축가 비트루비우스의 규칙에 따라 설계되었는데, 그것이 염두에 둔 "고대 건물들의 무거운 장식물들"을 "현대적 구조로는 떠받칠 수가 없기" 때문이라는 것이다. 이렇게 되면 산소비노의 설계가 잘못되었다는 뜻인데, 아레티노는 여기에 예술적 감흥을 위해 아낌없이 돈을 쏟아부은 고대와 달리 지금은 건축 비용을 아끼려다 보니 하중을 견딜 수 없게 되었다는 식으로, 최종 원인을 베네치아 정부로 돌리는 듯한 묘한 뉘앙스의 말을 덧붙이고 있다. 아레티노가 티치아노에게 보낸 일자 미상(1545년 말에서 1546년 초로 추정)의 베네치아발 편지. *Lettere*, III, n. 719, pp. 525~526.

놔두었을 리는 없다. 그는 곧 산소비노에게 에로틱한 베누스상을 제작하게 해서 그것 역시 만토바 후작에게 선물로 보냈다. 그는 1527년 10월의 한 편지에서 이에 대해 이렇게 적었다. "조만간 특출한 재능을 지닌 야코포 산소비노 씨가, 진짜로 살아 있는 듯해서 그것을 바라보는 모든 사람의 마음을 색정으로 가득 차게 만드는 베누스상으로 당신의 방을 장식하게 할 것입니다."[18] 후작은 원래 이런 유의 글이나 미술품을 애호했고, 아레티노는 그런 그의 취향을 잘 꿰뚫고 있었다. 같은 편지에서 아레티노는 티치아노가 그린 초상화에 대한 답례로 후작이 "50스쿠도의 돈과 금박 입힌 외투"를 보낸 것에 감사하면서, 당시 베네치아에 와 있던 "경이로운 화가" 세바스티아노 델 피옴보를 추천한다. 이처럼 먼저 예술가와 교분을 맺고 그를 예술 취향의 명사에게 소개함으로써 자신의 이익과 영향력을 꾀하는 것이 아레티노 특유의 삶의 방식, 즉 '모두스 비벤디'이자 '모두스 오페린디'의 전형이었다.

각별히 특기할 점은, "50스쿠도의 돈과 금박 입힌 외투"의 예에서 보는 바와 같이, 후원자에게서 받은 돈의 액수나 선물 이름을 구체적으로 밝히는 것이 아레티노의 방식인데, 이는 자신의 편지나 글을 공개적으로 간행함으로써 누가 어떻게 얼마만큼 그를 후원했는지를 만방에 알리려는 아레티노의 깊은 원모(遠謀)—차라리 본능에 가까운—에서 나온 것이었다. 군주는 그에게 준 돈과 선물의 크기에 따라 뭇사람들에게서 후하다든가 또는 인색하다든가 하는 평판을 얻을 것이니, 이것이야말로 아레티노가 노리던 바였다. 당시의 활판인쇄술이 가져다준 기회를 가장 잘 이용한 인물이 곧 피에트로 아레티노였다.

산소비노, 티치아노, 피에트로 아레티노는 '삼총사'라고 해도 과언이 아

---

18 1527년 10월 6일 아레티노가 만토바 후작에게 보낸 베네치아발 편지. *Lettere sull'arte di Pietro Aretino*, commentate da Fidenzio Pertile & a cura di Ettore Camesasca, vol 1, p. 17.

닐 정도로 깊은 우정을 나누었다. 그들의 친밀한 관계는 죽을 때까지 변하지 않았다. 참혹한 전쟁이 오히려 이들을 결연해준 셈이었으니, 역사의 뮤즈 클리오의 장난이라고나 할까. 우리의 아레티노는 활달하고 자유분방했으며(때로는 격하기도 했지만), 산소비노 역시 그랬다. 그들에 비해 티치아노는, 두 친구와의 분위기를 즐기기는 하지만 좀 더 절제 있는 생활을 선호하는 편이었다. 미인을 보면 금방 친해져서 키스까지 얻어낼 정도였지만 결코 "그 이상은 나가지 않는다"는 것이다.[19]

아레티노의 말처럼, 그들 셋은 "거의 날마다 저녁을 함께 먹다시피"[20] 할 만큼 친하다는 것을 모두 다 알고 있었다. 그들은 종종 다른 친구들과 아름다운 여인들—그중에는 코르티자나 오네스타로 이름이 높았던 안젤라 자페타, 프란체스키나 벨라마노, 그리고 안젤라 사라도 있었다[21]—을 불러 함께 만찬을 하면서 문학과 예술에 대해 고담준론을 나누는—때로는 언쟁도 없지 않았지만—즐거움을 만끽했다. 1540년 이전의 어느 해 8월 초, 티치아노의 저택 정원에서 열린 연회에 초대받은 휴머니스트 프란체스코 프리쉬아네제는 친구에게 보낸 편지에서 그때의 소감을 이렇게 남기고 있다.

---

19 1553년 1월 아레티노가 야코포 산소비노에게 보낸 베네치아발 편지. *Lettere*, VI, n. 239, p. 219.

20 1550년 12월 아레티노가 조각가 알레싼드로 비토리아에게 보낸 편지. James Northcote, *The Life of Titian with Anecdotes of the Distinguished Persons of His Time*. 2 vols. (London, Henry Colburn and Henry Bentley, 1830; Facsimile repr., Nabu Press, 2010), vol. 2, p. 226.

21 1547년 12월 아레티노가 티치아노에게 보낸 베네치아발 편지. *Lettere*, IV, n. 314, p. 198; 1548년 12월 아레티노가 안젤라 자페타에게 보낸 베네치아발 편지. *Lettere*, V, n. 143, p. 119; 1548년 11월 아레티노가 프란체스키나에게 보낸 베네치아발 편지. *Lettere*, V, n. 103, p. 91; 1548년(?) 4월 아레티노가 안젤라 사라에게 보낸 베네치아발 편지. *Lettere*, IV, n. 474, p. 292.

정원에 그늘이 있기는 하지만 아직은 햇볕이 따갑게 느껴졌기 때문에, 식탁을 펼치기 전에 그 집에 가득 찬 명작들의 생생한 표현을 감상하기도 하고, 모두가 즐기고 찬탄해 마지않았던 그 집 정원이 얼마나 아름답고 사랑스러운지 얘기하기도 하면서 시간을 보냈다네. 저택은 무라노 섬을 비롯한 연안의 아름다운 풍광을 굽어볼 수 있는, 베네치아에서도 바닷가로 이어진 맨 끝자락에 자리 잡고 있었지. 노을이 질 무렵 이쪽 연안은 멋쟁이 숙녀들이 탄 수많은 곤돌라로 뒤덮였는데, 그곳에서 흘러나오는 노랫소리와 음악소리가 다양한 하모니를 이루며 멀리 울려 퍼지면서, 한밤중까지도 우리의 유쾌한 만찬에 동무가 되어주었다네. 다시 식사 자리로 돌아오니, 식탁이 너무도 아름답게 잘 차려져 있어서 감탄을 거듭하지 않을 수 없었어. 그 분위기가 내 기억 속에 깊이 남아 있던 성 아가타의 즐거운 원회(園會)들을 생각나게 만들었기 때문에 …… 내가 지금 토냐에 있는지 베네치아에 있는지조차 가늠하기 어려울 정도였지 뭔가. …… 그곳의 시간과 사람들과 여흥이 완전한 조화를 이루어 만찬의 유쾌함과 즐거움이 배가된 기분이었다네. …… 그 와중에 라틴어를 칭송하고 토스카나 말을 폄하하는 쪽으로 얘기가 흐르자 [피에트로] 아레티노가 벌컥 화를 냈었지. 그는 격노하여 종이와 펜을 달라며 이 세상에서 가장 지독한 독설을 뿜어낼 기세여서, 간신히 뜯어말렸다네. 물론 입으로 하는 말까지 막을 수는 없었지만 말이야. 그렇지만 만찬은 즐겁게 마무리되었다네.[22]

---

22 Northcote, *The Life of Titian with Anecdotes of the Distinguished Persons of His Time*, vol. 2, pp. 141~142, n. 이 글은 원래 다음에 수록되어 있었다. Francesco Priscianese, *Della lingua romana* (Venezia, Bartolomeo Zanetti, 1540). 이 인용문의 다른 영어 번역과 원작의 서지사항은 다음에서 볼 수 있다. Juergen Schulz, "The Houses of Titian, Aretino, and Sansovino" in *Titian: His World and His Legacy*, ed. David Rosand (New York, Columbia University Press, 1982), p. 82, 108~109, n. 21. 이 삼총사가 다른 친구들과 나눈 만찬 모임들은 아레티노의 편지 곳곳에서 언급되고 있다. 예컨대 다음의 몇 가지 예를 볼 것. 1547년 12월 티치아노에게 보낸 편지. *Lettere*, IV, n. 314, p. 198; 1548년 11월 코르티자나인 프란체스키나에게 보낸 편지. *Lettere*, V, n. 103, p. 91; 1550년 1월 잔야코포 다 로마에게 보낸 편지. *Lettere*, V, n. 406, p. 324; 1550년 2월 야코포 산소비노에게 보낸 편지. *Lettere*, V, n. 421, p. 334; 1552년 3월 잔야코포 다 로마에게 보낸 편지. *Lettere*, VI, n. 104, p. 109.

안드레아 그리티

아레티노의 베네치아 안착(安着)을 정서적으로 도운 것이 티치아노와 산소비노의 우정이었다면, 그를 로마의 정적(政敵)들에게서 실질적으로 보호해준 것은 베네치아 도제 안드레아 그리티의 후원이었다. 그는 평생 단 하루도 아픈 적이 없었다고 자랑할 만큼 건강을 타고난 인물이었다. 게다가 키도 크고 미남이었다. 그는 일찍부터 잉글랜드, 프랑스, 에스파냐 등지에 사절로 나간 할아버지를 수행해 외교적인 경험을 쌓았고, 언어 재능도 뛰어나 라틴어, 그리스어, 튀르크어에 두루 능통했다.[23]

그리티는 친화력이 남다른 인물이었다. 한때 이스탄불 체류 중 간첩 혐의로 체포되었으나, 오직 친구였던 고관 아흐메드의 호의만으로 참형을 면할 수 있었던 것도 이 덕분이었다. 이러한 특유의 친화력과 오스만 튀르크에서의 풍부한 경험은 유럽의 맹주 카를 5세 황제의 호의를 필요로 하던 베네치아로서는 매우 긴요한 능력이었다. 게다가 바로 옆에는 최근 헝가리의 아성 벨그라데 요새와 오랫동안 병원기사단(Knights Hospitaller)의 근거지였던 지중해의 로도스 섬을 함락한 호전적인 무슬림 군주 술레이만 대제가 버티고 있었으니, 그리티의 외교적인 역량은 그 어느 때보다 절실했을 것이다.[24]

그리티의 정치적 영향력은 후원자가 절실한 아레티노에게도 큰 도움이 되었다. 그에게는 교황 클레멘스 7세와의 화해가 급선무였다. 비록 『1527년의 계시』를 통해 교황을 질타하고, 로마 약탈 직후 그에게 보낸 편지에서 "황제는 카이사르의 자리에다 더불어 지금은 그리스도의 자리까지 차지하고 있다"며 교황을 한껏 약 올리기는 했어도, 여전히 이탈리아 최고

---

23 Norwich, *A History of Venice*, p. 438.
24 Norwich, *A History of Venice*, pp. 438~441.

의 권력자인 그를 언제까지나 적대할 수는 없었다. 여차하면 또다시 지베르티의 마수가 자신을 덮칠지 모른다는 두려움도 이런 생각에 한몫했다.

아레티노는 일단 만토바 공작의 중재로 그때는 베로나 주교로 있던 지베르티에게 먼저 화해를 청했다(물론 이는 그의 진심이 아니었다는 점은 명백하다. 둘은 기질적으로나 그동안의 관계로 봐서나 결코 서로 화해할 만한 사이가 아니었다. 실제로 그는 클레멘스 7세가 죽자마자 곧 지베르티를 적나라하게 공격하는 글을 썼다. 1539년에는 다시 화해 제스처를 보였지만, 이 또한 진심은 아니었다[25]). 아레티노와 그의 후원자들은 교황의 용서를 구할 '작전'을 짰다. 그는 사순절을 맞아 엄숙한 '참회'의 모습을 보였고, 뒤이어 만토바 공작, 바조네 주교 지롤라모 다 스키오, 그리고 여기에 도제 그리티까지 가세해 교황에게 아레티노를 용서해달라고 탄원했다.

여기서 중요한 것은 베네치아의 최고 위정자인 그리티가 아레티노의 후원에 동참했다는 사실이다. 만토바 공작이나 바조네 주교는 이미 아레티노와 긴밀한 관계를 맺고 있던 인물들이지만, 그때까지 그리티는 그와 별다른 교통이 없었다. 아레티노는 이 점이 매우 불안했다. 그는 1530년 4월 20일 만토바 공작에게 보낸 편지에서 "도제는 자신을 만나지도 부르지도 않았다"는 사실을 전하고 있다.[26] 그런 그가 아레티노에게 관심을 보인 것은 측근인 베르제리오 덕분이라고 알려져 있지만 자세한 정황은 잘 알 수 없다. 어쨌든 이 일로 아레티노는 아주 든든한 후원자를 얻게 되어, 그 뒤 안전하고 편안하게 베네치아에서 여생을 보낼 수 있었다. 그의 중요한 저작 대부분이 이 시기에 집필되었다는 점을 감안할 때, 그리티의 개입과 관심이 그에게 얼마나 중요한 계기였는지 알 수 있다.

---

25 Mazzuchelli, *La vita di Pietro Aretino*, p. 34.
26 Luzio, *Pietro Aretino nei primi suoi anni a Venezia e la corte dei Gonzaga*, doc. XXXII, pp. 94~95.

아레티노는 그리티와 그가 자신에게 보장해준 자유를 당시(1530년 9월 경으로 추정) 그에게 보낸 한 편지에서 특유의 장광설을 빌려 다음과 같이 칭송하고 있다. 이를 보면, 베네치아에 정착한 것이 그에게 얼마나 큰 안도감을 선사했는지 잘 알 수 있다.

저는, 고귀한 군주여, 그리스도에게 두 가지 의무를 지고 있습니다. …… 하나는 신의 뜻에 따라 저 자신을 이곳에 맞도록 바꾸는 것입니다. 다른 하나는 저를 현재의 상태로 있게 해준 당신께 감사드리는 것입니다. 왜냐하면, 고백하건대, 저의 명예와 목숨을 구할 수 있었던 것은 다름 아닌 바로 당신 덕분이기 때문입니다. …… 그러므로 저는 이 도시를 칭송하고 당신을 경외하지 않을 수 없습니다. 이 도시는 저를 거두어주었고, 당신께서는 다른 사람들의 박해로부터 저를 막아주었을 뿐 아니라, 클레멘스 성하의 분노를 누그러뜨려 제가 다시 그의 은혜를 받을 수 있도록 …… 해주었기 때문입니다. …… 오, 보편의 조국이여! 오, 공동체의 자유여! 오, 흩어진 민족들의 보호소여! 당신의 너그러움이 줄어들면 이탈리아의 근심은 또 얼마나 더 늘어날 것인지! 인민의 피난처가 여기 있습니다. 당신들의 부도 여기서는 안전합니다. 당신들의 명예도 여기서는 지킬 수 있습니다. 다른 나라가 당신들을 외면할 때, 그녀[베네치아]는 당신들을 포옹합니다. …… 다른 나라가 당신들을 굶길 때 그녀는 당신들을 먹여 살립니다. 다른 나라가 당신들을 쫓을 때, 그녀는 당신들을 받아들입니다. …… 그러므로 저는 최고의 존경심을 품고 공권력의 정점에 자리한 각하께 고대의 어떤 왕도 어떤 황제도 받지 못한 예(禮)를 올리는 바입니다.[27]

---

27 아레티노가 그리티에게 보낸 일자 미상의 편지. *Lettere*, I, n. 2, pp. 49~51.

아레티노 서클

아레티노는 베네치아에 도착한 지 불과 몇 년 사이에 그를 추종하는 귀족 청년들을 주위에 모을 수 있었다. 1534년에 간행된 아레티노의 『코르티자나』 2판에는 도제의 서자 루이지 그리티와 기사(騎士) 조반니 다 레제가 그의 후원자 중 일부로 거명되고 있는데,[28] 이들은 모두 베네치아 최고의 명문가 출신이었다. 특히 헝가리 왕의 대사로 이스탄불에 가 있던 루이지 그리티는 아레티노에게 많은 사례금을 보내면서까지 그를 그곳으로 초청하려고 애쓸 정도였다[29](그는 돈은 받았지만 이스탄불에 가지는 않았다. 그는 베네치아를 떠나는 것에 대한 강박관념이 있었다. 그는 누군가가 자신을 암살할 것이라는 두려움을 버리지 못했던 것으로 보인다). 아레티노가 어떻게 해서 베네치아 유력 귀족들과 가까운 사이기 되었는지는 분명치 않다. 추측하건대, 티치아노나 도제 그리티처럼 처음 사귄 인물들을 연줄로 삼아 그 특유의 친화력을 발휘한 결과일 것이다.[30]

귀족 출신의 젊은이 로렌초 베니에로도 아레티노를 중심으로 한 베네치아 서클의 한 사람이었다.[31] 그는 특히 아레티노의 걸쭉하고도 현란한

---

28 Aretino, *La Cortigiana* (1534) in *Tutte le commedie*, a. III, s. 7, pp. 171, 173.
29 1533년 6월 3일 아레티노가 루이지 그리티에게 보낸 베네치아발 편지. *Lettere*, I, n. 33, pp. 85~86; 같은 해 12월 19일 아레티노가 추기경 이폴리토 데 메디치에게 보낸 베네치아발 편지. *Lettere*, I, n. 39, pp. 91~92.
30 Luzio, *Pietro Aretino nei primi suoi anni a Venezia e la corte dei Gonzaga*, p. 44 & doc. XXVI, p. 88; Christopher Cairns, *Pietro Aretino and the Republic of Venice: Researches on Aretino and His Circle in Venice 1527~1556* (Firenze, Olschki, 1985), ch. 1.
31 그에 대해서는 알려진 것이 많지 않다. 다음을 볼 것. Leone Dalla Man, *Un discepolo di Pietro Aretino, Lorenzo Venier e i suoi poemetti osceni (Contributo alla storia del costume veneziano nella prima metà del secolo decimosesto)* (Ravenna, Premiata Tipografia Nazion. E. Lavagna e F., 1913); Pietro Zorzanello, "Un 'creato' di Pietro Aretino (note ed aggiunte a una recente pubblicazione)", *Ateneo Veneto*, a. 36, v. 1, f. 1~2 (Venezia, 1913), pp. 97~123. 그의 작품의 현대 판본으로는 다음을 볼 것. *La puttana errante*, a cura di Nicola Catelli

입담에 이끌려 그의 '크레아토'—여기서는 부하 또는 추종자 정도의 뜻—라고까지 불린 인물이었다. 1530년경, 그는 아레티노를 모방해『방랑하는 창녀』(*La puttana errante*)라는 에로틱한 풍자시를 썼다. 이 시는 의도적으로 저속한 언어를 사용하면서 특출한 여성적 욕망의 구현인 어느 이름 없는 방랑 창녀를 조롱하는 내용을 담고 있다. 일설에는 작가가 특히 싫어하던 베네치아의 코르티자나 엘레나 발레리니를 주인공으로 삼았다고도 한다. 어쨌든 베니에로는 이 풍자시에서 그리스도교인이든 이교도든, 왕이든 평민이든, 교황이든 동물이든, 그 누구라도 자신의 성기와 엉덩이를 사용해 정복하고 마는 여성 영웅을 패러디하고 있는 것이다. 이 시는 훗날, 처음에는 그의 추종자였다가 뒤에는 지독한 정적(政敵)으로 변신한 니콜로 프랑코가 쓴 동명(同名)의 포르노그래픽한 산문 때문에 서로 오인되기도 한다.

베니에로는 다시 이듬해에『자페타의 강간』(*Il trentuno della Zaffetta*)이라는 시를 내놓았다.[32] 이 작품은 베네치아의 코르티자나 안젤라 자페타(안젤라 델 모로)와의 집단 난교를 묘사하고 있다. 제목의 '트렌투노'(trentuno)란 '31'이라는 뜻인데, 자페타가 31명(다수라는 뜻)의 남자를 연이어 상대하는 것을 가리킨다. 보카치오의『데카메론』에서도 이에 관한 언급을 찾아볼 수 있다. 지금 관점에서는 매우 부도덕하고 있을 수 없는 일로 보이겠지만, 여성혐오주의가 일반적이었던 당시 남성들의 지독한 마초적 인식을 보여주는 일례라 하겠다. 베니에로는 앞서의『방랑하는 창녀』가, 사람들의 생각과는 달리, 아레티노가 아닌 자신의 작품임을 밝히기 위해 이 시를 썼다고 해명한다.

초기의 이 아레티노 서클은 후일 오직 글로써 명성과 부를 거머쥔 아레

(Milano, Unicopli, 2005).

32 *La Zaffetta*, con introduzione di Gino Raya (Catania, Libreria Tirelli di F. Guaitolini, 1929).

티노의 언행을 흠모하고 그것을 모방하려는 수많은 청년 작가들의 서클로 발전한다. 우리는 그 속에서 16세기 베네치아의 이른바 '폴리그라피'(poligrafi), 즉 다작의 잡문가들을 발견한다. 아레티노는 사실상 이 새로운 문인 집단의 창시자나 다름없는 인물이었다. 니콜로 프랑코, 로도비코 돌체, 안톤 프란체스코 도니, 잔암브로조 에우제비 등이 그를 추종하는 대표적인 '아레티니스트'였다. 이들 중 프랑코와 도니는 아레티노와 갈등을 빚어서 나중에 그를 집요하게 공격하는 정적으로 바뀐다.

이 '폴리그라피' 집단은 전통적으로 그야말로 범상한 잡문이나 긁어대는 이삼류 문인쯤으로 치부되어왔으나, 그들이야말로 16세기 이탈리아 사회가 안고 있던 다양한 문제점을 광범위하고도 진지하게 비판했다는 점에서 새롭게 평가받아야 마땅하다. 그들은 프로테스탄트 신앙으로 선회하지 않고 가톨릭교회의 부패와 위선에 직격탄을 날렸으며, 외세의 침략에 속수무책인 이탈리아 군주와 위정자들의 정치적 실패와 무능력을 가차 없이 공격했을 뿐 아니라, 초기 휴머니즘의 참신함을 상실한 채 현학과 고전의 권위에 매몰되어버린 휴머니스트들에게 조소를 보냈다. 아레티노라는 선구자를 따라 시작된 이들의 비판정신은 16세기 베네치아에서 특히 번성했던 활판인쇄술과 서적시장이라는 새로운 사회조건이 만들어낸 새로운 풍속도였다.[33]

『마르피자』

베네치아로 오기 직전 만토바에 머물던 당시, 아레티노는 곤차가가를 기리는 긴 서사시 한 편을 구상하고 있었다. 이 방면에서 최고의 시인은

---

33 Grendler, *Critics of the Italian World, 1530~1560*.

물론 루도비코 아리오스토였다. 아리오스토는 이미 『광란의 오를란도』(Orlando furioso)로 문명(文名)을 날리고 있었다. 그는 권력의 오만함과 군주들의 기만성을 혐오했고, 이 섬에서 아레티노와 공통점이 있었다. 그를 가리켜 "군주를 벌하는 채찍, 신이 내린 피에트로 아레티노"라 칭송한 인물이 바로 아리오스토였다. 아레티노는 그와 친구 사이인 것을 몹시 자랑스러워했다. 그는 희극 『코르티자나』에서 바로 1년 전인 1533년에 세상을 떠난 아리오스토를 두고 "그는 지상에서 누릴 더 이상의 영예가 없기 때문에 천상으로 간 거지"라며, 그의 재능을 극찬한 바 있다.[34] 아리오스토가 페라라 백작 마테오 마리아 보이아르도가 쓴 장편 서사시 『사랑에 빠진 오를란도』(Orlando innamorato)의 이야기를 이어받아 『광란의 오를란도』를 쓴 것처럼, 아레티노 역시 자신이 흠모하던 아리오스토의 작품을 이어 새로운 서사시를 쓰려고 작정했다.

『마르피자』(Marfisa)가 바로 그것이었다. '마르피자'란 보이아르도가 창작해낸 여기사(女騎士)로, 많은 시련을 극복하고 결국 영광을 쟁취하는 인물이었다. 보이아르도는 그녀를 당대에 그에게 맞선 어떤 기사에 못지않은 샤를마뉴의 12기사 중 하나로 묘사한 바 있다. 1527년 9월, 아레티노는 곤차가 가문을 칭송하는 내용이 담긴 시의 서두 일부분을 페데리코에게 보냈다. 9월 15일, 후작은 이에 대해 감사의 답장을 다시 보냈다. 『마르피자』의 원고 일부를 보내고 다시 이에 감사하는 두 사람 사이의 편지는 1529년 4월까지 이어졌다.[35]

이때쯤이 되면 이제 출판할 만한 분량의 스탄차가 씌어진 것으로 보인다. 1529년 12월 3일, 아레티노는 페데리코에게 교황과 황제가 앞으로 10

---

34 Aretino, *La Cortigiana* (1534) in *Tutte le commedie*, "Prologo", p. 117.

35 Luzio, *Pietro Aretino nei primi suoi anni a Venezia e la corte dei Gonzaga*, docc. VII-IX, XI, XII, XV, XX.

년 동안 자신의 작품에 대한 저작권을 인정해주도록 말해달라고 부탁했다. 게다가 아레티노는 한술 더 떠서, 만약 그들이 말을 들어주지 않으면 예의 파스퀴노 방식으로 20편의 스탄차를 쓸 것인데, 그것은 크게 물의를 일으키는 내용이 될 것이며, 혹시라도 그 시를 함부로 간행하는 자가 있다면 그는 엄벌에 처해질 것이라고 배짱 좋게 엄포까지 놓았다.[36] 아레티노의 의도대로라면 그 작품은 오직 베네치아에서만 간행될 수 있을 것이고, 그렇게 되면 작자와 출판업자인 마르콜리니는 큰 이익을 볼 것이었다. 이는 정말 대단한 배포였다. 만토바 후작은 서둘러 조정을 시도했지만, 교황도 황제도 별다른 반응을 보이지 않았다. 교황은 여전히 아레티노에 대한 분노가 풀리지 않았고, 황제 역시 아직까지는 그에게 큰 호감을 느끼지 않고 있었기 때문이다.[37]

앞서 언급한 사순설의 '참회'가 이 문제를 상당 부분 해결해주었다. 그는 일부러 사람들이 보는 앞에서 눈물을 흘리며 지금까지 남을 비방한 것을 참회한다고 고백했으며, 베네치아 주재 만토바 대사는 이를 바로 후작에게 알렸다.[38] 아레티노는 이어서 교황을 찬양하는 글들을 썼다. 이러한 연기는 효과가 있었다. 1530년 5월, 교황은 그에게 500두카토를 내리고 그가 부탁한 저작권도 인정해주겠다고 약속했다. 9월, 교황은 정말로 500두카토는 아니지만 금제 목걸이와 저작권 문서를 보내주었다. 아레티노는 이에 대해 정중한 감사의 편지를 보냈다.[39] 그는 결국 자신의 뜻을 이룬 것

---

36 Luzio, *Pietro Aretino nei primi suoi anni a Venezia e la corte dei Gonzaga*, doc. XXIII, p. 85.
37 이 문제를 두고 후작과 대리인인 G. B. 말라테스타가 주고받은 편지에 대해서는 다음을 볼 것. Luzio, *Pietro Aretino nei primi suoi anni a Venezia e la corte dei Gonzaga*, doc. XXIII, p. 86, n. 1.
38 Luzio, *Pietro Aretino nei primi suoi anni a Venezia e la corte dei Gonzaga*, doc. XXXI, pp. 92~93.
39 1530년 9월 20일 교황 클레멘스에게 보낸 베네치아발 편지. *Lettere*, I, n. 21, pp. 75~76.

이다(아직 황제가 남았지만).

1531년 초 아레티노는 잘 알려지지 않은 이유로 오랜 친구였던 만토바 공작 페데리코 곤차가와 사이가 틀어진다.[40] 그는 아레티노의 간청에도 불구하고 냉담하게 대했다. 이런 불편한 관계는 만토바 공작이 죽기 직전인 1540년까지 지속되었다. 다른 후원자가 필요해진 아레티노는『마르피자』를 피렌체 공작 알레싼드로 데 메디치에게 바쳤다. 만토바 공작 페데리코 곤차가를 칭송한 구절을 알레싼드로의 것으로 바꾸고, 동시에 같은 스탄차에서 페데리코를 비방하는 구절을 집어넣는 식으로 고친 것은 물론이다.[41] 그러나 알레싼드로는 점잖게 이를 거절했다.

그런데 비록 페데리코보다 더 똑똑하지는 않지만 동시에 그만큼이나 허영심이 강한 바스토 후작(알폰소 다발로스)―황제의 용병대장―은 이를 받아들였다. 바스토 후작이 이렇게 한 이유는 물론 작품의 문학적인 수준을 평가해서가 아니라 자신이 인구에 회자되기를 바랬기 때문이다. 바스토 후작에게 헌정된『마르피자』의 첫 두 시편(詩篇)이 1532년에 간행되었다. 이어 1533년 판에는 세 번째 시편이 추가되었다. 아레티노가 약 3년 전에 써두었던 희극『마구간지기』가 간행된 것도 바로 이 해였다.

『마르피자』는 그가 쓴 기사도풍의 '영웅시'(poemi cavallereschi)로는 첫 작품이었다. 1535년『안젤리카』(Angelica)가 나왔고, 5년 뒤에는『오를란도의 노래』(Orlandino)와『아스톨포의 노래』(Astolfeida)가 모습을 드러냈다. 이 네 작품은 모두 공통적으로 사라센군에 대항해 싸웠다고 전해오는 샤를마뉴의 12기사―물론 모두 문학적 허구이기는 하지만―중 한 인물을 주인공으로 삼고 있다. 그러니까 여기에는 이러한 주제를 다룬 영웅서

---

40 Luzio, *Pietro Aretino nei primi suoi anni a Venezia e la corte dei Gonzaga*, pp. 51f.

41 Luzio, *Pietro Aretino nei primi suoi anni a Venezia e la corte dei Gonzaga*, doc. XLIII, p. 103.

사시로 이미 명성을 날린 보이아르도와 아리오스토를 계승하고자 하는 아레티노의 의도가 담겨 있는 셈이다. '안젤리카'는 오를란도가 사랑한 이교도 여인이다. 아리오스토의 주인공 오를란도가 '광란'에 빠진 까닭은 바로 이 여인을 짝사랑했기 때문이었다. 이 시가 짤막하지만 대단히 우아하고 부드러운, 에로틱하면서 애수를 띤 분위기를 보이고 있는 것도 이 때문이다. 아레티노는 이 작품을 바스토 후작의 부인 마리아 다라고나에게 헌정했다.[42]

카 볼라니

아레티노는 정부에 우호적인 모든 외국인을 환영하는 베네치아에서 자신의 재능을 무기 삼아 세상을 떠날 때까지 약 30년 동안 편안한 생활을 영위했다. 베네치아에 도착한 지 몇 년 지나지 않은 1529년(또는 1530년) 그는 드디어 카날 그란데(Canal Grande), 즉 대운하 변(邊)의 산티 아포스톨리 구역에 위치한, 전망이 좋은 조그만 팔라초의 이층을 장기 임대해 살게 된다.[43]

대운하 맞은편에는 어시장이 열리던 캄포 델라 페스카리아가 보였다.

---

42 『마르피자』를 비롯한 이 세 작품은 다음에 실려 있다. Aretino, *Poemi cavallereschi*, a cura di Danilo Romei (Roma, Salerno, 1995).

43 이사한 시기와 임대주, 집의 구조 등에 대한 기본적인 사실은 다음에서 볼 수 있다. Giuseppe Tassini, "Delle abitazioni in Venezia di Pietro Aretino", *Archivio veneto*, ser. 1, 31 (1886), pp. 205~213; Christopher Cairns, "Domenico Bollani, a Distinguished Correspondent of Pietro Aretino: Some Identifications", *Renaissance News* 19.3 (1966), pp. 193~205; Christopher Cairns, "Ancora sulla casa dell'Aretino sul Canal Grande", *Studi veneziani* 14 (1972), pp. 211~217. 이어지는 관련 문단들은 주로 다음에 의거했다. Juergen Schulz, "The Houses of Titian, Aretino, and Sansovino" in *Titian: His World and His Legacy*, ed. David Rosand (New York, Columbia University Press, 1982), esp. pp. 83~89.

남쪽으로는 리알토 다리도 볼 수 있었고, 위쪽으로는 베네치아 고딕 양식
으로 유명한 콘타리니가의 저택 카도로(Ca' d'Oro)가 있었다. 아레티노의
집 쪽으로는 리오(소운하) 디 산 조반니 그리소스토모가 이어졌다(그는 자
기 이름을 따서 이를 리오 델 아레티노라고 불렀다). '카사 아레티노'는 S자형
으로 굽이쳐 흐르는 대운하가 리알토 다리에 이르기 직전, 그리소스토모
소운하 부근에서 굽어지는 바로 그 부근에 자리 잡고 있었다. 그것은 집주
인의 이름을 따서 카 볼라니(Ca' Bollani)—저택이라는 뜻의 카사(Casa)를
베네치아에서는 줄여서 카(Ca')라고 한다—로 불렸다.

카 볼라니는 그 시기에 흔히 카사 디 스타치오(casa di stazio)라고 불리던
전통적인 귀족 저택으로, 규모는 아주 작은 편이었다. 직전까지 돌핀가 소
유였는데, 1530년에 볼라니가로 넘어왔다. 카 볼라니는 15세기 후반쯤 중
건되기는 했지만, 아레티노가 이사할 무렵에는 끊임없는 수리를 요할 정
도로 상태가 좋지 않았다. 아레티노 자신이 집을 둘러보고는, "모든 곳이
아주 쇠락해 있다"고 말할 정도였다.[44] 아레티노가 임대한 층은 포르테고
(portego)—집의 앞에서 맨 뒤까지 이어진 좁고 긴 복도식 구조로 된, 일종
의 살롱 구실을 하는 베네치아 특유의 공간—와 작은 방 세 개로 이루어
져 있었다.

카 볼라니가 있는 곳은 구(舊)도시 구역이었다. 그곳은 중세 성기(盛期)
에는 번화했으나 이제는 쇠락해가고 있었다. 하지만 그곳은 여전히 인기
높은 대운하 변에 위치했고 시내까지도 지척의 거리였다. 방의 수는 적었
지만 그 구조가 부유한 귀족의 저택으로 디자인되어 있었고, 외관 역시 팔
라초풍이었다. 정확히 말해서 그것은 퇴락했지만 여전히 귀족의 면모를
유지하고 있는 곳으로, 아레티노의 재정과 품위를 함께 고려할 때 당시의

---

[44] 1551년 1월 아레티노가 도메니코(또는 야코포) 볼라니에게 보낸 베네치아발 편지.
Lettere, VI, n. 54, p. 65.

그에게는 딱 맞는 그런 곳이었다. 더욱이 최고의 조건은 임대료를 내지 않아도 된다는 것이었다.

아레티노가 어떻게 해서 일체의 임대료 없이 이 집을 무려 22년 동안이나 사용할 수 있었을까. 그것은 오직 그만이 부릴 수 있는 마법이었을 것이다. 이 집의 소유권은 원소유주 돌핀가의 직계 자손이었던 베네데타 볼라니의 어린 아들들에게 있었지만, 알려지기로는 베네데타가 보기에 아레티노가 장차 아들들에게 무언가 도움이 되는 사람이었기 때문에 무상으로 집을 빌려주었다는 것이다. 어쨌든 아레티노는 베네데타가 죽은 오랜 뒤인 1551년, 그녀의 아들들 가운데 하나(도메니코 볼라니일 가능성이 높다)가 집을 비우라고 요구할 때까지 그곳에서 살았다.

고생 끝에 이 전망 좋은 안식처를, 그것도 무상으로 마련한 아레티노가 집주인 도메니코 볼라니(그는 베네치아 귀족 출신으로 10인위원회 위원이었고 후일 브레쉬아 주교가 된 인물이다)에게 보낸 편지에는, 집에서 바라다보이는 광경이 놀랍도록 생생하게, 마치 한 폭의 풍경화를 보듯이 실감 나게 묘사되어 있다(덧붙여서 말미에 그 특유의 자화자찬도 빠뜨리지 않는다).

상인들이 몰려드는 시간이 되면 나는 창에 기대어 수많은 사람과 수많은 곤돌라가 모여드는 광경을 보곤 합니다. …… 거룻배에는 포도송이들이 가득하고, 점포에는 사냥으로 잡은 짐승과 가금(家禽)들이 매달려 있으며, 포도(鋪道) 위에는 채소 더미가 쌓여 있습니다. 나는 결코 목초지를 흐르는 시냇물이 부럽지 않습니다. 아침이 되면, 계절에 맞추어 온갖 산물로 뒤덮이는 수로를 바라볼 수 있으니까요. 엄청난 양의 과일과 푸른 채소를 실어온 사람들이 그것을 다른 지역으로 운반할 사람들에게 넘겨주는 장면을 바라보는 것도 실로 큰 즐거움입니다. 멜론을 가득 실은 20척에서 25척 정도의 보트가 마치 섬을 이루듯이 한데 묶여 있는 광경과, 그 위에서 사람들이 향내를 맡고 무게를 달면서 과일의 품질을 가늠하는 모습도 대단한 볼거리입니다. 금은보석으로 휘황게 치장하고 곤돌라에 거만하게 앉아 있는 아름다운 숙녀들에 대해서는 행여나 그들의 위풍당당한 모습을 손상할까봐 아무 말 하지 않겠습니다. 그렇지만 진홍빛 반바지도 걸치지 않은 하인들에게 노를 젓게 하는 그 사람들 뒤에서 곤돌라 사공들이 던지는 콧방귀 소리나 휘파람과 고함 소리가 터져나올 때 나 역시 웃음을 주체할 수 없다는 것은 말씀드려야겠군요. 게다가 엄동설한에 이제 막 여관에서 빠져나온 독일 사람들로 빼곡한 배가 뒤집힌 광경에 누가 폭소를 터뜨리지 않을 수 있겠습니까? 줄리오 카밀로와 내가 바로 그랬지요. 사람 좋은 줄리오가 내게 재미있는 얘기를 해준 적이 있습니다. 내가 그에게 일러준 집의 육지 쪽 현관이 너무 어둡고 한쪽으로 기운 데다가 계단도 끔찍해서, 마치 내가 진실을 까발려서 얻은 무시무시한 이름 같다는 것입니다. 그러고는 이렇게 덧붙이더군요. 나와 친해지는 사람들이라면 누구나 나의 순수하고 성실하며 품위 있는 우정 속에서, 마치 현관을 지나 발코니에서 전경을 굽어볼 때 느끼는 평온한 만족감을 발견하게 된다는 겁니다.[45]

약 6년여 뒤, 아레티노는 친구 티치아노에게 보낸 한 편지에서 같은 대운하의 전경을 앞의 편지에서와는 사뭇 다른 분위기로, 그리고 마치 그림을 그리는 듯한(또는 레오나르도 다 빈치의 '대기 원근법'에 관한 해설을 보는 것 같은) 필치로 이렇게 묘사하고 있다.

친애하는 벗이여, 비록 내게 흔한 일은 아니지만, 혼자 저녁을 먹고 …… 창문턱에 팔을 괴고, 다시 가슴과, 아니 온몸을 팔에 기대고는, 바깥의 놀라운 광경을 바라보기 시작했다네. …… 그러다가 갑자기 눈이 하늘을 향하게 되었지. …… 마음속으로 대기(大氣)를 떠올려보게나. 어떤 곳에서는 그것이 투명하고 생생하게 느껴지지만 또 어떤 곳에서는 그것이 부풀어올라 마치 죽은 것 같다

---

45 1537년 10월 27일 베네치아발 편지. *Lettere*, I, n. 212, pp. 301~302.

네. 생각해보게. 내가 얼마나 구름에 경이를 느꼈는지를. 그건 사실 단지 응축된 습기에 지나지 않는데도 말일세. 전경의 중앙에서 보면, 그 구름 가운데 반은 저 멀리 집들의 지붕에 맞닿아 있는 듯하고, 반면 다른 것들은 더 멀리로 물러서 있는 듯하지. 나는 정말로 구름이 보여주는 갖가지 색채에 놀라지 않을 수 없었네. 바로 가까이 있는 것은 마치 태양이 내뿜는 화염처럼 타오르는가 하면, 멀리 있는 것은 마치 반쯤 녹은 납의 흐릿한 빛깔 같더구먼. 오, 도대체 어떤 천품의 화필이 그토록 교묘한 붓놀림으로 저 대기에 저런 원근의 절묘함을 주었던 걸까. 티치아노, 그대가 그린 풍경 뒤편에 묘사한 바로 그 구름처럼 말일세. 그 구름은 어떤 곳에서는 청록으로 또 어떤 곳에서는 녹청으로 보이니, 이야말로 진정 최고 거장 중의 거장인 자연의 변덕이 만들어내는 장관이 아니고 무엇이겠나. 자연은 빛과 그림자를 가지고 스스로가 드러내고 가려야 한다고 생각하는 방식으로 구름을 드리내고 가리는 것일세. 그래서, 자네의 붓놀림이 자연의 영혼 바로 그것임을 알고 있는 나는, 이렇게 서너 번을 외쳤다네. "오, 티치아노, 자넨 지금 어디 있는 건가?"[46]

이처럼 유려한 말솜씨로 아레티노는 1545년 야코포 틴토레토로 하여금 자신을 위해 방의 천장화를 그리게 하기도 했다. 그것은 두 가지 그림으로 구성되었는데, 하나는 아폴론과 피리 솜씨를 견주는 반인반양의 사티로스 마르시아스 이야기이고, 다른 하나는 암소로 변한 미녀 이오를 지키는 거인 아르고스에게서 그녀를 빼가려는 메르쿠리우스(헤르메스) 이야기였다. 그때만 해도 아직 무명이었던 이 화가는 아레티노처럼 명망 있는 인물의 집을 자신의 솜씨로 장식하면 사람들이 와서 볼 것이라는 희망에서 기꺼이 그 일을 해주었다. 물론 아레티노도 그냥 있지는 않았다. 돈은 주지 않았지만, 대신 아레티노가 즉시 틴토레토에게 그의 경이로운 솜씨를 열렬

---

46 1544년 5월 베네치아발 편지. *Lettere*, III, n. 55, pp. 79~80.

히 칭찬하는 편지를 쓴 덕분에, 그 이듬해에 간행된 아레티노의 『서간집』 3권을 통해 만인에게 알려졌다.⁴⁷ 어쨌든 모두에게 도움이 되도록 하는 것이야말로 바로 아레티노만의 성공을 위한 비벤디 오페란디였다.

틴토레토를 이어서 산소비노, 바자리, 티치아노, 세바스티아노 델 피옴보 등이 차례로 집의 내부를 장식하는 데 기여했다. 그것은 아마 이런 정도의 모습이었을 것이다. 현관 입구 대좌 위에는 아레티노 자신의 대리석 흉상이 놓여 있었을 것이다. 그것은 아마 이즈음 카랄리오가 묘사한 동판화에서 보는 것처럼 하단에 삽입된 "진실은 증오를 부른다"(VERITAS ODIVM PARIT)라는 모토에 어울리는, 또는 역시 이 시기에 만든 레오니의, 또는 그의 만년에 알레싼드로 비토리아가 주조한 청동제 메달들(그림 5)에서도 보이는 것처럼,⁴⁸ 어깨가 딱 벌어지고 흐르는 듯이 기다란 수염에 강인하고 당당한 모습을 하고 있었을 것이다.

포르테고 중앙에는 식탁과 의자가 배치되어 때로 만찬을 즐길 수 있었을 것이고, 벽에는 아레티노의 초상화를 비롯한 다채로운 그림들이 걸려 있었을 것이다. 한쪽의 커다란 흑단 서류함 속에는 그가 황제, 교황, 군주 제후, 고위 성직자, 장군, 화가, 시인, 음악가, 귀부인, 상인, 은행가 등과 주

---

47 1545년 2월 아레티노가 틴토레토에게 보낸 베네치아발 편지. *Lettere*, III, n. 162, pp. 167~168. 17세기 미술사가 카를로 리돌피는 두 가지 신화를 다룬 이 천장화가 티치아노에 의해 그려졌다고 말한다. 아레티노의 생애와 작품을 다룬 책을 썼던 베르타니도 이를 따르고 있다. 그러나 아레티노의 이 편지로 볼 때, 리돌피의 말은 잘못인 것 같다. Ridolfi, *Le Maraviglie dell'Arte Ovvero Le vite degli illustri pittori Veneti e dello stato*, t. 1, p. 228; Bertani, *Pietro Aretino e le sue opere, secondo nuove indagini*, p. 224.

48 조반니 야코포 카랄리오의 아레티노 판각(1536~39, 뉴욕 메트로폴리탄 미술관), 레오네 레오니(1537, 영국박물관), 알레싼드로 비토리아의 메달(1552~53, 샌타바버라 소재 캘리포니아 대학교 미술관)에 대해서는 각각 다음을 볼 것. Freedman, *Titian's Portraits through Aretino's Lens*, p. 39; Raymond B. Waddington, "A Satirist's *Impresa*: The Medals of Pietro Aretino", *Renaissance Quarterly* 42.4 (1989), pp. 655~681; Raymond B. Waddington, *Aretino's Satyr: Sexuality, Satire, and Self-Projection in Sixteenth-Century Literature and Art* (Toronto, University of Toronto Press, 2004), *passim*.

고받은 편지들이 들어 있었을 것이고, 역시 최고의 명사들이 보내온 갖가지 금은보석 장신구와 기념품들이 유리 진열장 속에서 손님들의 눈을 사로잡았을 것이다. 다른 방들은 유럽 전역에서 그에게 선물로 보낸 다양한 종류의 가구들로 장식되어 있었을 것이고, 옷장 속에는 역시 선물 받은 모피며 외투 따위가 가득 차 있었을 것이다(아레티노의 편지들 속에는 자기가 누구에게 무엇을 받았는지에 관한 수많은 기록이 들어 있다). 집주인의 귀족적 신분을 나타내는 갑옷이나 문장이 새겨진 깃발로 포르테고를 장식하는 것이 당시의 관습이었지만,[49] 우리의 아레티노는 최고의 명사들이 자신을 얼마나 우대하는지를 과시함으로써 스스로의 신분적 열등감을 털어버리려 했을 것임에 틀림없다.

'카사 아레티노'는 곧 외국을 포함한 각지의 명사와 상인들이 들러가는 명소가 되었다. 이는 물론 사람을 만나기 좋아하는 그의 성품과, 또 그러한 친분관계를 자신의 이익으로 기막히게 전환해내는 그 특유의 비범한 능력 덕분이었을 것이다. 아레티노는 페라라의 문인 알룬노에게 보낸 한 편지에서, "수많은 신사들이 나를 만나려고 머리가 아플 정도로 들락거리기 때문에 우리 집 계단은 마치 개선(凱旋) 마차의 바퀴가 닦아놓은 캄피돌리오의 포도(鋪道)처럼 반들반들하게 닳아버렸다"고 말문을 연 뒤, 로마가 아무리 다양한 민족의 집합소라 한들 자기 집만큼만 하겠느냐면서, 카사 아레티노에 들르는 손님들 중에는 "튀르크인, 유대인, 인도인, 프랑스인, 독일인, 에스파냐인도 있으며, 이탈리아인은 셀 수조차 없다"고 자신의 지명도를 과시했다.

게다가 자기를 찾아오는 보통 사람들의 수는 더 많은데, "병사, 학자, 수도사, 사제 들로 둘러싸여 있지 않은 때가 단 한순간도 없을 정도"라는 것이다. 그들은 아레티노에게 이런저런 군주나 고위 사제들이 자신들에게

---

49 Schulz, "The Houses of Titian, Aretino, and Sansovino", p. 89.

어떤 짓을 했는지 호소해오기 때문에, 그가 "진실의 신탁을 전하는 자"가 되지 않을 수 없다고 자랑스레 말했다. 그래서 자기는 "세계의 비서"이며, 군주제후가 그에게 편지를 보내오는 것도 바로 이 때문이라는 것이다.[50] 아레티노가 이런 사람들에게서 들은 정보를 유용하게 사용했음은 두말할 나위가 없다.

---

50 1537년 11월 27일 아레티노가 프란체스코 알룬노에게 보낸 베네치아발 편지. *Lettere*, I, n. 257, p. 356.

9장

매너리스트의 탄생

지적 이단자

아레티노의 필봉은 베네치아에 안착한 뒤 그야말로 쉴 새 없이 움직였다. 그의 주저(主著) 대부분이 베네치아에서 살아간 30년 사이에 집필, 간행되었다. 그는 베네치아에서 아주 인기 좋은 속어 작가이자 베스트셀러 작가 중 한 명이었다. 그 무렵 베네치아는 매우 독립적이고 강력한 공화국이었을 뿐 아니라 동시에 유럽 최대의 인쇄·출판 중심지이기도 했다. 아레티노가 공화국을 비난하지 않는 한, 그는 누구의 제재도 받지 않고 자유로이 글을 쓸 수 있었다. 그에게 공화국은, 그리티에게 보낸 찬사의 말처럼, 그야말로 '보편의 조국'이자 '공동체의 자유' 그 자체였다.

아레티노는 다양한 장르를 넘나들면서 다채로운 주제로 글을 썼다. 그는 에로틱 또는 포르노그래픽 저술들로 악명을 떨치는가 하면, 거의 동시에 성인전들을 간행해 외국에까지 이름을 알렸다. 풍자와 익살로 가득한 부르키엘로풍의 시뿐만 아니라 귀족들의 허영심을 자극하는 영웅적 서사시도 썼다. 희극이 전문이지만 빠질세라 비극 한 편도 저작 목록에 올렸다. 또한 그는 자기가 쓴 속어 편지를 모아 간행하는 최초의 예를 남김으로써 전 유럽에 이름을 알렸다. 더욱이 이 『서간집』이 베스트셀러가 됨으로써 그는 더 유명해졌다. 단순히 명성을 얻기 위해서가 아니라 전적으로 돈을 벌기 위해 그렇게 했다는 것 역시 이 방면에서 최초의 사례였다.

아레티노는 두둑한 배짱과 번득이는 재기를 담은 펜 하나만으로 호화로운 생활을 했다. 아마도 그는 근대 초 유럽에서 그런 식으로 살 수 있었던 최초의 인물이었을 것이다. 일찍이 페트라르카가 이런 길을 갔지만, 그는 교회 연금으로 생활했다. 기질상으로도 그는 페트라르카와는 전혀 다른 인물이었다. 그는 궁정이나 교회에 속하지 않고 독립적으로 글을 팔아 생활했다(종종 자신의 글을 무기로 뇌물성 선물을 받아가면서). 하지만 예나 지금이나 그것은 결코 쉽지 않은 일이다. 따라서 아레티노가 제후의 후원을 바란 것은 어쩌면 당연한 일이었다. 우선 먹고살아야 하지 않겠는가! 1537년 6월 22일 아레티노가 자신의 출판업자이자 친구인 프란체스코 마르콜리니에게 보낸 편지에서는 이런 삶을 영위하는 데 대한 스스로의 자조가 묻어난다.

한 사람이 상상력으로 애써 끌어낸 책을 자기 돈으로 인쇄하고 자기 노력으로 팔아야 한다면, 이는 마치 스스로의 수족을 먹어치우는 것과 같다네. 또한 매일 저녁 서점에 들러서 그날 팔린 자신의 책 대금을 챙기는 사람은 …… 마치 잠자리에 들기 전에 제 여자의 지갑을 터는 포주와 다를 바 없겠지. 그래서 나는 신에게 바라건대, 책을 사는 사람들의 잔돈푼보다는 글을 쓰는 노고에 제후가 합당한 보상을 해주었으면 한다네. 왜냐하면 인문학(l'arti liberali)의 노동자가 되어 내 재능을 욕되게 하기보다는 차라리 궁핍함을 참아내는 편이 낫기 때문이지. 자신의 글을 판다는 것은 스스로 악명을 만들어내는 것과 다르지 않다네. 이익을 노리고 싶다면 차라리 상인이 되는 편이 낫지. 시인이라는 이름을 버리고 책 장수라고 해야 하지 않겠나.[1]

그러나 아레티노의 이 말들을 액면 그대로 받아들일 필요는 없다. 그는 결코 순수 인문학의 진리를 추구하는 학자가 아니었다. "내 재능을 욕되게 하기보다……" 운운(云云)은 아마 나름의 계산에서 나온 말로 볼 수 있겠다. 수신자가 바로 인세를 협상해야 하는 출판업자였기 때문이다. 위의 편지글에는, 문필의 이상과 현실 사이의 무언가 이중적인 함의가 숨어 있는 것 같다. 어쨌든 생계를 위해 아레티노가 의존한 것은 출판이었다. 다행히 그에게는 성공하기에 충분한 능력이 있었고 운도 따랐다.

아레티노는 분명히 번득이는 문학적 재기의 소유자였지만 결코 학식 있는 인물은 아니었다. 그는 그리스어는 논외로 하더라도 심지어 라틴어조차 거의 몰랐다. 그는 자기가 간단한 기도서나 이해할 정도로만 "학교에 다녔다"고 고백한 것을 보면, 속어 교육조차도 극히 초보 수준에서 그쳤을 것이다. 따라서 아레티노는 당시 주류 문인 및 학자 집단이었던 휴머니스트 그룹에는 결코 낄 수 없는 인물이었다. 하지만 그는 이를 오히려 자신의 무기로 사용했다. 그는 자신의 라틴어 실력이 형편없고 그리스어는 아예 모른다는 것을 공공연히 광고함으로써 반(反)휴머니스트적 태도를 오히려 과시했다. "잔 조르다노가 말했듯이, '난 춤추고 노래하는 법은 모르지만 수나귀처럼 그 짓을 할 수는 있다네.'"[2]

그러나 자기에게 필요할 때는—후원자를 얻으려 하거나 돈이 필요하거나—주저 없이 고전적·휴머니스트적 형식도 마다하지 않았다는 점은 역시 아레티노의 유연한 삶의 방식을 잘 보여준다. 예컨대 포르노그래피를 쓸 때는 다시 고전적·휴머니스트적 대화체를 사용했는데, 이는 마치 휴머니스트들이 고전 형식으로 돌아가는 것과 같다. 그가 고전을 얼마나 읽었는지는 잘 알 수 없지만, 그의 『6일간의 대화』를 보면 우선 고대 로마의

---

1 *Lettere*, I, Appendice 1, p. 513.
2 1537년 11월 25일 로도비코 돌체에게 보낸 베네치아발 편지. *Lettere*, I, n. 249, p. 347.

그리스계 작가 루키아누스의 소(小)희극 『헤타이라의 대화』(*Dial. Hetairai*) 가 떠오르는 것은 사실이다. 이 작품에 등장하는 그리스의 헤타이라—(성 적) 파트너라는 뜻의 그리스 고급 창녀로, 르네상스기 코르티자나의 전신 (前身)이다—역시 간교하면서도 퉁명스럽고 돈을 밝히지만 동시에 사랑 스럽고 충실하며 자신들의 직업을 적극적으로 변호한다는 공통점이 있다. 아레티노가 사용하는 성적 언어는 계보를 따지자면 그리스 희극 작가 아 리스토파네스까지도 거슬러 올라갈 수 있을지 모르겠다.[3]

그러나 고전 작품과 유사성이 보인다고 해서, 굳이 아레티노가 그들의 영향권 안에서 글을 썼다고 단정할 필요는 없다. 그는 어쩌면 고전에서 '창녀들의 대화'라는 발상을 빌려왔을 수도 있겠지만 그 이상은 아니었고, 그들의 형식과 기준을 그냥 베끼기보다는 자기만의 생기발랄함으로 글을 써나갔을 것이다. 현대적인 개념으로 보자면 모방보다는 전유라고 할까. 그렇게 해야만 글 속의 코르티자나들이 아레티노 자신이 잘 알고 있는 말 로 얘기를 나눌 수 있을 것이기 때문이다.

아레티노가 휴머니스트들이 존경해 마지않는 고전고대의 기라성 같은 문인과 사상가들을 거리낌 없이 비판할 수 있었던 것도 자신의 주변적·비주류적 배경 때문에 가능했다. 그는 베네치아의 저명한 문인이자 역사 가이며 미래의 추기경인 친구 피에트로 벰보에게 보낸 한 편지에서 이런 일화를 전하고 있다. "……누가 나에게 이 얘기를 들려주었는지는 기억이 나지 않습니다만, 하여튼 누가 적어도 편지 쓰기에서는 당신을 키케로라 한다면 나는 플리니우스라고 했더니, 당신이 이렇게 대답했다더군요. '피 에트로가 그 말에 만족하길 바라겠네.'" 아레티노의 대답은 이랬다.

---

3 Cf. Christopher Robinson, *Lucian and His Influence in Europe* (Chapel Hill, University of North Carolina Press, 1979), p. 95; R. R. Bolgar, *The Classical Heritage* (New York, Harper & Row, 1964), pp. 518~519. 하지만 이 부분은 아직까지 제대로 연구된 적이 없다.

나는 음률을 살리면서 착상을 표현하고 단어의 운(韻)을 맞추고 시재(詩材)를 장식하는 글쓰기의 기술 또는 규칙을 배우지 못했기 때문에, 다만 나 자신의 실제 스타일에 입각해 모든 소재를 이용하고, 최대의 찬사로써 명사들의 자존심을 한껏 높이면서 항상 그들을 과장법의 날개에 달아 하늘 높이 띄워주지요. 나로서는 주제 이탈, 비유, 그리고 여타 학교에서 배우는 작문법을 권양기(捲揚機)로 감아올리고 집게로 벌리는 식으로 바꾸어주는 것이 필요합니다. 또한 내 글이 내는 목소리로 다른 사람들의 인색함을 깨뜨리는 것 역시 필요하지요. 나는 그러한 것을 발상이자 작법이라고 부릅니다. 나에게 월계관이 아닌 금관을 가져다주는 것은 다름 아닌 바로 그런 것들입니다.[4]

벰보가 나누었다는 대화의 맥락이 분명하지는 않지만, 누가 벰보의 고전적 휴머니즘과 아레티노의 빈(反)고전주의적 잡학— 노(老)플리니우스는 고전고대의 백과사전 격인 방대한 『자연사』(*Naturalis Historia*)로 유명하다—의 스타일을 비교하자, 아레티노가 자신은 고전작가에 의존하지 않고 스스로의 '잡스러운' 방식으로 글을 쓸 뿐이라고 반박한 것이 바로 위 글의 요지이다.

벰보를 비롯한 르네상스 휴머니스트들은 플라톤의 영향 아래 남녀 간의 친밀한 관계에서 육체적인 요소와 지성적인 요소를 구별하고자 했다. 이른바 '플라토닉 러브'('소크라테스식 사랑'이라고도 했다)가 그것이다(물론 여기에는 현대적인 의미와 달리 소년과의 동성애가 개입된다). 페트라르카적 언어로 씌어진 대화편 『아솔로 사람들』(*Gli Asolani*, 1505)이 바로 이런 종류의 사랑을 논한 책이다.

그러나 이는 문학에서 그렇다는 것뿐이고, 그들이 여인과 사랑을 나눌 때면 결코 여느 귀족이나 용병대장보다 더 '지성적'이지는 않았다(벰보는

---

4 1538년 10월 5일 아레티노가 벰보에게 보낸 베네치아발 편지. *Lettere*, II, n. 82, p. 84.

한때 체자레 보르자의 누이이자 당시 알폰소 데스테의 아내였던 루크레치아 보르자와 달콤한 연시(戀詩)를 주고받으며 비밀스러운 사랑을 나눈 적도 있었다). 아레디노의 옛 친구 아뇰로 피렌추올라는 문학에서나 실생활에서 모두 육체적인 면을 선호했다. 그는 성직자였지만 별로 높은 직위에 있지 않았으므로 육체를 선호한다는 사실이 드러나도 잃을 것이 없었다. 그는 르네상스기 여인의 미적 기준을 논한 『여인의 미(美)』(Delle bellezze delle donne)로도 유명한 인물이었다. 하지만 그래도 그들은 자신을 옹호하기 위해 여전히 고전작가들을 인용해야만 했다.[5]

아레티노는 친구인 뱀보와 피렌추올라의 수사학을 높이 평가했지만, 그는 그들보다 훨씬 더 리얼리스트였다. 그는 비극작가 스페로네 스페로니에게 이렇게 썼다.

난 철학자가 아니네만, 우리의 욕망대로 행동하는 것이 얼마나 나쁜 일인지에 대해 자네가 철학적으로 쓴 글을 보았네. 그중에서도 사랑에 관한 논의에 대해 답을 하겠네. 육체적인 욕망을 따르는 것이 죽음을 재촉한다고 주장하는 사람들에게 나는 이렇게 말하고 싶네. 사람들은 오히려 자신의 욕망을 충족하는 바로 그만큼 더 오래 살 것이라고 말일세. 그리고 이것은 플라톤이 아니라 바로 내가 한 말일세![6]

이런 유의 예는 많다. 그는 "아리스토텔레스의 논증, 플라톤의 이데아, 소크라테스의 규범, 호메로스의 상상력, 키케로의 웅변술, 아우구스티누스의 감각" 등 이른바 세상의 현인들을 자신의 무조건적 권위로 삼는 행

---

5 두 사람의 간략한 생애에 관해서는 다음을 참조할 것. Carlo Dionisotti, "Bembo, Pietro" in *Dizionario biografico degli italiani*, vol. 8 (1966), pp. 133~151; F. Pignatti, "Firenzuola, Agnolo" in *Dizionario biografico degli italiani*, vol. 48 (1997), pp. 216~219.

6 1547년 12월 베네치아발 편지. *Lettere*, IV, n. 305, p. 194.

태를 질타하기도 하고,[7] 걸핏하면 "'플라톤과 아리스토텔레스가 그렇게 말했다'는 둥, '베르길리우스와 호메로스가 그랬다'는 둥" 하는 사람들에게는 "그래? 이 나귀 같은 녀석아" 또는 "그래? 이 소 같은 녀석아"라고 면박을 주고 싶다고 말한다.[8] 또한 1540년에 쓴 영웅시 『아스톨포의 노래』에서도 이런 시구를 발견할 수 있다.

> 호메로스, 아리스토텔레스, 그리고 플라톤,
> 피타고라스, 디오게네스, 그리고 소크라테스,
> 남성다운 아낙사르코스, 정의로운 카토,
> 선한 파브리티우스, 확고한 크세노크라테스,
> 현명한 데모스테네스, 그리고 키케로
> 바보들은 잣이 박힌 페이스트리에 껍뻑하고
> 천치들은 아몬드가 든 달콤한 우유과자에 맥을 추지 못하지
> 하지만 난 아무 관심도 없다네.[9]

16세기에 강력한 영향력을 행사했던 고전고대의 철학자와 문인들을 아레티노만큼—비록 허세로라도—시원하게 한마디로 날려버릴 만한 인물이 또 있었을 것인지는 의심스럽다. 특히 플라톤은 르네상스 성기(盛期)를 통해 신학과 철학 모두에서 대단한 명성을 얻고 있었다. 그는 단순한 철학자가 아니라 신플라톤주의를 통해 거의 신격화되어, '신성한 플라톤'(Platone divino)이라고 불릴 정도였다. 라블레의 『가르강튀아』(*Gargantua*)와

---

7 1542년 5월 6일 다니엘레 바르바로에게 보낸 베네치아발 편지. *Lettere*, II, n. 357, p. 369.
8 1548년 5월 프란체스코 산소비노에게 보낸 베네치아발 편지. *Lettere*, IV, n. 633, pp. 388~389.
9 Aretino, *Astolfeida* in Id., *Poemi cavallereschi*, a cura di Danilo Romei (Roma, Salerno, 1995), I, 8, p. 245.

『팡타그뤼엘』(Pantagruel)에는 수많은 고대작가들에 관한 언급이 나오는데, 16세기 풍자의 금자탑 격인 그조차도 부를레스코풍의 화자를 내세워 플라톤을 포함한 이들을 에둘러 비판했을 뿐이나.[10]

아레티노는 한마디로 르네상스가 만든 인물이면서 동시에 그 주류적 흐름에 저항한 지적 이단자였다. 그는 르네상스의 주류 사상이나 휴머니즘 또는 고전주의는 물론이고, 당대의 어떤 지적 권위도 인정하려 하지 않았다. 그는 벰보와 친구 사이였지만, 벰보가 제창한 페트라르카식 연애시의 규칙이나 토스카나어 중심의 이탈리아 구어의 규범을 인위적인 것으로 치부했다. 그가 주류 사상과 사조를 받아들일 수 없었던 이유는 무엇보다 그것에 적합한 교육(라틴어나 그리스어 습득)을 전혀 받지 못했기 때문이다.

특히 흥미로운 점은 그럼에도 불구하고 아레티노는 자신의 태도가 뜻하는 바가 무엇인지를 잘 알고 있었을 뿐 아니라, 필요하다면 언제든 서슴지 않고 평소 자기가 비판하던 방식들을 채용해 썼다는 것이다. 예컨대 그는 주변의 여인들—숙녀든 창녀든—의 아름다움을 칭송하는 시와 편지를 많이 남겼는데, 그 분위기는 지극히 페트라르카적이다. "오, 사라여, 우아하고 상냥한 여인이여, 그대의 아름다움은 마치 한낮의 태양 같고, 그대의 쾌활함은 마치 푸르른 하늘과 같구려. 그대는 뭇 연인들의 환희며 사랑의 열락과도 같소……."[11] 이는 통상적인 지식인층에서는 찾아볼 수 없는 태도이다. 하지만 그는 자신의 모순적인 태도에 전혀 개의치 않았다. 그는 근본적으로는 '반(反)고전주의자'였지만[12] 그것을 내면화하려는 지식인적 지향은 보이지 않고 있다. 실제적인 면에서 그는 언제나 현실주의자였

---

10 프랑수아 라블레, 유석호 옮김, 『가르강튀아/팡타그뤼엘』(문학과지성사, 2004).

11 1548년 6월 아레티노가 안젤라 사라에게 보낸 베네치아발 편지. *Lettere*, IV, n. 654, p. 403.

12 Nino Borsellino, *Gli anticlassicisti del Cinquecento*, 2ª ediz. (Bari, Laterza, 1975), esp. pp. 16~41 ("Pietro Aretino e i poligrafi del consumo librario").

기 때문이다.

일찍이 예술사가 아르놀트 하우저는 매너리즘을 '조화로운 부조화'(discordia concors), 즉 이질적이거나 상충되는 요소들로 이루어지는 조화 또는 통일성이라고 정의한 바 있다. 부언하자면, 그것은 "고전주의와 반고전주의, 자연주의와 형식주의, 합리주의와 비합리주의, 육체적인 것과 정신적인 것, 전통과 혁신, 관습과 모든 순응적 태도에 대한 반란 사이"의 지속적이고 환원 불가능한 "긴장의 산물"이라는 것이다.[13]

아레티노의 예가 이런 지적 정의에 정확히 들어맞지는 않겠지만, 어쨌든 모든 고전적·신고전적 권위와의 불화가 '아레티노류'의 조화를 생산해냈으니, 그를 '매너리스트'로 불러도 대과(大過)는 아닐 것 같다. 흔히 매너리즘의 선구자 중 하나로 간주되는 줄리오 로마노가 도안한 외설적인 내용의 『체위』에 『음란한 소네트』를 지어 붙임으로써 로마를 다시 한 번 발칵 뒤집어놓았던 인물이 다름 아닌 아레티노라는 사실을 생각하면, 후자가 '매너리스트'—무언가 새로운 종류이기는 하지만—라는 이름을 얻게 된 것도 결코 우연은 아니지 않겠는가. 이런 의미에서 아레티노는 진정 르네상스가 만들어낸 '반르네상스적' 현상이었다.

『6일간의 대화』

아레티노의 '에로틱 유머'를 가장 잘 보여주는 저작이 바로 『6일간의

---

13 Arnold Hauser, *Mannerism: The Crisis of the Renaissance and the Origin of Modern Art*, trans. Eric Mosbacher (London, Routledge, 1965; Cambridge, Belknap Press of Harvard University Press, 1986), pp. 12~13 [아놀드 하우저, 김진욱 옮김, 『예술과 소외』(종로서적, 1981), 20~21쪽]; Paul Larivaille, *Pietro Aretino fra Rinascimento e manierismo* (Roma, Bulzoni, 1980), esp. pp. 421~422.

대화』(*Sei giornate*)이다. 이는 원래 2년의 시차를 두고 간행된 독립적인 두 대화편으로 구성되어 있는데, 『난나와 안토니아의 대화』(*Ragionamenti*, 1534), 그리고 『난나와 피파의 대화』(*Dialogo*, 1536)가 바로 그것이다. 각각이 사흘 동안 나눈 대화로 이루어져 있기 때문에 '6일간의 대화'라는 서명(書名)이 붙게 되었다.

두 대화편 중 나이 든 창녀 난나와 친구 안토니아의 얘기로 진행되는 첫째 권은 특히 생생하고 적나라한 온갖 종류의 성애 묘사로 '악명'이 높다. 여기에는 남녀 동성애, 집단 섹스, 항문 섹스, 관음증, 자위(베네치아 특산인 유리제품을 사용하는 경우도 있다) 등이 등장하는데, 각별히 성행위와 남녀의 성기에 대한 절묘한 비유가 압권이다. 다음은 『난나와 안토니아의 대화』 첫째 날에 난나가 수녀 시절 겪은 일을 얘기하던 중 안토니아가 슬쩍 참견하는 장면이다.

너한테 말한다 하면서도 잊어버렸네. 로마의 대학교수들에게나 하는 얘기가 아니라면, "쿨로, 카초, 포타, 포테레"라고 까놓고 말해. 너처럼 "고리 속의 밧줄이니, 콜로세움 안의 뾰족탑이니, 채마밭의 긴 파니, 문에 건 빗장이니, 자물쇠에 꽂힌 열쇠니, 절구 속의 절굿공이니, 둥지 속의 나이팅게일이니, 웅덩이 속의 나뭇가지니, 대롱에 박힌 주사기니, 칼집 속의 칼이니"라고 둘러대지 말고. 게다가 "나무못이니, 목자의 지팡이니, 배추 뿌리니, 귀여운 원숭이니, 당신의 여성이니, 당신의 남성이니, 사과니, 기도서의 종잇장이니, 그 짓이니, 예컨대라든지, 그것이니, 그 일이니, 그 이야기니, 손잡이니, 화살이니, 당근이니, 뿌리니" 하는 따위는 또 뭐야. 왜 탁 까놓지 않고 에둘러 말하는 거냐? 왜 딱 부러지게 예일 때 예라고 하지 않고 아니오일 때 아니오라고 못하느냐는 말이야.[14]

---

14 Aretino, *Sei giornate*, pp. 59~60.

『난나와 안토니아의 대화』는 난나가 안토니아에게 자기 딸 피파를 어떻게 키울지 의논하는 것으로 시작된다. 난나는 피파 같은 젊은 여인에게는 수녀·유부녀·창녀의 세 가지 길이 있다고 말한다. 그러고는 자기가 이미 겪은 이 세 가지 삶을 얘기한다. 그녀는 부모에 의해 강제로 수녀원에 들어가 그곳 수녀와 사제들의 음란한 관계를 목격했고(물론 자신도 그러한 일에 동참하지 않을 수 없었지만), 그 뒤 어느 돈 많은 노인을 꼬드겨서 결혼까지 하지만, 결국에는 창녀로 나서서 나름대로 '성공한' 자신의 인생행로를 에로틱하고 유머러스한 일화를 토대로 실감 나게, 종종 신랄한 어조로 얘기한다. 책의 말미에서 안토니아의 입을 통해 아레티노가 내린 결론은 이렇다.

> 피파를 창녀로 만들이야 한다는 게 내 생각이야. 수녀는 자신의 성스러운 서원(誓願)을 어기고, 유부녀는 결혼이라는 신성한 결속을 망쳐버리지. 그렇지만 창녀는 수녀원을 배신하지도 남편을 망가뜨리지도 않잖아. 사실 그녀는 돈을 받고 나쁜 짓을 하는 병사와 같아. 게다가 그 짓을 할 때는 자기가 나쁜 일을 한다고 믿지도 않아. 그녀의 가게는 그곳에서 팔아야 할 것을 팔 뿐이거든.[15]

후속편인 『난나와 피파의 대화』는 딸 피파를 창녀로 만들기로 결심한 난나가 그녀에게 남자를 어떻게 대해야 하는지, 세세하고 종종 통쾌하기까지 한 전략들을 보여준다. 특히 셋째 날은 산파가 유모에게 최고의 뚜쟁이가 되는 법을 가르치는 데 할애되고 있다. 이야기는 난나의 아름다운 정원에 대한 그녀의 찬사로 끝을 맺는다(팔라초에 우물과 포도원이 있는 정원을 마련하는 것이 당시 성공한 코르티자나들의 공통적인 바람이었다).

『6일간의 대화』가 세상을 바라보는 아레티노의 관점과 관련해 어떤 함

---

15 *Sei giornate*, p. 162.

의들을 가지고 있는지 단언하기는 어렵다. 가장 분명한 점은 그가 르네상스기 이탈리아 사회의 '위선'을 가차 없이 공격하고 있다는 것이다. 특히 교회와 사제의 부도덕에 대한 비난은 새로운 것이 아니며 중세 이후 오랫동안 계속되어온 것이지만, 아레티노가 채택한 방식은 그 누구와도 견줄 수 없을 정도로 신랄할 뿐 아니라 무엇보다 지극히 에로틱하다는 점에서 새롭다. 흔히 세상에서 가장 부도덕하고 가장 천하다고 간주되는 동시에 많은 남성이 갈구하는 에로틱한 창녀가, 자신이야말로 진정 위선에서 자유롭다고 외치는 장면보다 당시 사회에 대한 더 독설적이고 더 급진적이고 더 특별한 비판을 찾기는 어렵다.

아레티노가 여성에 대해 어떤 관념을 지니고 있었는가 하는 논의는 더 모호할 수 있는데, 하필이면 창녀의 목소리를 통해 사회를 비판했다는 것이 자칫하면 여성혐오론과 연결될 소지가 있기 때문이다. 하지만 동시에, 창녀 난나의 항변을 르네상스의 가부장사회가 여성에게 부과한 압박과 굴종에 대한 저항으로 해석할 수도 있다.[16]

대화편 둘째 권인 『난나와 피파의 대화』가 정원의 아름다움에 대한 난나의 찬사로 끝난다는 점은 의미심장한데, 중세 이후 분수나 우물이 있고 갖가지 꽃이 만발한 정원—로쿠스 아모이누스(locus amoenus)—은 종종 여성들의 공동체적 자매애를 상징해왔기 때문이다. 14세기 보카치오의 『데카메론』 셋째 날 서두에서도 여성들끼리 이런 정원에서 담소하는 대목이 등장한다. 15, 16세기의 예로는 피에트로 벰보의 『아솔로 사람들』, 모데라타 폰테의 『여성의 가치』(Il Merito delle donne) 등이 있다.[17] 물론 더 많

---

16 페미니스트적인 관점에 대해서는 간략하지만 다음을 참조할 것. Beverly Ballaro, "Aretino, Pietro (1492~1556)" in *The Feminist Encyclopedia of Italian Literature*, ed. Rinaldina Russell (Westport, Conn., Greenwood Press, 1997), pp. 17~19.

17 Pietro Bembo, *Gli Asolani* in Id., *Prose della volgar lingua. Gli Asolani. Rime*, a cura di Carlo Dionisotti (Torino, UTET, 1966), I, 4, p. 7 *et passim*.; Moderata Fonte, *Il Merito delle donne*, a cura di Adriana Chemello (Milano, Eidos, 1942), giornata prima, p. 19. Cf. Paul F. Watson,

은 예를 들 수 있다.

또 한 가지, 아레티노의 삶을 통틀어 그가 각별히 여성을 비난하거나 공격한 일은 찾기 힘들며, 오히려 코르티자나를 포함한 수많은 여성과 대체로 평온한 관계였다는 점을 감안하면(물론 그의 복잡한 여자관계가 늘 순조롭게만 진행되지는 않았다), 그를 여성혐오론과 관련시키기는 어려워 보인다(뒤에 언급하겠지만, 그는 결혼만은 혐오했다). 아레티노는 아마 기질적으로 여성을 좋아하는 '사티로스'(Satyros) 유형이었을 것이다. 사티로스는 목축의 신 판(Pan)과 포도주의 신 디오니소스(Dionysos)가 이끄는 무리 중 하나로, 생김새는 염소와 같다. 다산을 상징하는 시골의 신 사티로스는 가축과 유실수와 정원과 남성 생식기의 보호자였던 프리아포스(Priapos)와도 비슷한 데가 있다(폼페이의 카사 델 베티에서 발견된 거대한 남근의 프리아포스 그림과 조상이 특히 유명하다).

신화에 따르면, 사티로스는 술과 음악과 춤과 그 밖의 육체적인 즐거움을 탐닉하고 님프의 꽁무니를 따라다니지만, 결코 여인을 괴롭히지는 않는다. 기본적으로 그는 자연의 풍요로움, 그리고 다산(多産)과 관련되어 있기 때문이다. 익명의 조각가가 아레티노를 묘사한 메달 중에는 앞뒷면에 각각 아레티노와 사티로스의 얼굴을 조각해 넣어놓은 경우도 있어서, 그야말로 문자 그대로 '동전의 양면'이라는 말을 실감 나게 한다. 티치아노가 그린 1545년의 아레티노 초상화(피티 미술관)도 15세기 말에 발굴된 폼페이 극장의 사티로스와 눈·코·이마가 닮았다는 관측이 있다.[18]

무엇보다 아레티노 자신부터가 스스로를 '성욕(性慾)의 예언자'이자 '자연의 구현'으로서 이 흥미로운 존재와 동일시하고자 했다는 증거가 있다.

The Garden of Love in Tuscan Art of the Early Renaissance (London, Associated University Presses, 1979).

18 이러한 측면에 대해서는 다음을 볼 것. Waddington, *Aretino's Satyr: Sexuality, Satire, and Self-Projection in Sixteenth-Century Literature and Art*, pp. 11ff.

그는 희극 『코르티자나』 초판과 『마구간지기』에서 각각 "메쎄르 프리아포"와 "『프리아페아』의 알 듯 말 듯한 수수께끼" 같은 표현을 사용하고 있다. 또한 『난나와 안토니아의 대화』 프롤로_1에서, 그는 자신의 책에 담긴 음란한 언사들이 오비디우스·유베날리스·마르티알리스 같은 고대 라틴 작가들과 "베르길리우스의 『프리아페아』"에서 이미 볼 수 있었던 것이라면서, 그냥 그것들을 즐기라고 권유한다.[19] 사티로스건 프리아포스건 그들에게 성욕은 도덕적으로 음란하기보다는 자연스러운 것이었고, 아레티노도 이 점에서는 다르지 않았다.

『예수의 수난』 외

아레티노가 살던 그때나 지금이나 비평가와 독자를 당혹케 하는 것은 그가 지극히 에로틱한 대화편과 함께 매우 진지한 성인전 유의 책들을 간행했다는 사실이다. 일찍이 '음란한 소네트'를 써서 큰 물의를 일으켰고, 이제는 '음란한 대화편'까지 내놓아 이 방면의 악명 높은 작가로 알려진 그가 과연 진지한 신심에서 그런 글을 썼다는 말인가. 그는 '불신앙'이거나 '무신론자'인가, 아니면 나름의 의미를 간직한 신앙인인가.

비교적 최근까지도 이 종교 저작들은 단지 돈을 벌기 위해 창녀 이야기도 마다하지 않는 후안무치한 작가의 여흥거리 정도로 치부되어왔다. 예

---

19 Aretino, *La Cortigiana* (1525), in *Cortigiana. Opere nova. Pronostico. Testamento dell'elefante. Farza*, a. III, s. 15, p. 122; Id., *Il Marescalco, in Tutte le commedie*, a. II, s. 11, p. 68; Id., *Sei giornate*, "Pietro Aretino al suo monicchio", p. 26. 여기서 언급된 『프리아페아』는 노골적인 성적 내용을 담은 85수의 고대 라틴 시집을 가리키는데, 마지막 3수의 작자가 베르길리우스라는 설이 있지만 신빙성은 약하다. 이 시들은 다음에 실려 있다. *Carmina Priapea*, intro., traduz., & note di Edoardo Bianchini, Testo latino a fronte (Milano, BUR, 2001).

컨대 19세기의 저명한 문학비평가 프란체스코 데 상티스는 아레티노가 "단지 신앙을 이용했을 뿐이며, 그래서 그는 음란한 책과 성인전을 …… 똑같은 무관심 속에서 썼다"고 주장하면서, "왜 그게 안 된단 말인가? 둘 다 돈이 되는데"라고 비아냥거린다.[20]

『6일간의 대화』 첫째 권을 간행한 바로 그해, 아레티노는 성서의 내용을 풀어쓴 일련의 글을 동시에 내놓기 시작했다. 1534년 7월에 첫 작품으로 『예수의 수난』(La passione di Gesù)이 나왔고, 11월에는 『다윗의 참회에 대한 7시편』(I sette salmi della penitenza di David)이 나왔다. 3권으로 된— 1538년에 4권으로 증보되었다—『그리스도의 자비』(La humanità di Christo, 1535), 『창세기』(Il Genesi, 1538)가 그 뒤를 이었다. 그는 연이어 성인전 3부작도 선보였는데, 『성처녀 마리아전』(Vita di Maria Vergine, 1539), 『성 카테리나전』(Vita di Santa Caterina vergine e martire, 1540), 『성 토마소전』(Vita di San Tomaso d'Aquino, 1543)이 그것이다.

특히 알렉산드리아의 카테리나를 다룬 『성 카테리나전』은 순교의 엄숙한 장면에 에로틱한 요소를 결합시킨 아레티노의 독특한 묘사로 눈길을 끈다. 성녀 카테리나의 순교는 중세부터 수없이 변주되어온 인기 있는 성인전 주제였다. 황제 마쎈치오(막센티우스)는 그리스도교에 대한 그녀의 설교를 전해 듣고 그녀를 소환해 고문한다. 카테리나는 이교도 철학자들 앞에서 스스로의 믿음을 옹호하고 그들을 굴복시키지만 죽음을 피할 수는 없다. 그녀가 믿음을 거두길 요구하면서 황제는, 아니 아레티노는, 그녀의 '육체'에서 뿜어나오는 매력을 지나칠 정도로 세밀하게 열거하며 묘사한다.

---

20 Francesco De Sanctis, *Storia della letteratura italiana*, a cura di N. Gallo, intro. di N. Sapegna, 2 voll. (Torino, Einaudii, 1981), II, p. 630.

분명히 자연은 스스로가 너에게 준 선물을 후회하지 않을 수 없을 것이다. 왜 냐하면, 그 완고함으로 말미암아, 너의 황금빛으로 빛나는 머리칼과, 햇빛처럼 반짝이는 눈동자와, 꽃잎 같은 두 뺨과, 붉디붉은 입술과, 하얀 치아와, 감미로 운 가슴과, 부드러운 살과, 나긋나긋한 팔다리와, 가녀린 손과, 유연한 팔과, 재 빠른 다리와, 자그마한 키와, 사랑스러운 인품과, 게다가 당당한 모습과, 우아 한 몸짓과, 달콤한 말과, 움직일 때의 진중함과, 멈춰 있을 때의 기품과, 그리 고 무엇보다도 너의 그 깊은 지성이 무시되고 있기 때문이다. 그러니 카테리나 여, 너 자신을 알고 행동하기 바란다. 만일 네가 원한다면 우리는 너에게 선물 을 주어 위무하고 고문으로 너를 벌하지 않을 것이다.[21]

이런 유의 에로틱한 묘사는 곳곳에서 발견된다. 예컨대 황제는 철학자 들과 논쟁 중인 카테리나가 입을 열기를 기다리면서, "눈을 두리번거리며 주위를 둘러보다가……, 카테리나를 응시하면서 그녀의 진홍색 입술이 다른 입술과 분리되기를 기다리는 즐거움을 맛보고 있었다"든지, 젖가슴 을 잘리는 극형의 장면에서 "아래로 뜨거운 피가 흘러내리는 젖꼭지의 부 드러우면서도 단단한 모습이 그녀의 가슴에서 빛나고 있었다"라고 쓴 대 목은 독자들에게 아주 미묘한 느낌을 불러일으킨다.[22]

『성 카테리나전』이 보여주는 에로틱한 관음증(觀淫症)의 일면은 가히 압권이라 아니할 수 없다. 이처럼 성인의 순교라는 엄숙한 상황을 은근한 에로틱의 분위기로 감싸는 아레티노식 묘사가 일견 불경스럽게 비칠 수 도 있겠지만, 중세 이후 에로스를 타나토스와 결합한 것처럼 나타내는 이 미지가 결코 드물지 않았다. 독자들이 그러한 방식에 익숙해져 있었다는

---

21 Aretino, *Santa Caterina Vergine*, in Id., *Le vite dei santi. Santa Caterina Vergine, San Tommaso d'Aquino, 1540~1543*, testo con introduzione e commento di Flavia Santin (Roma, Bonacci, 1977), I, 145, pp. 65~66.

22 Aretino, *Santa Caterina Vergine*, II, 83, p. 92; II, 183, p. 113.

것이다. 이 책이 꾸준히 재간될 수 있었던 이유에는 분명히 이러한 에로틱 묘사의 측면도 작용했을 것이다.[23]

그런데 아레티노는 왜 창녀 이야기와 성인 이야기를 거의 동시에 썼을까? 『예수의 수난』 첫 구절에 보이는 그의 "고백"에 따르면, 그는 1534년 종려 주일(부활절 직전 일요일)에 각자의 책을 손에 든 복음서 작가 네 명의 환영을 보고 "영감을 받아" 『6일간의 대화』 집필을 잠시 멈추고 『예수의 수난』을 쓰기 시작했다고 한다. 아레티노는 이 환영의 순간을 이렇게 묘사하고 있다.

> 종려와 올리브를 기려 월계수와 은매화가 만개하던 그날, 나는 교회에서 신 앞에 영혼의 무릎을 꿇고 그리스도를 그리며 육신의 무릎도 꿇고 있었다. 마음의 눈에서는 그동안 내가 범했던 잘못을 생각하며 눈물이 흘러내렸고, 육신의 눈은 주께서 우리를 위해 남겨놓고 가신 상처를 응시하고 있었다. 그러자 눈앞의 사물이 스스로 말하기 시작했고, 저 높은 곳에서 사도들이 예수의 고난을 거의 울듯이 찬송하면서 주고받는 말소리가 들려왔다.[24]

5년 뒤, 사순절 기간 동안 아레티노가 속한 교구의 성 사도교회에서 설교한 베르나르디노 오키노에게 큰 감명을 받은 아레티노는 한 편지에서 그에 대한 자신의 인상을 피력하고 있다. 여기서 아레티노는 오키노의 웅변과 겸손함, 복음과 소박한 신앙에 귀의하는 태도를 극구 칭송하면서, 사도 시대 이후 어느 누구도 그만큼 설교를 잘한 사람은 없었다고까지 말하

---

23 특히 이러한 측면에 대해서는 다음을 볼 것. Bill Burgwinkle & Cary Howie, *Sanctity and Pornography in Medieval Culture: On the Verge* (Manchester, Manchester University Press, 2010), pp. 169~181.

24 Pietro Aretino, *Prose sacre*, a cura di E. Allodoli (Lanciano, Carabba, 1914; 1926), p. 52; Cairns, *Pietro Aretino and the Republic of Venice*, p. 71.

고 있다. 그리고 한 달 뒤, 그는 교황 파울루스 3세에게 보낸 편지에서 "아레티노의 회심(回心)"(la converzione Aretina)을 이야기하고 있다.[25] '환영'에서 '회심'까지 약 5년에 걸친 짧지 않은 시간 동안 아레티노가 계속 자신의 신앙에 대해 얘기하는 것을 보면, 이를 단지 '후안무치함'으로 치부하기만은 어렵다.

물론 아레티노가 '갑자기' 종교서를 쓰게 된 동기가 추기경이 되려는 야심에서 비롯되었다는 주장도 꾸준히 제기되어왔다. 이러한 야심은 『코르티자나』를 간행한 1534년으로 소급된다. 그는 여기서 베네치아와 로마를 각각 미덕과 악덕의 상징으로 대비하면서, 과연 "성서의 진정한 해석자는 누구"인지를 묻고 있다. 그러고는 "철학과 고전 학문의 태양이자 생명이며, 선과 품행의 거울인 가스파로 콘타리니"의 설교를 듣지 않았느냐고 되묻는다.[26]

당시는 루터파에 맞서 가톨릭교회의 개혁이 한창 운위되던 시기였고, 콘타리니 추기경은 레지날드 폴, 조반니 피에트로 카라파, 지베르티 등과 함께 그 핵심인물 중 하나였다. 아레티노는 어쨌건 로마의 부패를 정면으로 공격한 인물이었으므로, 다른 사람이야 어떻게 보건 그 자신은 스스로를 개혁파 서클의 신임 추기경이 될 만하다고 생각했을 가능성이 있다. 문인으로서 주교와 추기경이 된 벰보의 예가 그를 자극했을 수도 있다. 벰보가 특히 신심이 돈독한 것도 아니었기 때문이다. 1530년대 말, 아레티노가 곧 추기경으로 임명될 것이라는 소문이 파다했던 것은 사실이었다.[27]

그렇지만 추기경이 되려고 했다는 것이 곧 그의 불신앙을 뜻할 수는 없

---

25 1539년 3월 20일 아레티노가 시에나 출신의 의사 주스티니아노 넬리에게 보낸 베네치아발 편지. *Lettere*, II, n. 96, pp. 100~102; 1539년 4월 21일 아레티노가 파울루스 3세에게 보낸 베네치아발 편지. *Lettere*, II, n. 99, p. 106.

26 Aretino, *La Cortigiana* (1534) in *Tutte le commedie*, a. III, s. 7, p. 170.

27 Cairns, *Pietro Aretino and the Republic of Venice*, pp. 97~98.

다. 누구나 어떤 행위에 대한 세속적인 동기는 있기 때문이다. 특히 16세기 초는 르네상스 성기(盛期)로, 성직자들이 세속적인 일들에 과도한 관심을 쏟은 시기였다. 당시 많은 지식인들은 교회와 수도원이 지나치게 세속화한 탓에 부패와 타락의 온상이 되었다고 비판했으며, 예수와 초독교회 시절의 소박한 신앙을 찬양했다.

아레티노도 마찬가지였다. 정규적 학식과는 거리가 멀었던 그는 특히 단순 소박한 신앙으로서의 그리스도교를 원한 것으로 보인다. 그는 안토니오 브루촐리에게 보낸 한 편지에서 "성처녀잉태, 영혼불멸, 사자(死者) 부활"과 같은 가톨릭의 주요 교리에 대한 진정한 믿음으로서의 종교를 말하고 있다. 그가 교회로 갔을 때 기대했던 것은 "아는 것이라곤 서로를 비방하고 헐뜯는 것뿐인" 신부들의 "잡담"이 아니라 미덕과 악덕에 관한 직설적인 설교였다. 신부들의 빈집스럽고 "후안무치한 주장들"은 "신이 믿음에 부여한 특별한 것을 빼앗아가지 않도록 단지 인간들에게 어떤 징조를 보여줄 따름인 그리스도의 침묵을 오히려 비난하는 것"이었다. 이러한 것들은 또한 "우리의 복음이나 우리의 죄와는 아무 관련도 없다"는 것이다. 종교는 미래의 구원뿐 아니라 현재의 도덕과 윤리에도 유익함을 줄 수 있어야 한다는 것이 아레티노의 종교관이었다. 그가 성인들의 전기에서 묘사한 단순 소박한 신앙이 바로 그런 것이었다.[28]

또한 아레티노는 이런 소박한 신앙관의 연장선상에서, 유대교에도 상당히 열린 마음을 지니고 있었던 것으로 보인다. 1542년 여름, 그의 집에서 거의 아내 역할을 하던 여인 카테리나 산델라가 유대인 의사 엘리아 알판 덕분에 사경에서 벗어나 건강을 회복하자, 그는 알판의 능력과 헌신을 칭

---

28 1537년 11월 7일 아레티노가 안토니오 브루촐리에게 보낸 베네치아발 편지. *Lettere*, I, n. 220, pp. 312~313. 아레티노의 민중적 신앙관에 대해서는 다음을 볼 것. Giorgio Petrocchi, *Pietro Aretino tra Rinascimento e Controriforma* (Milano, Vita e pensiero, 1948), pp. 72~81.

송하면서 이렇게 말한다. "⋯⋯당신은 비록 유대인이지만, 사람들은 바로 당신을 보고서 그리스도 교인이 되려면 어떻게 해야 하는지를 배우게 될 것입니다. 당신의 신량함에는 신을 두려워하고 이웃을 사랑하는 마음이 깃들어 있습니다. 우리에게 필요한 것이 그 외에 무엇이겠습니까."[29] 여기서 우리는 카를로 긴즈부르그가 인상 깊게 묘사한, 프리울리의 방앗간 주인 메노키오의 고백을 듣는 듯하다.[30] 비슷한 때, 비슷한 곳에서 이런 신앙관이 표출되고 있다는 것을 단순한 우연으로만 돌릴 수는 없다. 그것은 아마 그 시기 민중에게는 공통적인 경향이었을 것이다.

보통 사람들의 눈높이에서, 또한 아레티노 특유의 소박하면서도 동시에 유려한 필치로 씌어진 그의 종교 저작들은 큰 인기를 누렸다. 『예수의 수난』이 6판, 『그리스도의 자비』가 모두 10판을 찍었다. 『창세기』는 8판, 『성처녀 마리아전』은 6판, 『성 카테리나전』은 9판, 『성 토마소전』은 3판을 거듭했다. 특히 『다윗의 참회에 대한 7시편』은 인기리에 10판 이상이 간행되었고, 프랑스어와 영어로도 번역될 정도였다. 이 『7시편』에 감명받은 잉글랜드의 시인 토머스 와이어트는 1549년 이를 모방해 『참회의 시편』(Penitential Psalms)을 썼으며, '잉글랜드의 아레티노'를 자처한 토머스 나시는 아레티노의 종교서에 찬사를 보냈다.[31] 이러한 인기의 근저에는 아레티노류—거리낌 없이 세속적인 삶을 즐기면서도 가장 기본적인 믿음의 요체만은 지키는—의 소박한 민중적 신앙관이 자리 잡고 있었다.

---

29 1542년 7월 16일 엘리아 알판에게 보낸 베네치아발 편지. *Lettere*, II, n. 404, p. 405.

30 카를로 긴즈부르그, 김정하·유재분 옮김, 『치즈와 구더기』(문학과지성사, 2001).

31 Amedeo Quondam, "Aretino e il libro. Un repertorio, per una bibliografia" in *Pietro Aretino nel cinquecentenario della nascità*, 2 tomi (Roma, Salerno, 1995), t. I, p. 215; Waddington, "Pietro Aretino, Religious Writer", p. 279; David C. McPherson, "Aretino and the Harvey-Nashe Quarrel", *Publications of the Modern Language Association of America (PMLA)* 84 (1969), pp. 1551~1558.

『서간집』

아레티노의 문필은 『서간집』 발간에서 절정을 이루었다. 자신의 편지를 묶어 출판·판매한다는 발상은 역시 매사에 창발적인 아레티노다운 것으로, 당시 아무도 시도하지 않았던 일이었다. 사실상 그는 적어도 속어, 즉 이탈리아어로 자신의 편지를 모아 출판한 최초의 경우였으며, 이는 이미 당대 사람들도 인지하고 있었다.[32]

르네상스기에 이런 시도를 한—물론 라틴어로—최초의 인물은 프란체스코 페트라르카이다. 그는 14세기 중반 키케로의 예를 따라 자기 편지를 『친구들에게 보내는 편지』(Epistolae familiares)와 『노년의 편지』(Seniles)로 나누어 묶었다. 이러한 휴머니스트적 전통은 계속되어 16세기 에라스무스의 경우는 편지의 수가 엄청난 양에 이르게 된다. 시대의 동향에 빠른 아레티노에게 더 직접적인 영향을 끼친 쪽은 페트라르카보다는 에라스무스였을 수도 있다. 왜냐하면 1522년에 간행된 에라스무스의 『서간작성법』(De Conscribendis epistolis)은 1529년까지 베네치아에서만 3판을 찍으며 큰 인기를 누렸기 때문이다. 아레티노도 이러한 동향에 끌렸을 가능성이 있다.[33]

그러나 페트라르카와 아레티노의 『서간집』은 여러모로 서로 달랐다. 전자는 명성을 드높이고 지혜를 보존한다는 목적을 추구한 반면, 후자는 그러한 관념적인 명성이 아니라 돈과 인기라는 실제적인 명성을 추구했다. 또한 전자가 필사본 형태로 글을 묶어 보존한 반면, 후자는 활판인쇄술의 발전에 힘입어 상대적으로 저렴한 인쇄본으로 간행했다.

더욱이 아레티노는 지식인이나 학자의 문자인 라틴어가 아니라 누구나 읽을 수 있는 속어로 편지를 쓰고 그것을 간행했다(이는 물론 그가 라틴어

---

32 Cairns, *Pietro Aretino and the Republic of Venice*, ch. 6, esp. p. 125.
33 Cairns, *Pietro Aretino and the Republic of Venice*, p. 130, n. 22.

교육을 받지 못했기 때문이지만, 어쨌든 이런 점에서 그는 속어문학의 기수였던 피에트로 벰보까지도 앞질렀다). 결과적으로 양자의 『서간집』이 대상으로 하는 독자는 아주 달랐다. 페트라르카는 극히 소수의 수준 높은 지식인을 대상으로 했겠지만, 아레티노는 그보다 훨씬 더 광범위한 독자층을 확보하는 이점을 누렸다. 게다가 고전적 전통의 추구에 개의치 않는 아레티노는 편지 속에 자신을 홍보하는 데 도움이 되는 것이면 무엇이든 삽입해놓았다는 것도 휴머니스트들과는 크게 다른 점이었다.

1538년 1월 베네치아의 마르콜리니 출판사에서 간행된 아레티노의 『서간집』 제1권은 아주 큰 성공을 거두었다. 300여 통의 편지를 담은 이 책은 여러 출판사에서 같은 해에 적어도 6번 재간되었다. 이듬해에는 적어도 4회, 그리고 1542년에는 제2판이 나왔다(현재 남아 있는 판본만 계산한 것이니, 실제로는 더 많았을 것이다).[34]

아레티노의 책이 얼마나 인기가 높았는지는 베르나르디노 테오톨도라는 포를리의 한 신사가 그에게 보냈다는 편지를 보면 알 수 있다. 책을 처음 발간할 때 사람들이 하도 많이 몰려서 책을 약탈하다시피 했는데, 그 와중에 테오톨도 자신도 겨우 책 한 권을 구할 수 있었을 뿐이었다는 것이다.[35] 얘기가 너무 그럴싸해서 혹시 그런 인기를 '입증'하기 위해 아레티노가 직접 써서 삽입한 것은 아닐까 하는 의심마저 들지만, 진실이야 어쨌든 그의 책이 베스트셀러가 된 것은 사실이었다. 몇 년 뒤 같은 출판사에서 『서간집』 제2권(1542)이 나온 이후, 3권부터는 출판사를 바꾸어 그가 살

---

34 『서간집』 1권의 간행과 판본에 대해서는 다음을 볼 것. P. Procaccioli, "Nota al testo" in *Lettere*, I, pp. 533ff.; F. Flora, "Note" in Aretino, *Lettere. Il primo e il secondo libro*, pp. 975~980; Fabio Massimo Bertolo, *Aretino e la stampa. Strategie di autopromozione a Venezia nel Cinquecento* (Roma, Salerno, 2003); Quondam, "Aretino e il libro. Un repertorio, per una bibliografia", pp. 225~227.

35 *Lettere a Pietro Aretino*, I, n. 165, pp. 164~165; Innamorati, *Tradizione e invenzione in Pietro Aretino*, p. 232.

아 있는 동안 5권까지 간행되었다. 마지막 권인 제6권은 아레티노가 세상을 떠난 직후인 1557년 유고집으로 출간되었다.³⁶ 이렇게 해서 그가 남긴 편지는 약 3,300통에 이른다.

돈을 벌 목적으로 옛날에 보낸 자기 편지를 출판한 것이나, 실제로 그것이 성공한 것이나, 그 시절에는 어느 누구도 시도하지 못한 초유의 일이었다. 그의 편지를 받은 사람들은 유럽(오스만 튀르크를 포함해)의 황제나 교황, 왕이나 군주제후는 물론이고 명성의 고하를 막론한 수많은 문인과 예술가들, 귀부인과 여염집 여인들, 당시 이름을 날리던 코르티자나 오네스타(고급 창녀)에 이르기까지 매우 다양했다. 게다가 편지들 중 적잖은 수가 그 자체로서 수신인에게 '구걸'하거나 수신인을 '공갈협박'하려는 의도로 씌어졌다. 물론 목적은 어떤 대의가 아니라 돈이었다.

19세기 스위스의 역사가 부르크하르트는 르네상스를 다룬 자신의 기념비적인 저술에서 이처럼 공개적인 글로써 압력을 가하는 그의 행태를 가리켜 "저널리즘의 원조" 중 한 사람이라는 유명한 언명을 남겼다.³⁷ 본디 편지는 발신인이나 수신인만 그 내용을 아는 것이지만, 그것을 출판하면 만인이 다 알게 되는 것이니, 결과적으로 현대의 신문과 비슷한 효과를 보게 된다. 물론 진실 그 자체를 파헤치기보다는 어디까지나 돈을 목적으로,

---

36 *Lettere II* (Venezia, Marcolini, 1542); *Lettere III* (Venezia, Gabriel Giolito de Ferrari, 1546); *Lettere IV* (Venezia, Cesano, 1550); *Lettere V* (Venezia, Comin da Trino di Monferrato, 1550); *Lettere VI [postumo]* (Venezia, Gabriel Giolito de Ferrari, 1557).

37 야콥 부르크하르트, 안인희 옮김, 『이탈리아 르네상스의 문화』(푸른숲, 1999), 216쪽. 이러한 판단에는 찬반양론이 있어왔다. 예컨대 찬성하는 쪽은 Alcide Bonneau, "L'Arétin vil pamphlétaire", *Revue encyclopédique: recueil documentaire universel et illustré* 6 (1896), pp. 229~234; Edward Hutton, "Pietro Aretino, the First Journalist", *The Nineteenth Century and After* 92 (1922), pp. 797~806; 반대하는 쪽은 Eugène Müntz, "La Nouvelle Légende de l'Arétin et les Vraies Origines du Journalisme moderne", *Revue encyclopédique: recueil documentaire universel et illustré* 6 (1896), pp. 352~356; Ian Frederick Moulton, *Before Pornography: Erotic Writing in Early Modern England* (New York, Oxford University Press, 2000), p. 138.

주로 선정적인 측면을 부각했다는 점에서 아레티노는 아마 현대의 "황색 저널리즘의 원조"[38]라고 하는 편이 더 적절한지도 모르겠다. 하지만 그 성격이 무엇이든 아레티노는 이런 유의 글이 큰 힘을 발휘한다는 점을 명확히 인식하고 그것을 사용한 최초의 예라는 점을 감안할 때, 저널리즘의 역사에서 그가 차지하는 위치는 결코 만만치 않다.

다른 한편으로, 이러한 저널리즘의 성격은 그 무렵 새로운 매체로서 큰 힘을 발휘하고 있던 금속 활판인쇄술을 빼놓고는 이해하기 어렵다. 근대적 인쇄술의 등장이 근대적 저널리즘을 가능하게 만들었기 때문이다. 15세기 중엽 독일 마인츠의 인쇄업자였던 요한네스 구텐베르크, 요한 푸스트, 페터 쇠퍼 등에 의해 거의 최초로 개발된 이 새로운 인쇄술은 필사본에 의존한 이전의 문화 유통체계를 단시간 안에 완전히 바꾸어놓았다.

활판인쇄술이 가져온 중요한 변화 가운데 하나는, 아이젠스타인이 잘 지적한 바와 같이, 문필가들에게 예전에는 도저히 얻을 수 없었던 힘과 영향력을 부여했다는 점이다.[39] 만일 이러한 인쇄술의 혁신이 없었다면 고대 문헌 연구와 그것의 모방에 기초한 르네상스 휴머니즘도 아마 중도에 발전을 멈추었을지 모른다. 필사본의 발굴과 제작만으로는 사상이 전파되는 속도와 양이 불충분했을 것이기 때문이다. 루터의 종교개혁이 대중에게 빠르게 확산된 데는 인쇄술이 큰 역할을 했다는 사실 또한 잘 알려져 있다.

'군주를 벌하는 채찍'으로 칭송받은 아레티노의 힘도 바로 이러한 인쇄술에 물적 기초를 두고 있었다. 명성을 중시하는 군주제후들의 약점을 교묘히 드러냄으로써(또는 그렇게 하겠다고 은근히 위협함으로써) 그들에 대

---

38 비록 소설이기는 하지만 이런 측면을 부각한 것으로는 다음이 있다. E. R. Condé, *Scandal Sheets: A Novel Based on the Life of Pietro Aretino, The First Yellow Journalist and Set during the Italian Renaissance* (New York, G. H. Watt, 1930).

39 엘리자베스 L. 아이젠슈타인, 전영표 옮김, 『인쇄 출판문화의 원류』(법경출판사, 1992), 132~133쪽.

한 영향력을 유지했던 이 놀라운 인물은, 그가 명확히 인식했든 아니든 새로운 인쇄술이 가져다준 새로운 종류의 힘—불특정의 수많은 사람들에게 그것도 아주 빠른 시간 안에 특정 정보를 퍼뜨림으로써 생겨나는 권력—을 누구보다도 충분히 이용하고 있었다. 이런 의미에서 아레티노는 실로 근대 '저널리즘의 원조'(물론 이런 용어의 함의를 너무 확대할 필요는 없다)일 뿐만 아니라, 그 후에 출현할 근대 '문인공화국'의 선구자이기도 했던 것이다.

『코르티자나』 외

아레티노의 서슴없는 펜이 당시의 인기 장르였던 희곡을 피해갈 리 없었다. 그는 로마에서 정신(廷臣)으로 살고 있던 1525년, 희극으로는 처음으로 『코르티자나』를 썼으며, 1533년에도 역시 희극 『마구간지기』를 발표했다. 또한 베네치아에 안착해 유명인사로서의 삶을 즐기고 있던 1534년에는 앞서의 『코르티자나』 수정판을 내놓은 바 있다. 그러나 이것이 끝은 아니었다. 1540년 샤를마뉴의 용맹한 기사 오를란도와 아스톨포를 읊은 새로운 영웅시들을 간행한 후, 곧이어 2년 뒤에는 희극 작품 『탈란타』(*La Talanta*)와 『이포크리토』(*Lo Ipocrito*)를 내놓았고, 그때부터 4년 뒤인 1546년에는 『철학자』(*Il Filosofo*)를 선보였다. 그에게는 어쩐지 잘 어울리지 않는 것처럼 보일 수도 있겠지만, 같은 해에는 희극보다 좀 더 '격이 높은' 비극 작품도 한 편 썼다. 『오라티아』(*L'Horatia*)가 그것이다.

『코르티자나』는 초판(1525)이든 수정판(1534)이든 자전적인 성격이 강한 희극이다. 이 작품은 2개의 플롯이 병행하다가 나중에 만나 섞이는 다소 특이한 구조이다. 시에나 출신의 어리숙한 청년 메쎄르 마코는 추기경의 꿈을 안고 로마에 오지만, 먼저 코르테자노, 즉 정신이 되는 법을 배워야 한다는 것을 알게 된다. 세상 물정에 밝은 로마인 마에스트로 안드레아는 마코를 가르친다는 미명 아래 그를 놀림감으로 삼는다. 한편 나폴리 출신의 파라볼라노는 어쩌나 굴러들어온 행운 덕분에 정신이 된 인물인데, 어느 유부녀에게 눈이 멀게 된 그는 부도덕한 하인 로쏘의 손아귀에서 놀아난다. 두 플롯은 주인들의 성적 욕구라는 행위 동기와 권력관계의 전도라는 측면에서 병렬적이다. 독자와 청중을 웃기는 것은 결국 영악한 하인이 우둔한 주인을 다루는 과정에서 나타나는 베파(beffa) 또는 부를라(burla), 즉 종종 독설적인 조롱 투의 농담이다.

아레티노가 로마 궁정에서 정신이자 시인으로 있던 1525년 전반기에 씌어진 초판과 달리, 수정판은 교황 클레멘스 7세의 후원을 잃고 베네치아로 도피한 지 약 7년 뒤에 간행되었다. 그사이 1527년의 로마 약탈이라는 전대미문의 큰 사건도 있었다. 따라서 수정판에서 작자의 독설과 풍자가 격해진 것은 충분히 이해할 만하다. 마코는 첫머리부터 로마가 더는 "세계의 머리"가 아니라 "세계의 꼬리"에 불과하다고 힐난한다. 초판에서 불경과 이단을 범하는 방법을 가르치는 데 그쳤던 안드레아는, 수정판에서는 아예 정신의 악덕을 줄줄이 늘어놓는다.[40]

이 작품의 오랜 미스터리는 '코르티자나'라는 제목이다. 코르티자나 또는 코르티자나 오네스타는 르네상스기의 고급 창녀를 가리키는 말이다. 그런데 이 작품 어디에서도 이러한 여인을 찾을 수가 없다. 오히려 내용으로 보면 정신을 뜻하는 '코르테자노'가 제목으로 딱 맞아떨어진다. 그런데 아레티노는 왜 굳이 이런 제목을 붙였을까? 가장 유력한 추측은, 남성이자 정신인 코르테자노를 여성이자 창녀인 코르티자나로 바꿈으로써 전자의 유약함을 후자에 빗대어 풍자하려 했다는 것이다.

---

40 Aretino, *La Cortigiana* (1525), in *Cortigiana. Opere nova. Pronostico. Testamento dell' elefante. Farza*, a. I, s. 1, p. 68 & a. I, s. 24, pp. 84~86; *La Cortigiana* (1534) in *Tutte le commedie*, a. I, s. 1, p. 121 & a. I, s. 22, pp. 135~136.

이와 연결되지만 좀 더 구체적인 또 하나의 추측은 그 무렵 필사본 형태로 인기를 끌며 인구에 회자되던 카스틸리오네의 『정신론』을 풍자했다는 것이다. 카스틸리오네는 자기 책에서 가장 이상적인 정신의 모습을 자세히 묘사한 바 있다. 매사에 남을 따라 하기 싫어하고, 그런 만큼 자신을 부각하고 싶어 하는 아레티노에게 카스틸리오네의 대화편은 풍자의 좋은 소재로 여겨졌을 수도 있다. 특히 이러한 풍자의 의도는 훗날 로마 궁에서 정신으로 산다는 것에 깊은 회의를 느꼈을 때 비로소 완성되었다고도 말할 수 있겠다. 정신을 하나의 이상(理想)으로 추구하는 카스틸리오네와 정신으로서의 삶을 버리고 시민으로서의 삶을 택한 아레티노 사이의 대비가 선명하게 드러나는 것이 바로 그 시점이기 때문이다.

1533년에 간행된 두 번째 희극 『마구간지기』는 아레티노의 후원자 만토바 후작이 자신의 '마레스칼코', 즉 남성동성애사인 마구간지기—좀 더 정확하게는 후작의 마사(馬舍)를 관리하는 정신을 가리킨다—에게 결혼을 명함으로써 벌어지는 우스꽝스러운 소동을 작가 특유의 익살과 풍자와 아이러니로 버무려놓은 것이다. 아레티노는 연극이 시작되기 전 프롤로그에서 한 배우의 입을 빌려 관객들에게 작품의 줄거리를 이렇게 얘기한다. "만토바 공작에게는……"(원래 후작이었던 페데리코는 황제 카를 5세의 혈족인 아라곤가의 훌리아와 결혼계약을 맺는 대가로 1530년 황제에게서 공작 칭호를 받는다) "여자라면 뒷걸음부터 치는 …… 한 마구간지기가 있었습니다. …… 공작은 그를 골려주리라 작정하고 …… 그에게 4천 스쿠도의 지참금을 가진 아내를 정해주었답니다. 그래서 그는 니콜라 백작의 …… 집으로 끌려올 수밖에 없었지요. …… 그곳에서 그는 처녀인 양 꾸민 한 소년과 결혼을 하지 않을 수 없게 되었습니다. 그런데 그것이 장난이었다는 것이 밝혀지자, 신부가 여자라고 믿고 섭섭해했던 것보다 오히려 그/녀가 소년이라는 것을 알고 더 기뻐했다는군요." 모든 일이 만토바 후작이 꾸민 소극(笑劇)이었다는 것이다. 이 작품의 저변에는 당시 자신의 후원자였던 후

작의 너그러움과 지혜로움에 대한 아레티노의 찬사가 깔려 있다.[41]

1540년대에 잇달아 나온 희극 연작(連作) 『탈란타』 『이포크리토』 『철학자』[42]의 공통 키워드는 단연 '위선'이다. 모든 종류의 위선에 대한 아레티노의 거부감은 창녀야말로 위선에서 벗어난 유일한 직업이라고 비아냥거린 『난나와 안토니아의 대화』에서 이미 잘 드러나고 있다. 그런데 대화편이 수녀와 유부녀의 섹슈얼리티를 통해 위선을 비난하고 있다면, 희극 연작은 신부와 학자의 도덕과 현학을 공격함으로써 목적을 이루려 한다. 수녀와 신부는 종교적인 위선을, 유부녀와 학자는 세속적인 위선을 뜻한다고 할 수 있겠다.

『탈란타』는 탈란타라는 어느 고급 창녀의 꽁무니를 쫓는, 네 가지 인생관을 가진 사람들에 관한 이야기이다. 아레티노는 극중에서 이들을 모두 네 그룹으로 나누어놓았다. 모든 그룹에는 탈란타와 사랑에 빠지는 각각의 주요 등장인물이 있는데, 베르골로, 틴카, 오르피니오, 아르밀레오가 그들이다. 이들은 다시 친구나 가정교사, 또는 그에게 빌붙어 먹고사는 기생충 같은 인물, 그리고 하인들로 둘러싸여 있다. 베르골로는 베네치아의 상인으로 셰익스피어의 샤일록과 비슷하다. 틴카는 나폴리 출신의 군인이고, 오르피니오의 직업은 알 수 없으며, 로마인 아르밀레오는 그냥 탈란타를 사랑하는 체하는 인물이다. 여기에 세쌍둥이를 둔 블란도라는 인물이 뒤늦게 등장하는데, 이야기는 세쌍둥이 중 남매가 노예로 팔려서 각각 베르골로와 틴카에 의해 탈란타에게 선물로 주어지는 것으로 시작된다. 그런데 남자아이는 여자 노예로, 여자아이는 사라센 소년으로 성(性)을 바꾸어 행동한다. 이 작품은 결국 탈란타의 연인을 자처하던 네 인물이

---

41 Aretino, "Il Marescalco" in *Tutte le commedie*, "Prologo", p. 33.

42 이 세 작품의 텍스트는 다음에 수록되어 있다. Aretino, *Tutte le commedie*, a cura di G. B. De Sanctis (Milano, Murscia, 1968; 1973).

모두 그녀를 포기하고 가톨릭의 전통적인 가치로 돌아가는 것으로 마무리된다. 노예로 팔렸던 두 남매도 다시 아버지에게로 돌아가면서 극은 해피엔딩으로 끝난다. 물론 그 과정에서 작가는 당시의 도덕적 위선을 마음껏 조롱한다.

『탈란타』는 간행된 바로 그해인 1542년 무대 위에 올려졌다. 아레티노는 동향의 화가이자 미술사가 조르조 바자리를 초청해 로마 시내를 전경(前景)으로 하는 무대장치와 관객석을 디자인하여 제작해달라고 부탁했다. 연극 상연은 '콤파니아 델라 칼자'(Compania della Calza)—번역하자면 '스타킹 연극회' 정도가 되겠다—의 베네치아 귀족들이 준비하고 있던 축제의 일환으로 계획되었으며, 무대는 칸나레조 소운하에 마침 건축 중이던 건물의 홀 안에 호화로운 갖가지 장식물들과 함께 설치되었다. 바자리는 『미술가 열전』의 「크리스토파노 게라르디전(傳)」에서 이때의 일을 회고하고 있다. 그는 무대 설치를 도와줄 조수로 게라르디와 조반니 바티스타 쿤지를 불러왔으며, 특히 무대를 어떤 식으로, 어느 정도 규모로 세웠는지 비교적 소상히 밝히고 있다.[43]

『이포크리토』는 플라우투스와 보이아르도에서 플롯을 취한 작품으로, '이포크리토'—위선자라는 뜻—를 통해 위선적이고 기생적인 캐릭터를 선보이고 있다. 그는 선악에는 아무 관심이 없고 비열한 아첨과 약삭빠른 계산과 여성 같은 약자에 대한 착취를 통해 오직 자기 주머니만 채우느라 혈안이 된 인물이다. 폭압적인 아내와 노처녀로 늙어가는 딸 5명의 등쌀에 견디다 못한 노인 메쎄르 리제오가 그에게 도움을 요청하는데, 그의 조언인즉 모든 것을 포기하고 철학으로 위안을 삼으라는 것이었다. 극의 말미에 노인은 이렇게 외친다. "만사가 헛된 것이니"(Todos es nada). 아레티

---

43 Vasari, *Le vite dei più eccellenti pittori, scultori e architetti*, pp. 996~997; Christopher Cairns, "Teatro come festa: la scenografia per la *Talanta* del 1542 e l'influenza del Vasari" in *Pietro Aretino nel cinquecentenario della nascità*, t. 1, pp. 231~243.

노는 여기서 자기가 싫어하는 철학을 위선에 대한 풍자의 희생물로 삼고 있다.

보카치오풍으로 씌이진 『철학자』의 주인공은 '플라타리스토텔레' — 플라톤과 아리스토텔레스의 속어식 합성어 — 이다. 난해하고도 우스꽝스러운 형이상학적 사색에 심취한 나머지 그가 젊은 아내를 돌보지 않자 그녀는 다른 연인을 찾는다. 그들의 밀회에 대해 우연히 듣게 된 그는 아내의 연인을 잡을 덫을 놓지만, 걸려든 것은 나귀 한 마리뿐이다. 극은 결국 그가 형이상학을 비난하면서 앞으로 좋은 남편이 될 것을 약속하는 것으로 끝난다. 각 작품의 양상은 조금씩 다르지만, 베파(beffa), 즉 조롱 투의 농담으로 부패하고 위선적인 사회상을 풍자한다는 점은 동일하다.

『오라티아』

아레티노에게서는 보기 드문 장엄한 스타일로 씌어진 『오라티아』는 이탈리아 르네상스기의 비극 중에서도 높이 칭송받는 작품 중 하나이다.[44] 그것은 고대 로마를 다룬 동류의 다른 어떤 작품보다 당시의 사회상을 잘 그려낼 뿐 아니라, 생동감 넘치는 사실적 묘사에서도 다른 작품을 능가한다. 19세기에는 아레티노에 대한 '과도한' 도덕적 잣대 때문에 이 비극 작품도 저평가되었으나, 20세기 중반 이후 작가와 작품에 대한 긍정적인 반응 속에서 "아레티노의 다른 어떤 작품보다 더 중요하다"든지, 심지어는 "당 세기 최고의 작품"이라는 극찬까지 받기에 이르렀다.[45]

---

44 이 작품의 텍스트로는 다음을 볼 것. Aretino, *L'Orazia*, in *Teatro*, tomo 3. *Il filosofo · L'Orazia*, a cura di Alessio Decaria & Federico Della Corte (Roma, Salerno, 2005).

45 『오라티아』에 대한 비평사는 다음을 참조할 것. Michael Lettieri, "Pietro Aretino's *Orazia*: A Bibliographical Essay", *Quaderni d'Italianistica* 15.1-2 (1994), pp. 173~181.

교황 파울루스 3세에게 헌정된 이 작품은 의인화한 "명성이 말하는"(La Fama parla) 프롤로그로 시작된다. 여기서 아레티노의 목적은 자신의 후원자들을 칭송하는 것이다. 파울루스 3세와 그의 가문, 메디치가의 코지모 1세, 에스테가의 페라라 공작 에르콜레 2세, 우르비노 공작 귀도발도 2세 델라 로베레, 곤차가가의 페란테 1세, 산 세콘도 백작 피에르 마리아 로쏘, 그리고 황제 카를 5세 등이 바로 그들이다. 그렇지만 이들 중에서도 아레티노가 마음속에 담고 있던 진정한 주인공은 교황이었다.

5막으로 구성된 이 비극의 플롯은 리비우스의 『로마사』―실제로는 로마 공화정의 역사―에서 가져온 것이다. 역사가 야코포 나르디가 1540년 이 책을 속어로 번역해놓았기 때문에, 라틴어를 모르는 아레티노도 이 유명한 역사서를 읽어볼 수 있었다. 풍부한 아이디어와 유려한 글쓰기 능력이 있지만 휴머니스트 교육을 받지 못한 아레티노는 무언가 중요한 저작들이 속어로 번역되면 곧 그것을 적절히 이용할 방법을 찾아냈다. 예컨대 아레티노의 『예수의 수난』(1534)과 『그리스도의 자비』(1535)는 피렌체의 문인 안토니오 브루촐리가 1530년에 간행한 속어본 『신약』에 근거한 것이었다. 또한 1534년 5월 브루촐리가 속어본 『다윗의 성스러운 시편』을 내놓자, 아레티노는 불과 여섯 달 후인 11월 자신의 『다윗의 참회에 대한 7시편』을 간행한 바 있다.[46] 저작권의 소재가 아직도 명확하지 않았던 시절, 학문적 저작을 자신의 아이디어에 따라 자유자재로 풀어 쓰고 변용하는 능력에서는 아레티노를 따라갈 사람이 없었다.

다시 리비우스로 돌아가자. 그에 따르면, 알바와 로마는 전쟁 중이었다. 두 도시의 왕은 각 진영에서 용사 세 명씩을 뽑아 서로 싸우게 한 뒤 최종 승자의 도시가 상대를 지배하기로 합의했다. 로마에서는 호라티우스 가문

---

[46] Raymond B. Waddington, "Pietro Aretino, Religious Writer", *Renaissance Studies* 20.3 (2006), p. 280.

의 세 형제가, 알바에서는 쿠리아티우스 가문의 세 형제가 뽑혔다. 이 싸움의 유일한 생존자는 호라티우스 형제 중 하나였다. 로마는 승리의 기쁨으로 열광했지만, 한 여인 호리티아만은 남몰래 슬픔을 삼켜야 했다. 그녀는 전투에서 살해당한 쿠리아티우스 형제 중 하나를 사랑하고 있었기 때문이다. 그리하여 호라티아는 연인과 조국(아버지와 오빠까지도) 사이의 결코 화해할 수 없는 갈등으로 고뇌하는 비극의 주인공이 되는 것이다.

『오라티아』에는 오라티아가 등장하지 않는다. 그녀의 이름은 첼리아로 바뀌어 있다. 그런데 아레티노는 왜 굳이 제명(題名)을 '오라티아'라고 했을까? 문학사가 라리바유가 이와 관련한 흥미로운 해석을 내놓았다. 호라티아의 오빠 호라티우스는 속어식으로는 오라티오가 되는데, 교황 파울루스 3세의 아들 이름이 바로 오라티오이다. 즉 『오라티아』는 사실 교황의 가문 파르네제가에 관한 이야기라는 것이다. 1545년 교황(알레쌘드로 파르네제)은 자기 아들 피에르 루이지에게 파르마 및 피아첸차 공작 작위를 수여함으로써 파르네제 가문은 군주의 위치로 격상했다. 그때부터 바로 1년 뒤에 이 작품이 씌어졌다는 것은 의미심장하다.

라리바유에 따르면, 아레티노는 『오라티아』에서 고대 로마와 현대 로마, 호라티우스 가문과 파르네제 가문을 비교하고 있는 것이 명백하다고 한다. 두 가문 모두 로마인이며, 두 가문 모두 세 명의 형제가 있으며, 심지어 오라티아에 해당하는 비토리아라는 누이동생까지도 있다. 전자는 알바로부터 로마를 지켰고, 후자는 루터파로부터 로마를 보호한 셈이 된다. 결국 이 '비극'은 비극 그 자체라기보다는 파르네제가에 대한 칭송과 찬양으로 귀결되는 것이다. 따라서 이 작품은 아레티노가 자신의 강력한 후원자인 교황에게 바치는 일종의 오마주(당연히 장차의 이익도 가져다줄)라는 것이다.[47]

---

[47] Paul Larivaille, "L'*Orazia* de l'Arétin, tragédie des ambitions déçues" in AA.VV., *Les Écrivains*

물론 『오라티아』에 대한 이런 알레고리적인 해석이 나름대로 설득력이 있다 해도, 그와 별개로 그 작품의 문학적 완결성을 과소평가할 수는 없다. 아레티노의 이 작품은 역사적 비극이라는 장르에서 가장 뛰어난 극작가인 셰익스피어를 반세기 이상 앞서는 것으로, 그야말로 이 방면의 효시라 할 만하다. 게다가 동일한 주제를 다룬 후일의 여러 비극, 예컨대 1598년에 나온 로페 데 베가의 『명예로운 형제』(*El honrado hermano*)나 피에르 코르네유의 1640년 작(作) 『오라스』(*Horace*)가 아레티노의 『오라티아』에 직접적인 빚을 지고 있다는 점은 이 작품의 평가와 해석에서 반드시 기억해야 할 사항이다.[48] 아레티노는 오직 단 한 편의 비극을 남겼을 뿐이지만, 그것만으로도 그는 르네상스기 최고의 비극작가 중 하나가 되었다.

『서간집』의 아레티노

아레티노의 출판업자 프란체스코 마르콜리니가 아레티노의 초상화(그림 6)를 티치아노에게 의뢰한 때는 아마 『서간집』 1권이 간행되기 직전인 1537년 말이었을 것이다. 마르콜리니는 이 책의 첫 페이지를 장식할 저자의 초상이 필요했던 것으로 보인다. 실제로 책에 인쇄된 것은 동판화이지만, 그 동판화의 원본이 바로 이 초상화였다. 실제로 조반니 야코포 카랄리오가 제작한 동판화의 디자인은 이 초상화와 상당히 유사하다. 그 뒤 간행된 책들에 실린 그의 초상은 거의 모두 1537년의 이 작품을 기초로 한 것이다.

---

et le pouvoir en Italie à l'époque de la Renaissance (1ère série) (Paris, CRRI, 1973), pp. 279~360; Ristampa, Id., *Varia aretiniana (1972~2004)* (Manziana, Vecchiarelli, 2005), pp. 79~159.

48 Lettieri, "Pietro Aretino's *Orazia*: A Bibliographical Essay", p. 173.

여기서 아레티노는 허리 위의 상반신을 드러내고 몸은 오른쪽을 향해 약간 돌린 자세로 묘사되어 있다. 매우 풍성하고 광택이 도는 공단(貢緞) 상의를 입고 그 위에는 소매 없는 모피 외투를 두르고 있으며 손에는 장갑을 끼고 있다. 모피 위에는 굵직한 사슬형 금목걸이가 둘러져 있다. 목은 굵은 편이고, 얼굴은 짙지만 좀 부스스한 느낌의 수염으로 뒤덮여 있다. 벌써 머리칼이 빠지기 시작해 이마는 높이 벗겨져 있다. 눈썹은 연하고 길며 둥글다. 코도 긴 편이지만 귀는 둥글고 작다. 전체적으로 장대해 보이는 몸집은 약간 위를 향해 저 멀리 무언가를 보는 듯한, 고원한 분위기의 시선과 대조를 이루고 있다. 환하게 빛나는 얼굴과 검은 눈동자의 대비 역시 강렬하다.

겨우 "사흘 만에" 완성했다고 알려져 있는[49] 이 초상화가 만토바 후작에게 보낸 앞서의 초상화와 다른 점은, 아레티노가 이제 더 이상 궁정시인이 아닌, 마치 귀족처럼 그려져 있다는 점이다. 이런 유의 그림에서 금목걸이는 명예를 상징한다. 아레티노는 1530년대에 프랑스 왕 프랑수아 1세와 왕비 이자벨, 그리고 추기경 이폴리토 데 메디치에게서 금목걸이를 선물로 받았지만, 이 초상화에서 보이는 금목걸이가 그중 누구한테서 받은 것인지는 명확하지 않다. 장갑은 사냥과 관련되는 것으로, 이 두 가지 물건은 모두 고귀한 신분임을 나타낸다.

하지만 친구에게 보낸 편지에서 스스로 말한 것처럼 아레티노는 "잉크가 흘린 땀으로"[50]으로 생계를 잇는 사람이니, 초상화의 데코룸(관례)으로 보아 이 소품들은 그에게 적절하지 않다. 그래서 어떤 미술사가는 왼손으로 모피 외투 끝을 잡고 있는 모습을 두고, 이는 옷은 귀족이지만 사람은

---

49 초상화를 의뢰한 마르콜리니가 나중에 한 말이다. 1551년 9월 15일 그가 아레티노에게 보낸 베네치아발 편지. *Lettere scritte a Pietro Aretino*, II, n. 387, p. 368.

50 1538년 12월 21일 가브리엘로 체사노에게 보낸 베네치아발 편지. *Lettere*, II, n. 91, p. 92.

평민임을 암시하는 티치아노의 전략이라고도 말한다.[51] 어쨌든 귀족이 아닌 인물이 귀족처럼 보이도록 그려졌다면 그 의도는 명확한 것이 아니겠는가. 스스로 귀족과 대등하다는 것을 과시하려 한 것이다(물론 그 이면에는 어쩔 수 없는 열등감이 숨겨져 있었겠지만).

아레티노는 일생 동안 자신의 비천한 신분을 감추려 애썼지만, 동시에 언제나 스스로를 어떤 권력자―교황이든 황제든―에게도 전적으로 의존하지 않는 존재로 만들고자 작정했다. 지베르티가 사주한 암살의 마수에서 구사일생으로 벗어난 바로 그 순간부터 그는 이제 더는 궁정의 '코르테자노'―군주의 보호 아래 군주가 원하는 대로 행하는 일종의 가신(家臣)―로 살지 않겠다고 결심한 것이다. 비교적 분위기가 자유로웠던 베네치아 공화국은 이런 점에서 아레티노에게는 최적의 안식처였다.

---

51 Freedman, *Titian's Portraits through Aretino's Lens*, pp. 39~40.

10장

카를, 프랑수아, 헨리

줄다리기

　다시 정치 무대로 장면을 옮겨보자. 1494년 프랑스 왕 샤를 8세가 이탈리아를 침공함으로써 시작된 이른바 '이탈리아 전쟁'은 1520년대에 이르러 신성로마제국 황제 카를 5세와 프랑스 왕 프랑수아 1세의 전면적인 대결의 장으로 변했다. 이는 또한 유럽을 대표하는 두 왕가 합스부르크가와 발루아가의 대결이기도 했다. 1527년 베네치아에 정착해 안전과 명성을 얻은 아레티노에게는 이 두 라이벌 사이의 갈등이야말로 자신의 가치를 높일 절호의 기회였다. 물론 두 군주도 그들대로 각자의 이익을 위해 아레티노를 이용하려 했을 것이다.

　프랑수아와 카를 중 아레티노와 먼저 조우한 쪽은 전자였다. 앞서 언급한 바와 같이, 아레티노가 프랑수아 1세를 처음 만난 것은 1524년 8~10월 친구 조반니 델레 반데 네레의 진영에 있을 때였다. 그때 조반니는 프랑수아에게 봉사하고 있었는데, 아레티노는 이를 계기로 잠깐이지만 그와 얘기를 나눌 기회가 있었다. 왕은 뒤에 조반니를 통해 아레티노를 다시 그곳으로 오라고까지 할 정도로 그에게 상당한 호감을 표시했다. 1525년 2

월 24일에 치른 파비아 전투에서 프랑수아가 황제 카를에게 대패하고 포로로 잡히는 수모를 겪자, 아레티노는 그해 4월 그에게 따뜻한 위로의 편지를 보냈다. 여기서 아레티노는, "당신의 지혜가 힘으로 당신을 꺾은 바로 그 사람[황제]을 능가하기 때문에 당신은 그 어떤 정복자 이상의 존재"라면서, 운의 여신이 그에게 가한 불운에 결코 수치스러워하거나 낙담하지 말라는 격려의 말을 하고 있다. 왕의 배려에 대한 감사의 뜻이 담긴 편지였다.[1]

황제 카를 5세는 1527년 로마 약탈 직후 아레티노가 보낸 편지를 통해 그의 존재를 인지했던 것으로 보인다. 아레티노는 당시 산탄젤로 성에 갇혀 있던 교황을 풀어달라는 탄원의 편지를 쓴 바 있다. 아레티노는 앞서 포로로 잡힌 프랑수아에게 만일 황제가 그에게 관용을 베풀지 않으면 황제는 정복자가 아니라 패배자가 될 것이라고 말한 바 있는데, 이번에도 똑같은 수사를 사용해 황제의 가슴속에 자비의 힘이 어느 정도인지 세계가 지켜보고 있다면서 교황에 대한 그의 선처를 호소하고 있다. 편지 말미에서 그는 "과연 그 누가 카를 5세 폐하의 선함과 경건함과 정중함에 희망을 품지 않을 수 있겠느냐"면서, 그야말로 진정한 "카이사르인 동시에 아우구스투스"라고 한껏 추어올리고 있다.[2] 교황이 황제를 결국 용서하지 않을 수 없었던 것처럼, 황제 역시 교황을 조만간 풀어줄 수밖에 없다는 점을 아레티노는 잘 알고 있었다. 그는 다만 남보다 한발 앞서갔을 따름이었다. 실제로 교황은 그해 12월 성에서 빠져나올 수 있었다.

카를과 프랑수아의 호의를 얻기 위해 둘 사이를 오락가락하는 아레티노의 전략은 일단 성공적이었던 것으로 보인다. 1533년 프랑수아가 그에

---

1 1525년 4월 24일 아레티노가 프랑수아 1세에게 보낸 로마발 편지. Lettere, I, n. 3, pp. 51~53.
2 1527년 5월 20일 아레티노가 황제에게 보낸 베네치아발 편지. Lettere, I, n. 7, pp. 62~63.

게 5립브라(5파운드)나 되는 묵직한 사슬형 금목걸이를 선물로 보내온 것이다(1545년 티치아노가 그린 그의 초상화에 보이는 것이 바로 이 목걸이다). 아레티노가 왕에게 보낸 감사 편지에 따르면, 세밀하게 가공된 이 값비싼 장식품에 그려진 녹색 에나멜의 혀에는 라틴어로 "그의 혀는 거짓을 말한다"(LINGVA EIVS LOQVETVR MENDACIVM)는 흰색 명문(名文)이 새겨져 있었다고 한다. 이는 「예레미아」 9장 5절의 "그들의 혀로 거짓말하기를 가르치며"라는 문장을 빌려 쓴 것이 분명한데, 굳이 이러한 명문을 새겨 보낸 왕의 의도는 분명치 않다. 이에 대해 아레티노도 "신이 만드신 대로, 제 입에서 나온 거짓말은 사제의 입에서 나온 진실과 꼭 같습니다"라는, 알쏭달쏭한 말로 대답했다. 어쨌든 선물을 보낸 것으로 보면, 적어도 왕에게만큼은 거짓말을 하지 말라는 뜻으로 들린다.[3]

황제 카를도 가만있지 않았다. 3년 뒤인 1536년, 그는 아레티노에게 해마다 200스쿠도의 연금을 하사하기로 한 것이다. 이는 물론 아레티노가 황제의 경쟁자를 위해 혀를 놀리지 못하게 한 것이지만, 당시 이 일과 관련해 베네치아 주재 만토바 대사 베네데토 아녤리가 만토바 공작에게 보낸 같은 해 10월 14일자 편지를 보면, 황제에게는 더 구체적인 이유가 있었던 것 같다. 즉 그는 "아레티노가 특히 코냐타(cognata)의 일에 대해 그녀를 비방하는 글을 쓰지 못하게" 하고 싶었다는 것이다. 게다가 "아레티노가 특히 코냐타의 일에 대해"라는 대목은 암호 처리가 되어 있었다.[4]

그런데 이 '코냐타'란 과연 누구인가? 이 말은 보통 형수·제수·처제 등을 가리킨다. 또한 혈족이라는 뜻도 있다. 가장 유력한 인물은 황제의 처

---

3 1533년 11월 10일 아레티노가 프랑스 왕에게 보낸 베네치아발 편지. *Lettere*, I, n. 36, pp. 88~89. 이 명문이 아레티노의 '계시'를 가리킨다는 루치오의 흥미로운 추측과 그에 대한 허턴의 반론에 대해서는 다음을 볼 것. Luzio, *Pietro Aretino nei primi suoi anni a Venezia e la corte dei Gonzaga*, p. 53, n. 3; Edward Hutton, *Pietro Aretino: The Scourge of Princes* (London, Constable, 1922), p. 149, n. 3.

4 Luzio, *Pietro Aretino nei primi suoi anni a Venezia e la corte dei Gonzaga*, p. 54, n. 1.

제이자 이종사촌 동생인 베아트리체 데 포르투갈(교황 레오 10세에게 코끼리 안노네를 선물했던 포르투갈 왕 마누엘 1세가 바로 그녀의 부친이다)로, 그녀의 남편은 사보아 공작 카를로 3세였다. 이 결혼은 카를과 프랑수아 사이의 각축에서 전자의 편에 서는 것이 유리하다고 판단한 사보야 왕가의 정략이 낳은 결과였다. 베아트리체는 대단한 미인이었고, 카를도 그녀의 미모를 극찬했다고 알려져 있다. 특히 1530년 황제가 볼로냐에 들렀을 때 그녀와 모종의 관계가 있었다는 말이 떠돌았는데, 아레티노가 이를 콕 집어냈다. 『군주를 벌하는 채찍이자 5번째 복음서 작가 피에트로 아레티노가 작성한 1534년의 계시』(Pronostico dell'Anno MDXXXIIII)에서 그는 황제가 "볼로냐에서 교황의 동의 아래 사보야 공작부인과 연애했다"는 소문이 돌았다고 슬쩍 건드린 것이다. 사실이야 어떻든 일이 커져 좋을 게 없다고 여긴 황제는 연금으로써 아레티노의 입을 막으려 했을 것이다.[5] 그로서는 프랑수아도 견제하고 추문도 방지하는 이중의 목적이 있었던 것이다. 카를의 목적은 대충 달성된 것으로 보인다. 그 뒤로 아레티노는 베아트리체 건에 대해 침묵했고, 프랑수아에게서도 더 멀어졌기 때문이다.

어쨌든 당대 유럽 최고의 두 권력자에게서 이런 정도의 호의를 받았으니, 이제 아레티노의 명성이 최고조에 이르렀다는 것은 그 누구도 부인하기 힘들어졌다. 그런데 아레티노는 내심 둘 중 황제 쪽으로 더 기울어진 것으로 보인다. 프랑수아가 준 금목걸이도 값비싼 것이었지만 황제가 앞으로 계속 주겠다는 연금은 더 큰 상급(賞給)이었다. 게다가 로마 약탈 이후 이탈리아 북부에 지속적인 영향력을 행사하고 있었던 것은 프랑수아가 아니라 카를이었다. 사실 카를이 주기로 한 연금도 그의 통제를 받고 있던 밀라노 재정에서 나오는 것이었다. 아마도 아레티노는 황제와 가까워지는

---

5 *Pronostico dell'Anno MDXXXIIII, composto da Pietro Aretino, Flagello de Principi et Quinto Evangelista*, in *Un Pronostico satirico di Pietro Aretino*, a cura di Alessandro Lucio (Bergamo, Istituto Italiano d'Arti Gragiche, 1900), p. 9 (ll. 188~189); pp. 66~67.

편이 그동안 끊임없이 그의 안위를 위협해온 수많은 정적들로부터 스스로 훨씬 더 안전하게 지키는 길이라 생각했을 법하다. 물론 아레티노답게, 자신의 이런 심중을 명확히 밝히지는 않았다.

아레티노와 황제 카를 5세의 사이가 가까워진 데에는 그 무렵의 국제 정세도 한몫했다. 1536년 2월, 프랑수아는 경쟁자인 카를을 견제하기 위해 오스만 튀르크의 솔리마노(Solimano), 즉 술레이만 대제와 상업동맹(사실은 군사동맹)을 맺는다. 프랑수아는 1525년 2월의 파비아 전투에서 자기가 황제의 포로가 된 것에 복수의 칼을 갈고 있었기 때문에, 오스만 튀르크와 동맹을 맺어서라도 황제를 견제하려 했을 것이다. 황제는 로마 약탈 때문에 지탄을 받고는 있었지만, 튀르크의 위협은 그 이상의, 그리스도교 세계에 일종의 트라우마 같은 것이었다. 특히 그 무렵 튀르크군은 계속 승승장구하고 있었기 때문에 그들의 위협에 대한 우려는 더 고조되었다. 그러나 아레티노에게는 이 사건이 자신의 존재를 과시할 또 하나의 새로운 기회였다.

1536년 3월, 아레티노는 카를과 프랑수아에게 각각 편지를 보낸다. 카를에게는 우선 황제야말로 "거의 신과 같은 존재"이며 "그리스도의 진정한 친구"라고 한껏 치켜세운다. 그러고는 "카이사르에게 맞서 싸우는 자는 곧 신에 맞서 싸우는 자"이고, "신에 맞서 싸우는 자는 곧 자기 자신에게 맞서 싸우는 자"이며, "자기 자신에게 맞서 싸우는 자는 곧 스스로를 파괴하는 자"이니, 그에게는 "아무것도 남지 않을 것"이라는 알쏭달쏭한 삼단논법으로 황제를 칭송하고 있다. 반면 프랑수아에게 보낸 편지의 어조는 전혀 다르다. 그는 '마코메토'(Machometto)의 이름을 여러 번 언급하면서, 어떻게 "그리스도교에 가장 충실하다"는 명성을 저버리고 "악의적"이고 "신앙심이 결여된" 튀르크인들과 동맹을 맺을 수 있는지 힐난했다.[6]

---

6 1536년 3월 10일 아레티노가 카를 5세에게 보낸 베네치아발 편지. *Lettere*, I, n. 63,

아레티노의 훈수가 프랑수아에게는 주제넘어 보였겠지만 딱히 그것을 막을 방도는 보이지 않았다. 반(反)무슬림 정서라는 유럽인들의 공감대가 엄존했고, 편지도 이미 공개되어버렸기 때문이다. 그렇다고 그냥 가만히 앉아 있을 수만은 없었다. 두 달 뒤에 드디어 신호가 왔다. 페루자 출신의 무인(武人) 이에로니모 코미톨로를 통해 프랑스 측의 제의가 전달된 것이다. 코미톨로는 지난해 11월에 바로 아레티노 자신이 귀도 랑고네 백작에게 추천한 인물이었는데, 백작은 그를 프랑스 군영에 파견한 바 있었다.[7] 콘도티에레인 백작으로서는 당시 프랑스군의 동향을 파악하는 것이 긴요했을 것이다.

코미톨로의 편지에 담긴 제안은 프랑스 왕이 아니라 왕실 집사장(Grand Maître)—왕의 재정과 살림을 책임지는 최고위 관직. 보통 군대를 통할하는 원수직도 겸한다—이었던 안 드 몽모랑시 공작이 한 것이었다. 주요 내용은 이렇다.

어제 …… 제가 친히 방어시설을 둘러보고 있던 왕실 집사장 원수(元帥) 각하와 말을 타고 가다가, 당신도 베네치아에서 약간의 친분을 쌓은 적이 있는 아트리아 공작[조반니 안토니오 아콰비바]과 조우하게 되었습니다. 이런저런 얘기 끝에 공작이 나에게 말하기를, 일전에 그가 왕실 집사장 각하(그때 알로이지오 알라마노[루이지 알라만니]와 함께 있었다고 합니다)와 우연히 만났는데, 그 자리에서 당신이 황제의 공적을 불멸의 것으로 만들고 동시에 프랑스 왕에 대한 칭송을 즉시 멈추는 조건으로 황제가 당신에게 200스쿠도의 연금

---

pp. 120~121; 1536년 3월경 아레티노가 프랑수아 1세에게 보낸 편지. *Lettere di, a, su Pietro Aretino*, a cura di Paul Larivaille (Nanterre, Centre de recherches de langue et litterature italiennes, 1980), n. 4, pp. 24~28. 후자는 아레티노의 『서간집』에 실리지 않았다.

7 1536년 11월 20일 아레티노가 랑고네 백작에게 보낸 베네치아발 편지. *Lettere*, I, n. 79, pp. 139~140; 1537년 4월 26일 코미톨로가 아레티노에게 보낸 레오네(리옹)발 편지. *Lettere scritte a Pietro Aretino*, I, n. 223, p. 216.

을 주기로 했다는 얘기가 나왔다고 합니다. 그러자 왕실 집사장 각하께서는, 만약 전하[프랑스 왕]에 대해서나 황제에 대해서나 진실을 폄훼함 없이 각자의 공적(功績)을 써주기로 한다면, 왕실 집사장 각하께서 왕과 의논해 연간 400스쿠도를 종신토록 지급하겠다고 말하면서, 일단 당신이 어떻게 하는지 보고 싶다고 하셨습니다. 제가 이 말을 전하는 까닭은 단지, 만약 당신이 그렇게 할 수만 있다면 그것은 당신에게 유익할 뿐 아니라 명예롭다고 보기 때문입니다.[8]

아레티노는 이 편지를 보고 아마 고민에 빠졌을 것이다. 이 제안을 받을 것인가 말 것인가. 프랑스 쪽 제안의 최대 약점은 프랑수아가 직접 그 약속을 하지 않았다는 것이었다. 게다가 이쪽에서 먼저 성의를 보이라고까지 하지 않는가. 자칫 잘못 판단하면 황제가 의혹을 사서 둘 모두를 잃을 위험이 있었다. 사실 황제의 연금도 언제까지나 계속된다는 보장이 없었다. 엄청난 전비(戰費)를 조달해야 하는 황제가 사정이 여의치 않으면 연금을 지급하지 않거나, 최소한 연체할 가능성은 충분히 있었다(실제로 그 뒤 연금은 종종 연체되어 때로 몇 년 치를 한꺼번에 받는 경우도 생긴다). 어떻게 할 것인가. 숙고하던 차에 6월 1일자로 재차 코미톨로가 보낸 확인 또는 독촉의 편지가 도착했다.[9] 이제는 어느 쪽이든 결정을 내려야 할 때였다.

이런 일에 노회한 아레티노는 코미톨로가 전한 문제의 이야기를 하고 들었던 주요 당사자 4명—코미톨로, 아트리아 공작, 알라만니, 몽모랑시 공작—모두에게 일주일 뒤인 6월 8일 일제히 편지를 보냈다.[10] 이야기의

---

8 1537년 5월 17일 코미톨로가 아레티노에게 보낸 피오레발 편지. *Lettere scritte a Pietro Aretino*, I, n. 224, pp. 216~217. 여기에는 편지 일자가 "XXXIIII", 즉 1534년으로 인쇄되어 있는데, 이는 1537년의 명백한 오식이다. "VII"을 "IIII"로 잘못 본 것 같다.

9 1537년 6월 1일자 파리발 편지. 내용은 비슷하다. *Lettere scritte a Pietro Aretino*, I, n. 225, pp. 217~218.

내용을 서로 확인하게 하면서 자기 의도를 전달하려는 것이다. 편지를 통한 일종의 대질신문이라고나 할까.

그런데, 이런 경우 당연한 일이기는 하겠지만, 각자에게 보낸 글의 이조와 뉘앙스가 조금씩 다르다. 공통적인 사항은 "나는 꿈을 먹고 사는 사람이 아니다. 일단 400스쿠도를 보내라. 그러면 왕을 칭송하는 글을 쓰겠다"는 것이었다. 특히 몽모랑시에게 보낸 편지에서는 아레티노 특유의 유려한 수사(修辭)로 이렇게 갈파한다. 그 자신 "역시 장군이지만, 저의 군대는 급료를 훔치지도, 반란을 선동하지도, 요새를 포기하지도 않습니다. 오히려 잉크병 부대들을 거느리고, 진실로 채색된 깃발들을 들고, 군주의 무장한 병사들이 획득한 영토보다 더 큰 영광을 그에게 안겨줄 것입니다. 저의 펜은 명예와 수치를 현찰로 지급합니다." 한마디로, 말만으로는 믿을 수 없으니 현찰을 보여달라는 것이다. 조건을 달기는 했지만, 이 정도면 완곡한 거절로 봐야 할 것이다.

자신의 역제안에 프랑스 쪽에서 아무런 응답도 없자, 그해 가을 아레티노는 다시 왕에게 일종의 공개서한을 보냈다.[11] 그는 앞서의 편지와는 달리, 먼저 그동안 베네치아가 그리스도 왕국을 위해 기여한 바를 생각하라고 촉구한다. 베네치아는 "레반트 지방에 수많은 부를 창출해냈고 그것을 위해 그들의 피를 흘렸으며 튀르크의 어떤 제의에도 귀 기울이지 않은" 덕분에, 그들은, "베드로[교황] 및 카이사르[황제]와 함께, 육상과 해양의 세력을 그리스도에게 봉사하도록 이끌었다." 그런 베네치아가 이제 솔리

---

10 *Lettere*, I, nn. 141, 142, 143, 144, pp. 212~216. 몽모랑시에게 보낸 편지에서의 인용은 p. 216. 재미있는 것은, 이틀 전인 6월 6일, 젊은 시절 자신의 '학생'이었던 아고스티노 리키에게 보내는 편지에서 몽모랑시 공작이 했다는 말을 그대로 인용해 전하고 있다는 점이다. 문제의 당사자가 아닌 사람에게 그 사실을 알림으로써 나중에 다른 말이 나오지 못하게 하려던 것일까? *Lettere*, I, n. 140, pp. 211~212.

11 1537년 9월 18일 아레티노가 프랑수아에게 보낸 베네치아발 편지. *Lettere*, I, n. 195, pp. 280~282.

마노와의 전쟁에서 그 첫 희생자가 되는 처지에 놓였다는 것이다. 아레티노가 이례적으로 베네치아의 국제적인 역할을 강조한 것은 물론 그에게 명성과 부와 안전을 누리게 해준 곳에 대한 애정과 충성을 표시하기 위해서였다.

같은 편지에서 아레티노는 만약 "그리스도교에 가장 충실한 왕"이라는 칭호를 얻은 인물이 머리에 터번을 두르고 있다면 그 칭호가 어떻게 들릴지 의문이라고 비아냥거렸다. 그는 또 프랑수아에게 일찍이 무슬림에 대항해 그리스도교를 지켰던 페핀과 샤를마뉴를 생각해보라고도 했다. 아레티노는 편지 말미에서, 유럽의 최고 권력자 프랑스 왕이 듣기에는 심히 거슬릴 것이 분명하지만, 자신의 장기(長技)인 예언자적 위엄으로 그에게 점잖게 권유한다.

아, 저 사악한 지배욕이여! 당신은, 당신은 정녕 왕으로서 그토록 진실하고 그토록 고귀했던 당신의 마음을 이제는 모른 체해야겠습니까? 프랑수아여, 수많은 승전 가운데서 태어나 당신에게 그토록 많은 성공을 안겨준 그 분별력이 어디로 갔겠습니까? 여전히 당신과 함께하고 있습니다. 그러니, 교회의 기원(祈願)과 당신네 인민들의 서원(誓願)을 들으십시오. 파올로[교황 파울루스 3세]가 당신을 부릅니다. 카를로[황제 카를 5세]가 당신을 맞습니다. 마르코[산마르코 공화국=베네치아]가 당신에게 촉구합니다. 더는 지체하지 말고 서둘러서, 당신이 [불경한] 인간의 편에 서야 하는 모든 이유가 그리스도에게는 잘못된 것임을 알아야만 한다고 말입니다![12]

물론 튀르크와의 이러한 조약 자체를 지나치게 확대해석할 필요는 없다. 이미 이전에도 유럽의 군주들은 튀르크와 이런저런 조약을 맺은 전력

---

12 *Lettere*, I, n. 195, p. 282.

이 있었으며, 황제 카를 역시 1540년 9월 오스만 튀르크 제국 함대의 상승(常勝) 제독이던 '바르바로싸'(붉은 수염), 즉 알제리와 투니지의 군주 하이르 알딘―'이슬람에 충실한 사람'이라는 뜻으로 '경건공' 정도가 되겠다―에게 자신의 제독이자 에스파냐의 북아프리카 식민지 총독으로 임명하겠다는 파격적인 제의―물론 거절당했지만―를 하게 될 것이기 때문이다.

더욱이, 이듬해 4월 아레티노 스스로가 바르바로싸에게 보낸 편지에서 그를 "고명한 왕"이자 "무적의 장군"으로 칭송함으로써, 프랑수아를 향한 앞서의 비난이 정치적 수사(修辭)에 가깝다는 것을 보여주었다. 그는 여기서 "햇빛은 낮을 밝힐 뿐이지만, 당신의 영광의 램프는 밤낮을 환히 비춘다"면서, 그리스도교인들이 바르바로싸에게 보내는 칭송을 받아달라고 치켜세운다. 그러고는, 자신처럼 신앙이 다른 사람의 존경을 받는 것이야말로 그가 얼마나 훌륭한 인물인지를 증명하는 것이기 때문에, 그도 자신을 알아놓는 편이 나을 것이라는 말을 덧붙이고 있다. 바르바로싸가 보낸 답장으로 보아, 아레티노는 이 편지와 함께 레오니가 제작한 자기 메달의 은제 복제품을 선물로 보낸 것으로 보인다. 바르바로싸는 자신의 "제노바인과 로마인 노예들"에게 그에 관해 물어봤다면서, "그리스도 세계 제일의 저술가 피에트로 아레티노"라는 찬사로 화답했다.[13]

그런데 아레티노는 왜 그에게 이런 편지를 보냈을까? 정확한 정황은 알려져 있지 않다. 다만 바르바로싸에게 포로로 잡혀 있던 사람들을 송환하기 위한 협상과정에서 아레티노가 어떤 역할을 한 것으로 추측될 뿐이다.[14] 만일 그랬다면, 바르바로싸에 대한 아레티노의 칭송도 전략적인 것

---

13 1541년 4월 1일 아레티노가 바르바로싸에게 보낸 베네치아발 편지. *Lettere*, II, n. 249, pp. 278~279; "무슬림력(曆) 949년 라마단 월 중순", 바르바로싸가 아레티노에게 보낸 이스탄불발 편지. 말미에 튀르크어를 이탈리아어로 번역했다고 되어 있다. *Lettere scritte a Pietro Aretino*, II, n. 136, p. 148.

이 될 테지만, 그로서는 오스만 제국의 고명한 군주에게 자신을 알리는 것이 결코 나쁘지 않았을 테니, 이는 양수겸장인 셈이었다.

페스키에라의 '전설'

그 뒤에도 프랑수아와의 통신이 간간이 이어지기는 했지만, 아레티노를 둘러싼 황제와 왕 사이의 무게중심은 전자 쪽으로 급격히 기울고 있었다. 그 결정적인 계기는 1543년 7월 그가 이탈리아 북부의 한 소읍에서 황제를 만난 '사건'이었다. 이때 일어난 일은 몇 달 뒤에, 당시 아레티노를 맞았던 피스토이아 출신의 파도바 대학생 조반니 로씨에게 보낸 장문의 편지에 세밀하게 묘사되어 있다.[15]

이즈음 황제 카를은 비밀리에 라인란트 원정을 계획하고 있었다. 그곳을 정복한 다음 프랑스 북부를 치려는 것이었다. 그해 5월 카를은 카탈루냐의 팔라모스를 떠나 제노바로 향했다. 일단 이탈리아에 들어오면 크레모나를 거쳐 안전하게 알프스를 넘을 수 있었기 때문이다. 그사이에 자신의 손자 파르마 공작 오타비오 파르네제—그는 황제 자신의 서녀(庶女) 마르가레테의 두 번째 남편이기도 했다—를 밀라노의 지배자로 만들고 싶어 하는 교황 파울루스 3세와의 회담도 예정되어 있었다.[16] 아레티노가 황

---

14 아레티노가 보낸 4월 1일자 편지에 대한 알레싼드로 델 비타의 주석을 볼 것. Aretino, *Lettere. Il primo e il secondo libro*, a cura di Francesco Flora con note storiche di Alessandro del Vita (Roma, Mondadori, 1960), p. 1119, Lett. 240, n. 1.

15 1543년 10월 베네치아발 편지. *Lettere*, III, n. 49, pp. 68~72. 다음 몇 문단의 내용은 모두 이 편지에 따른 것이다.

16 황제의 여정에 대해서는 다음을 볼 것. James D. Tracy, *Emperor Charles V, Impresario of War: Campaign Strategy, International Finance, and Domestic Politics* (Cambridge, Cambridge University Press, 2002), pp. 187~188.

제를 만난 것은 바로 이러한 여정에서였다.

　황제를 맞이하기 위해 많은 이탈리아 군주들이 모여들었는데, 그중에는 우르비노 공작 귀도발도 2세 델라 로베레도 끼어 있었다. 그는 아레티노에게 동행하기를 권유했다. 이미 서로 잘 아는 사이이기도 했지만, 황제가 아레티노를 만나고 싶어 한다는 것을 알고 그와 함께 가는 편이 자신에게도 이익이라 생각했던 것이다. 그들의 목적지는 가르다 호수를 끼고 있는 베로나 인근의 소읍(小邑) 페스키에라였다.

　아레티노는 가는 곳마다 그를 보려는 인파로 즐거운 비명을 질러야 했다. 그의 일행이 먼저 파도바에 도착했을 때, 수많은 대학생(파도바는 유서 깊은 대학 도시이다)들이 그에게 몰려들었다. 아레티노가 비록 "자신이 지닌 덕성보다는 그들이 원래 지닌 친절함" 때문이라고 슬쩍 겸양을 부리기는 했지만, 이 광경에는 그부터가 놀라지 않을 수 없었다. 자기가 생각한 이상으로 유명해져 있었던 것이다. 젊은 문인이며 학자들에게 아레티노는, 바로 그와 같은 사람이 되고 싶은, 일종의 아이콘이었다.

　이런 환영 인파는 그 뒤 비첸차를 거쳐 베로나로 가는 동안에도 계속 몰려들었다. 베로나에서 그들은 황제를 위해 파견된 가브리엘 베니에로, 로도비코 팔리에로, 카를로 모리지니, 비토르 그리마니 등 4명의 베네치아 사절을 만났는데, 모두 명문가 출신의 권력가들이었다.

　누구와도 "견줄 수 없을, 태양의 능력"을 지닌 황제는 아레티노를 만나자 스스로 "비천한 벌레"에 불과하다고 표현한 그에게 지금 "꿈을 꾸고 있는 게 아닐까" 싶을 정도로 대단한 호의를 베풀었다. 그는 아레티노로 하여금 바로 자기 오른편에서 나란히 말을 타고 가며 얘기를 나누게 하는, 당시의 관례로서는 유례없는 최상의 영광을 베풀었다. 둘은 이렇게 담소하며—하지만 아레티노는 황제가 들려주는 현란한 알제리 전투 얘기에 감복하여 "두 눈에서 눈물이 마구 흘러내렸다"며 너스레를 떤다—몇 마일을 동행했다. 수많은 고관대작들이 그 광경을 내내 지켜보고 있었다.

이튿날 황제는 여러 번에 걸쳐 그에게 하인을 보내 갖가지 선물을 안겨주었다. 게다가 독일로 떠날 시간이 되어도 환송 인파 속에 아레티노가 보이지 않자 친히 그를 불러주었을 뿐 아니라 자신을 따라가자고까지 했지만, 그는 이를 완곡히 거절했다(황제의 코르테자노가 되지는 않겠다는 뜻이었을 것이다). 나중에 아레티노는 우르비노 공작에게 자기는 황제의 청을 따르지 않은 대신 결코 베네치아도 떠나지 않을 것이라고 약속했다. 황제와 아레티노 사이에 일어난 이 '사건'의 마지막 하이라이트는 황제가 베네치아 사절들에게 이렇게 말한 장면이었다. "고귀한 나의 친구들이여, [베네치아] 정부 당국에 얘기해서 만약 그들이 아레티노를 내게 가장 소중한 사람으로서 경의를 가지고 대해주면 고맙겠다고 전해주기를 바라네."

그렇게 해서 아레티노는 다시 베네치아로 돌아왔으며, 벌써 소문을 듣고 있던 수많은 지인의 환영과 축하에 파묻혔다. 자신의 놀라운 명성 덕분에 아레티노는 당시 베네치아의 『데카메론』 격이었던 지롤라모 파라보스코의 설화집 『디포르티』(*Diporti*)—'재미있는 이야기들'—의 대화 속에 단골손님으로 등장하기까지 한다.[17] 이로써 그는 자신의 표현대로 "영원한 불멸의 명성"을 얻게 된 것일까.

황제와 만난 지 2년 후, 아레티노는 유니오 페트레오라는 어느 메씨나 문인에게 보낸 편지에서 그를 은근히 면박하면서—전후 정황을 자세히는 모르지만—자신의 명성이 어느 정도인지를 이렇게 자랑하고 있다.

…… 페가수스의 날개를 걸고 맹세하건대, 당신은 나의 명성에 관한 한 그 사실의 반도 모를 겁니다. 내가 종종 말해온 바입니다만, 이제 다시 한 번 더 말하지요. 내 메달들이 금·은·구리·납·회반죽으로 찍어내거나 주조되는 것은

---

[17] Girolamo Parabosco, *Diporti*, a cura di Donato Pirovano (Roma, Salerno, 2005), Novella, I, 32; II, 23; III, 25~27.

말할 것도 없고, 팔라초[호화로운 저택] 정문마다 내 초상과 아주 흡사하게 만든 형상들이 놓여 있습니다. 또 빗을 넣어두는 함과 거울 장식과 마욜리카 접시에는 내 두상(頭像)이 새겨져 있고요. 알렉산드로스나 카이사르나 스키피오의 경우처럼 말입니다. 그뿐이 아니지요. 무라노에서 만들어지는 어떤 종류의 크리스털제 화병은 아레티노라고 불린답니다. 어떤 혈통의 조랑말에는, 클레멘스 교황이 나에게 준 것을 내가 다시 페데리코 [곤차가] 공작에게 주었다는 것을 기리기 위해 아레티나라는 이름이 붙었다는군요. 내가 사는 곳은 대운하 변(邊)인데, 내 집의 한 곁을 흐르는 물길은 아레티노 소운하(rio de l'Aretino)라고 불립니다. 내 하녀로 있다가 나가 숙녀로 자라난 3명의 여인은 스스로를 아레티나라고 부른답니다. 심지어 사람들은 아레티노 스타일(lo stile Aretino)을 논하기도 해서, 교사들을 혼란스럽게 만들기까지 합니다. 그러니 [라틴어] 『초보자 입문』을 겨우 반 정도 뗀 상태로는 지금 내가 서 있는 곳에 도달하기란 매우 어렵겠지요. 잘 지내시길.[18]

아레티노의 명성에 관한 얘기가 그 뒤 세상 사람들 사이에서 '전설'이 되었다는 것은 아레티노 말년에 그의 '비서'인 안톤 프란체스코 도니가 그에게 보낸 일자 미상—이전 집에서 "22년간 살았다"는 언급으로 보아 적어도 '카 그란데'로 이사한 1551년 이후에 썼을 것이다—의 편지에서도 확인된다. 도니는 "모든 도시, 마을, 성채에 당신의 명성이 널리 퍼져 있다"고 운을 떼면서 몇 가지 예를 들고 있다.

그에 따르면 만토바에서는 어떤 종류의 말을 아레티나라고 부르고, 무

---

18 1545년 5월 베네치아발 편지. *Lettere*, III, n. 229, p. 215. 『초보자 입문』이란, "초보자 입문"(Ianua sum rudibus)이라는 시구로 시작되는 중세 후기-르네상스기의 라틴어 기초 문법서를 가리킨다. 흔히 고대 로마의 유명한 라틴어 문법학자 아일리우스 도나투스의 이름을 따 『도나투스』로 불렸다. 여기서 아레티노는 라틴어 초보도 안 되는 자신의 명성을 따라오려면 적어도 『초보자 입문』 정도는 떼야 할 것이라는, 일종의 모순어법을 사용하고 있다.

라노에서는 최고 품질의 도자기에 아레티노라는 이름을 붙이고 있을 뿐 아니라, 카사 아레티노 부근에 사는 사람들에게 "당신 어디 살아요?"라고 물으면 어김없이 "아레티노의 집에, 아레티노 골목에, 아레티노 둑길에" 산다고 대답한다는 것이다. 또한 베네치아 뱃사공들이 부르는 노래 중에 아레티노라는 제목이 붙은 것이 수없이 많다. 아레티노 집의 하인과 하녀들은 모두 아레티노 또는 아레티나로 불린다. 아레티노 휘하의 학생이나 문인들 역시 '아레티노의 누구'로 불린다. 그래서 자기도 편지 말미에는 언제나 "아레티노의 도니"라고 적는다는 것이다. "교황이며 황제며 왕이며 공작이며 추기경이며 대주교며 주교며, 그 밖에 모든 제후와 모든 명사들이 아레티노에게 편지를 보내는데" 그렇게 부르지 않으면 어떻게 부르겠느냐는 것이 도니의 반문이다.[19]

하벨 사건

아레티노의 이러한 명성에 기여한 것은 단지 황제와 프랑스 왕만이 아니었다. 적어도 3막짜리 연극 정도는 되는 둘과의 관계에 견주면 이 경우는 비록 단막극에 불과하지만, 앤 불린과의 연애로 마침내 가톨릭교회와의 결별까지 초래했던 잉글랜드 왕 헨리 8세조차 아레티노와 연관되어 있었다. 아레티노가 헨리와 관계를 맺게 된 계기는 또다시 『1534년의 계시』였다. 앞에서도 언급했던, 카를 5세와 처제 베아트리체 사이의 염문을 슬쩍 흘렸던 바로 그 글이었다.

아레티노는 여기서 형수였던 카테리나 다라곤을 아내로 받아들이려 하지 않았던 헨리를 은근히 옹호하고 있다. 그는 교황이 "옛 아내를 거부하

---

19 *Lettere scritte a Pietro Aretino*, II, n. 410, pp. 386~387.

도록 허락하지 않은 잘못을 범했다"고 말한 것이다.[20] 아레티노의 이러한 입장이 프로테스탄트 신앙과 관련되어 있다는 증거는 없다. 그는 줄곧 가톨릭 신앙—비록 정통적인 교리보다는 매우 민중적인 성격을 보이고는 있지만—을 견지해왔기 때문이다. 이는 오히려 아레티노가 교황을 못마땅하게 생각한다는 점과 더 연관이 있어 보인다.

그러나 잉글랜드 측에서는 그의 이러한 반교황적인 태도를 프로테스탄티즘과 연결시키고 싶어 했던 것 같다. 아레티노가 자신이 헨리 8세에게 헌정한『서간집』제2권을 왕에게 전해달라고 부탁한 베네치아 주재 잉글랜드 대사 에드먼드 하벨(이탈리아 명으로는 시지스몬도 아로벨로)의 편지를 보면, 그를 "재치 있고 자유로운 필치로 유명한 이탈리아 작가"라고 소개하면서 왕이 그를 후원해준다면 그 대가로 "로마 성직자들을 조롱하면서 폐하의 영광을 드높일 것"이라는 대목이 나온다. 또한 헨리가 죽은 뒤인 1552년, 헨리의 아들 에드워드 6세의 추밀원 서기였던 윌리엄 토머스—그는 영국인이 쓴 거의 최초의『이탈리아사』(The Historie of Italie)로 유명하다—가 헨리의 종교개혁을 옹호하는 자신의 논저『잉글랜드의 순교자』(Pellegrino inglese) 한 부를 아레티노에게 보내면서, 아레티노도 이러한 '대의'에 뜻을 같이할 것을 은근히 촉구한 적이 있다. 그렇지만 아레티노는 가톨릭 신앙을 포기할 생각이 없었다. 그는 메리가 여왕이 되자 자신의『서간집』제6권—이는 그의 유고집이 되었다—을 그녀에게 헌정하면서 잉글랜드가 다시 가톨릭으로 복귀한 것을 축하하고 있기 때문이다.[21]

어쨌든 그 무렵 헨리는 수장령을 반포해 로마 교황청과 일절 관계를 끊어버리고 교황은 교황대로 헨리를 이단으로 선포한 상태였던 만큼, 아레티노의 우호적인 태도가 헨리에게는 은근히 고마웠을 것이 분명하다.

---

20 Aretino, *Pronostico dell'Anno MDXXXIIII*, pp. 14~15 (ll. 362~363, 372~374).

21 Moulton, *Before Pornography*, pp. 144~145.

『1534년의 계시』가 나오고 얼마 지나지 않아 헨리 8세의 재상이었던 토머스 크롬웰이 아레티노에게 짤막한 편지를 보내 왕이 "예의의 표시로" 그에게 300스쿠도를 주라고 했다는 말을 전하고 있다. 또한 그중 100스쿠도는 아레티노의 하인(잔암브로조 에우제비)에게 이미 주었으며, 나머지는 "당신의 친구인 피렌체 상인 카르시도니오 편으로 전하겠다"는 말도 덧붙이고 있다.[22]

아레티노는 잔액을 시간이 꽤 흐른 뒤에야 받은 것으로 보인다. 1540년 카르시도니오에게 보낸 편지에 "두 달 전"에야 받은 돈의 영수증을 첨부한다고 썼기 때문이다. 카르시도니오는 런던에 체류하면서 헨리에게 봉사하던 상인으로, 그 돈을 크롬웰—그는 바로 직전에 세상을 떠났다—에게 받아서 다시 베네치아 시인이자 아레티노의 지인인 지롤라모 몰리노에게 전해준 것으로 되어 있다. 에우세비가 받았다는 돈은 그가 이를 덩진해버리는 바람에 아레티노의 수중에 들어가지 못했다.[23]

1542년 8월 1일 아레티노는 자신의 『서간집』 제2권을 헨리 8세에게 헌정했다. 아마도 앞서의 인연을 꾸준히 이어가면서 헨리를 확고한 후원자로 만들려는 의도였을 것이다. 5년 뒤인 1547년 왕은 늦었지만 아레티노에게 보답으로 300스쿠도를 주라고 에드먼드 하벨에게 명했다고 한다. 그런데 왕은 이해 정월 28일에 세상을 떠났으므로 이 명령이 훨씬 전에 내린 것인지 아니면 거의 죽기 직전에 내린 것인지는 명확하지 않다. 아레티노가 헨리 8세의 충복인 앤터니 데니에게 보낸 1547년 3월 10일자 편지에는 분명히 하벨에게서 "엔리코 왕이 후의로 제게 증여한 300스쿠도를

---

22 1534년 7월 20일 토머스 크롬웰이 아레티노에게 보낸 런던발 편지. *Lettere scritte a Pietro Aretino*, I, n. 214, p. 207.

23 1540년 7월 15일 아레티노가 안토니오 카르시도니오에게 보낸 베네치아발 편지. *Lettere*, II, n. 192, pp. 213~214. 다음도 볼 것. 1540년 5월 19일 아레티노가 프란체스코 바치에게 보낸 베네치아발 편지. *Lettere*, II, n. 188, p. 210.

받았습니다"라고 씌어 있지만,[24] 실제로는 이때 어떤 사정이 생겨 돈을 받지 못한 것 같다. 이 돈을 하벨이 빨리 돌려주지 않자 사단이 발생한 것으로 추측된다.

아레티노는 곧 하벨이 돈을 주지 않는다고 공개적으로 비난했다(하지만 이전 약 10년 동안 둘은 사이가 좋았다).[25] 얼마 후 아레티노는 혼자서 길을 가다가 하벨을 필두로 한 일단의 잉글랜드인과 맞닥뜨리게 되었다. 그들은 아레티노에게 달려들어 곤봉으로 흠씬 두들긴 뒤, 의식을 잃은 그를 옆 도랑에 처박아놓고 사라졌다. 이때가 1547년 10월경(또는 그보다 조금 더 이른 때)이었다.

이 사건은 당연히 베네치아인들의 주목을 끌었다. 특히 그들은 곤봉으로 두들겨 팼다는 사실에 충격을 받았다. 만약 하벨이 혼자서 단검이나 칼로 아레티노를 공격했다면, 아니 야밤에 칼을 들고 덤볐다고 해도, 그들은 별로 개의치 않았을 것이다. 하지만 그 정도로 유명한 인물을 악당들을 동원해서 곤봉으로 두들겼다는 것은 상스럽고 오만한 잉글랜드인 특유의 행동이라고 생각했다. 아레티노가 이 일에 대해 함구하고 법에 호소하지도 않았던 것(물론 이는 계산된 행동이다)이 사람들의 분노를 더 확산시켰다. 소문은 베네치아를 넘어서까지 널리 퍼졌고, 심지어 피렌체 공작이나 베네치아 주재 황제의 대사 같은 에스파냐인들까지도 하벨이 돈을 훔친 게 틀림없다는 생각을 하게 되었다.

잉글랜드 대사는 일이 잘못되어가고 있다는 것을 알았다. 잉글랜드에

---

24 *Lettere*, IV, n. 166, p. 113.

25 하벨이 아레티노의 편지에 처음 나타나는 때는 1538년 여름인데, 자세한 정황은 모르지만, 여기서 아레티노는 자신을 헨리 8세에게 천거해준 것에 감사의 뜻을 전하고 있다. 몇 년 뒤에는 거꾸로 아레티노가 아퀼라 사람 발다사리 알티에리를 하벨에게 추천해 그의 밑에서 일하게 해주었다. 다음을 볼 것. 1538년 6월 12일 아레티노가 지스몬도 하루엘로(에드먼드 하벨)에게 보낸 베네치아발 편지. *Lettere*, II, n. 34, p. 42; 1542년 8월 22일 아레티노가 알티에리에게 보낸 베네치아발 편지. *Lettere*, II, n. 448, p. 438.

서처럼 행동한 것이 불찰이었다. 그는 마침내 1548년 7월 베네치아 주재 황제의 대사 후안 멘도사—그는 바로 앞서 대사로 있었던 디에고 멘도사의 조카이다—를 중재인으로 내세워 자신의 행동을 사과하고 문제의 돈을 내놓기로 약속했다("금화 300크라운"을 실제로 돌려받은 것은 그해 12월이었다).[26] 아레티노는 아마 이 모든 것을 벌써 계산해두었을 것이다. 그의 날카로운 판단력과 오랜 경험이 언제 나서고 언제 물러설지를 알려주었기 때문이다.

---

26 Mazzuchell, *La vita di Pietro Aretino*, pp. 48~49. 이때의 정황을 정확히 복원하기는 어렵다. 위의 이야기는 1547년 3월부터 1548년 8월 사이에 아레티노와 앤터니 데니, 우르비노 공작, 만토바 대사, 아라스 주교, 마카쏠라, 필립 호비 등과 주고받은 편지들에 나타난 단편적 사실들을 토대로 대체적인 얼개를 짠 것이다. 다음을 볼 것. *Lettere*, IV, nn. 166, 210, 257, 325; *Lettere scritte a Pietro Aretino*, II, nn. 266, 273, 275. 특히 1548년 1월 1일 아레티노가 아라스 주교 앙투안 페레노 드 그랑벨에게 보낸 편지에는 위에 묘사된 세세한 사항들이 나와 있다. J. C. D'Amico, "Arts, lettres et pouvoir: correspondance du cardinal de Granvelle avec les écrivains, les artistes et les imprimeurs italiens", in AA.VV. *Les Granvelle et l'Italie au XVIe siècle: le mécénat d'une famille: actes du colloque international* (Besançon, Cêtre, 1996), p. 217, n. 39.

"고결한 주제, 음란한 언어"

거장과 거인

미켈란젤로가 남긴 최고의 작품이 어떤 것이냐는 질문은 그가 남긴 수많은 걸작품들을 생각할 때 분명히 우문(愚問)이 되겠지만, 굳이 이에 답해야 한다면 나로서는 로마 시스티나 예배당 벽면에 그린 프레스코화 「최후의 심판」을 꼽는 데 주저하지 않을 것이다.[1] 수백 명의 인물이 갖가지 모습으로 묘사된 이 작품은 앞서 같은 예배당 천장에 그려진 「천지창조」와 함께 지금도 변함없이 그곳을 찾는 수많은 사람들의 눈길을 사로잡고 있다.

교황 클레멘스 7세가 미켈란젤로에게 뒤에 「최후의 심판」이 될 작품을 의뢰한 세세한 과정은 확실하지 않지만, 그 말이 구체적으로 나온 때는 1533년경인 것으로 추정된다. 그해 7월 미켈란젤로와 절친했던 화가 세바스티아노 델 피옴보가 그에게 보낸 편지에서 언급한 바에 따르면, 교황은

---

[1] 미켈란젤로의 「최후의 심판」에 대한 아레티노의 비평에 관해 이어지는 글은 다음에 주로 의존했다. 곽차섭, 「'고결한 주제, 음란한 언어': 미켈란젤로의 「최후의 심판」에 대한 아레티노의 비평」, 『역사와 경계』 78 (2011), 391~429쪽.

"자네가 꿈조차 꾸지 못한"것을 그려보라고 했다는 것이다. 클레멘스는 불행히도 그해 9월에 타계했으나 그 뒤를 이은 파울루스 3세는 그 작업을 계속하라고 지시했다. 1534년 3월 그림 제작을 위한 비계가 설치되었고, 1536년 5월경에는 이미 그려놓은 밑그림을 완성해나가는 본작업을 시작한 것으로 보인다.[2] 그림이 어떤 모습일지는 베일에 싸여 있었고, 1541년 그림이 공개된 후에야 그것을 볼 수 있게 될 것이었다. 사람들은 과연 '신이 내린' 미켈란젤로의 천품이 어떤 위대한 작품을 만들어낼지 몹시 궁금해했다.

그러나 8년 가까운 긴 제작 기간을 거친 작품을 본 사람들의 반응은 결코 칭찬일변도만은 아니었다. 처음부터 왜 저렇게 벌거벗은 군상이 이 성소에 그려졌는지 의문을 표하는 사람들이 나타났고, 그들의 목소리는 시간이 지날수록 증폭되었다. 1512년에 완성된 「천지창조」에도 다양한 나신(裸身)들이 묘사되었지만 그 작품에 대해서는 별다른 부정적인 견해가 나타나지 않았다. 반면 「최후의 심판」이 모습을 드러낸 1540년대 중엽에는 16세기 초와는 달리 이미 루터와 칼뱅의 프로테스탄티즘이 유럽을 휩쓸고 있었으며, 동시에 이에 대응하는 반종교개혁 또는 가톨릭 종교개혁의 보수적인 분위기가 서서히 힘을 더해가고 있었다. 르네상스기의 부활을 만끽하던 예술가들의 자유스러움도 신앙과 불경의 강고한 이분법 속에서 서서히 사라져가고 있었다. 미켈란젤로의 작품도 이러한 시대적인 흐름을 비켜갈 수는 없었다. 1564년 초 트렌토 공의회는 문제의 그림에 덧칠을 하기로 결정했다. 1994년 원형대로 복원이 완료되기 전까지 우리는 덧칠하기 이전의 몇몇 모사품과 판화를 토대로 그 원형의 윤곽을 알 수 있었을

---

[2] Bernadine Barnes, *Michelangelo's Last Judgment: The Renaissance Response* (Los Angeles, University of California Press, 1998), pp. 4~5. 세바스티아노 델 피옴보가 미켈란젤로에게 보낸 1533년 7월 17일자 편지의 인용문은 앤소니 휴즈, 남경태 옮김,『미켈란젤로』(한길아트, 2003), 238쪽을 볼 것.

뿐이다.[3]

「최후의 심판」이 칭송에서 비난의 나락으로 떨어지는 과정에서 매우 중요하고도 특별한 역할을 한 인물이 바로 우리의 아레티노이다. 그는 「최후의 심판」이 공개된 몇 년 후, 그림의 내용과 형식을 맹비난하는 유명한 편지를 써서 미켈란젤로에게 보냈다. 그는 이 편지에서 당시의 통상적인 예술적 관례들에 의거해 이 작품이 시스티나 예배당이라는 성소에 전혀 어울리지 않는다고 주장했다. 게다가 아레티노는 문제의 편지를 보내자마자 그 내용을 전사해 로마의 어떤 인물에게 보냈고, 그때부터 몇 년 후인 1550년에는 이를 자신의 『서간집』 제4권에 넣어 간행하기까지 했다. 그는 왜, 어떤 의도로 이런 편지를 썼을까?

아레티노는 원래 미켈란젤로의 화필이 뿜어내는 '경이로움'(maraviglia)에 존숭의 염(念)을 품고 있었다. 1537년 6월, 그는 자신의 서클에 속해 있던 로도비코 돌체에게 쓴 편지에서 이렇게 말한다. "밑그림(disegno) 없이 무성한 잔가지에 칠해진 예쁜 색깔들이 무슨 소용이란 말인가? 그러한 색깔들이 뿜는 광휘는 미켈란젤로가 그어놓은 선들 덕분이지. 그는 자연과 기예를 하도 탁월하게 사용하기 때문에, 어느 쪽이 스승이고 어느 쪽이 제자인지도 말하기 어려운 지경이라네."[4] 회화의 3단계이자 3요소를 발상(inventione)·밑그림(disegno)·채색(colorito)이라고 할 때, 미켈란젤로는 이 중에서도 특히 발상과 밑그림에서 타의 추종을 불허한다는 것이 당시의

---

[3] André Chastel, *A Chronicle of Italian Renaissance Painting*, trans. Linda & Peter Murray (Original French ed., 1983; Ithaca, Cornell University Press, 1984), p. 206.

[4] 1537년 6월 25일자 편지. *Lettere*, I, n. 155, p. 231. 1538년 1월 베네치아 프란체스코 마르콜리니 출판사에서 간행한 『서간집』 제1판에서는 이 편지가 니콜로 프랑코에게 보낸 것으로 되어 있다. P. Aretino, *Lettere. Il primo e il secondo libro*, a cura di Francesco Flora con note storiche di Alessandro del Vita (Roma, Mondadori, 1960), lett. 156, n. 1, pp. 1045~46. 프랑코는 원래 아레티노의 비서였지만 나중에 그의 가장 강력한 정적이 되었다. 이 편지의 수신인이 돌체로 바뀐 것이 이러한 이유 때문일 수도 있지만 명확하지는 않다.

중론이었다. 아레티노도 이러한 견해에 동의했다.

1537년 9월 15일, 아레티노는 미켈란젤로에게 보낸 최초의 편지에서 그가 제작 중이던 「최후의 심판」에 지대한 관심을 표명했다.[5] 이 편지의 백미는 아직 그려지지 않은 그림의 내용을 그가 마치 '환상'을 통해 미리 보기라도 한 것처럼 생생하게 묘사하는 구절들이다. 이 대목을 보자.

나는 지금 적그리스도가 오직 당신만이 볼 수 있는 모습을 하고 폭도의 무리 속에 있는 것을 봅니다. 나는 모든 생명체의 얼굴에 나타난 공포의 표정을 봅니다. 나는 해와 달과 별의 절멸이 임박했다는 징후를 봅니다. 나는 불과 공기와 흙과 물의 원소들이 마치 마지막 숨을 몰아쉬고 있는 듯한 광경을 봅니다. 나는 고령으로 노쇠하여 쪼그라들고 메마른 자연이 한쪽에서 공포에 떨고 있는 광경을 봅니다. 나는 자신의 종말이 가까워지자 바싹 마른 나무 등걸에 걸터앉아 몸을 떨며 시들어가는 시간의 모습을 봅니다. 그리고 모든 것의 마음을 뒤흔드는 천사의 나팔 소리가 들리는 동안, 삶은 죽은 자를 일으켜 세우려고 안간힘을 쓰고, 반면 죽음은 산 자를 쓰러뜨리려 하면서, 서로가 두렵도록 뒤섞이는 광경을 봅니다. 나는 희망과 절망이 선한 자들의 행렬과 악행을 저지른 자들의 무리를 인도해가는 광경을 봅니다. 나는 순수한 천상의 불길에서 뻗어나오는 빛줄기가 환히 비추는 구름의 원형극장에서 그리스도가 광휘와 공포로 둘러싸인 당신의 군대 사이에 앉아 계신 광경을 봅니다. 나는 그리스도의 안색이 밝게 빛나며, 그것이 감미롭고도 두려운 화염으로 불타면서 환희로 가득 찬 선인과 두려움에 떠는 악인의 무리를 가득 채우고 있는 광경을 봅니다. 그리고 나는 지옥 구덩이를 지키는 자들이 보기만 해도 두려운 모습으로 순교자와 성인들의 영광을 찬양하면서, 세계를 정복했을지는 모르나 정작 스스로를 정복하지는 못한 카이사르와 알렉산드로스 같은 모든 사람을 조롱하는 광

---

5 *Lettere*, I, n. 193, pp. 277~279.

경을 봅니다. 나는 명성이 머리에 쓰고 있던 자신의 왕관과 계관을 발아래로 내던진 채, 스스로가 몰던 수레바퀴 아래 짓밟히는 광경을 봅니다. 마지막으로 나는 신의 아들의 입에서, 각각 구원과 저주를 내리는 두 발의 화살이 날아가는 형상으로, 놀라운 심판이 뿜어져 나오는 광경을 봅니다. 그리고 그 심판의 화살이 내리꽂힐 때, 나는 그리스도의 분노가 어마어마한 천둥소리와 함께 우주의 피륙을 그것을 이루는 원소의 상태로 찢어 산산조각 내면서 온통 뒤흔들어놓는 광경을 봅니다. 나는 천국과 지옥의 용광로가 뿜는 빛이 어둠을 가르며 천상의 둥근 지붕에 비치는 광경을 봅니다.[6]

여기서 아레티노는 "나는 …… 봅니다"(Veggo) 식의 묘사를 나열함으로써 마치 최후의 심판이 눈앞에서 일어나고 있는 듯한 착각을 일으키게 한다. 이는 단순한 예술적 상상이라기보다는 예언가의 종교적 비전(환상)에 더 가까운 인상을 준다. 사실 그는 자신만의 세속적 '계시'(Judico over pronostico)라는 장르를 만들어내 그것으로 군주와 명사들을 은근히 위협하고 돈을 뜯어내기까지 한 인물이었다. 그것은 그들의 숨겨진 비밀과 그들에 관한 뒷이야기에다 때에 따라 적당히 만들어낸 이야기들로 꾸며졌고, 이는 아레티노의 인기와 명성에 힘입어 놀라운 영향력을 발휘했다.[7] 그는 이러한 예언적 묘사를 통해 미켈란젤로에게 스스로의 환상을 화폭에 담는 것이 어떠냐는 압박을 가하고 있는 것처럼 보인다.

아레티노는 이 생생한 묘사에 이어 "최후의 심판이 내리는 파멸의 환상을 바라보노라니, '만약 우리가 부오나로티의 작품을 보면서 두려움에 떨게 된다면, 필연코 우리를 심판할 유일자 그분에 의해 심판을 받게 될 때

---

6 *Lettere*, I, n. 193, pp. 278~279.
7 이에 대해서는 다음을 볼 것. Alessandro Luzio, *Un pronostico satirico di Pietro Aretino* (Bergamo, Istituto italiano d'arti grafiche, 1900).

는 얼마나 더 큰 두려움에 몸을 떨 것인가?'라는 외침이 저절로 터져나오지 않을 수 없다"면서, 미켈란젤로의 작품이 얼마나 위대한 것일지에 대해 이렇게 마지막 찬사를 보낸다. "이제 당신은 내가 다시는 로마를 보지 않겠다고 한 맹세가 이 위대한 그림을 보겠다는 일념 때문에 깨질 수도 있다는 점을 알아야 합니다. 나는 당신의 천재를 무시하느니 차라리 스스로 거짓말쟁이가 되고 싶군요. 그래서 나는 그 명성을 세상에 널리 알려야만 한다는 생각이 듭니다."[8]

약 두 달 뒤인 11월 20일자로 로마에 있던 미켈란젤로에게서 답장이 왔다.[9] 그는 약간 빈정대는 듯한 말투로 "이 세상에서도 재능이 특출한" 아레티노 같은 사람에게서 그런 편지를 받아 기쁨이 각별하지만 동시에 "슬픔도 함께" 느낀다면서, 그림의 많은 부분에 대한 구상을 이미 끝내서 그가 제시한 상상의 이미지를 그림에 반영하기는 어렵기 때문이라는 것이다. 이어서 "만약 최후의 심판일이 시작되었고 당신이 그것을 실제로 바라보았다면, 당신이 말한 것만큼 그 광경을 잘 그려낼 사람은 없을 것"이라며 추어올린다.

그러고는 지나가는 어투로 "사정을 보고 만약 그동안 당신이 만족할 만한 어떤 것을 얻게 된다면 나는 그것을 기꺼이 당신에게 주겠다"고 약속 아닌 약속의 말을 한다(이를 빌미로, 아레티노는 그 뒤 수년간 미켈란젤로에게 이 '어떤 것'을 보내달라고 조른다. 결국 거의 아무것도 받지 못하지만). 미켈란젤로는 편지 말미에서 "단지 내 그림을 보기 위해, 로마로 다시는 오지 않겠다고 한 맹세를 깨뜨리지 말라. 너무 번거로운 일이 아닌가"라는 말로써 마지막 쐐기를 박는다.

이 편지는 외면상 예의를 갖추고는 있지만 시종일관 무언가 아이러니

---

8 *Lettere*, I, n. 193, p. 279.

9 *Lettere scritte a Pietro Aretino*, I, n. 396, p. 369.

한 뉘앙스를 풍긴다. 보는 사람에 따라서는 내심 심기가 불편할 수도 있을 것이다. 언어에 민감한 사람에게는 빈정거리는 어투로까지 느껴질 여지가 충분하다. 그러니 아레티노의 심기가 어땠을지는 충분히 짐작이 간다.

반면 미켈란젤로의 평소 성품을 생각해보면 그의 빈정거림 역시 이해되지 않는 바가 아니다. 학자들 간에 조금씩 의견이 다르기는 하지만, 그가 사교적인 인물이었다고 보기는 어렵다.[10] 그는 대체로 무뚝뚝하고 고립적인 성격이었다. 그는 무한한 자부심을 안고 스스로의 작업에 매진했다. 미켈란젤로가 자신에게 작품을 의뢰한 역대 교황이나 군주제후들과 항상 갈등이 끊이지 않았던 것도 이런 성격에 연유한 바가 없지 않았다. 그런 그에게 아레티노라는—이름은 어디선가 들었겠지만 잘 알지도 못하고 관심도 없었을—인물이 갑자기 편지를 보내, 자신의 그림을 두고 이러쿵저러쿵하는 것은 우스꽝스러워 보였을 것이 틀림없다.

「최후의 심판」

1541년 10월 31일, 그동안 베일에 싸여 있던 「최후의 심판」이 드디어 공개되었다. 그림에 등장하는 인물만도 300명이 넘는 거작이었다. 미켈란젤로 자신의 감독 아래 씌어진 콘디비의 전기—그래서 그의 말은 미켈란젤로 자신의 말이라고도 볼 수 있다—에 따르면, 미켈란젤로는 이 작품에

---

10 미켈란젤로의 고립적인 성격을 지나치게 강조한 예—그의 종교적·정신적 고원함을 찬양하기 위한 것이기는 하지만—는 로맹 롤랑의 낭만주의적 전기이다. 반면 파피니는 그가 생각보다 그렇게 고립적이 아니었다고 본다. 그렇지만 파피니는 그의 고립성을 부정하려다 보니 때때로 적절하지 못한 해석을 하는 때가 있다. 다음을 볼 것. 로맹 롤랑, 전상범 옮김, 『미켈란젤로의 생애』(정음사, 1976); 조반니 파피니, 정진국 옮김, 『미켈란젤로 부오나로티』(파주: 글항아리, 2008); 곽차섭, 「전기(傳記) 쓰기 2: 인간적 공감을 표현하는 방법들: 미켈란젤로의 전기를 중심으로」, 『연보와 평전』 5 (2010), 35~40쪽.

서 인간이 취할 수 있는 모든 자세나 행동을 남김없이 표현하려 했다고 한다. 전체 화면은 크게 좌우와 상하, 그리고 중앙 부분으로 나뉘어 있다. 중앙에는 그리스도와 성모가 자리하고, 그 좌우를 일곱 천사와 성자들이 둘러싸고 있다. 상단과 하단의 경계는 지옥으로 끌려가는 악인들과 천사에 의해 천상으로 인도되는 선인들의 다양한 모습으로 구성되어 있으며, 하단에는 지옥의 형벌을 받는 광경이 묘사되어 있다.[11]

문제는 이들 대부분이 나체라는 것이다. 게다가 고환을 잡힌 채 지옥으로 끌려가거나 육신이 껍데기만 남아 흉측하게 축 늘어진 섬뜩한 장면도 보인다. 특히 그림의 중간 오른쪽에 성 비아초(또는 성 블레즈. 그는 아르메니아의 주교로, 강철 빗으로 고문 받은 뒤 참수당했다고 전한다)가 자신의 상징인 커다란 빗을 들고는, 역시 자신의 상징인 철제 바퀴(그녀는 바퀴에 깔리는 고문을 받은 뒤 참수당했다고 한다)를 오른손에 들고 앞으로 등을 구부린 채 성 비아초를 돌아보고 있는 거의 나체의 성녀 알렉산드리아의 카테리나 뒤편에 거의 찰싹 달라붙어 있다.

이러한 모습은 보는 사람으로 하여금 그들이 도대체 왜 이런 자세를 하고 있는지—보기에 따라서는 소도미아, 즉 '비정상적인' 성관계를 연상시킨다—혼란스럽게 만들 수도 있었다. 회화에 각별한 안목이 없는 평범한 사람들에게는 수백 명의 나상(裸像)이 종종 기괴한 형상을 하고 가톨릭의 가장 깊숙한 성소 안에 그려져 있는 모습이 결코 편안하게 보이지는 않았을 것이다. 미켈란젤로의 창발적인 '디제뇨'와 보통 사람들이 생각하던 관례적인 '데코룸' 간의 괴리. 그것이 바로 문제의 씨앗이었다.

「최후의 심판」이 공개되자 오래전부터 소문이 자자하던 이 그림을 직접 보기 위해 수많은 사람들이 앞다투어 시스티나 예배당으로 몰려들었다. 로마에서 멀리 떨어진 곳의 군주제후들은 휘하의 정신(廷臣)들을 바티카

---

11 Condivi, *Vita di Michelangelo Buonarroti*, pp. 49f.

노로 보내 가능한 한 빨리 그 그림을 모사해 보내라고 독촉했다. 만토바의 에르콜레 곤차가 추기경의 문인 니노 세르니니도 그중 한 사람이었다. 그러나 이 거대한 그림을 작은 화폭에 모사한다는 것은 보통 어려운 일이 아니었다. 그는 모사 화가를 수소문 한 끝에 드디어 1541년 12월 4일 마르첼로 베누스티로 하여금 가로 1.45미터, 세로 1.88미터의 작은 프레스코화를 제작하게 할 수 있었다.[12]

이 과정에서 세르니니가 곤차가에게 보낸 편지에는 당시 그 그림을 비난하는 사람들 이야기가 나온다(세르니니 자신은 미켈란젤로의 작품을 칭송하는 입장이었다). 이는 공개된 그림을 실제로 보고 나온 거의 최초의 비평에 속한다.

> 이 작품은 아름답습니다만, 그 아름다움이라는 게 그것을 비난하는 사람이 없지는 않은 그런 종류라는 점을 각하께서도 상상하실 수 있겠지요. 그림 속의 나상들은 그런 곳에 어울리지 않는다고 처음으로 말한 사람들은 존귀한 테아티노회 수도사들입니다. 깊은 숙고 끝에 나온 그림이긴 하겠지만, 그렇게 많은 등장인물 가운데 외설적이지 않아 보이는 경우는 겨우 10명 정도에 불과하기 때문입니다. 그리스도를 수염도 없는 데다가 너무 젊게 그려놓았고, 당연히 갖추어야 할 위엄을 갖추지 못했다고 해서 말들이 많습니다. 그러나 코르나로 [추기경] 각하께서는 그 프레스코화를 오랫동안 바라보신 후 그 작품을 칭찬하면서, 만일 미켈란젤로가 그 그림 속의 한 인물만이라도 자신에게 그려주기를 원한다면, 자신은 그가 요구하는 것이 어떤 것이든 기꺼이 지불할 용의가

---

12 현재 남아 있는 것은 같은 화가가 몇 년 뒤에 그린 또 하나의 모사품으로, 나폴리 카포디몬테 박물관에 소장되어 있다. 이 그림은 아직 1565년 이후에 있을 덧칠과 변조를 겪지 않아 거의 원작에 가깝기는 하지만, 그리스도 위쪽에 성부의 모습과 함께 성령을 뜻하는 비둘기의 상을 그려넣고 있다. 이 모사화의 도판은 다음에서 볼 수 있다. Chastel, *A Chronicle of Italian Renaissance Painting*, p. 197, fig. 177.

있다고 말씀하셨지요. 그분이 옳다고 생각합니다. 제가 보기에도 이 작품은 다른 어느 곳의 작품과도 다르게 보이니까요.[13]

「최후의 심판」을 최초로 비난한 사람들로 지목된 테아티노회는 1524년 성 가에타노가 파올로 콘실리에리, 보니파초 다 콜레, 조반니 피에트로 카라파(뒤의 교황 파울루스 4세) 등과 함께 만든 수도회로, 특히 루터의 가르침에 격렬히 대항했다.[14] 이러한 종교 성향으로 보아 그들은 분명히 그림을 예술로서가 아니라 예배의 한 수단으로 간주하는 전통적이고 보수적인 회화관을 가지고 있었을 것이다. 따라서 그들이 나상으로 가득 찬, 전혀 새롭고 지나치게 이교적으로 보이는 이 작품에 탐탁지 않은 반응을 보인 것이 결코 놀라운 일은 아니다. 게다가 이런 작품이 바티카노의 중심부인 시스티나 예배당에 그려져 있다는 것을 그들은 받아들이기 힘들었을 것임에 틀림없다.

그렇지만 그들의 이런 비난이 공개 당시의 분위기를 주도한 정도까지 갔는지는 의문이다. 편지에 나타나는 코르나로나 세르니니의 긍정적인 견해에서 보듯이, 적어도 초기에는 어디까지나 보수적인 성직자들의 불평 정도에 그쳤을 가능성이 크다. 교황의 윤허를 받아 당대 최고의 명장이 그린 그림을 전면적으로 공격할 수는 없었을 것이다. 더욱이 고위 성직자들은 일반적으로 예술의 후원자이자 감식가로 자처했기 때문에 그림 속의 나상들을 그렇게 불경한 것으로만 보지도 않았을 것이다.

사실 미켈란젤로가 교회에 나상을 그린 것이 처음은 아니었다. 이미 같

---

13 1541년 11월 19일 니노 세르니니가 에르콜레 곤차가 추기경에게 보낸 로마발 편지는 다음에 실려 있다. Chastel, *A Chronicle of Italian Renaissance Painting*, doc. 1, p. 278.

14 이 수도회에 대해서는 다음을 볼 것. "Theatines" in *Catholic Encyclopedia* (New York, Robert Appleton Company, 1913); Romeo De Maio, *Michelangelo e la Controriforma* (Bari, Laterza, 1978), pp. 17~18.

은 예배당의 천장을 장식하고 있던 그의 작품 「천지창조」에도 나상들이 등장하지만 별다른 비난을 받지 않았다(또는 그러한 비난이 밖으로 드러나지는 않았다). 전통적인 관례를 따르지 않은 「최후의 심판」에 대한 테아티노회 수도사들의 부정적인 시각은 이후 프로테스탄트 세력에 대항하는 가톨릭의 반종교개혁 분위기 속에서 새로운 힘을 얻게 되지만, 적어도 당분간은 칭송하는 분위기가 유지되었던 것 같다.[15]

몇 년 동안 이러한 칭송 분위기에 동참하는 듯했던 아레티노가 그 그림에 비판의 날을 세우기 시작한 것은 1546년 초의 일로 보인다. 그해 1월, 아레티노는 에네아 파르미자노(=에네아 비코)에게 보낸 편지에서 지금까지와는 전혀 다른 논조로 미켈란젤로의 그림이 중대한 문제점을 안고 있다고 지적한다. 비코는 파르마 출신의 판화가이자 출판업자로, 당시 피렌체 대공을 위해 「최후의 심판」을 모사하는 일을 맡고 있었다. 아레티노는 비코에게 그 일의 적임자로 바차코라는 화가를 소개하면서, 원화를 그대로 새기려 하지 말고 일반적인 정서에 맞도록 구성을 약간 바꾸라고 넌지시 권한다.

……그 작품[「최후의 심판」]의 내용은 …… 그것이 구현하려는 종교에 적절한 데코룸(decoro)을 갖추지 못하고 있습니다. 신의 명령에 따라 언젠가는 세계의 종말이 올 것이고, 그리하여 온 세상이 이 엄청난 개선(凱旋)의 사건에 당

---

15 물론 간헐적이지만 불만의 목소리는 계속 나오고 있었다. 1545년 5월 1일 돈 미니아토 피티가 조르조 바자리에게 보낸 편지에 이런 구절이 나온다. "「최후의 심판」에는 이단적인 것이 많이 보이는데, 특히 성 바르톨로메오의 수염 없는 껍데기가 그러하다네. 정작 그 껍데기를 벗은 그는 수염이 있잖은가. 그러니 그 껍데기는 그의 것이 아닌 셈이지." 바자리는 미켈란젤로의 찬양자였고, 피티 역시 그런 것처럼 보인다. 하지만 그가 농담조로 얘기한 성 바르톨로메오의 수염이나 껍데기는 그림에 불만을 품은 사람들의 단골 메뉴였다. 이 구절의 편지 원문은 다음을 볼 것. Barocchi, "Commento" in Vasari, *La vita di Michelangelo nelle redazioni del 1550 e del 1568*, III, p. 1260; Chastel, *A Chronicle of Italian Renaissance Painting*, doc. 2, p. 279.

연히 동참해야 하겠지요. 이 때문에 그런 노고에 담긴 [원화를 데코룸에 맞게 수정한] 당신의 공적은 지고하신 그리스도의 상급을 받을 것이고, 피렌체 대공으로부터도 유익함이 있지 않겠습니까. 부디 이 성스럽고 칭송할 만한 과업을 잘해나가길 바랍니다. 그래야만 루터파 사이에서 미켈란젤로의 기예에 담긴 방종함(licenzia)이 야기할 만한 추문을 피할 수 있을 테니 말입니다. 지옥과 천국의 인물들이 드러내고 있는 적나라한 수치에 작은 관심도 드러내지 않은 그림의 내용을 그들이 비난하지 않겠습니까. 그러나 이런 식의 작업이 당신의 명예를 손상시키지는 않을 겁니다. 모두들 기뻐할 테니까요.[16]

「최후의 심판」이 그리스도교에 적절한 데코룸을 결여하고 있다는—회화의 통상적인 관례를 무시하고 있다는—아레티노의 주장은 마치 숨겨진 시한폭탄과 같은 파괴력이 있었다. 비코에게 보내는 편지에서 간접적으로 피력된 이러한 공격적인 비평은 곧 더욱 직설적이고 신랄한 형태로 나타난다.

시스티나의 나신들

1546년 4월에서 1547년 7월 사이 어느 때쯤(이 편지 말미에는 일자가 1565년이라고 되어 있으나, 이는 오기(誤記)이다) 아레티노가 미켈란젤로에게 보낸 것으로 보이는 이 편지는 서양 미술사와 미술비평에서 끊임없이

---

16 *Lettere*, III, n. 638, pp. 479~480; *Lettere sull'arte di Pietro Aretino*, II, n. 311, pp. 136~137; Chastel, *A Chronicle of Italian Renaissance Painting*, doc. 4, p. 280. 바차코(또는 보차토)는 베네토 지방 카스텔프랑코 출신의 화가 조반니 바티스타 폰키노의 별명이다. 아레티노가 제의한, 그를 통한 수정 작업이 그대로 진행된 것 같지는 않다. 현재 그것과 관련된 작품이 남아 있지 않기 때문이다.

회자되는 유명한 내용을 담고 있다. 아주 중요한 문서이므로 다소 길지만 전문을 번역한다.

당신이 그린 「최후의 심판」 스케치 완성작 전체를 보고 나는 그 발상이 주는 사랑스러운 미(美) 속에서 마치 라파엘로가 지녔던 놀라운 매력 같은 것을 느낄 수 있었습니다. 그렇지만 나는 세례를 받은 한 사람으로서, 그러한 정신에 해가 되는 방종함에 수치를 느꼈습니다. 당신은 우리의 지극히 진실한 믿음이 간구해왔던 그 마지막 날에 대한 생각을 바로 그런 식으로 표현해놓았군요. 그래 그토록 엄청난 명성을 얻은 미켈란젤로, 그토록 지혜가 뛰어난 미켈란젤로, 만인이 그 언행을 칭송하는 미켈란젤로가 사람들에게 기꺼이 보여주려고 한 것이 그림의 완벽성이 아니라 무신앙의 불경함이란 말입니까? 보통의 인간이 아니라 신이 내린 존재인 당신이, 지고의 성전 안에, 예수이 주 제단 위에, 세상에서 가장 중요한 예배당 안에, 어떻게 그러한 것을 그려놓을 수 있다는 말입니까? 그곳은 교회의 대추기경과 존귀한 사제와 그리스도의 대리인들이 가톨릭 신앙을 마음에 품고 신성한 기도자들과 성스러운 전례를 치르며 그리스도의 몸과 그의 피와 그의 살에 대해 고백하고 관조하고 그것을 경배하는 장소가 아니던가요? 만약 이렇게 비교하는 것이 잘못된 일이 아니라면, 나는 내가 난나에 관한 글을 쓸 때 취했던 판단을 자랑이라도 해야 할 것 같군요. 내 분별력이 당신의 그릇된 양심보다는 낫다는 거지요. 비록 내가 다룬 주제는 음란하고 정숙하지 못한 것이었으나, 나는 절제되고 예의 바른 말을 사용했으며 비난받지 않을 만한 순수한 표현으로 얘기했지요. 그러나 당신은 그토록 고결한 주제를 다루면서도 성인들에게 가야 할 지상의 품격은 전혀 결여한 채, 또한 천사들이라면 당연히 갖추어야 할 천상의 표식도 없이 그려놓았군요. 이교도들의 조상(彫像)을 보십시오. 옷을 입은 디아나가 아니라 나체로 있는 베네레의 경우 말입니다. 그들은 드러내서는 안 될 곳은 손으로 가리도록 해놓았지요. 그런데 정작 그리스도교인이라는 사람이, 믿음보다 예술에 눈이 어두워,

데코룸을 결여한 성인 성녀와 성기를 붙잡힌 채 끌려가는 모습의 남자를 진짜 일어날 광경으로 그려놓고 있으니, 이는 창가(娼家)에서조차도 눈을 질끈 감을 수밖에 없을 겁니다. 당신이 한 일은 성가가 울려 퍼지는 지고의 성소가 아니라 쾌락을 즐기는 창가에나 어울릴 만한 것입니다. 만약 당신이 신앙이 없는 사람이라면 그 일이 그리 큰 악덕은 아니겠지만, 그런 식의 믿음은 다른 사람들의 믿음을 삭아들게 할 것입니다. 하지만 여기에 그치지 않습니다. 경이롭지만 그처럼 무모한 묘사들은 설사 그것이 뛰어나다 해도 결코 벌을 면하지는 못할 것입니다. 그것이 보여주는 경이로움이 당신의 명성을 사멸케 할 것이니 말입니다. 그렇지만 당신의 훌륭한 명성을 되살릴 방도는 있습니다. 저주받은 자들은 화염으로, 축복받은 자들은 햇살로 그 치부를 가리든가 또는 금박을 입힌 몇 장의 나뭇잎으로 아름다운 조상(彫像)의 치부를 가리고, 이를 성소가 아닌 공공의 광장에 세워놓은 피렌체식 겸손을 따르면 됩니다. 그러면 아마 신은 당신을 용서하실지도 모릅니다. 하지만 난 그렇게 못합니다. 응당 그래야 할 것을 당신이 그렇게 하지 않은 데 대해 내가 느끼는 분노 때문입니다. 당신은 당신이 내게 보내주기로 약속했던 것을 신속히 보냈어야 마땅합니다. 그래야 남의 시기심을 잠재울 수 있을 테니까요. 그것은 게라르디나 토마시가 아니라면 아무도 하지 못할 일이겠지만 말입니다. 그러나 줄리오가 자신의 유골을 당신이 조각한 함에 담도록 하는 데 쓰라고 남긴 보물도 당신으로 하여금 약속을 지키도록 하는 데 충분치 않았는데, 하물며 내가 무슨 희망을 품을 수 있겠습니까? 희망이 남아 있다면, 위대한 화가여, 그것은 당신의 배은망덕과 탐욕이 아니라 대(大)목자의 은혜와 상급에 있겠지요. 신은 그의 영원한 명성을 당신의 스타일로 만들어낸 그 오만한 분묘 건축물 속에서가 아니라 단지 원래의 그 자신 속에서 살아 있게 했을 겁니다. 당신은 스스로가 진 빚을 갚지 않았으니 도둑이나 마찬가지지요. 우리의 가슴은 예술적 도안의 생생함보다는 헌신의 감정을 더 필요로 하는 법입니다. 신은 일찍이 그레고리오에게 지복의 영감을 내려, 아름다움을 뽐냄으로써 성인의 겸손한 이미지를 가리는 우상의 휘황찬란한 조상(彫像)들을 로마에서 깡그리 없애버리려 한 적이 있는 것처럼, 파올로에게도 그런 신성함의 영감을 불어넣으실지 모르지요. 결국, 만약 당신이 우주와 지옥과 천국을 그리는 데서, 당신을 위해 제시된 영광과 명예와 두려움을 안고, 오랜 시간 동안 읽히고 또 읽힐 내 편지 속의 교시와 실례와 지식에 담긴 조언을 받아들였더라면, 나는 감히 이렇게 말할 수 있었을 겁니다. 자연과 다른 모든 선한 기운은 결코, 오늘날 당신의 명석한 지성에서 연유한 탁월한 능력이 당신을 마치 세상의 경이(驚異)와 같은 존재로 만들게 한 것을 후회하지 않았으리라고 말입니다. 그러나 삼라만상을 다스리시는 일자(一者)의 섭리는 이 천체를 관장하는 데서 스스로의 법을 사용하지 않고도 능히 그러한 일을 고려하시겠지요. 1565년 11월 베네치아에서

당신의 종복 아레티노

당신이 나의 헌신에 되갚아준 잔혹성에 대한 분노 때문에, 그리고 만약 당신이 신이 내린 존재라면 나 역시 물로 만들어진 존재는 아니라는 것을 당신에게 일깨워주기 위해 쓴 편지이니, 내가 갈기갈기 찢어버린 것처럼 당신도 그렇게 해주기를 바랍니다. 다만 왕과 황제조차도 내 편지에는 답한다는 점을 명심하시길.

로마의 대(大) 미켈란젤로 부오나로티에게[17]

---

17 *Carteggio inedito d'artisti dei secoli XIV, XV, XVI*, a cura di Giovanni Gaye, II, n. 235, pp. 332~335; Chastel, *A Chronicle of Italian Renaissance Painting*, doc. 3, pp. 279~280. 독자들 중에는 위 인용문 끝에 "당신이 신이 내린 존재라면 나 역시 물로 만들어진 존재는 아니라"고 한 말에 약간의 의문을 느끼는 경우도 있을 것이다. 물론 이 자체만으로도 대략의 뜻은 이해할 수 있다. 그렇지만 이 구절의 정확한 의미는, 'divino'(신이 내린)가 'di-vino'(포도주로 된)와 철자가 같기 때문에, 나도 물이 아니라 당신처럼 '포도주로 된', 즉 '신이 내린' 인물이라는 것이다. 사실 사람들은 아레티노를 가리켜 그렇게 불렀다. 이와 동일한 말장난이 그의 편지뿐 아니라 다른 작가의 책에서도 발견되는 것으로 미루어, 아마 당시의 이탈리아인들에게 이는 보편적인 펀(pun)의 하나였던 것으로 보인다. 예컨대 다음의 예들을 볼 것. 1529년 11월 11일 아레티노가 지롤라모 아넬리에게 보낸 베네치아발 편지. *Lettere*, I, n. 17, p. 72; 1537년 6월 3일 아레티노가 프란체스코 마르콜리니에게 보낸 베

편지의 내용을 보자. 아레티노는 먼저 「최후의 심판」의 디제뇨에 담긴 미켈란젤로의 '발상'(inventione)을 라파엘로의 사랑스러운 매력과 비교하며 짤막한 찬사를 던진 뒤, 대뜸 그림의 '방종함'(licentia)—음란하다는 뜻의—을 지적하며 공격의 포문을 연다. 그는 가장 성스러워야 할 최후의 심판일을 어떻게 그런 식으로 그려놓았느냐고 비난하면서, 무엇보다 그런 그림은 시스티나 예배당 같은 가장 깊숙한 성소에는 적절하지 않다고 주장한다. 나아가 아레티노는 자기가 창녀 난나의 음란한 『6일간의 대화』— 그뿐인가, 그는 『음란한 소네트』도 썼다!—를 쓴 당사자이면서도 자신의 작품은 적절한 방식으로 잘 씌어졌기 때문에 전혀 음란하지 않다는 놀라운 주장을 하고 있다.

당시까지 비난의 표적은 에로티시즘이라는 주제 그 자체보다는 그것에 관해 쓴 저자가 그 주제를 어떻게 다루며, 그것에 대해 어떠한 태도를 취하느냐는 것이었다. 고전고대 이래 이러한 주제를 다룬 문인들이 늘 주장하던 모토는 "글의 내용은 음란하나 삶은 정숙하다"는 것이었다. 아레티노는 자신에 대해서는 이를 "글의 내용은 음란하나 언어는 정숙하다"는 식으로 슬쩍 바꾸어놓았다. 그리고 이런 시각에서 볼 때 미켈란젤로의 '회화 언어'는 정숙하지 못한 것이 된다. 즉 「최후의 심판」은 거꾸로 "주제는 고결하나 언어는 음란한" 셈이다.

그러므로 아레티노 비평의 초점은 미켈란젤로가 그린 순교자들과 처녀들이 정숙하지 못한 모습을 하고 있다는 것 그 자체에 있는 것이 아니라, 성스러워야 할 공간을 장식하는 종교화 속의 인물들이 '음란한' 분위기를 내비칠 수 있는 방식으로 표현되었다는 데 있다. 그는 심지어 저주받은 사

네치아발 편지. *Lettere*, I, n. 137, p. 206; Francesco Berni (Pseudo), *Vita di Pietro Aretino scritta da Francesco Berni* (Milano, G. Daelli e C., 1864), p. 7. 이 편지의 작성 연대를 둘러싼 논쟁과 그에 대한 필자의 견해는 다음에서 자세히 볼 수 있다. 곽차섭, 「'고결한 주제, 음란한 언어': 미켈란젤로의 「최후의 심판」에 대한 아레티노의 비평」, 415~416쪽.

람들의 나신마저도 화염으로 가려졌어야 한다고 주장한다. 반면 축복받은 사람들의 나신은 눈부신 태양빛으로 잘 보이지 않는 것처럼 그려져야 하는 것이다.

그림의 주제와 표현방식 사이에 존재하는 이러한 적절성을 르네상스기 예술가들은 '데코룸'(decorum)이라 불렀다. 15세기의 '르네상스적 인간'으로 일컬어지는 레온 바티스타 알베르티에 따르자면, 만일 헬레네나 이피게니아 같은 미인의 손등이 거칠고 쭈글쭈글하다든지, 네스토르 같은 영웅이 아기자기한 가슴에다 우아한 목을 쭉 빼고 있다든지, 가니메데스 같은 미소년의 이마에 굵은 주름살이 패고 짐꾼처럼 장딴지가 우람하다면, 이는 데코룸을 위반한 것이 된다.[18] 아레티노가 「최후의 심판」에 대한 비평에서 원용한 것도 바로 이러한 개념이다.

당대의 대기 미켈란젤로가 데코룸의 이러한 의미를 몰랐을 리는 없다. 다만 그는 자신이 그리는 인물들을 실제 그대로가 아니라 그것에 '인벤티오네', 즉 창안적 발상을 더해 실제보다 더 우아한 면모를 부여해야 한다고 생각한 것 같다. 예술가는 단지 자연 그대로 나타내기보다는 그것에 무언가 장식을 가해야 한다는 것이다. 그는 특히 가톨릭 신앙에서 시스티나 예배당이 차지하는 특별하고도 핵심적인 위치와 모든 것을 혁신하는 '최후의 심판'이라는 주제 때문에라도 그림 속의 인물들이 자연의 모방이 아닌—실제 인물과 똑같아 보이게 하기보다는—더 특기할 만한 성격을 띠게 해야 한다고 생각했을 것임에 틀림없다. 평소에 오직 자기만의 미학을 추구하던 미켈란젤로의 성격을 고려하면, 그가 자신의 최대 미덕이었던 인벤티오네와 디제뇨의 능력이 범인(凡人)들에게나 적용될 데코룸 탓에 비난의 빌미가 될 것이라는 점을 인지하기는 어려웠을 것이다.

부르크하르트도 일찍이 자신의 미술안내서 『데어 치체로네』에서 "미켈

---

18 레온 바티스타 알베르티, 노성두 옮김, 『알베르티의 회화론』(사계절, 1998), 77~78쪽.

란젤로의 주요한 결함은 바로 그의 성격 깊숙한 곳에 자리 잡고 있었다"고 하면서, 그의 회화의 본성적인 측면을 지적한 바 있다. 미켈란젤로는 오랫동안 종교적 회화의 유형과 감성에서 스스로 멀리 떨어져 있었기 때문에, 인간을 그릴 때면 언제나 그가 누구건 과장적인 육체적 강인함을 표현하려 하는 경향이 있다는 것이다. 누드 역시 본질적으로 그러한 표현 방식의 일부였다. 그러므로 미켈란젤로에게는 성인과 축복받은 사람과 저주받은 사람 사이에 어떤 인지할 만한 차이가 존재하지 않았다. 그 결과, 「최후의 심판」을 보면 상층부 인물들의 형상이나 동작이 하층부 인물들의 경우보다 더 이상적이거나 고귀하게 묘사되고 있지는 않다는 것이다.[19]

다시 편지의 내용으로 돌아가자. 데코룸에 의거해 미켈란젤로를 비난한 아레티노는 후반부에서 그를 사적인 측면에서 공격한다. '게라르디'와 '토마시'라는 이름이 빈정거리는 어투로 거명되고 있는데, 전자는 미켈란젤로보다 5살 아래인 페사로의 귀족 게라르도 페리니로, 둘은 1520년경에 만났다. 후자는 톰마소 카발리에리인데, 57세의 미켈란젤로와 만났을 때 그는 23세의 청년이었다. 둘의 친밀한 관계는 그가 미켈란젤로의 임종을 지킨 몇 사람 중 하나였다는 데서도 잘 나타난다. 미켈란젤로는 그에게 300편이 넘는 소네트와 마드리갈을 바칠 정도였다. 미켈란젤로는 이들과 동성애 관계라는 소문이 돌았는데(실제로 그럴 만한 증거도 있다), 아레티노는 그 점을 건드리고 있는 것이다.[20]

이어서 아레티노는 '줄리오', 즉 율리우스 2세를 들먹이면서 그가 영묘를 완성하라고 막대한 돈을 주었지만 미켈란젤로는 그러지 않았다며, 그의 가장 아픈 상처를 들쑤시고 있다. 그 영묘가 결국 완성되지 못한 이유

---

19 Burckhardt, *Der Cicerone*, pp. 828~829; Id., *The Cicerone*, p. 126.
20 양자와의 관계를 보여주는 시나 편지의 일단(一端)은 다음에서 찾을 수 있다. Michelangelo, *Rime e lettere*, a cura di Paola Mastrocola (Torino, UTET, 1992; 2006).

는 미켈란젤로가 약속을 이행하지 않은 거짓말쟁이에다 도둑이기도 할 뿐 아니라, 신이 오만한 그와는 달리 있는 그대로의 소박한 인간 율리우스를 원했기 때문이라는 것이다. 일찍이 우상파괴를 명한 교황 그레고리우스처럼 파울루스 3세도 그럴지 모른다고 한 마지막 부분의 말은 거의 예언 같은 느낌마저 준다. 왜냐하면 조만간 미켈란젤로의 그림은 거센 비난의 화살을 맞고 크게 훼손될 운명에 놓이기 때문이다.

그런데 아레티노는 미켈란젤로에게 왜 '갑자기' 이런 편지를 보냈을까? 가장 일반적인 견해는 그가 약속한 「최후의 심판」 스케치를 주지 않은 데 대한 복수라는 것이다. 또는 당시 아레티노가 추기경으로 임명될 것이라는 소문과 관련지을 수도 있는데, 그의 보수적인 비판은 바로 이를 의식한 것이라는 주장이다.[21] 최근에는 아레티노 자신의 편지들이 미켈란젤로뿐이니라 결국에는 일반 독자들에게 읽히리라는 것을 알고 의도적으로 극적 반전을 노렸다는 주장도 제기되었다. 「최후의 심판」이 공개된 이후 청중의 성격이 변하고 있음을 인지한 아레티노가 자신의 인기를 유지하고 동시에 책을 팔기 위해 그런 식의 비난을 가했다는 것이다.[22] 아직은 금서목록 같은 것이 전혀 회자되지 않은 상태였지만, 아레티노가 1550년대 중반 트렌토 공의회가 이끈 이른바 반종교개혁의 풍향을 일찌감치 감지했다고도 볼 수 있다. 또한 아레티노가 스스로의 비평언어에 충실한 것이라는 주장도 검토 대상이다. 그는 데코룸 개념을 절친한 친구 티치아노에게도 적용한 사례가 있으니 말이다.

이 모든 주장에는 각각 어느 정도의 진실이 담겨 있다고 볼 수 있겠지만, 우리가 간과해선 안 될 것은 이러한 식의 갈등―인벤티오네와 데코룸

---

21 Cairns, *Pietro Aretino and the Republic of Venice*, pp. 97ff.

22 Barnes, "Aretino, the Public, and the Censorship of Michelangelo's Last Judgment"; Barnes, *Michelangelo's Last Judgment: The Renaissance Response*, esp. pp. 63, 74.

간의―이 르네상스기의 이교적·휴머니스트적 문화와 중세부터 이어지는 그리스도교 신앙 간의 오랜 긴장관계의 일부라는 점이다. 회화 이미지에 대한 종교적 견해는 가톨릭교회가 이미 오랫동안 천명해왔던 것이며, 이는 문학에서 레토릭을 오직 신앙을 고조시키기 위한 수단으로 본 견해와 동일하다. 15세기 초 음란한 시를 썼다고 코지모 데 메디치 휘하의 휴머니스트 문인 서클에서 쫓겨났던 파노르미타의 예가 그렇고,「최후의 심판」에 묘사된 수많은 나상들은 신심을 불러일으키는 데 도움이 되지 않으며, 미켈란젤로가 지극히 종교적인 이 사건을 마치 고전적인 서사시적 사건처럼 여긴 나머지 세속적인 것과 신성한 것을 뒤섞어놓았다고 비판한 페데리코 보로메오의 견해가 그렇다.[23]

원래 성화의 오랜 정신은 아름다움이 아니라 경건함이었지만, 이 두 요소가 한때 조화를 이룰 수 있다고 생각된 시기가 바로 16세기 초였다. 그 무렵 이탈리아에서는 로마를 중심으로 르네상스 문화가 절정에 달해 있었다. 가톨릭 개혁에 앞장선 아우구스티누스 교단 수도사이자 추기경이었던 에지디오 다 비테르보에 따르면, 지금까지 경건함은 거친 방식으로 표현되었고 그래서 우아함은 곧 불경함을 뜻했지만, 이제는 이 둘을 동시에 나타낼 수 있는 방법을 알게 되었다는 것이다. 그의 말은 이 시기의 분위기를 압축적으로 보여준다. 하지만 1520년대의 프로테스탄트 종교개혁과 그에 대응한 가톨릭 종교개혁, 그리고 각별히 1527년의 로마 약탈을 겪으면서 그리스도교적 경건함과 이교적 아름다움을 융합한다는 정신은 점점 쇠퇴해갔다. 아레티노의 미켈란젤로 비판은 경건함과 아름다움, 성화와 세속화의 정신이 다시금 분리되는 16세기 중엽의 정서를 반영하는 것이

---

23 다음을 참조할 것. 곽차섭,「파노르미타의『헤르마프로디투스』와 르네상스 휴머니즘의 딜레마」,『서양사론』93 (2007), 33~58쪽; Federico Borromeo, *Sacred Painting. Museum*, ed. & trans. Kenneth S. Rothwell, Jr, & intro. Pamela M. Jones (Cambridge, Mass., Harvard University Press, 2010), xiii~xiv, *et passim*.

기도 했다.[24]

아레티노가 미켈란젤로를 직설적으로 비난하는 편지를 쓰고 몇 년 후, 조르조 바자리는 『미술가 열전』 초판(1550)에서 미켈란젤로를 적극적으로 옹호했다. 바자리는 둘 모두와 친분이 있었으나, 그가 가장 존경하는 인물은 미켈란젤로였다. 바자리의 책은 사실 미켈란젤로에게 바치는 헌사와 다름없다. 몇 세기에 걸쳐 150여 명의 "건축가, 화가, 조각가"를 다루고 있지만, 책의 대미를 장식하는—그리고 가장 길기도 한—장(章)의 주인공은 바로 미켈란젤로였다. 바자리에게 그는 르네상스적 기예와 정신의 총화 같은 존재였던 것이다. 미켈란젤로를 위한 바자리의 변명을 들어보자.

사실 작품에 등장하는 수많은 인간 군상, 그리고 작품이 주는 공포와 위대함은 묘사하기 불가능한 그린 것이다. 왜냐하면 그것은 가능한 모든 인간 정념으로 가득 차 있으며, 그 모두가 경이롭게 표현되어 있기 때문이다. 그곳에는 오만한 자, 질시하는 자, 탐욕스러운 자, 음란한 자를 비롯한 갖가지 사람들이 있는데, 정신이 맑은 사람이라면 누구인지 모두 쉽게 식별할 수 있다. 왜냐하면 그[미켈란젤로]는 그들을 묘사하는 데 필요한 표현, 태도, 그리고 그 밖의 자연적 조건들에 대한 모든 데코룸(decoro)을 준수했기 때문이다. 이 작품이 아무리 경이롭고 위대하다 해도, 그에게는 결코 불가능한 일이 아니었다. 왜냐하면 그는 언제나 학식이 넘치며 지혜롭고 인간에 대한 경험이 풍부한 사람일 뿐 아니라, 철학자들이 사색과 글을 통해서 얻는 지혜를 그는 세상을 실제로 살아감으로써 얻었기 때문이다.[25]

---

24 Edgar Wind, *Pagan Mysteries in the Renaissance*, rev. ed. (New York, Norton, 1968), pp. 187~188; Alexander Nagel, "Experiments in Art and Reform in Italy in the Early Sixteenth Century" in *The Pontificate of Clement VII: History, Politics, Culture*, eds. Kenneth Gouwens & Sheryl E. Reiss (Aldershot, Ashgate, 2005), pp. 387~388; Alexander Nagel, *The Controversy of Renaissance Art* (Chicago, University of Chicago Press, 2011), pp. 222~223.
25 이는 초판에서 한 말이다. Giorgio Vasari, *Le vite de' più eccellenti architetti, pittori, et scultori*

여기서 바자리는 아레티노를 비롯한 많은 사람들이 지적한 것과는 달리 「최후의 심판」이 오히려 적절한 데코룸, 즉 회화적인 관례를 지키고 있으며, 미켈란젤로는 최후의 심판일을 당한 모든 부류의 사람들을 그리려 한 지혜롭고 사려 깊은 현자라고 강조한다. 그런데 어떤 측면에서 보면, 그림이 공개된 지 벌써 10년이 다 되었는데도 여전히 이런 변명이 필요한 것이 당시의 분위기였다고도 말할 수 있다.

그 뒤로도 그림에 대한 찬사가 없었던 것은 아니지만, 반종교개혁의 분위기가 점점 더 힘을 얻어감에 따라 미켈란젤로에 대한 바자리적 변명은 이제 아레티노적 비판의 분위기 속에서 힘을 잃어가고 있었다. 1551년 유명한 도미니쿠스회 수도사 암브로조 폴리티―흔히 카타리노라는 이름으로 알려져 있다―는 나상을 그리는 데 특출한 재능이 있는 미켈란젤로라는 화가가 "신의 제단과 예배당"에까지 그런 것을 그려놓았다고 비난했다.[26]

1557년 로도비코 돌체는 자신의 『회화에 관한 대화』에서 아레티노의 입을 빌려 그 무렵 유포되고 있던 일반적인 비난을 이렇게 피력한다.

> 천국에 간 선인의 군상 중에 서로 부드럽게 키스하는 사람들이 끼어 있다고 상상하는 게 우스꽝스럽지 않은가? 그들은 당연히 마음을 가다듬어 신성한 관조와 미래의 심판에 집중하면서 더 고귀한 것들을 생각해야 할 텐데 말일세. …… 수염 없는 그리스도에게 무슨 신비스러운 것이 있단 말인가? 악마가 고환을 잡아당기는 고통에 스스로의 손가락을 물어뜯는 커다란 인물은 또 뭔가? …… 만약 미켈란젤로가 자신의 생각을 오직 소수의 학식 있는 사람들만 이해

---

italiani, da Cimabue, insino a'tempi nostri, p. 908.

26 A. Catherini, *Commentaria* (Venetia, 1551), p. 645; Chastel, *A Chronicle of Italian Renaissance Painting*, doc. 6, p. 281.

하기를 원했다면, 나는 그런 사람이 못 되니까 혼자 그렇게 생각하라지.[27]

화가이자 미술이론가 잔 파올로 로마초는 1563년경에 쓴 것으로 추측되는 자신의 책 『꿈』(Il libro dei sogni)에서, 앞서 돌체의 아레티노가 비난한 점들을 반복하고, 덧붙여 "테아티노회 수도사라 불리는 교황 파울루스 4세는 성 베드로 성당에 그런 우스꽝스러운 광대들이 그려져 있다는 것이 적절치 못하다면서, 그 그림을 허물어버리고 싶어 했다"는 말을 전하고 있다.[28]

로마초의 말은 곧 현실로 다가왔다. 1563년 11월 11일부터 12월 3일 사이에 열린 트렌토 공의회 24차 회의는 이듬해 초 「최후의 심판」에 덧칠을 하기로 결정하고 그 책임자로 다니엘레 다 볼테라—얄궂게도 그는 미켈란젤로의 도세였다—를 임명했다. 이러한 결정을 주도한 인물은 가를로 보로메오 추기경으로, 그는 파울루스 4세를 이어 교황이 되는 피우스 4세의 조카이자, 『성화』(聖畵, De pictura sacra)를 쓴 페데리코 보로메오 추기경의 사촌형이다. 대부분의 경우 샅바 정도가 입혀진 정도로 그쳤지만, 성 카테리나에게는 정장이 입혀졌고, 성 비아초 머리 부분의 회반죽을 떼어내고 그리스도 쪽으로 뒤돌아보는 머리가 새로 붙여졌다(이 둘은 이상한 자세로 바짝 붙어 있는 탓에 소도미아라는 의심을 받고 있었다).[29] 미켈란젤로가 세상을 떠난 것이 1564년 2월이었으니, 이 작업의 시작이 영향을 주지 않았다고 하기는 어렵다. 아레티노는 이미 8년 전인 1556년 운명을 달리하였다. 덧칠한 상태는 1994년 그림의 복원작업이 완료될 때까지 계속되

---

27 Ludovico Dolce, *Dialogo della Pittura* in *Dolce's Aretino and Venetian Art Theory of the Cinquecento*, trans. with an intro. Mark W. Roskill (Toronto, University of Toronto Press, 2000), p. 166; Chastel, *A Chronicle of Italian Renaissance Painting*, doc. 8, p. 281.

28 Chastel, *A Chronicle of Italian Renaissance Painting*, doc. 10, p. 282.

29 Chastel, *A Chronicle of Italian Renaissance Painting*, p. 206.

었다.[30]

　미켈란젤로와 아레티노는 동시대를 살았지만 공통점보다는 차이점이 더 많았다. 전자는 당대 최고의 화가이자 조각가로 많은 사람들의 사랑과 추앙을 받았다. 하지만 그는 결코 사교적인 성격이 아니었으며, 그와 깊은 친교를 나눈 사람은 극소수였다. 미켈란젤로는 종종 침식도 잊은 채 자신의 예술 세계에 빠져들었다. 그는 작품으로 많은 돈을 벌었지만 대부분 무위도식하는 가족들에게로 빠져나가버렸다. 그는 '신이 내린' 예술적 천품 덕분에 교황도 어찌할 수 없는 독립적인 위치를 유지할 수 있었다.

　아레티노는 그야말로 자수성가한 인물이었다. 그는 정규 교육을 거의 받지 못했지만 타고난 재치와 아이러니와 신랄함을 글로 옮길 수 있는 '신이 내린' 천품을 지니고 있었다. 그는 미켈란젤로와 달리 호방한 성격과 글쓰기 재주로 황제와 교황도 어찌할 수 없는 '군주를 벌하는 채찍'이 되었다. 그는 권위만을 내세우는 휴머니스트식 현학 취미에는 질색했지만, 수많은 예술가·문인들과 교우하면서 그들의 후원자가 되었다. 하지만 그만큼 정적들도 많았다.

　「최후의 심판」을 두고 미켈란젤로와 아레티노가 부딪친 사건은 일차적으로 두 사람의 전혀 다른 성격과 가치관의 충돌에서 비롯되었지만, 그것은 단지 개인적인 차원에 그치지 않고 한 시대의 획을 긋는 사건이 되어버렸다. 원하든 원치 않든 이 사건을 기점으로 시대정신은 반종교개혁기와 바로크의 문턱을 넘고 있었다. 르네상스와 그것이 표방한 고전주의 정신이 끝난 것이다. 만일 미켈란젤로가 아레티노에게 그가 원하던 스케치 몇 점을 주었더라면 어떻게 되었을까? 그랬다면 아마 아레티노는 데코룸 운운하는 문제의 편지는 쓰지 않았을 테고, 둘 사이의 관계가 나빠지지 않

---

30 복원 과정에 대해서는 다음을 볼 것. Loren Partridge et al., *Michelangelo the Last Judgment: A Glorious Restoration* (New York, Harry N Abrams, 1997; London, Thames & Hudson, 2000).

앉을지도 모른다.

   그러나 두 사람의 충돌은 어떤 의미에서 필연적인 것이었다. 왜냐하면 엄밀히 말해서 그것은 두 사람의 충돌이 아니라 르네상스가 복원시킨 세속적·근대적 가치와 그것에 저항하는 종교적·중세적 가치의 충돌이었기 때문이다. 양자 간의 긴장관계는 르네상스기 내내 계속 이어졌다. 이 사건에서 가장 큰 아이러니는 모든 면에서 지극히 세속적인 아레티노가 미켈란젤로를 비난함으로써 짧지만 지극히 보수적인 시대를 예고했다는 점이다. 동시에 세속적인 것과 종교적인 것을 확연히 구분한 아레티노의 비평이 어떤 의미에서 세속주의 예술을 종교로부터 완전히 독립시키는 결과를 가져왔다는 것도 그에 못지않은 아이러니이다. 역사가 단순하지 않은 것은 그 속에 담긴 바로 이러한 아이러니들 때문이 아니겠는가.

12장

"관대한 천성"

피티 궁의 아레티노

 1545년 티치아노는 더욱 원숙한 솜씨로 다시 한 번 아레티노의 초상화를 그렸다. 현재는 피렌체의 피티 궁에 소장되어 있다(그림 7). 그림의 전체적인 모습은 그의 출판업자 마르콜리니가 의뢰한 1537년의 초상화와 비슷하다. 역시 허리 위의 상반신을 묘사하고 풍성한 외투와 장갑 낀 손까지도 큰 차이가 없다. 광택 나는 공단(깃은 잘 손질된 가죽처럼 보이기도 한다) 외투도 앞의 경우와 비슷하지만, 외투 깃에 모피가 둘러져 있지는 않다. 목에 두른 두툼한 금목걸이는 프랑스 왕 프랑수아 1세의 선물이다. 이전 것보다 연결고리가 더 섬세한데, 외투 안에 가려져서 단지 장식적인 기능만 하고 있다는 점이 앞의 그림과는 다르다. 티치아노는 이 초상화에서도 모델의 직업을 말해줄 만한 어떤 물건도 그려넣지 않았다.
 오른쪽으로 약간 몸을 튼 앞의 그림과 달리, 여기서는 몸이 정면을 보고 있는 데 반해 머리는 약 45도 왼쪽으로 돌리고 있다. 큰 눈, 큰 코, 육감적으로 약간 벌어진 듯한 입술, 그리고 길고 풍성한 수염이 밝게 처리된 얼굴과 대조를 이룬다. 전체적으로 볼 때 이 초상화 속의 아레티노는 흡사 어떤 기념비적인 인물처럼 묘사되었다는 인상을 준다. 귀족이 아닌 그가 귀족처럼 그려져 있다는 사실을 넘어서 이제는 자신이 마치 귀족보다 더 고귀한 존재라고 과시하는 느낌마저 준다. 아마 이는 50대 중반의 아레티노가 스스로 이상적이라 생각한 모습일 것이다.[1] 바자리도 이 그림이 마르콜리니가 의뢰한 앞의 그림보다 더 낫다고 말한 바 있다.[2]

이 작품은 메디치가의 군주 코지모 1세 피렌체 공작에게 선물로 보내졌다. 코지모 1세는 다름 아닌 아레티노의 가까운 친구이자 강력한 후원자였던 흑의대의 콘도티에레(용병대장) 조반니 델레 반데 네레(우리는 그가 전투 중에 입은 부상으로 세상을 떠났을 때 아레티노가 얼마나 슬퍼했는지 이미 알고 있다)의 아들이다. 아레티노는 같은 해 10월의 한 편지에서 티치아노로 하여금 자신을 위해 조반니의 초상화를 그리게 했다는 사실을 전하면서, 그림 속의 자신이 "숨을 쉬고, 심장이 뛰고, 마치 살아 있는 것처럼 생기로 넘친다"면서 화가의 뛰어난 솜씨를 칭송하고 있다. 그러고는 슬쩍 이런 말을 덧붙인다. "각하께서는 당신의 위대한 조상―부친―이 그랬듯이 저를 따뜻한 마음으로 보아주시길 바랍니다. 사실 저는 그의 하인이자 동시에 아주 좋은 친구이기도 했으니까요."[3]

아레티노는 조반니를 상기시킴으로써 아들 코지모를 새로운 후원자로 삼고 싶어 했으며, 이 초상화는 바로 이런 목적을 위한 하나의 수단이었다. 더불어 프랑수아 1세가 준 금목걸이를 두른, 자신의 당당하고 위엄 있는 모습을 과시할 수도 있으니, 그것은 코지모에 대한 일석이조의 뜻이 담긴 선물이었을 것이다. 더구나 신분이 비천한 그 자신이, 조각가 레오니에게 명사들만을 모델로 삼으라고 권하면서 "양복쟁이나 푸주한의 초상화

---

1 Cf. Freedman, *Titian's Portraits through Aretino's Lens*, pp. 62~63.

2 Vasari, *Le vite dei più eccellenti pittori, scultori e architetti*, p. 1291.

3 코지모 1세에게 보낸 1545년 10월 베네치아발 편지. *Lettere*, III, n. 390, p. 345.

까지 허용되고 있으니, 우리 시대의 수치가 아니고 뭔가"라는 말까지 한 것이 겨우 몇 달 전이니,[4] 이쯤 되면 참 뻔뻔스럽다는 생각을 하지 않을 수 없다. 그러나 우리의 아레티노 역시 명사(名士)임에는 틀림없으니, 언젠가 그가 다른 사람도 아닌 코지모에게 바친 한 시에서 자신을 두고 비록 허름한 "병원에서 태어났지만 정신만은 왕에 못지않다"[5]고 갈파한 것도 권력자에 대한 바로 이런 자존심의 발로였으리라.

"최고의 능력"

군주제후에게 의존하면서도 결코 그들에게 매이지는 않는다는 것이 아레티노식 삶의 방식이었다. 어쩌면 그런 삶의 방식의 연장선상이라고 봐야 할 텐데, 그는 마치 권력자들에게 복수라도 하는 양, 그들에게서 받은 거액의 돈을 거의 물 쓰듯 써버리곤 했다. 스스로 고백하듯이, 그가 쓴 돈은 10년 동안 1만 스쿠도를 넘어섰다. 연간 1,000스쿠도면 웬만한 연금의 5~6배에 가까운 액수였으니, 그의 수입은 대단했다고 봐야겠다. 하지만 그는 곧 돈이 다시 들어올 것이라고 여겼는지 매사에 돈을 아끼지 않았다. 그에게 규모 있는 살림살이라는 관념은 아예 존재하지 않았다. 그는 오히려 자기가 주고 싶을 때 주고 싶은 사람에게 선물을 줄 수 있다는 것이 "최고의 능력" 아니냐고 반문했다.

1537년 5월 16일, 아레티노가 아고스티노 리키—그는 루카 출신의 의사이자 문인으로 젊은 시절 아레티노의 '크레아토'였다—에게 보낸 편지

---

[4] 1545년 7월 레오네 레오니에게 보낸 베네치아발 편지. *Lettere*, III, n. 248, p. 226.
[5] 이 시는 그가 1540년 간행한 시집에 실렸다. "Capitolo al Duca di Fiorenza" in Aretino, *Poesie varie*, t. 1, pp. 142, 304.

에 그 특유의 이러한 관대한 정신이 잘 나타나 있다.

악당들은 내가 사악하다고들 하지. 왜냐하면 난 결코 아첨꾼이 아니기 때문일세. 그들은 내 욕을 하기 위해 내가 빈궁하다고들 하지. 그래서 날 존경한다고도 하고. 왜냐하면 가난한 사람이 좋은 사람이거든. 내가 원하는 바는 이런 것이라네. 나로서는 단지 미움받지 않을 정도로만 돈을 가지면 그것으로 충분하다네. 또한 가진 게 너무 적어서 남의 동정을 사고 싶지도 않네. 난 언제나 그렇게 살 거라네. 내 희망이라는 게 뭐 그런 것이지. 내게 합당한 만큼만 받고 싶다는 것이니, 이만하면 올바르지 않겠나. 만약 이 세상에서 최고의 능력이 친구들에게 뭔가를 선물할 수 있는 것이라면, 나보다 더 큰 능력이 있는 자가 누구란 말인가? 난 내가 가진 모든 것을 아낌없이 줘버리지 않는가. 나는 군주들과는 다르다네. 그들이란 재물에는 인색하면서 영광을 찾는 데만 관대한 사람들이니까. 그렇지만 내가 아무것도 가진 게 없다고 떠벌리는 녀석들을 보면 짜증이 난다네. 1527년부터 오늘까지 내가 쓴 돈이 1만 스쿠도인데, 여기에는 나나 다른 사람들이 입은 금사(金絲)로 만든 모직이나 견직 옷감에 든 비용은 포함되지도 않은 거라네. 이 한 푼 한 푼이 내가 펜과 종이로 탐욕스러운 마음을 가진 사람들을 꾀어 얻어낸 것이지. 그러니, 사람들이 말하고 싶은 대로 말하도록 놔두세나. 악의라 할지라도 그것을 인내와 선의로써 이겨내는 법을 나는 알고 있으니까 말일세. 난 그것들을 사용해서 내가 다시 칭송받는 소리를 듣게 할 테니까.[6]

아레티노가 명사들에게서 받기만 하는 인물은 아니었다. 그의 '관대함'은 그들에게도 적용되었다. 그들이 돈이나 무슨 선물을 보내면 반드시 그것에 답례를 했던 것이다. 그들을 칭송하는 글은 말할 것도 없지만, 아레

---

6 *Lettere*, I, n. 127, p. 196.

티노 스스로가 그들에게 다른 선물을 하는 때도 드물지 않았다. 예컨대 그는 몬페라토 후작이 자신에게 600스쿠도를 주자, 그에게 300스쿠도 상당의 "오리엔트제 대형 크리스털 거울"을 선물했다. 흥미롭게도 아레티노는 이 사실을 만토바 공작에게 보낸 편지에서 밝히고 있는데, 이는 그를 자극하려는 의도가 분명하다.[7] 그는 또 은행가 출신의 밀라노 귀족 마씨미아노 스탐파에게 보낸 선물 목록을 열거하고 있는데, 여기에는 베네치아의 보석 세공사 루이지 아니키니가 전신(戰神) 마르스의 얼굴을 새겨 제작한 메달, 오리엔트제 크리스털 버클과 거울, 티치아노가 그린 아레티노 자신의 친척 로셀로 로셀리의 초상화 따위가 들어 있었다.[8] 특히 잘 알지 못하는 사람의 초상화를 선물로 보낸다는 것은 좀 이상하게 느껴질 듯도 한데, 아레티노는 종종 이런 유의 선물을 보내곤 했다. 이런 선물 이야기는 그의 편지들에서 쉽게 발견할 수 있다.

"자비의 은행가"

아레티노가 항상 군주제후나 명사들의 후원만을 바란 것은 아니었다. 그도 자신의 돈과 영향력을 서민들을 돕는 데 아낌없이 사용했다. 그는 늘 권력자와 부자들을 이용해 약자와 빈자들에게 도움을 주었을 뿐 아니라, 자기 돈과 재물의 상당 부분도 자선을 베푸는 데에 썼다. 이런 예들은 그의 편지 곳곳에 박혀 있다. 1542년 3월 20일 황제 카를 5세의 베네치아 주재 대사 로페 디 소리아에게 보낸 편지에서, 아레티노는 자기가 받은 황제

---

7 Luzio, *Pietro Aretino nei primi suoi anni a Venezia e la corte dei Gonzaga*, doc. XXXII, p. 94.
8 1531년 10월 8일 아레티노가 마씨미아노 스탐파에게 보낸 베네치아발 편지. *Lettere*, I, n. 28, p. 82.

의 연금 500스쿠도(원래 연금은 200스쿠도였는데, 이 액수는 종종 연체된 금액을 한꺼번에 받은 것으로 보인다)에 대한 영수증을 보냈다고 하면서, 자기에게 손을 내미는 사람들이 많아서 연금을 두 배로 올려 받아도 모자랄 지경이라고 말한다. 그가 마치 왕의 보물창고라도 지키는 사람인 양 그를 보기만 하면 모두들 달려오기 때문이라는 것이다.

가난한 소녀가 아이를 낳으면 그 비용을 대는 건 제 집입니다. 또 누가 옥살이를 하면 그에게 필요한 것은 모두 제가 대야 하지요. 빈털터리 신세의 병사며 곤경에 빠진 순례자며, 하여튼 온갖 종류의 방랑 기사들이 모두 저를 찾아옵니다. 병에 걸린 사람들은 예외 없이 제 약제사에게서 약을 받아가고 제 의사에게서 진료를 받습니다. 두 달도 채 되지 않은 어느 날 이런 일도 있었습니다. 제 집에서 그리 멀지 않은 곳에 사는 한 청년이 부상을 입고는 제 발로 걸어 들어와 저의 집 방 하나를 차지하고 드러누웠습니다. 신음 소리를 듣고 가보니 다 죽어가는 꼴을 하고 있더군요. 이런 소리가 절로 나오더군요. "난 내가 여관을 하고 있는 줄 알았는데 병원이었구먼." 그러니 제가 번번이 굶어 죽겠다고 소리치더라도 놀라지 마시기 바랍니다. 사실 제 집의 짐승 같은 하인 녀석들이 제 돈 수백, 수천을 슬쩍 집어가는 것도 한 이유입니다만, 그렇다고 제가 어쩌겠습니까? 돈을 쌓아놓을 이유가 있나요? 그런 짓은 다른 사람들에게 맡기지요. 돈 걱정 하지 않고 살면 전 그것으로 충분합니다. 제가 이런 식으로 산다는 것을 모두 알고 있습니다. 저는 제게 적당한 정도만 있어도 축복이라 생각합니다.[9]

훗날 아레티노의 출판업자 프란체스코 마르콜리니의 증언에 따르면, 그의 집은 사실상 "언제나 모든 사람에게 개방된 여관"이었다. 아레티노는

---

9 *Lettere*, II, n. 334, pp. 355~356.

여관 주인일 뿐 아니라 동시에 가난한 사람들이 "자비의 은행가"라고 부르는 존재였다. 그가 배를 타고 갈 때면, 지나치는 모든 건물 기둥과 다리마다 소년소녀와 남녀 노인들이 그에게 달려왔고, 그는 그들 각각에게 빵을 사기 위한 돈을 나눠주었다. 이는 안톤 프란체스코 도니―그의 '크레아토'였다가 나중에는 적으로 변신한―의 전언이다.[10]

약자의 후원자

아레티노식 관대함이 사람들에게 돈을 나누어주는 데만 국한되지는 않았다. 그가 영향력 있는 인물들로 하여금 난관에 부딪친 이런저런 사람들을 선처해주도록 간청하는 편지도 다수 남아 있다. 한 예로 억울하게 투옥되어 고문까지 당하고 있던 수도사 줄리오 다 밀라노를 위해 알레싼드로 파르네제 추기경에게 보낸 편지가 있다.

거짓 정보를 들은 당신의 명령에 따라 한 불쌍한 수도사를 무시무시한 감옥의 네 벽 속에 가두어놓았을 때, 단지 동정심을 나타내는 것만으로는 충분치 못하겠지요. 낙망의 구렁텅이로 빠진 그는, 법의 편견과 그의 무죄에 코웃음 치면서 그의 몸과 영혼을 산 채로 묻어버린 사람들에게 끝없이 흐르는 눈물로써 자신의 방면을 탄원하고 있습니다.[11]

예술을 애호했던 아레티노는 기질이 평온하지 못한 젊은 예술가들의

---

10 1551년 5월 20일 마르콜리니가 아레티노에게 보낸 편지. *Lettere scritte a Pietro Aretino*, II, n. 386, pp. 365~366; 1538년 도니가 아레티노에게 보낸 로마발 편지. *Lettere scritte a Pietro Aretino*, I, n. 405, p. 376.

11 1542년 10월 베네치아발 편지. *Lettere*, III, n. 15, pp. 26~28.

멘토와 후원자 역할도 마다하지 않았다. 흥미로운 한 예가 레오네 레오니의 경우이다. 그는 아레티노와 같은 아레초 출신으로 재능이 뛰어난 금세공사이자 조각가였지만, 매우 "충동적인 성격"을 지닌 인물이었고, 특히 마찬가지로 불안한 기질의 소유자였던 벤베누토 첼리니와는 아주 사이가 나빴다. 서로 같은 금세공사라는 사실이 개성이 강한 두 사람의 충돌을 더욱 부추기는 요인이 되었다. 한번은 레오니가 아레티노에게 이런 불평을 했다. 벰보 추기경이 아무것도 아닌 것처럼 보이는 첼리니의 작품에 후한 돈을 주었다는 것이다. 아레티노는 이에 대해 "추기경이 첼리니를 높이 보는 데다, 로마와 파르마를 오간 2년 동안 함께 지냈고, 게다가 그를 존경하는 첼리니의 마음을 알기 때문"이라면서, 항상 관대한 추기경이 레오니의 작품—그는 금은화폐들을 만들었다—도 후하게 쳐줄 것이라고 다독거렸다.[12]

한번은 첼리니가 로마의 감옥에 수감된 적이 있었다. 아레티노는 그때 로마에 있던 레오니에게 첼리니의 방면을 교황에게 청원하라고 다음과 같이 권유했다.

자네 편지를 나에게 전해준 톰마소 수사의 얘기로는 자네가 동료들을 즐겁게 하는 것 이상으로 신을 경배한다고 하더군. 잘한 일이네. 왜냐하면 우리의 모든 지식과 능력이란 신에게서 연유하기 때문이지. …… 자네는 아내와 아이들이라는 보물을 가지고 있지만, 자네를 괴롭히던 그자는 지금 감옥에 갇혀 있네. 자네는 로마에 있고 말일세. …… 무엇보다 중요한 것은 자네가 젊고 건강도 좋고 사람들의 칭송을 받고 있다는 점일세. 그러나 일전에도 말했네만 그러한 축복도 신의 덕으로 돌려야 하는 것이지. 만약 그것을 자네가 잘나서 그렇다고 여긴다면 결국 운명의 시련에 직면할 테니까. …… 그러니 교황에게 자네

---

12 1537년 5월 25일 레오니에게 보낸 베네치아발 편지. *Lettere*, I, n. 133, p. 202.

의 적을 풀어주십사 청원하길 바라네. 그 불행한 자는 사실 유능한 장인이자 근면한 일꾼이라네. 전에는 교황이 애호한 적도 있었어. 더욱이 자네는 교황보다도 오히려 그에게 빚진 게 있지 않은가. 만약 그처럼 뛰어난 인물과 경쟁하지 않았다면 자네의 재능을 교황이 어떻게 알아볼 수 있었겠나. 분명한 점은, 만약 그가 자네를 죽여버리겠다고 호언하는 일이라도 생긴다면, 그때는 그 자신의 명성을 자네에게 주어버리는 결과가 되고 만다는 거지.[13]

이런 권유는 분명히 잘 계산된 것이었다. 첼리니는 실제로 자기가 감옥에서 나가기만 하면 레오니를 죽여버리겠다고 호언하고 있었기 때문이다. 그렇지만 만약 레오니가 그를 방면하는 데 일조한다면 그런 짓을 하기는 힘들어질 것이기 때문이다.

레오니가 아레티노의 골치를 썩인 것은 이로써 끝이 아니었다. 1540년 5월 16일, 레오니의 친구인 야코포 주스티니아니가 아레티노에게 편지를 보내왔다. 레오니가 밀라노의 감옥에 갇혔다는 것이다. 그는 뛰어난 금속 세공 기술로 여러 나라 화폐주조소에서 일한 적이 있었다. 그런데 교황의 독일인 보석상 펠레그리노 디 레우티라는 사람이 그가 화폐를 불법 주조했다고 고발하자, 분개한 레오니는 독일인의 얼굴을 칼로 그어 흡사 "괴물"처럼 만들어놓았다. 시 당국에 끌려간 그는 고문을 당하고 오른손을 절단하라는 판결을 받았으나, 최종적으로는 교황군 갤리선에서 노를 저으라는 것으로 바뀌었다. 이는 사실 죽음 이상으로 가혹한 형벌이었다. 아레티노는 해군 제독 안드레아 도리아와의 친분을 이용해 레오니를 겨우 빼낼 수 있었다. 그런데 6년 뒤, 레오니가 밀라노로 가려는 자신을 따라오지 않는다는 이유로 자기 조수인 마르티노 파스쿠알리고를 죽인 사건이 일어났다. 이번에는 아레티노도 큰 충격을 받고 그를 돕지 않으려 했지만, 그

---

13 1539년 7월 11일 레오니에게 보낸 베네치아발 편지. *Lettere*, II, n. 118, pp. 128~130.

가 두 점의 메달을 보내 도움을 간청하자 그의 놀라운 기예를 아껴 마음을 돌렸다. 레오니는 아레티노가 죽은 뒤인 1559년에는 티치아노의 아들을 죽이고 논을 빼앗으려다 미수에 그치는 등 악행을 계속했다.[14]

주인과 하인

아레티노는 자기 집 하인들에게도 지나칠 정도로 관대했다. 하지만 다른 사람들이 보기에 그것은 관대함이라기보다는 차라리 방치상태에 더 가까웠다. 하인들이 주인인 그에게 버릇없이 굴거나 심지어는 속이기까지 해도 그는 별 말을 하지 않았다. 아레티노와 자주 만찬을 함께 하던 친구 티치아노가 보다 못해 이런 점을 따끔하게 질책한 적이 있었다. 아레티노의 대답은 이랬다.

하녀들조차 내가 그들을 마치 딸처럼 대하기 때문에 나를 이용하고 있다는 자네의 말에, 친한 벗이여, 나는 화가 나기는커녕 오히려 정말로 기분이 좋아지는구먼. 알렉산드로스 대왕의 부친 마케도니아의 필리포스가 승승장구하고 있을 때 자신의 성공에 너무 자만하는 우를 범하지 않도록 신에 기도한 것처럼, 나 또한 언젠가는 군주처럼 살면서 사람들에게 사랑보다는 두려움의 대상이 될 것을 생각하면, 지금은 오히려 내 하인과 하녀들이 나에게 별 존경심을 표

---

14 이 사건들과 관련한 더욱 상세한 전말은 다음을 볼 것. Margot & Rudolf Wittkower, *Born under Saturn: The Character and Conduct of Artists*, intro. Joseph Connors (New York, Random House 1963; New York, New York Review Books, 2006), pp. 190~192. 이 사건들과 관련된 아레티노의 편지는 다음과 같다. 1541년 7월 13일 레오니에게 보낸 베네치아발 편지. *Lettere*, II, n. 268, pp. 299~300; 1552/53년 12월 베네치아발 편지. *Lettere*, VI, n. 275; 1546년 4월 아레티노가 레오니에게 보낸 베네치아발 편지. *Lettere*, IV, n. 38, p. 49; 1546년 4월 아레티노가 레오니에게 보낸 베네치아발 편지. *Lettere*, IV, n. 41, pp. 51~52.

하지 않는 편이 더 좋다네. 이런 무식한 녀석들이 자기들 좋을 대로 일어났다 잠자리에 들었다 한다고 해도 난 그냥 어깨를 으쓱할 뿐이지. 그렇게 하면서 나의 이 행운에 자만하지 않으려 하는 거지. 그러면 당연히 누가 주인인지 누가 하인인지 헷갈리겠지만 말일세. 내가 말하는 모든 것은 내가 비록 가난하지만 자유롭다는 사실에 근거한 것이네. 물론 사람들이 이런 관점을 놀라워한다는 것은 맞는 말이네. 그들은 내가 어떻게 짜증 내지 않고 오히려 즐거워하는지를 의아해하지. 하지만 자네는 내가 왜 이렇게 느끼는지를 아는가? 그 이유는 돈에 대한 사랑이 …… 나에게는 아무런 영향도 끼치지 못하기 때문이라네. 만약 내가 관대하지 않고 인색하다면, 난 아마 화가인 시모네 비앙코처럼 판잣집에서 홀로 지내게 될 걸세.[15]

"가난하지만 *자유롭*"기 때문에 관대해질 수 있다는 아레티노의 주장이 흥미롭다. 그 뒤에는 자신의 성공에 '자만하지 않기' 위해 그렇게 한다는 나름의 성찰이 깔려 있다. 그는 사람들이 자신의 관대함을 '이용'하는 데 때로 짜증을 내기도 하지만, 바로 그런 관대함이야말로 온갖 부류의 사람들을 주변에 모으는 중요한 인기의 비결이라는 점을 잘 알고 있었다. 군주들과 달리 자신의 능력은 '두려움'(temere) 또는 '존경심'(stima)이 아니라 '사랑'(amare)에서 나온다는 것을 벌써 터득하고 있었던 것이다(이러한 사랑과 두려움의 변증법에 대해서는 이미 마키아벨리가 갈파한 바 있다). 아레티노는 타고난 권력자가 아니라 사람들의 인기를 먹고사는 연예인에 더 가까운 존재였다. 다만 하인이나 하층민들에 대한 그의 관대한 면모는 어떤

---

15 1552/53년(연도 미상) 12월 베네치아발 편지. *Lettere*, VI, n. 275, p. 260. 하인을 가족처럼 여기는 아레티노의 이런 태도는 만년에 생겨난 것이 아니었다. 그는 1542년 7월 16일 유대인 의사 엘리아 알판에게 보낸 베네치아발 편지에서도 이렇게 말하고 있다. "나는 내 집에 함께 사는 사람들을 하인이 아니라 가족이라 부르는데, 그것은 내가 그들을 주인으로서가 아니라 차라리 아버지처럼 따뜻한 애정으로 대하고 싶기 때문입니다." *Lettere*, II, n. 404, p. 405.

이성적 계산보다는 자신의 출신이 부여해준 서민적 본능 같은 것을 체화한 데서 비롯된 것이 아닌가 생각된다. 그는 하인들에게 관대하고 사회적 약자들을 도와주는 데서 일종의 자기만족을 얻은 것으로 보인다.

아레티노식 관대함은 만년에 피렌체 공작 코지모 1세가 적절히 표현한 것처럼 "비록 악덕은 아니지만" 그렇다고 미덕이라고 할 수도 없었다. 아레티노의 "관대함"이 "천성적인" 것이라는 점은 분명하다.[16] 그도 자신에게 부족한 미덕이 "분별"이라는 점을 자각하고 있었다. 하지만 그는 이러한 분별을 발휘해 스스로에게 "폭군"이 되기보다는 차라리 본연의 나에 대한 "왕"이 되겠다고 말한다. 오만하지 않겠다는 뜻이다(여기서 그는 통상적인 '분별'의 의미를 전복하고 있다. 남이 보기에는 돈을 "헤프게 쓰는" 그가 분별없어 보이겠지만, 그는 그런 식의 분별이야말로 곧 오만이라고 주장하기 때문이다). 아레티노 자신의 관대한 생활방식이야말로 펜과 종이로써 '인색한' 군주들에게서 돈을 받아내야 하는 그에게는 더 '인간적인' 길이었다. 나아가 그러한 관대함이야말로 그에게는 곧 '자유'에 다름 아니었다.[17]

---

16 1549년 2월 코지모 1세 데 메디치가 아레티노에게 보낸 포초발 편지. *Lettere scritte a Pietro Aretino*, II, n. 13, p. 20.

17 1546년 3월 아레티노가 몽트로티에 수도원장 장 드 보젤에게 보낸 편지. *Lettere*, IV, n. 19, pp. 32~33.

사랑과 연민

여인들

　아레티노는 평생 결혼을 하지 않았지만, 그의 주변에는 언제나 여인들이 넘쳐났다. 그는 천성적으로 여자를 좋아하는 기질을 타고난 것 같다. 그는 여자들을 부드럽고 친절하게 대했다. 가끔 화를 내는 적은 있었으나 그마저도 오래가지 않았다. 그래서 대부분의 여자들은 그를 거부하지 않았다. 여자를 좋아하면서도 너무 깊이는 들어가지 않으려 하는 것이 비록 2세기 후의 인물이지만 자코모 카사노바와 닮았다. 그러나 아레티노는 카사노바와 달리 호색만을 일삼지는 않았다. 그는 어디까지나 '군주를 벌하는 채찍'이었으니까.

　아레티노가 한때나마 가까이한 여인들의 신분과 직업은 다양했다. 고급 창녀인 코르티자나 오네스타를 비롯해 유부녀와 귀족부인도 연인 명단에 들어 있었고, 때로는 자기 집 하녀들과도 관계를 맺었다. 무려 3,300여 통에 이르는 방대한 양을 자랑하는 그의 『서간집』 곳곳에는 이런 여인들과의 길고 짧은 일화가 점점이 박혀 있다. 하지만 그는 어디에서도 자세한 얘기는 하지 않기 때문에, 우리는 종종 극히 단편적인 사실과 사실 간의 공백을 추측으로—물론 매우 그럴듯한 추측이어야 하겠지만—메울 수밖에 없다.

코르티자나

16세기 베네치아는 로마와 더불어 코르티자나의 천국이었다. 많을 때는 그 수가 1만 명을 웃돌 정도였다. 최상의 미모로 인기를 지닌 코르티자나 오네스타의 경우 예기치 않은 불운이 닥치지 않는다면 왕녀나 귀족부인 못지않은 삶을 누릴 수도 있었다.[1] 이들 중 각별히 아레티노와 가까운 사이였던 여인이 세 명 있었다. 그들은 종종 아레티노가 주최하는 '삼총사'—그와 티치아노, 산소비노—만찬에 초대받아 분위기를 고양시켰다. 그 여인들의 특기가 각각 미모, 이야기, 노래라는 점도 재미있다.

안젤라 자페타는 베네치아에서 가장 뛰어난 미녀라는 명성을 얻고 있었다. 그녀는 안젤라 델 모로라고도 불린 것으로 보아 무어인 혼혈이었던 것 같다. 그렇다면 얼굴빛이 약간 가무잡잡했을 것이다. 그녀는 이폴리토 데 메디치가 베네치아를 방문했을 때—아마 추기경이 된 이후인 1530년대 초반일 것이다. 그는 1535년에 세상을 떠났다—그를 환영하는 아레티노의 만찬에 초대받기도 했다.[2] 또한 아레티노의 '학생' 로렌초 베니에로

---

[1] 르네상스기 코르티자나 전반에 관해서는 다음을 볼 것. Lynne Lawner, *Lives of the Courtesans: Portraits of the Renaissance* (New York, Rizzoli, 1987); Georgina Masson, *Courtesans of the Italian Renaissance* (London, Secker & Warburg, 1975). 물론 우리는 그들의 안락한 삶이 극히 소수가 누리던 행운의 소산이라는 점을 잊어서는 안 된다. 그들의 전례 없는 성적 '독립성'도 어디까지나 권력과 부를 누리는 인물들의 후원 아래에서 가능했을 뿐이다. 이러한 역설적 측면에 대해서는 다음을 볼 것. 곽차섭, 「'세상에서 제일 아름다운 것은……': 헤타이라와 코르티자나의 역설」, 『코기토』 62 (2007), 67~85쪽.

[2] Lawner, *Lives of the Courtesans*, pp. 45~46.

가 1530년대 초에 쓴 『자페타의 강간』의 주인공이 되기도 할 만큼 유명세를 치르고 있었다.

자페타와 아레티노는 오랫동안 서로 좋은 관계를 유지한 것으로 보인다. 아레티노는 그녀를 자신의 만찬에 자주 초대했고, 1548년의 한 편지에서는 그녀를 가리켜 "내 혈육인 아드리아만큼이나 그대를 사랑한다"고까지 고백할 정도였다.[3] 그의 과장스러운 표현법을 감안한다 해도, 그가 가장 사랑했던 딸과 비교한 다른 예는 찾기 힘들다.

자페타처럼 유명한 코르티자나에게는 그녀를 좋아하고 후원하는 사람만큼이나 증오하고 공격하는 사람도 많은 법이다. 1537년, 아레티노는 무언가 좋지 않은 소문으로 시달리는 그녀를 위로하면서 이렇게 찬사를 보내고 있다.

나는 그대와 같은 삶을 살아온 여인들 중에서도 기꺼이 그대에게 영광을 돌리겠소. 그대와 함께라면 음란함(lascivia)마저도 품위(onestà) 있어 보인다오 [여기서 그는 자페타가 '코르티자나 오네스타'—품위 있는 창녀—라는 점을 이용해 일종의 언어 유희를 하고 있다]. 그대는 코르티자나적 기술의 영혼인 책략을 사용하되, 단지 남자를 속이기 위해서가 아니라 그들이 그대에게 돈을 쓰면서도 스스로 무언가를 얻었다고 느끼게 하는 재능이 있다오. 그대는 그대의 키스와 애무와 밤의 만남을 솜씨 있게 처리하기 때문에 어느 누구도 그것에 질투를 느끼지 않으며, 따라서 그로 인한 싸움이나 불평도 전혀 생기지 않는다오.[4]

---

3 1548년 12월 아레티노가 자페타에게 보낸 베네치아발 편지. *Lettere*, V, n. 143, p. 119.

4 1537년 12월 15일 아레티노가 자페타에게 보낸 베네치아발 편지. *Lettere*, I, n. 290, pp. 401~402.

그녀는 진실로 "난나와 피파의 기술을 연마하는 모든 사람들을 우습게 알" 정도로 솜씨가 능숙한 코르티자나 오네스타였다.[5] 아레티노가 자페타를 겨냥한 근거 없는 소문들을 일축하고 오히려 그녀의 '기술'을 칭송한 것은 그냥 지나가는 입 발린 말은 아니었다. 바로 1년 전 『난나와 피파의 대화』에서 모녀가 바로 그 기술을 가르치고 배우는 여러 장면을 묘사했던 작가가 다름 아닌 아레티노이고 보면, 대화편 속의 '난나'는 어쩌면 자페타가 아니었을까 하는 생각마저 든다. 어쨌든 무엇보다 위선을 극도로 싫어한 아레티노에게는 그녀를 비난하는 도덕보다는 그녀의 기술이 훨씬 더 중요했을 것이다. 코르티자나에게 그것은 단순한 기술이 아니라 그들의 '아니마', 즉 영혼이었기 때문이다.

피스토이아 출신의 코르티자나 주폴리나는 끊임없이 쏟아내는, 하지만 결코 지루하지 않은 수다로 유명했다. '주폴리나'라는 이름 자체가 수다쟁이라는 뜻이다. 아레티노는 그녀를 "나의 수다쟁이 숙녀"라고 부르면서 자주 그녀의 집을 찾았다. 특이한 것은 주폴리나가 헤르마프로디테―남녀 양성(兩性)을 함께 가진 사람. 헤르메스와 아프로디테의 합성어이다―로 보인다는 점이다. 그녀는 자신의 이런 점을 충분히 살려 종종 남녀 복장(服裝)으로 변신하곤 했는데, 이러한 모습이 남자들의 호기심을 자극한 것 같다. 각별히 그녀에 대한 다음과 같은 얘기는 르네상스기 이탈리아에서 성행한 양성애 관습과 관련해 흥미를 끈다. 그녀는 정말로 헤르마프로디테였을까? 알레싼드로 공작은 과연 그것을 확인했을까?

나는 운 좋게도, 내 집이기도 하고 다른 사람들 집이기도 한 그곳에서, 당신의 아름다운 모습을 두 번이나 볼 기회가 있었지. 한 번은 남장 여자로서, 또 한 번은 여장 남자로서 말이네. 당신은 뒤에서 보면 남자 같고, 앞에서 보

---

5 위의 편지, p. 402.

면 여자처럼 보이지. …… 자연은 당신을 두 개의 성(性)으로 섞어놓은 게 분명한 것 같구먼. 그래서 당신이 어느 때는 남자로 또 어느 때는 여자로 보이도록 만들어놓았던 거지. 사실, 알레싼드로 [데 메디치] 공작이 당신과 잠자리를 같이하려고 했던 것은 다른 이유에서가 아니라, 당신이 진짜로 남녀 한 몸(ermafrodito)인지 아니면 그저 장난으로 그럴 뿐인지를 알아보고자 했기 때문이라네. 당신을 보면, 애기할 때는 훌륭한 숙녀 같다가도 행동할 때는 마치 선머슴 같다니까. 당신을 모르는 사람이라면 누구나, 당신이 이때는 기사 같다가 저때는 종마 같다고 생각할 거야. 아니면 요정이었다가 양치기 같다고나 할까? 아무튼 어떤 때는 기운이 넘치는가 하면 또 어떤 때는 움츠러든단 말이지. 내가 더 무슨 말을 할 수 있겠나? 뒤편에서 보면 옷차림조차 끊임없이 남녀가 교차되기 때문에, 내 수다쟁이 여인이 사실은 수다쟁이 남자가 아닌지, 또는 그 반대일지도 모른다는 식의 의심을 하게 만드니 말일세. 어쨌든 공작과 공작 부인 역시 당신의 음담패설을 아주 재미있어했다네. 당신의 말은 마치 증기가 사라지듯이 당신의 입술을 빠져나가는 것 같았네. 당신의 얘기를 즐기는 사람들에게는 그것이 마치 잣으로 만든 작은 파이 같기도 하고, 벌집 속의 꿀 같기도 하고, 달콤한 마지팬 같기도 하다네. …… 지난밤 나는 당신과 함께 그것을 하는 꿈을 꾸었다네. 당신을 고리에 걸어놓고, 나사송곳을 당신의 국자 속으로 찔러넣었지. 마치 탐욕스러운 사제도, 음란한 탁발승도, 색정적인 수녀도 없는 여흥거리 희극이나 익살스러운 소극(笑劇)이나 간지러운 목가(牧歌)를 보는 느낌이었다네.[6]

주폴리나의 명성은 프랑스에까지 퍼졌다. 앙리 2세의 왕비로, 당시 부왕이 죽은 뒤 왕위를 이은 어린 아들 프랑수아 2세의 배후에서 정치적 영

---

6 1548년 3월 아레티노가 주폴리나에게 보낸 베네치아발 편지. *Lettere*, IV, n. 374, pp. 235~236.

향력을 행사하고 있었던 카테리나 데 메디치가 그녀의 이런 소문에 흥미를 느껴 그녀를 프랑스로 불렀다. 아레티노는 위와 같은 편지에서 모후(母后)가 "피렌체 사람"이기 때문에 그녀를 고향인 "피스토이아로 다시 데려다 줄 것"이니 염려 말라면서 잘 다녀오라고 말한다. 그런데 이런 좋은 기회를 그냥 흘려보낼 아레티노가 아니다. 그는 카테리나 모후에게 보내는 자신의 편지를 그녀에게 부탁했다.[7] 세속의 인간관계란 원래 이런 식으로 꼬리를 물고 연결되는 법이니까.

아레티노가 사랑한 마지막 코르티자나는 프란체스키나 벨라마노였다. 그녀는 고혹적인 소프라노 목소리를 갖고 있었다. 아레티노는 "음악에 정통한" 그녀를 종종 '삼총사' 만찬 자리에 불러 심장과 영혼을 꿰뚫는 "멜로디"와 "아름다운 얼굴"의 유혹을 즐기곤 했다.[8] 그는 만년의 한 편지에서 그녀를 가리켜 "육체와 정신과 목소리라는 세 종류의 아름다움을 느낄 수 있는 여인"이라고 평한 바 있다. "육체는 눈으로, 정신은 정신으로, 목소리는 귀로 감상한다. 그녀는 이러한 감각을 통해 그녀의 목소리를 듣고 그녀를 이해하고 그녀를 바라보는 사람들의 영혼을 즐겁게 만들기 때문에 그녀에게 기대되는 것을 무엇이든 하는 동안에는 지상이 아니라 천상에 있는 것처럼 느끼게 된다"는 것이다.[9]

이 밖에도 아레티노가 "미인의 예"로 꼽은 몇몇이 있는데, 앞서 언급한 안젤라 자페타를 비롯해 코르넬리아 델 마르케제, 안젤라 사라, 마리나 바쉬아돈나가 바로 그들이다(마지막 여인은 코르티자나가 아닌 숙녀였다). 특히

---

[7] 1548년 3월 아레티노가 주폴리나에게 보낸 베네치아발 편지. *Lettere*, IV, n. 418, p. 260.
[8] 1548년 11월 아레티노가 프란체스키나에게 보낸 베네치아발 편지. *Lettere*, V, n. 103, p. 91; 1548년 7월 아레티노가 피에트로 스피노에게 보낸 베네치아발 편지. *Lettere*, V, n. 50, p. 54; 1548년 5월 아레티노가 프란체스키나에게 보낸 베네치아발 편지. *Lettere*, IV, n. 573, pp. 347~348.
[9] 1550년 5월 아레티노가 바쌀로 수도원장에게 보낸 베네치아발 편지. *Lettere*, V, n. 463, p. 368.

안젤라 사라는 첫눈에 아레티노를 불태워버린 여인이다. 아마 아레티노가 자기 집 발코니에서 운하를 오가는 배와 사람들을 감상하고 있을 때 마침 그 아래를 지나가던 곤돌라의 그녀와 눈이 마주친 것으로 보인다. 그는 그녀에게 보낸 편지에서 이렇게 최고의 찬사를 보내고 있다. "발코니에서 그대를 보았을 때, 그리고 배에서 그대가 나에게 인사했을 때" 마치 "해가 구름을 헤치고 나타나는 듯한" 기분이었다고 첫 만남을 즐겁게 회상하는가 하면, "달보다 더 아름답고 해보다 더 따스한" 그녀가 자신의 만찬에 참석해준 것에 고마워하면서, "내일 당신 집으로 가서" 그동안 쌓였던 회포를 풀겠다는 대목도 있다.[10]

좀 뜻밖인 사실은, 1535년을 전후해 베네치아에 잠깐 머무르면서 짧은 기간이지만 그곳 '살롱'을 주도했던 툴리아 다라고나가 아레티노의 편지에는 거의 등장하지 않는다는 점이다. 그가 그녀를 언급한 것은 단 한 번뿐인데, 1537년 파도바 출신의 저명한 문인이자 친구인 스페로네 스페로니가 그녀를 주인공으로 등장시킨 작품 『사랑의 대화』(*Dialogo dell'Amore*)를 간행했을 때였다. 아레티노는 이를 두고 "농담을 하자면", 그녀는 "아무리 써도 줄지 않는 보물을 얻은 셈"이라며 약간 빈정거리는 투로 말했는데, 그것이 전부이다.[11] 툴리아는 주거지였던 로마에서 베네치아와 페라라를 거쳐 피렌체 등지로 옮겨 다녔는데, 가는 곳마다 수많은 자칭 연인들이 그녀 주위로 몰려들었다. 그런데 아레티노는 왜 그녀를 멀리했을까?

불화의 이유와 관련한 실마리는 스페로니의 책보다 1년 먼저 나온 아레티노의 두 번째 대화집 『난나와 피파의 대화』 첫째 날에서 찾을 수 있다.

---

10 1548년 6월 아레티노가 안젤라 사라에게 보낸 베네치아발 편지. *Lettere*, IV, n. 654, pp. 403~404; 1548년 5월 아레티노가 안젤라 사라에게 보낸 베네치아발 편지. *Lettere*, IV, n. 572, p. 347; 1548년(?) 4월 아레티노가 안젤라 사라에게 보낸 베네치아발 편지. *Lettere*, IV, n. 474, p. 292.

11 아레티노가 스페로니에게 보낸 베네치아발 편지. *Lettere*, I, n. 139, p. 211.

여기서 피파가 "왜 그 숙녀는 여기 더 있지 않고 돌아갔느냐"고 묻자, 난나는 "베네치아 사람들은 자신들만의 취향이 있기 때문"이라고 대답한다. 그들은 "15, 6세, 많아야 20세"의 어린 여자를 선호하고, 더욱이 "페트라르카식" 사랑은 좋아하지도 않는다는 것이다.[12] 그때 툴리아의 나이는 25세 정도였고, 그녀의 장기가 바로 페트라르카식의 우아한 궁정풍 시작(詩作)이었으니, 피파와 난나가 주고받은 문답의 주인공은 바로 툴리아였음에 틀림없다.

이런 얘기도 있다. 툴리아는 매력적인 목소리에 류트 연주 솜씨도 보통을 넘는다고 알려져 있었는데, 아레티노는 그녀가 음악적 재능이 있음을 인정하려 하지 않았다.[13] 둘 사이가 틀어진 정확한 이유는 알 수 없지만, 추측하건대 아레티노는 그녀의 지적인 측면을 못마땅하게 생각한 것 같다. 전해오는 이야기를 들어보면 그녀는 아주 총명했으나 결코 미인은 아니었던 듯하다. 아레티노는 그녀를 코르티자나답지 못하다고 여겼을 수 있다. 그녀에게는 안젤라 자페타가 지닌 '코르티자나적 기술'의 '영혼'과 '정수'가 결여되어 있다는 것이다.

덧붙이자면, 16세기 후반 베네치아 최고의 코르티자나 오네스타 중 하나로, 이탈리아 역사가이자 철학자인 베네데토 크로체에 의해 이탈리아 문학사에 등재되기까지 한 베로니카 프랑코는 아레티노의 삶에 나타나지 않는다. 그도 그럴 것이, 아레티노의 만년이었던 1550년 초에 그녀는 이제 겨우 너덧 살의 어린애에 불과했기 때문이다. 만일 아레티노가 10년쯤 더 살았더라면—충분히 그럴 가능성이 있었다—그의 『서간집』 마지막 권 어느 곳에서 우리는 그녀와의 흥미로운 일화를 만날 수 있었을 것이다. 베로니카의 모습이 궁금한 독자라면, 틴토레토 공방에서 제작한 두 점의 초상

---

12 Aretino, *Sei giornate*, p. 202.

13 Masson, *Courtesans of the Italian Renaissance*, pp. 89, 99.

화에서 그녀의 아름다움을 느낄 수 있을 것이다.[14]

숙녀들

그때로서는 어쩌면 당연한 일이겠지만, 아레티노가 '사귀던' 여인들은 코르티자나만이 아니었다. 고하를 막론하고 신분이 어느 정도 이상 되는 귀부인이나 숙녀들의 이름도 그의 수첩에 적혀 있었다. 그중에는 깊이 사랑한 경우도 있고 한때 스쳐 지나간 사랑도 있었다.

마리나 바쉬아돈나는 아레티노가, 코르티자나가 아닌 숙녀 가운데 "미인의 예"로 꼽은 유일한 여인이다. 그는 그녀에게 "당신은 여신"이라고밖에 말할 수 없다면서, "사랑이란 아름다운 것을 향한 욕망이며 좋은 것을 향한 갈망이기 때문에 나는 그대를 사랑하지 않을 수 없다"고 고백한다. 역시 베네치아의 숙녀인 치칠리아라는 여인도 등장한다. 저간의 상황은 알 수 없지만 그녀는 수녀가 된 것으로 보인다. 그는 치칠리아에게 두 개의 묵주(默珠)를 보낸다면서 이렇게 말한다. 하나는 "그대의 영혼을 위해" 다른 하나는 "나의 영혼을 위해." 아마 기도해달라는 뜻이었을 게다. 안토니에토라는 남자의 아내인 카쌍드라에게는 남편이 바람을 피운다고 너무 슬퍼하지 말라며 위로의 말을 건네고 있다. 그러나 아레티노라고 해서 연애에 모두 성공할 수는 없다. 그를 거칠게 뿌리친 여인도 있었다. 파올리나(뒤에 언급할 하녀 파올리나가 아니다)가 그랬다. 아레티노는 신사답게 물

---

14 베로니카 프랑코에 대해서는 다음을 볼 것. Benedetto Croce, *Poesia popolare e poesia d'arte. Studi sulla poesia italiana dal tre al Cinquecento*, 2ª edizione riveduta (Bari, Laterza, 1946), pp. 414~419; Margaret F. Rosenthal, *The Honest Courtisan: Veronica Franco Citizen and Writer in Sixteenth-Century Venice* (Chicago, University of Chicago Press, 1992). 그녀로 추정되는 초상화는 각각 매사추세츠의 우스터 미술관과 마드리드의 프라도 미술관에 소장되어 있다. Cf. Lawner, *Lives of the Courtesans*, p. 58.

러셨지만, 바로 그 때문에 당신을 사랑하지 않을 수 없다는, 진담인지 농담인지 알 수 없는 말을 남기고 있다.[15]

베네치아의 숙녀로서 그 누구보다도 아레티노의 마음을 사로잡은 여인은 안젤라 세레나였다. 뒤에 다룰 페리나를 제외하고는 사랑의 밀도에서 그녀를 따를 여인이 없었다. 당시의 많은 숙녀들이 그랬듯이, 그녀도 남편 잔 안토니오 세레나의 방종을 참지 못하고 위안을 구하고자 아레티노의 집에 들르곤 했다(그가 여인들에게 부드러운 남자였다는 점은 분명하다). 그는 안젤라의 남편에게 편지를 보내, "나쁜 친구에게서 벗어나 좋은 친구와 함께하라"면서 부디 "자네 아내의 사랑으로 돌아오기 바란다"는 충고의 말을 전하고 있다.[16]

아레티노가 "나의 여인" 또는 "나의 생명이자 영혼"이라 부르곤 했던 안젤라 세레나는 그에게 다른 어떤 여자보다 더 "순결"했고, 그래서 자신도 "순결한 마음으로" 그녀에게 바치는 스탄차들을 썼다.[17] 그러나 운필에는 자신이 있는 그도 이 스탄차들만은 잘 써내려가지 못했다. 과도한 사랑의 감정이 오히려 시심(詩心)의 분출을 막은 것일까.

나는 매일 아침 40개의 스탄차를 쓰곤 했다네. 하지만 지금은 단 한 줄도 쓰지 못하고 있다네. 난 『다윗의 참회에 대한 7시편』을 이레 만에, 『코르티자나』와

---

15 1546년 10월 바쉬아돈나에게 보낸 베네치아발 편지. *Lettere*, IV, n. 117, p. 91; 1548년 4월 바쉬아돈나에게 보낸 베네치아발 편지. *Lettere*, IV, n. 539, p. 331; 1547년 5월 치칠리아에게 보낸 베네치아발 편지. *Lettere*, IV, n. 183, p. 126; 1553년 1월 카싼드라에게 보낸 베네치아발 편지. *Lettere*, VI, n. 189, pp. 181~182; 1550년 3월 파올리나에게 보낸 베네치아발 편지. *Lettere*, V, n. 439, p. 347.

16 1537년 5월 12일 아레티노가 잔 안토니오 세레나에게 보낸 베네치아발 편지. *Lettere*, I, n. 125, p. 193.

17 1536년 1월 16일 알베르토 투르코에게 보낸 베네치아발 편지. *Lettere*, I, n. 61, p. 118; 1536년 12월 18일 바스토 후작에게 보낸 베네치아발 편지. *Lettere*, I, n. 81, p. 142; 1537년 10월 27일 도메니코 볼라니에게 보낸 베네치아발 편지. *Lettere*, I, n. 212, p. 302.

『마구간지기』는 열흘 만에, 두 편의 『대화』는 48일 만에, 『그리스도전(傳)』—아마 『그리스도의 자비』를 말하는 것 같다—은 30일 만에 썼지. 그런데 지금 난 「시레나」라는 작품을 쓰느라 무려 6개월째 고통을 겪고 있구먼. 내 신조인 진실에 걸고 자네에게 맹세하네만, 편지 몇 통을 제외하면 난 지금 아무것도 쓰지 못하고 있다네.[18]

몇 달 뒤, 그는 드디어 "천계의 빛을 담은 고요한(원어의 'Sirena'는 곧 그녀의 이름 'Serena'를 뜻한다) 하늘의 이편"이라는 스탄차로 시작되는 소네트를 썼다. 하지만 그때부터 2년여 뒤 그녀는 이 세상 사람이 아니었다. 1540년 2월 1일 로페 디 소리아에게 보낸 편지에서 아레티노는 이렇게 탄식한다. "그녀의 갑작스러운 죽음은 …… 나의 시력을 빼앗고 …… 나의 삶을 지배하던 모든 조화를 깨뜨려버렸다네."[19] 안젤라 세레나가 세상을 떠난 때는 그의 연인 페리나가 1년여를 앓던 중병에서 겨우 회복될 무렵이었다.

카테리나와 딸

아레티노는 일생 동안 결혼하지 않았지만, 가족은 있었다. 카테리나 산델라가 바로 그의 두 딸 아드리아(1537년생)와 아우스트리아(1547년생)의 어머니였다. 그런데 그녀는 유부녀였으며, 바르톨로 산델라라는 인물이

---

18 1537년 5월 15일 프란체스코 달라르메에게 보낸 베네치아발 편지. *Lettere*, I, n. 126, pp. 194~195.
19 1537년 12월 3일 아레티노가 포르투니오 스피라에게 보낸 베네치아발 편지. *Lettere*, I, n. 268, p. 371; 1540년 2월 1일 로페 디 소리아에게 보낸 베네치아발 편지. *Lettere*, II, n. 149, pp. 168~169.

그녀의 남편이었다. 카테리나의 부부생활은 순탄치 못했던 것 같다. 당시의 많은 남자들이 흔히 그랬듯이, 결혼 후 남편 바르톨로가 아내는 거들떠보지도 않고 다른 여자들 꽁무니만 쫓아다녔기 때문이다.

카테리나와 관계가 어떻게 진행되었는지는 명확치 않지만, 그녀가 아레티노의 집에서 하녀로 일하게 된 것은 1528년쯤인 것 같다. 1548년 12월 아레티노가 피렌체 공작에게 보낸 편지에서 "20년 동안 나에게 봉사해온 새 딸아이—둘째인 아우스트리아를 뜻한다—의 엄마에게 집을 사주었다"고 말했기 때문이다. 그때는 그가 베네치아에 온 거의 직후였다. 그러다가 1532년부터는 아예 집에서 함께 산 것으로 보인다. 두 사람의 관계가 달라진 것도 아마 이때부터였을 것이다. 역시 1548년 12월 의사인 디오니지 카푸치에게 보낸 편지에서 그가 "나와 함께 산 16년 동안 거의 입을 연 적이 없었다"고 할 만큼 그녀는 매우 조용한 성격이었다.[20] 1537년 6월 초 카테리나와의 사이에서 아레티노의 첫딸 아드리아가 태어났다. "아드리아 해의 파도 가까이에서 태어났다"는 뜻에서 그런 이름을 지었다고 한다. 아마 베네치아가 자신에게 보여준 환대에 감사한다는 뜻이었을 것이다. 아드리아의 대부(代父)는 로마 시절부터 친했던 화가 세비스티아노 델 피옴보와 베네치아에서 알게 된 아레티노의 출판업자 프란체스코 마르콜리니였다.[21]

1540년 3월 그가 카테리나에게 보낸 편지에서 이제 남편과 함께 시골 집에서 자기 집으로 돌아오라고 한 것으로 보아, 이때쯤 아레티노는 카테리나를 바르톨로 산델라와 혼인시킨 것으로 보인다. 아레티노의 말에 따

---

20 *Lettere*, V, n. 141, p. 118; *Lettere*, V, n. 147, p. 121.

21 1537년 6월 15일 세비스티아노 델 피옴보에게 보낸 베네치아발 편지. *Lettere*, I, n. 147, pp. 219~220; 1551년 5월 20일 마르콜리니가 아레티노에게 보낸 편지. *Lettere scritte a Pietro Aretino*, II, n. 386, p. 367. 마르콜리니가 "당신의 호의로 두 딸의 세례식에 초대받았다"는 것으로 보아, 그는 아우스트리아의 대부이기도 했다. 다른 대부 중 한 사람은 아드리아의 경우와 마찬가지로 세비스티아노 델 피옴보였을 것이다.

르면, 바르톨로는 "고귀한 혈통"으로 수많은 신사를 자신의 혈족으로 둘 만한 집안 출신이라는 것이다. 그의 조상은 원래 루카에 살았으나 약 200년 전 금화 20만 두카토를 가지고 베네치아에 터를 잡았다. 딸들도 모두 지체 높은 집안으로 출가했다. 그런데 바르톨로의 숙부인 루이지와, 그리고 역시 연로했던 아들이자 그에게는 사촌이었던 마르칸토니오가 죽자, 그는 그들의 재산 절반을 상속받아 부자가 되었다. 아레티노는 "신이 그녀에게 결혼을 허락했다"면서, 남편을 잘 섬기라고 권유하고 있다.[22]

그러나 바르톨로는 생활이 방탕한 탓에 몇 년 지나지 않아 재산을 모두 탕진한 것으로 보인다. 심지어는 아드리아의 목에 걸어준 목걸이마저 훔칠 정도였다. 아레티노는 속상해하는 카테리나에게 "침대"는 포기하고 그저 "아내" 역할에만 만족하라고 조언한다. "질투심 많은 소녀"가 아니라 "겸손한 여인"으로 행동하라는 것이다. 목걸이 사건에 대해서는 진작 예상했던 일이 아니냐면서, 자신은 경찰을 불러줄 생각이 없으니 그냥 조용히 넘어가라고 말한다.[23] 이때가 1548년인데, 그때 이미 그녀는 아레티노의 집을 나와 다른 집에서 남편 및 딸들과 살고 있었다. 그 집은 앞에서 말한 바와 같이 아레티노가 사준 것이다. 하지만 아레티노 집에서 계속 하녀로 일하고 있었던 것 같다.

아레티노는 카테리나를 결혼시킨 후에도 계속 돌봐준 것으로 보인다. 1542년 여름 그녀가 중병에 걸렸을 때도 유명한 유대인 의사 엘리아 알판을 불러 고비를 넘기도록 도와주었다. 그해 7월, 아레티노는 "병상(病床)에서가 아니라 차라리 무덤에서" 회복되었다고 할 정도로 위중했던 병을 고친 이 명의(名醫)에게 어떻게 보답해야 할지 모르겠다면서 그의 뛰어난 의술을 칭송하고 있다.[24]

---

22 1540년 3월 27일 카테리나에게 보낸 베네치아발 편지. *Lettere*, II, n. 177, pp. 200~201.
23 1548년 3월 카테리나에게 보낸 베네치아발 편지. *Lettere*, IV, n. 408, p. 255.

1547년 12월경 카테리나가 둘째 딸 아우스트리아를 낳았다. 그녀의 이름은 아레티노가 카를 5세를 기리는 뜻에서 붙인 것이었다. 첫딸 아드리아와는 무려 10살 터울이었다. 당시 56세로 결코 적지 않은 나이였던 아레티노는 은근히 자신의 노익장을 과시하고 있다. 그는 또한 애 보는 사람을 쓰자는 카테리나의 말에, 두 딸을 그들에게 맡기지 말고 자기 집에서 키우면 아이들은 "애정 어린 말"과 "사랑"으로 더 잘 자라게 될 것이라는 말도 하고 있다.[25] 아이들을 사랑하는 그의 마음이 물씬 풍기는 대목이다. 그는 사실 딸들과 천진난만하게 놀면서 행복해하는, 또한 딸들에게 아주 자상한 그런 사람이었다.

아레티노는 카테리나를 가슴이 불타오르게 만드는 연인이라기보다는 깊고 잔잔한 정이 흐르는 아내처럼 생각한 것으로 보인다. 자신의 딸을 낳아주었을 뿐 아니라 언제나 말없이 가사를 돌봐주는 그녀야말로 매사에 즉흥적이었던 그에게는 현실적으로도 매우 필요하고 고마운 존재였을 것이다. 1546년 1월, 아레티노가 카테리나에게 보낸 한 편지에는 그녀에 대한 이런 감정이 잘 드러나 있다. 그는 시골에 가 있는 그녀에게 아드리아를 낳고 키우느라 어머니로서 얼마나 노고가 큰지 고마움을 표시하면서 이렇게 속내를 밝히고 있다. "내가 당신에게 품고 있는 애정은 내 가슴속에 깊이 아로새겨져 있어서, 그리고 당신을 몹시도 사랑하고 그래서 당신이 잘되기를 진심으로 바라기 때문에, 당신이 없는 지금 어떻게 당신에게 말을 건네야 할지 모르겠소. 내가 무슨 말을 해도 내가 품고 있는 당신을 향한 애정을 표현할 길이 없을 거요. …… 내가 곧 당신이고 당신이 곧 나이니까(essendo io te, e tu me)."[26]

---

24 1542년 7월 16일 엘리아 알판에게 보낸 베네치아발 편지. *Lettere*, II, n. 404, pp. 405~406.
25 1547년 10월 페란테 몬테제에게 보낸 베네치아발 편지. *Lettere*, IV, n. 233, p. 155; 1547년 12월 카테리나에게 보낸 베네치아발 편지. *Lettere*, IV, n. 272, p. 175.

페리나

아레티노에게 카테리나가 아내 같은 여자였다면 페리나 리차는 딸 같은 연인이었다. 그녀는 카테리나와 달리 주체할 수 없는 사랑의 감정을 솟아나게 만드는 홉사 요정 같은 여자였다. 페리나도 유부녀였으며, 남편은 그의 휘하에 있던 '학생' 폴로 바르톨리니였다. 아레티노가 그녀를 사랑하게 되자, 페리나와 두 남자는 이른바 삼각관계에 이르게 되었다. 그녀가 남편과 함께 도망갔을 때 그는 격노했지만, 종국에는 중병에 걸린 그녀를 지극히 보살폈고, 그녀가 죽었을 때는 비탄에 빠졌다. 아레티노가 일생 동안 연인으로서 가장 사랑한 여인을 한 명 들라면 페리나 리차가 바로 그 사람이었을 것이다.

페리나의 존재에 대한 최초의 언급은 1537년 3월에 나타난다. 처음에는 아레티노도 그녀를 딸처럼 생각했다. 1537년 3월 1일, 카테리나가 아드리아를 낳기 몇 달 전, 아레티노는 바르바라 랑고네(그녀는 모데나의 백작이자 용병대장인 귀도 랑고네의 아내이다)에게 보낸 편지에서, 그녀가 보내준 리옹산(産) 금사(金絲)로 짠 도블렛(꼭 끼는 상의)에 감사의 말을 전했다. 그러면서 그 옷을 곧 "나의 한 젊은 크레아토"의 신부가 될 페리나 리차에게 주겠다고 말한다. 아레티노가 그녀를 입양했으며, 노년에 자신을 돌보게 할 작정이라는 것이다. 당시 그녀는 14살이 조금 못 되는 나이였다. 그녀가 자신을 "아버지이자 어머니"라고 부른다는 말도 덧붙였다. 아드리아가 태어난 직후인 9월, 페리나가 아레티노에게 딸이 몇 명이냐고 묻자 그는 "둘"이라고 대답했다. 하지만 "자신의 혈육보다도 그녀를 더 우선한다"고 말할 정도로 그녀를 사랑한다는 것이다(이즈음 이미 페리나를 향한 새로운 감정이 싹트고 있었다고도 볼 수 있다). 페리나와 카테리나는 언제

---

26 *Lettere*, III, n. 603, pp. 459~460.

나 "서로 껴안고 다닐 만큼" 가까워서 자기는 참 편안하다는 말도 했다.27

페리나가 결혼한 때는 1537년 9월이나 10월쯤으로 보이는데, 약 2, 3개월 동안 비교적 평온했던 그들 사이의 관계가 틀어진 것은 12월 중순경인 듯하다. 같은 해 12월 10일 아레티노는 페리나의 시어머니 마딸레나 바르톨리니에게 보낸 편지에서, 그녀가 올리브 한 항아리를 보내주어 감사하다면서(올리브의 종류를 장황하게 늘어놓고 있다), 폴로가 페리나와 함께 있으면 그녀의 사랑스러운 모습에 마치 영주라도 된 듯 우쭐대며 생기가 돈다는 말을 하고 있기 때문이다(그때 이 부부는 아레티노의 집에 살고 있었다).28 여기에는 어떤 불화의 낌새도 없다.

그러나 정확히 일주일 뒤면 분위기가 확연히 달라진다. 아레티노는 12월 17일 프란체스코 로타(그는 페리나의 어머니 마리에타 리차의 변호사이다)에게 보낸 편지에서, 페리나가 그녀에 대한 자신의 정성을 알아주지 않는다고 한탄하면서, 그런 "배은망덕함"을 당한 "남자의 분노"가 어떤 것인지를 은근히 암시한다. 이로 보아 12월 10일과 17일 사이에 아레티노와 페리나 사이에 꽤나 심각한 일이 있었던 것 같다. 그녀는 그사이 아레티노의 집을 떠나 인근의 어머니 집에 가 있었던 것으로 보인다.29

이 '사건' 이후 페리나가 아레티노의 삶에 다시 등장하는 것은 1538년 8월 4일자로 루카의 의사이자 문인인 아고스티노 리키에게 보낸 편지에서이다(그도 폴로처럼 젊은 시절 아레티노의 '크레아토'였다).30 "탁월한 디오

---

27 *Lettere*, I, n. 100, p. 165; 1537년 9월 2일 페리나에게 보낸 베네치아발 편지. *Lettere*, I, n. 180, p. 264; 1537년 9월 15일 페리나의 삼촌 프란체스코 지코토에게 보낸 베네치아발 편지. *Lettere*, I, n. 184, pp. 269~270.

28 *Lettere*, I, n. 283, p. 392.

29 *Lettere*, I, Appendice 4, p. 517.

30 판본에 따라 어떤 경우는 똑같은 편지가 1537년 12월 28일 미켈라뇰로 비온도에게 보내진 것으로 되어 있다(*Lettere*, I, n. 331, pp. 457~460). 하지만 1538년 이 일과 연관된 다른 사건이 일어난 것으로 보아 이 편지는 1538년 8월자로 보는 편이 더 합리적인 듯하다.

니지 카푸치의 물약은 몸에 아주 좋고 해는 거의 없기 때문에, 페리나에게 그것을 조금 먹였다"는 첫머리의 구절로 보아, 아레티노와 페리나의 관계가 다시 좋아진 것으로 보인다. 그렇다면 1537년 말에서 1538년 여름 사이에 무슨 일이 있었단 말인가. 아레티노의 편지에는 이와 관련한 단서가 거의 없다. 다만 1538년에 나온 『베르니의 피에트로 아레티노 전기』에 실마리가 될 만한 내용이 실려 있다. 요약하자면, 페리나에게 반한 아레티노 때문에 폴로와 페리나의 부부관계에 문제가 생겼다는 것이다. 1538년 5월 12일, 아레티노는 불경죄와 '소도미아'—동성애 또는 이단을 가리키는 말. 그리스도교 성서의 소돔에서 나왔다—를 범한 죄로 베네치아 당국에 고발당한다. 그를 고발한 사람은 페리나의 어머니 마리에타이거나 페리나의 시어머니 마딸레나로 추정된다. 당국에 체포될까봐 두려웠던 아레티노는 추적을 피해 베네치아를 잠시 떠나지 않으면 안 되었다. 그가 다시 돌아온 때는 그해 5월 28일이었다. 이 사건은 그의 유력한 친구들 덕분에 잘 해결됐지만, 한동안 베네치아의 호사가들로 하여금 입방아를 찧게 만든 추문이었다. 이 모든 것이 "아름다운 소녀" 페리나를 향한 주체할 수 없는 사랑의 감정 때문에 일어난 일이었다. 베르니의 전기는 아레티노가 진심으로 그녀를 사랑한 것 같다고 적고 있다.[31]

카푸치의 '물약'에도 불구하고 페리나의 병은 점점 깊어간 것으로 보인

그래서 여기에서는 다음 판본을 따랐다. Aretino, *Lettere. Il primo e il secondo libro*, a cura di Francesco Flora con note storiche di Alessandro del Vita (Roma, Mondadori, 1960), n. 334, pp. 426~428.

31 Francesco Berni (Pseudo), *Vita di Pietro Aretino scritta da Francesco Berni* (Milano, G. Daelli e C., 1864), p. 27. 이 고발 건에 대한 베네치아 당국의 기록은 남아 있지 않다. 그러나 당시 베네치아 주재 만토바 대사 베네데토 아녤리는 아레티노가 도피했다가 돌아온 일을 보고하고 있다. Cf. Carlo Bertani, *Pietro Aretino e le sue opere, secondo nuove indagini* (Sondrio, E. Quadrio, 1901), pp. 151~152; Angelo Romano, "I biografi dell'Aretino, dallo pseudo-Berni al Mazzuchelli" in *Pietro Aretino nel cinquecentenario della nascità*, 2 tomi. (Roma, Salerno, 1995), t. II, pp. 1064~65.

다. 1540년 2월 1일 로페 디 소리아에게 보낸 편지에서 아레티노는 그동안 그녀의 병세가 얼마나 위중했으며, 그 때문에 자기가 얼마나 노심초사했는지를 밝히고 있다. 그는 상심했으나, 곧 기운을 차려 그녀를 성심성의껏 간호했다. 그녀는 인근 감바라레(Gambarare)—베네치아 초호 지역에서 약 20킬로미터 떨어져 있는 내륙의 시골 마을. 바닷가재(gambari)가 많이 나서 이런 이름이 붙었다고 한다—에 있던 그녀의 어머니 집에 머물고 있었다. 아레티노는 밤낮을 가리지 않고 수시로 그녀를 보러 갔다. 겨울철 날씨가 궂어서 웃돈을 주어도 그곳에 가려는 배가 없을 때는 억수처럼 내리는 폭우를 머리로 맞으며 자기가 직접 배를 저어 가기도 했다고 고백한다. 그렇게 해서 겨우 그녀의 병상에 도착하면, 그녀의 "푹 꺼진 눈과 움푹 팬 뺨과 쓴 내 나는 입에 정신없이 키스를 퍼부었다." 그녀는 이미 원래의 아름다움을 잃었지만, 병상에서 고통받는 그녀의 모습이 더욱더 그의 사랑을 부채질했다고 아레티노는 쓰고 있다. 병세에 아무런 차도가 없자 그는 다시 실력 있는 유대인 내과의사 엘리아 알판을 불렀다(그는 한때 카테리나도 치료한 전력이 있다). 천행으로 13개월 만에 페리나의 병이 나았다.[32]

그러나 1년여 후인 1541년 8월경, 또다시 페리나의 도피사건이 발생했다. 그녀가 그의 크레아토 중 하나와 도망친 것이다. 아마 무언가 귀중품들도 훔쳐갔을 것이다. 그는 "거의 헐벗다시피 한 채로 내 집에 왔던 그녀가 어떻게 명주와 공단과 목걸이와 진주로 치장하고 명예와 존경으로 대접받았는지 여기서 세세히 다 말하지는 않겠네"라면서, 그토록 오랫동안 극진히 병구완을 해서 살려놓은 그녀가 어떻게 자기를 이런 식으로 배신할 수 있느냐고 절규한다. 그녀의 행위를 보면 "여자들은 …… 남자들이 신의 모습을 닮은 것 이상으로 악마와 닮았다"는, 평소의 그에게서 듣기

---

32 *Lettere*, II, n. 149, pp. 167~170; 1545년 9월 엘리아 알판에게 보낸 베네치아발 편지. *Lettere*, III, n. 309, p. 275.

힘든 극단적인 말까지도 서슴지 않는다. 아레티노의 비탄은 이렇게 이어진다.

> 여기 이 세상의 안락이란 안락은 다 누린 사악한 여인이 있다. 여기 나에게는 언제나 진실할 것이라고 맹세한 여인이 있다. 여기 그 어느 때보다도 그녀를 믿고 있던 바로 그 시각에 악함을 업으로 하는 26세의 한 녀석과 줄행랑친 여인이 있다. 쾌락에 온몸을 맡기고 모든 종류의 악에 빠져버린 그녀의 죄는 함께 도망친 놈팡이보다 더 무겁다.[33]

아레티노는 이제 "그녀에 대한 노예상태에서 벗어나" 아주 "행복하다"면서, "그녀는 결코 그렇게 대접받을 자격이 없다"고 외친다.[34] 그런데 그는 진정으로 그린 노예상태에서 해방된 것일까. 아니었다.

약 4년 뒤인 1545년 9월, 도망쳤던 페리나가 결핵이 심해진 상태로 아레티노에게 돌아왔다. 그는 말없이 그녀를 받아주었다. 이전에 그녀를 성공적으로 치료했던 알판을 불렀지만, 이번에는 병이 너무 깊어서 치유 가능성이 없었다. 그는 "폐에 혈농(血膿)이 가득 찼다"면서 벌써 "몇 달째 각혈을 계속하는데도" 그녀가 이렇게 살아 있는 것이 기적이라는 말을 알판에게 전하고 있다. 페리나는 결국 감바라레의 집에서 어머니가 지켜보는 가운데 세상을 떠났다. 아레티노는 "임종이 가까워졌을 때, 내가 그녀에게 보낸 편지를 보고 싶다고 한" 페리나의 말을 전해 듣고 더욱 비탄에 잠겼다. 그 직후 한 친구에게 보낸 편지에서 아레티노는 이렇게 썼다. "나의 사랑을 받기 위해 태어난" 페리나의 죽음으로 "나 또한 죽어가고 있다네."[35]

---

33 1541년 8월 12일 페라구토 디 라차라에게 보낸 베네치아발 편지. *Lettere*, II, n. 275, p. 306.
34 위의 편지.

페리나를 향한 아레티노의 사랑은 그녀의 죽음에도 불구하고 쉽게 사그라지지 않았다. 1548년 1월, 그는 비트루비우스의 속어 번역가로 유명한 베네치아의 문인 다니엘레 바르바로에게 이런 편지를 보냈다. "시간이야말로 영혼의 병을 낫게 해주는 의사라는 말을 모르는 바 아니네만, 페리나를 향한 애정 때문에 그토록 아팠던 내 마음의 병이 과연 그동안 치료되었는지는 여전히 스스로 확신이 서지 않는다"면서, "그녀가 죽었을 때, 나 또한 죽었다고 한 내 말은 사실"이라고 고백하고 있다. 그녀에 대한 아픈 사랑의 기억은 1년여 후에 다시 나타난다. 1549년 9월 벰보의 비서였던 볼로냐의 문인 안토니오 안젤미에게 보낸 편지에서 아레티노는 "인간의 비르투(능력)는 쿠피도의 힘보다 약하다"면서, 그가 페리나에게 주었던 "크나큰 사랑"과 "진실한 사랑"과 "유일한 사랑"을 회고한다.[36] 이것이 그녀에 관한 그의 마지막 기록이었다.

이상한 동거

카사 아레티노에는 여러 여인이 함께 기거한 것으로 보인다. 그가 말했듯이, 마리에타, 키아라, 마르게리타처럼 "한때 나의 하녀였다가 지금은 숙녀가 된" 여인들도 있었는데, 그들은 자신들을 '아레티네'—아레티노의 여인들—라고 불렀다. 하녀들은 종종 자기 딸과 그곳에서 숙식을 함께 했다. 마리에타는 딸 파올리나와, 포코필라는 딸 마르게리타와 함께 살았다. 아레티노는 파올리나의 대부(代父)이기도 했다. 그는 대체로 그들에게

---

35 1545년 9월 엘리아 알판에게 보낸 베네치아발 편지. *Lettere*, III, n. 309, p. 275; 1545년 9월 마리에타 리차에게 보낸 베네치아발 편지. *Lettere*, III, n. 312, p. 277; 1545년 10월 지롤라모 팔라비치노에게 보낸 베네치아발 편지. *Lettere*, III, n. 345, p. 302.

36 *Lettere*, IV, n. 324, p. 203; *Lettere*, V, n. 321, p. 248.

주인이라기보다는 사람 좋은 아버지나 스스럼없는 친구 같은—그는 하녀들도 자기와 가까운 신분 높은 다른 사람들처럼 친구 또는 동무라는 뜻의 '콤파레'(compare)라고 불렀다—존재여서, 그의 친구인 티치아노나 마르콜리니가 하녀들이 아레티노에게 예의 없이 막 대한다고 눈살을 찌푸릴 정도였다. 하지만 그가 마냥 그런 것만은 아니었다. 파올리나의 천박한 언동에 대해서는 마리에타에게 어머니로서 딸을 그렇게 버릇없이 키워서는 안 된다는 경고의 말을 보낸 적도 있다. 아레티노가 "나의 우유이자 포도주"라고 불렀던—무슨 뜻일까? 음식을 마련해준다는 의미일까, 아니면 그 이상의 무엇을 담고 있는 말일까?—루치에타라는 하녀는 잘못을 저지르자 벌을 받을까 두려워 도망쳤으나, 아레티노의 화가 잦아들자 도로 돌아오기도 했다. 그는 때로 말로써 충고와 경고를 하기는 했지만, 실제로 벌을 준 적은 거의 없었다.[37] 아레티노의 집에는 하녀들뿐만 아니라 코르티자나나 숙녀들도 수시로 들락거렸기 때문에, 방문객들은 그곳에서 언제나 몇 명의 여자를 발견할 수 있었을 것이다. 이미 언급한 카테리나와 페리나의 예가 이런 여인들과의 동거, 그리고 때로 발생하는 도피 행각의 일단을 잘 보여준다.

현대의 독자들에게는 카사 아레티노에서 있었던 이런 식의 동거가 매우 이상해 보일 수 있다. 사실 당시의 기준으로도 이를 '정상적'이라고 보기는 어렵다. 그렇다고 이를 반드시 문란한 성적 난행(亂行)으로만 치부할 수는 없다. 아레티노가 여자를 좋아하는 기질이었던 것은 분명하지만, 그는 어떤 의미에서든 결코 그들을 착취하지는 않았다. 그는 그들을 부드

---

[37] 1545년 1월 프란체스코 마르콜리니에게 보낸 베네치아발 편지. *Lettere*, III, n. 124, p. 138; 1548년 4월 마리에타에게 보낸 베네치아발 편지. *Lettere*, IV, n. 542, p. 332; 1543년 10월 포코필라에게 보낸 베네치아발 편지. *Lettere*, III, n. 46, p. 67; 1547년 12월 스페로네 스페로니에게 보낸 베네치아발 편지. *Lettere*, IV, n. 275, p. 178; 1547년 12월 루치에타에게 보낸 베네치아발 편지. *Lettere*, IV, n. 275, p. 178; 1548년 4월 루치에타에게 보낸 베네치아발 편지. *Lettere*, IV, n. 434, pp. 269~270.

럽고 친절하게 대했으며, 종종 자기가 선물로 받은 보석이며 의복들을 아낌없이 주었다. 그를 두고 "악덕"은 아니지만, "천성적인 관대함"(natural liberalità)이 몸에 밴 사람이라고 한 피렌체 공작의 평은 바로 그의 이런 측면을 가리킨 것이었다.[38] 이런 '이상한' 동거를 두고 한 학자는 그것을 차라리 '대가족'이라고 부르는 편이 낫다고 말하기도 했다.[39] 어떤 면에서 이는 계부·계모나 입양아와의 생활이 낯설지 않은 현대 미국의 가족과 닮아 있기도 한데, 아레티노의 여자 편력과 관대한 태도가 만들어낸 기묘한 가족이다. 심리적으로는 어머니의 사랑을 온전하게 받지 못하고 빈한한 집에서 홀아버지와 함께 보냈던 그의 아동기의 소산이기도 할 것이다. 페리나의 예에서도 보았듯이, 아레티노 스스로 종종 어머니의 역할을 자처한 것도 이 때문이 아닐까?

'코르바초'

이런 식의 가족과 가정이 만들어진 데에는 결혼을 부정적으로 바라보는 그의 시각도 한몫했다(이런 태도는 중세와 르네상스기의 남자들에게는 보편적이었다). '크레아토'였던 잔암브로조 에우제비가 자신이 쓴 시를 보내 읽어봐달라고 부탁하자, 1537년 6월 1일자로 그에게 보낸 편지에서 아레티노는 갑자기 장황하지만 단호한 어조로—마치 보카치오의 『코르바초』(Corbaccio)를 보는 것 같은—절대 결혼은 하지 말라고 권한다. 그 이유인 즉 이렇다.

---

38 1549년 2월 3일 코지모 1세 데 메디치가 아레티노에게 보낸 피렌체발 편지. *Lettere scritte a Pietro Aretino*, II, n. 13, pp. 20~21.

39 Lawner, *Lives of the Cowztesans*, p. 66.

아내를 얻기보다 연인을 얻는 편이 자네에게는 더 나을 걸세. 자네에게는 대단히 미안하네만, 부유하지 않은 남자가 사랑에 빠지면 모든 종류의 재앙을 뒤집어쓰는 것과 같다네. 그렇지만 내 조언만 따른다면 이런 재앙은 면하게 될 걸세. 먼저 사랑을 향한 첫 충동을 반드시 견뎌내야 하네. 사랑이란 자네의 욕정을 충족하려 하면서 시작되어 결국에는 자네가 누린 쾌락을 후회하면서 끝나는 광란에 다름 아니라네. 결혼? 결혼식에 갔지만 결혼은 하지 못했다고 말하는 사람이야말로 행운아라네. 누가 아내를 가져야 하는지 아는가? 욥보다 더 잘 참는 법을 배우고자 하는 사람이겠지. 만약 집에서 아내가 저지르는 문제들을 참을 수 있다면 밖에서 겪는 어떤 모욕도 견딜 수 있을 것이니, 그는 진실로 오래 참는 데는 도가 튼 사람일 걸세. 만약 자네가 아내로 삼고 싶어 하는 여자가 자네 말대로 미인이라면, 그녀를 지키고자 자네는 더 큰 시련에 부딪힐 것이니. 만약 그녀가 별 볼일 없는 여자라면, 자네는 틀림없이 후회의 굴레 속에서 허우적거리겠지. 또한 자네가 그녀의 미덕을 뽐내면 뽐낼수록, 자네는 점점 더 스스로의 판단에 의혹을 느낄 것이네. 왜냐하면, 여자라면 잘 알고 있는 바이지만, 여자의 정숙이라는 문을 열려면 음악·노래·학식이라는 열쇠가 반드시 필요한 법인데, 정작 여자들은 결혼을 이런 열쇠를 얻는 데 필요한 것으로 여기지를 않는단 말씀이야. 결혼을 신성하다고 생각지 않는 것은 물론이고. …… 결혼에서 최악의 문제는, 자네는 아내에게 편안함을 선사해주겠지만 아내는 그것들을 자네에게 주지 않을 거라는 점이지. 아마 자네의 흐트러진 침대는 말씨름과 다툼의 장소로 변하고 말 거야. 게다가 언제까지 풋내기 청년일 수는 없을 테니, 나이까지 들어보라지. 아내라는 무거운 짐은 마치 어깨에 산이라도 짊어진 것처럼 천근만근일 거야. 결국 그녀를 두들겨 패든지 아니면 끝없이 참는 수밖에. …… 자네는 집을 들락거리면서 이렇게 중얼거리겠지. "이 여자를 누구에게 맡겨놓고 있는 건가? 어떤 놈과 함께 놀아나는 꼴을 보지는 않을까?" 그러면 질투심으로 이가 갈릴 거야. 이제 교회에 가건 광장에 가건, 지금까지 살았던 모든 아내의 남편들이 그랬듯이, 그런 걱정으로 가득 찰 걸세. 만약 꼭 대를 이을 녀석이 필요하다면, 다른 남자의 아내에게서 자식을 보게나. 그건 간통이 아닐까 가책을 느낄 수도 있겠지. 그러면 선과 미덕으로 최선을 다해 자네 아들을 적자(嫡子)로 만들어주게나. 자네가 선과 미덕을 베풀수록 그의 출생은 고귀해 보일 테고, 사람들은 그의 어머니가 지은 죄를 어느덧 잊을 테니까 말일세.[40]

이어서 아레티노는 여자를 향한 열망이 식을 때쯤에야 비로소 좋은 시를 쓸 수 있을 것이라고, 에우제비의 시작(詩作)에 대한 자신의 답을 주고 있다. 그는 에우제비의 방탕보다는 그의 시적 재능을 낮추본 것 같다.

그러나 그는 일단 결혼한 사람들에게는 결혼생활을 잘하라고 조언한다. "신은 …… 인류를 증식하고 한 사람이 다른 사람의 위치를 차지하도록 하기 위해 …… 결혼이라는 제도를 만들었다"는 것이다.[41] 물론 자신에게는 해당되지 않는 말이었다. 그는 "대를 이을 녀석이 필요하다면, 다른 남자의 아내에게서 자식을 보게" 하라거나 그 일에 도덕적 가책을 느낀다면 그 자식을 "적자로 만들어주라"고 했지만, 그는 아들이 없었고, 그래서 그랬는지 딸들은 서자 또는 사생아로 남겨두었다. 그러고는 이렇게 말한다. "내 딸들은 결혼이라는 성사(聖事)에서는 사생아이지만, 혈육의 정에서는 적자 이상이라네".[42]

---

40 1537년 6월 1일 잔암브로조 에우제비에게 보낸 베네치아발 편지. *Lettere*, I, n. 135, pp. 204~205.

41 1537년 5월 12일 아레티노가 잔 안토니오 세레나에게 보낸 베네치아발 편지. *Lettere*, I, n. 125, p. 193.

42 1548년 4월 니콜로 프란초토에게 보낸 베네치아발 편지. *Lettere*, IV, n. 493, p. 305.

결말을 향하여

아드리아

자기 말대로 지극한 "혈육의 정"을 느꼈던 딸 아드리아를 좋은 남편에게 시집보내는 것이 만년의 아레티노가 지닌 소원 중의 소원이었다. 신이 그에게 딸들을 결혼시킬 수 있도록 은총을 베푼다면, 자신은 "다른 어떤 부도 바라지 않겠다"고 고백했다.[1] 딸이 10대 초반이 되면 혼처를 구하는 것이 그때의 관습이었다. 아드리아는 아마 '청순미인'이었던 것 같다. 그는 동향(同鄕)의 화가 바자리에게 그녀의 미모를 이렇게 자랑했다. "저명한 화가 티치아노도 확언한 바이네만, 얼굴에 세속의 천박함이 전혀 보이지 않는 소녀는 아드리아 말고는 본 적이 없다고 하네. 특히 그 애의 이마와 눈과 코는 티타(사람들은 이 훌륭한 여인을 이렇게 불렀다네)—그녀는 아레티노의 어머니이다—를 꼭 빼닮아서, 내가 아버지가 아니라 그녀가 그 애의 어머니인 것처럼 보일 정도라네."[2]

1 1548년 4월 가스파로 콜론나에게 보낸 베네치아발 편지. *Lettere*, IV, n. 460, pp. 284~285.
2 1549년 4월 베네치아발 편지. *Lettere*, V, n. 228, p. 175.

아드리아가 11살이던 1548년, 29살의 디오탈레비 로타라는 청년이 신랑감으로 떠올랐다. 베르가모 혈통으로 우르비노에서 태어나 그곳에서 살고 있던 그는 5,000스쿠도 상당의 집과 농지를 소유한 부자로 알려져 있었다. 로타가 결혼 지참금으로 현금 1,000스쿠도를 요구하자, 아레티노는 그 돈을 모으려고 그야말로 동분서주했다. 라벤나의 추기경 베네데토 아콜티가 200스쿠도, 베네치아 주재 에스파냐 대사 디에고 멘도사가 100스쿠도, 피렌체 공작 코지모 1세가 300스쿠도를 내놓기로 약속했다(그런데 코지모는 아레티노가 미리 돈을 써버릴까봐 로타에게 직접 전달하겠다고 전했다). 이 밖에 우르비노 공작 귀도발도 2세 델라 로베레, 로렌의 추기경 장, 용병대장 아스카니오 콜론나 등 군주제후며 저명인사들도 모두 도움을 아끼지 않겠다고 약속했다. 하지만 수많은 친구들로 둘러싸인 그를 축하한 사람이 어찌 이들뿐이겠는가![3]

결국 1550년 6월경, 지참금이 로타에게 전달되고 혼인이 이루어졌다(아레티노는 나중에 그가 원하는 액수에 4,000솔도를 더 얹어주었다고 말했다). 아드리아 부부는 우르비노로 갔다. 이미 아레티노의 전갈을 받은 우르비노 공작과 공작부인은 마치 부모처럼 그들을 따뜻하게 대해주었다.[4] 이때만 해도 이 부부는 완벽한 한 쌍이었다. 그러나 곧 로타와 그의 가족의 관

---

3 1548년 12월 베네치아 주재 피렌체 대사 피에르필리포 판돌피니에게 보낸 베네치아발 편지. *Lettere*, V, n. 134, p. 112; 1548년 7월 아콜티에게 보낸 베네치아발 편지. *Lettere*, V, n. 4, p. 24; 1548년 7월 디에고 디 멘도사에게 보낸 베네치아발 편지. *Lettere*, V, n. 5, p. 25; 1548년 6월 22일 코지모 1세가 아레티노에게 보낸 피렌체발 편지. *Lettere scritte a Pietro Aretino*, II, n. 12, p. 20; 1548년 12월 우르비노 공작에게 보낸 베네치아발 편지. *Lettere*, V, n. 139, pp. 115~116; 1549년 2월 3일 코지모 1세가 아레티노에게 보낸 포초발 편지. *Lettere scritte a Pietro Aretino*, II, n. 13, pp. 20~21.

4 1550년 6월 아레티노가 우르비노의 신사이자 문인 안토니오 갈로에게 보낸 베네치아발 편지. *Lettere*, V, n. 484, p. 384; 1550년 6월 아레티노가 우르비노 공작에게 보낸 베네치아발 편지. *Lettere*, VI, n. 489, p. 388; 1550년 6월 23일 우르비노 공작이 아레티노에게 보낸 우르비노발 편지. *Lettere scritte a Pietro Aretino*, II, n. 203, pp. 204~205.

심은 아드리아가 아니라 그녀가 가져온 지참금에 있다는 사실이 드러났다. 그들은 어린 신부를 가혹하게 박대하기 시작했다. 아드리아가 가져온 보석과 옷가지를 빼앗았고, 그녀를 가두고 음식도 제대로 주지 않았다.

1554년 11월 아레티노가 우르비노 공작부인에게 보낸 편지에는 딸의 불운에 대한 아버지로서의 절절함이 그대로 배어 있다. 다음의 전말은 그의 말을 거의 그대로 옮긴 것이다.[5] 아레티노가 아드리아를 집으로 데리고 돌아오자, 그녀는 시어머니와 시동생과 시누이와 다른 모든 친척들이 그녀에게 가한 가혹하고 사악하며 잔악한 짓을 모두 얘기했다. 그녀가 겨우 마음의 안정을 찾을 즈음 로타가 억지미소를 띤 얼굴로 찾아왔다. 아레티노는 친정아버지로서 응당 그래야 하는 태도로 그를 만나주었지만, 딸이 더 이상 가혹한 짓을 당하고 싶어 하지 않으니, 만약 그가 아내와 함께 여기에 있고 싶다면 그렇게 해도 좋다고 단호히 못을 박았다. 자기 집에 살면서 일을 볼 때는 어디든지 갔다가 다시 돌아오라는 것이었다.

그러나 이는 "천한 태생의" 베르가모 사람들에게는 받아들이기 힘든 일이었다. 게다가 로타는 순진한 자기 아내를 부드러운 말로 꾀어낼 수 있을 만큼 약은 인물이었다. 그는 자기 어머니는 수녀원으로, 동생은 수도원으로 아주 가버렸으며, 지금 집에는 나이 많은 하인 한 명만 남아 있다고 둘러댔다. 그의 꼬임에 넘어간 아드리아는 다시 시집으로 돌아갔다. 아레티노는 전혀 내키지 않았지만 별말 없이 딸을 보내주었다. 그렇게 시집으로 돌아가고 불과 3일 후, 아드리아의 시동생과 시누이가 다시 나타났다. 그들은 집을 차지하고는 방에 자물쇠를 채워 그녀를 가두어놓았다. 당시 막 수도원장이 된 시동생은 사치스럽다면서 그녀의 팔찌며 목걸이를 빼앗아버렸다. 간교한 남편은 그녀가 지니고 있던 다이아몬드를 팔지 않는다고 밤낮으로 못살게 굴었다. 아레티노는 그들의 악행을 이렇게 하소연하

---

5 *Lettere*, VI, n. 40, pp. 389~391.

면서 우르비노 공작부인에게 자기가 곧 딸을 다시 데리러 갈 테니 그동안 만이라도 제발 그녀를 보호해달라고 간곡히 호소한다. 그러나 때는 이미 늦었다. 세상물정 모르고 아버지의 귀여움만 받으며 자란 아드리아는 로타의 학대에 충격을 받고 상심한 나머지 곧 세상을 떠난 것으로 보인다.

황제와 교황과 고명한 군주제후들을 필봉 하나로 휘두르던 '군주를 벌하는 채찍' 아레티노도 자기 딸을 괴롭히는 사위와 그 식구에게는 아무런 힘을 쓸 수 없었다는 것은 아이러니이다. 그가 할 수 있었던 것은 오직 한 가지, 우르비노 공작에게 이렇게 호소하는 일뿐이었다. 로타를 불러, "만일 네가 나의 호의를 누리길 원한다면, 내 딸을 대하듯이 네 아내를 대하라"고 호통쳐달라는 것이다. 이 무력함은 무엇일까. 남의 영향력에 기댄 힘은 종종 허망함에 다름 아니라는 것을 보여주는 것일까. 아니면 한 시대를 풍미하던 아레티노의 힘이 이제는 다했음을 알리는 하나의 징조였을까.

카 그란데

1551년 초, 볼라니가의 집주인에게서 퇴거해달라는 요구를 받은 아레티노는 무려 22년간을 살아온 안식처를 떠났다. 비록 퇴락하고 좁았지만, 그곳은 지금의 아레티노를 있게 해준 고마운 집이었다. 그는 바로 그 집에서 친구들과 만찬을 즐기고, 명사들에게 편지를 쓰고, 손님들을 맞이했다. 때로는 창문 너머로 대운하 변의 시끌벅적한 삶의 현장을 재미있게 바라보며 스스로 삶의 활기를 느끼기도 했고, 때로는 낙조(落照)에 붉게 비치는 구름을 쳐다보면서 상상의 나래를 펼치기도 했다. 『6일간의 대화』(1534~36)에서 『서간집』 제5권(1550)—제6권은 사후에 나왔다—에 이르기까지, 거의 대부분의 저작을 써내려간 곳도 그리소스토모 소운하 부근의, 카 볼라니라고 불렸지만 실질적으로는 카사 아레티노였던 바로 그

집이었다. 그곳은 아레티노에게는 그야말로 행운을 가져다준 집이었다.

아레티노가 새로 이사한 곳은 규모가 훨씬 더 큰 저택이었다.[6] 그곳 소유주는 레오나르도 단돌로였다. 단돌로가는 여러 명의 도제를 배출한 베네치아 명문가 중 하나였다. 12세기 말~13세기 초, 4차 십자군으로 하여금 콘스탄티노플을 약탈하게 함으로써 악명을 떨친 41대 도제 엔리코, 13세기 베네치아 해군 제독으로 유명했던 안드레아, 14세기 중엽 54대 도제이자 그 시대의 대표적 연대기 작가였던 또 다른 안드레아 등이 이 가문 출신이었다. 카 볼라니에서 대운하의 굽이를 따라 남쪽으로 돌아서 바로 리알토 다리를 거쳐 아래로 계속 내려가면 왼쪽으로 리바 델 카르본(카르본 둑)에 이르는데, 둑 위에는 단돌로가가 소유한 팔라초 세 채가 줄지어 서 있었다. 그중 아레티노가 임대한 곳은 중간에 있는 큰 규모의, 그래서 종종 카 그란데(Ca' Grande)라고 불리던 키 단돌로(Ca' Dandolo)였다. 리알토 다리 쪽으로는 16세기 최고의 속어파 문인 중 하나였던 피에트로 벰보의 저택이 있었다. 카 단돌로는 13세기 초에 건축됐으며, 2층이 아레티노의 새 안식처였다.

카 단돌로는 카 볼라니보다 2배 정도 더 큰, 충분한 규모의 팔라초였다. 방의 수도 더 많았고, 천장도 더 높았다. 예전 집과는 달리 더 넓은 포르테고(긴 복도식 거실) 양쪽에 방이 배치되어 있고, 뒤편에는 리아고(liagò)라는 외부 테라스도 딸려 있었다. 건축양식은 카 볼라니와 마찬가지로 베네치아 고딕이었다. 이 저택은 몇 세기 동안 단돌로가의 소유주들이 살아오던 곳이었다. 이제 아레티노는 집의 규모와 위치에서나 그 역사에서나, 명실상부하게 귀족적인 면모를 갖추게 된 셈이다. 그러나 아레티노는 이처럼 좋은 조건을 몇 년 누리지 못하고 타계했으니, 이 역시 운의 장난이었

---

6 새로 이사한 집에 대해서는 다음을 볼 것. Schulz, "The Houses of Titian, Aretino, and Sansovino", pp. 86~89.

다고 할 수밖에 없다.

진홍빛 모자

1549년 교황 파울루스 3세가 죽자, 이듬해 2월 7일 조반니 마리아 초키 델 몬테가 율리우스 3세라는 이름으로 새로운 '신의 대리인' 자리에 올랐다. 그는 우리의 피에트로 아레티노처럼 아레초 출신이었다. 앞서 언급했다시피 이미 1530년대 말 강력한 가톨릭 개혁의 분위기 속에서 아레티노가 추기경에 오를 것이라는 풍문이 돌았지만, 이번에도 다시금 그런 소문이 돌았다. 아레티노는 반신반의하면서도 이번에야말로 추기경의 진홍빛 모자를 쓸 수도 있으리라 기대했던 것 같다. 여기에 불을 지핀 것이 런던 주재 베네치아 대사로 가 있던 친구 다니엘레 바르바로의 편지였다. 새로운 교황이 선출되고 거의 직후인 1550년 2월 26일, 바르바로는 "자네에게 기대되는 새로운 일보다 더 기다리고 갈망하는 것은 없다"고 썼다. 물론 이 '새로운 일'은 아레티노의 추기경 임명을 뜻했다. 자신의 추기경 임명과 관련한 얘기가 잉글랜드에서까지 회자되고 있다는 사실에 고무된 아레티노는 2월 말 재빨리 교황에게 자신의 충심을 알리는 편지를 썼다.

이어서 그해 10월 말 아레티노는 교황을 칭송하는 장문의 소네트(『율리우스 3세를 찬양하며』)를 바쳤고, 그의 『서간집』 제5권(실제로는 1550년 11월쯤에야 인쇄되었다)을 교황의 형 발도비노 초키 델 몬테에게 헌정했다. 자기가 쓴 소네트를 교황에게 전달해 성 베드로 기사로 임명되도록 도와준 데 대한 답례였다. 이듬해 10월에는 자기가 받은 편지를 모은 또 다른 『서간집』 제2권을 교황의 조카 잠바티스타 초키 델 몬테에게 헌정하기도 했다. 그는 이사이 자신에게 우호적인 황제 카를 5세의 측근들을 움직여 황제로 하여금 교황에게 압력을 넣게 하려고도 노력했다. 하지만 1551년 11월

교황이 발표한 신임 추기경 명단에 아레티노의 이름은 보이지 않았다.[7]

그렇지만 소득이 전혀 없었던 것은 아니었다. 교황은 소네트와 책의 헌정에 대한 보답으로 그를 성 베드로 기사단의 기사로 임명하고 금화 1,000코로나를 하사했다. 또한 아레초 정무위원회로 하여금 그를 그 도시—교황과 아레티노의 '파트리아'(조국)—의 명예 곤팔로니에레(Gonfaloniere)—기수(旗手)라는 뜻으로, 베네치아의 도제(Doge)처럼 르네상스기 이탈리아 도시공화국의 최고 수장을 일컫는 말이다—로 임명하도록 얘기해주었다. 더욱이 조만간 로마에서 그에게 좋은 소식이 있을 것이라는 희망적인 암시가 주어졌다.[8]

1553년 2월, 이런 차에 마침 교회군 원수로 임명되어 바티칸으로 갈 예정이던 우르비노 공작 귀도발도 2세 델라 로베레가 로마에 함께 가자고 간곡히 청해왔다. 돌이켜보면, 그는 바로 10년 전 황제 카를 5세를 맞으러 함께 가자고 제의했던 인물이다. 아레티노는 한동안 고민했다.[9] 한때 그의 강력한 정적이었던 베르니와 지베르티는 이미 세상을 떠났지만, 아레티노에게 로마는 여전히 불가측의 일이 일어날 가능성이 농후한 두려운 곳이었다. 게다가 10년 전 그는 함께 가자는 황제의 청을 뿌리치면서 결코 베네치아를 떠나지 않겠다고 맹세한 몸이 아니던가.

그렇지만 추기경직에 대한 높은 기대가 주저하는 마음보다 더 컸다.

---

7 *Lettere scritte a Pietro Aretino*, II, n. 362, p. 340; *Lettere*, V, n. 431, pp. 340~342; *Lettere*, V, n. 2, pp. 15~22; *Lettere*, V, n. 1, pp. 13~15; *Lettere scritte a Pietro Aretino*, II, dedica, p. 13. 단편적으로 흩어져 있는 사실들의 더 세세한 측면들은 다음을 참조할 것. Larivaille, *Pietro Aretino*, pp. 350~356.

8 1550년 5월 17일 발도비노 초키 델 몬테가 아레티노에게 보낸 로마발 편지. *Lettere scritte a Pietro Aretino*, II, n. 323, p. 300; 1550년 6월 아레티노가 안토니오 체루토에게 보낸 베네치아발 편지. *Lettere*, V, n. 496, p. 394; 1552년 1월 아레티노가 아레초 정무위원회에 보낸 베네치아발 편지. *Lettere*, VI, n. 80, p. 89.

9 1553년 2월 그가 귀도발도에게 보낸 베네치아발 편지들을 볼 것. *Lettere*, VI, n. 242, p. 223; n. 244, pp. 224~225.

1553년 3월, 아레티노는 우르비노 공작의 초청을 수락했다. 그는 공작의 대리인 야코모 테르초라는 사람을 통해 공작이 여비 조로 보낸 금화 100스쿠도를 받았다는 편지를 썼다. 그런데 고민 끝에 이왕 간다는 결정을 내린 이상, 돈을 조금이라도 더 받아내야 할 것 아닌가. 아레티노는 그 특유의 어조로, 공작의 위엄과 체면에 누를 끼치지 않기 위해서는 의복이라도 정제해야 한다는 취지 아래 50스쿠도를 더 보내달라고 요청했다. 돈이 모자라면 어쩔 수 없이 딸의 지참금이라도 쓸 수밖에 없는데, 그것은 자신의 목숨을 갉아먹는 것과 같다며 엄살을 부렸다. 여기에다 자기가 타고 갈 배와, 함께 여행할 사람들(그는 호위병을 원했던 것 같다)도 보내주기를 원했다.[10] 그는 드디어 베네치아를 떠나 우르비노로 갔다. 아레티노는 1553년 5월 초 페루자를 거쳐 그달 안으로 로마에 입성했을 것이다.[11] 거의 30년 전 그가 로마에서 도망 나올 때와 같은 길을 거꾸로 되짚어간 셈이다.

그러나 아레티노는 로마에서 교황의 따뜻한 환대를 받긴 했지만, 그가 기대했던 "교회의 고위 관직"(추기경)과 관련해서는 아무런 언급도 들을 수 없었다. 8월경, 교황이 자기를 추기경에 임명할 의사가 전혀 없음을 인지한 아레티노는 로마를 떠났다. 8월 중에 우르비노로 들어갔고(이달에 우르비노발로 공작에게 편지를 보낸 것으로 보아, 그는 여전히 로마에 머무르고 있었던 것으로 보인다),[12] 베네치아발로 편지를 재개한 것이 9월이었다. 자신은 "로마에서 돌아오는 도중에는 아무에게도 편지를 쓰지 않았다"고 한 것을 보면, 당연한 일이지만 그는 마음이 영 편치 않았던 것 같다.[13] 그렇

---

10 *Lettere*, VI, n. 255, pp. 234~235.

11 1553년 5월 2일 아스카니오 다 라 코르냐―그는 율리우스 3세의 조카 야코포 초키 델 몬테의 아들이다―에게 보낸 페루자발 편지를 볼 것. *Lettere*, VI, n. 258, pp. 237~238.

12 *Lettere*, VI, n. 261, p. 240.

13 아레초 출신의 기사 라파엘로 괄티에리에게 보낸 베네치아발 편지. *Lettere*, VI, n. 262, p. 242.

지만 그는 이 일로 결코 교황 율리우스 3세를 공격하지는 않았다. 아무도 믿지 않았겠지만, 오히려 자기는 "결코 추기경이 될 생각이 없었다"고까지 말했다.[14] 어쨌든 그는 여전히 교황이 주는 연금을 받고 있었으니까. 로마 여행은 그저 아레티노의 영악함도 어쩔 수 없는 일이 있다는 것을 그에게 상기시켜준 하나의 에피소드일 뿐이었다. 그는 다시 편안한 집과 다정한 친구들이 있는 자신의 영원한 고향으로 돌아온 것이다.

죽음

아레티노는 1556년 10월 21일 새벽 갑자기 세상을 떠났다. 그의 나이 만 64세였다(나이를 헤아리는 방식에 따라서는 65세가 될 수도 있다). 그 정황과 관련해서는 거의 알려진 바가 없다. 생전에 누린 그의 명성에 비추어볼 때, 그의 죽음을 다룬 문서의 수도 이상하리 만큼 적다. 그가 21일에 죽었다는 사실은 피렌체 문서보관소에 잠자고 있다가 19세기 초에 발견된 한 편지에서 알 수 있다. 1556년 10월 24일, 베네치아 주재 피렌체 대사 페로는 코지모 데 메디치의 비서 로렌초 파뉘에게 아레티노의 죽음을 알리는 최초의—현재 남아 있는 것으로는—단신(短信)을 이렇게 보냈다.

필멸(必滅)의 인간 피에트로 아레티노가 수요일 밤 3시경에 졸도해 어떤 선인(善人)에게도 일체의 바람이나 괴로움도 남기지 않은 채 저세상으로 떠났습니다. 신이여, 그를 용서하소서.[15]

---

14 1555년 12월 아레티노가 어느 세비야 사람에게 보낸 베네치아발 편지. *Lettere*, VI. n. 469, p. 407.

15 *Carteggio inedito d'artisti dei secoli XIV, XV, XVI*, II, p. 137; Salvatore Bongi, "L'ultimo libro dell'Aretino (Sesto volume delle Lettere)", *Archivio storico italiano*, 5ª ser., tomo 2

10월 29일, 베네치아 주재 만토바 대사 로도비코 넬리는 좀 더 자세한 정황이 담긴 다음의 편지를 만토바 궁으로 보냈다.

> 가엾은 아레티노가 저세상으로 떠났습니다. 불쌍하게도 그는 새벽 5시경 의자에 앉아 있다가 뒤로 넘어져 숨을 거두었습니다. 졸지에 쓰러졌기 때문에 신이여 저를 도우소서!라는 말조차 남기지 못했습니다. '군주를 벌하는 채찍'이 타계했습니다! …… 그가 프랑스 왕에게서 하사받아 목에 차고 있던 8립브라 무게의 목걸이로 화려한 장례식을 치렀습니다.[16]

넬리의 편지는 앞의 페로의 편지보다 아레티노의 사망 원인을 좀 더 구체적으로 밝히고 있다. 즉 새벽에 의자에 앉아 있다가 뒤로 넘어지면서 졸도했다는 것이다. 의자에 앉아 있다가 갑자기 뇌졸중 증세 때문에 넘어진 것인지, 아니면 실수로 균형을 잡지 못하고 의자에서 넘어지는 바람에 그런 상태가 된 것인지는 분명치 않다. 하지만 나중에 사람들은 후자라고 믿는 경향이 있었다. 그 유명한 '군주를 벌하는 채찍'이자 '신이 내린' 피에트로 아레티노가 한순간의 실수로 세상을 떠났다는 편이 그냥 졸도했다는 것보다 더 극적이어서 그랬을지도 모르겠다.

후자의 경우를 더 희화화한 것으로 로렌치나라는 인물의 전언이 있다. 그에 따르면, 아레티노가 대운하 옆의 자기 집에 앉아 친구들과 환담을 나누던 중, 누가 던진 농담에 포복절도하다가 중심을 잃고 뒤로 넘어져 머리를 찧는 바람에 바로 그 자리에서 죽었다는 것이다. 그 밖에 그의 신심(信

(1888), p. 124.

16 *Carteggio di Venezia* (1556), Archivio Gonzaga di Mantova. 이 문서는 다음에 실려 있다. A. Luzio, Recensione di Giorgio Sinigaglia, *Saggio di un studio su Pietro Aretino* (Roma, Tipografia di Roma, 1882), *Giornale storico della letteratura italiana* 1 (1883), p. 337; Salvatore Bongi, "L'ultimo libro dell'Aretino (Sesto volume delle Lettere)", p. 125.

心)을 의심하는 별별 소문이 다 돌았지만, 어느 것도 확실한 것은 없다.[17]

아레티노가 베네치아 산 루카 교회에 묻힌 지 25년 후인 1581년 9월 21일, 베네치아 산 루카 교회 교구사제인 데메트리오가 당시 공증인 마르칸토니오 데 카바니가 양피지에 작성한 사망증명서를 재발행했는데, 전해오는 말에 따르면 이는 일단의 베네치아 신사들의 위임을 받은 도메니코 나르디 다레초라는 사람의 요청에 의한 것이라고 한다. 데메트리오가 쓴 내용은 이렇다.

시인 시뇨르 피에트로 아레티노는 고명한 전(前) 원로원 의원 시뇨르 히에로니모의 고명한 원로원 의원 레오나르도 단돌로의 저택들이 있는 레알토 대운하 위쪽 산 루카 교회의 내 교구에서 살다가 전술한 내 교구에서 죽었으며, 산 루카 에반젤리스타 교회에 묻힌 지가 벌써 오래되었다. 새 안치소는 성구실(聖具室)이 있는 층 가까이에 있다. 또한 교구사제인 나 피에트로 파올로 데메트리오는 의식과 장례를 거행했으며, 그리스도교 법식에 따라 그를 매장했다. 성(聖) 목요일[부활제 전주의 목요일] 전에 생의 마지막 날들을 보냈던, 전술한 시뇨르 피에트로 아레티노는 전술한 내 교회에서 전술한 날에 펑펑 울면서 성찬식을 배수받았으며, 나 자신이 그것을 지켜보았다. 그는 앉아 있던 의자 아래로 떨어져 갑자기 사망했다.[18]

생전에 아레티노를 싫어하던 사람이었음이 틀림없는 누군가가 그의 비문을 지었다.

---

17 J. A. Crowe & Giovanni Battista Cavalcaselle, *The Life and Times of Titian with Some Account of His Family*, 2 vols., 2nd ed. (London, John Murray, 1881; Repr., Nabu Press, 2010), vol. 2, p. 254; Cf. Mazzuchell, *La vita di Pietro Aretino*, p. 181.

18 Archivio di Arezzo. 이 문서가 최초로 인쇄된 것은 일간지 『아레초 지방신문』(*La Provincia d'Arezzo*), 1875년 8월 29일자 35면에서이다. 위의 인용문을 포함한 여러 정황에 관해서는 다음을 볼 것. S. Bongi, "L'ultimo libro dell'Aretino", pp. 125~126.

여기 토스카나의 시인 아레티노가 누워 있네.

그는 모든 사람을 욕했지만, 오직 자신이 버린 신만은 예외였다네.

"난 그를 모른다"고 했으니 그럴 수밖에.[19]

그렇지만 아레티노의 생애를 가장 잘 요약한 것은 역시 루도비코 아리오스토의 작품 『광란의 오를란도』(1532) 46편 14연에 나오는 다음과 같은 시 한 구절이다.

[······] 군주를 벌하는 채찍, 신이 내린 피에트로 아레티노가 여기 있노라.[20]

---

19 17세기 중엽에 바츨라브 홀라가 제작한 판화 하단에도 이 시가 붙어 있다. 이 비문은 16세기에 당시 명사(名士)들에 대한 짤막한 열전(列傳)들을 썼던 파올로 조비오 작(作)으로도 알려져왔지만, 베르타니는 이를 부인하고 있다. Bertani, *Pietro Aretino e le sue opere*, p. 237. 그러나 마르키처럼 최근에도 그렇게 믿는 학자들이 있다. Cesare Marchi, *L' Aretino* (Milano, Rizzoli, 1980), p. 278. 전해오는 다수의 비문에 관해서는 다음을 볼 것. Mazzuchelli, *La vita di Pietro Aretino*, pp. 52~53, 182~185.

20 여기서 사용된 '채찍'이라는 상징적 표현의 연원은 아마 로마제국 시기로까지 소급될 수 있을 것 같다. 그때는 죄인을 십자가에 매달기 전 채찍질을 했는데, 가장 유명한 사례가 바로 예수에 대한 채찍질이었다(이 장면은 르네상스와 바로크기에 피에로 델라 프란체스카, 안토넬로 다 메씨나, 루벤스, 카라바초 등이 인상 깊게 묘사한 바 있다). 그 뒤 이 말은 '신의 채찍'(Flagellum Dei)이라는 별칭 속에서 새로운 함의를 획득한다. 예컨대 단테는 『신곡』 「지옥편」(XII, 133~134)에서, 5세기 중엽 로마제국을 휩쓸었던 훈족의 왕 아틸라를 가리켜, "신의 정의가 불러 왔나니 / 이 세상의 채찍이 된 그 아틸라를"이라고 읊었다. 도미니쿠스회 수도사 사보나롤라는 1491년 2월의 설교 이후 여러 차례 방탕한 피렌체인들을 벌하고 부패한 교회를 정화하며 '새로운 시대'를 여는 신의 '채찍'이 북쪽에서 나타날 것이라고 예언했는데, 결국 1494년 이탈리아를 침입한 프랑스 왕 샤를 8세가 그 주인공이 되었다(Cf. Alison Brown, "Introduction" to *Selected Writings of Girolamo Savonarola. Religion and Politics, 1490~1498*, trans. Anne Borelli & M. P. Passaro (New Haven, Yale University Press, 2005), xx~xxiii). 다만 아리오스토가 아레티노에게 붙인 "Il Flagello de' Principi"라는 별칭의 경우, 군주의 채찍이 아니라 군주를 벌하는 채찍이라는 점에서 앞의 경우와 다르다.

유산(遺産)

아레티노가 세상을 떠나자마자 그의 명성은 모든 면에서 급격히 쇠퇴했다. 더욱이 불과 2년 뒤인 1558년, 그의 거의 모든 저작이 가톨릭교회의 금서목록에 오르면서, 사람들의 기억 속에 그는 음란한 책을 쓴 부도덕한 인물로만 각인되었다. 그의 삶과 저작이 르네상스기의 중요한 일면을 대변한다는 진지하고 긍정적인 평가가 나오기 시작한 것은 몇백 년이 지난 20세기 후반에 이르러서였다.[1]

아레티노가 『음란한 소네트』나 『6일간의 대화』처럼 에로틱한 시와 책들을 쓰기는 했지만, 그는 당대 사람들에게 어디까지나 '정치적인' 인물이었다. 그는 카를 5세와 프랑수아 1세, 클레멘스 7세를 비롯한 수많은 군주 제후들과 편지를 주고받으면서, 그것을 바탕으로 자신의 사회적 영향력을 확대하고 생계를 위해 돈을 벌었다. 그의 에로틱한 저술들이 큰 인기를 얻은 한편으로, 역시 그가 쓴 적지 않은 종교서들도 많은 사람들에게 읽히는 행운을 누렸다. 니콜로 프랑코, 프란체스코 베르니 같은 아레티노의 적들

---

[1] 아레티노가 사망한 뒤부터 20세기 중엽까지의 개괄적인 아레티노 수용과 연구에 대해서는 일단 다음을 볼 것. Giuliano Innamorati, *Tradizione e invenzione in Pietro Aretino* (Messina, G. D'Anna, 1957), pp. 7~89.

이 공격한 것도 그의 행동이었지 그의 저술이 아니었다.

아레티노의 '음란함'을 대변하는 『6일간의 대화』도 지금 읽어보면 포르노그래피라기보다는 사회풍자에 더 가깝다. 물론 독사에 따라 그가 세밀히 묘사하는 온갖 성적 행위(그에 수반되는 도구들까지)가 과도하게 보일 수도 있겠지만, 곳곳에서 불쑥불쑥 튀어나오는 갖가지 사회문제들은 그러한 묘사들을 그 자체로 즐기도록 그냥 내버려두지 않는다. 그것은 18세기 프랑스에서 흔히 볼 수 있었던, 에로틱한 요소들을 통한 사회풍자의 선구자 격이었다. 기존의 사회질서에 도전하는 이처럼 독특한 풍자 방식은 아레티노가 죽은 16세기 말부터 사드가 나타난 18세기 말까지 2세기 동안 영국과 프랑스를 비롯한 유럽 각지에서 결코 완전히 사라진 적이 없었다. 때로는 지나치게 음란한 묘사로 일관하는 경우도 없지 않았지만, 그러한 때조차 그것은 사회의 성적 통념을 깨뜨리고자 하는 어쩌면 '영원한' 전쟁을 수행하고 있었던 것이다.

아레티노가 죽은 뒤에 나타난 주목할 만한 현상은 그의 '명성'이 오직 음란성의 측면으로만 집중되었다는 것이다. 그의 모든 책이 금서가 되었지만 사람들은 그가 쓴 '창녀들의 대화편'을 꾸준히 찾았다. 줄리오 로마노와 마르칸토니오 라이몬디가 제작했던 '체위'들은 '아레티노식' 체위들로 알려지게 되었다. 그보다 더 많은 체위를 담은 책이라는 것이 당시의 선전문구 중 하나였다(원래 16장면으로 제작된 '체위'는 나중에 46장면으로까지 증보에 증보를 거듭한다. 물론 출판업자들이 멋대로 만들어 덧붙인 것이다). 출판업자들은 교황청의 압력에도 불구하고 아레티노의 책을 계속해서 찍고 팔았다. 원래 금서란 예나 지금이나 독자들로 하여금 그것을 더 읽어보고 싶게 만드는 기묘한 심리상태를 조장하는 법이다. 누구도 흉내 내기 어려운, 아레티노의 예리하면서 걸쭉한 묘사도 독자들의 이러한 심리를 견인하는 역할을 톡톡히 해냈다.

'아레티노'라는 이름이 음란한 에로티카의 대명사로 유포되었다는 점을 감안하면, 16세기 말 이후 수많은 에로틱 텍스트가 그의 이름으로 알려진 것도 결코 놀라운 일이 아닙니다. 엘리자베스 시대 잉글랜드의 해적판 출판업자인 존 울프는 1584년 런던에서 이탈리아어판 『대화』를 발간했는데, 거기에는 아레티노가 썼다고 되어 있는 다른 에로틱 텍스트 두 편이 함께 들어 있었다. 로마의 유명한 코르티자나들을 다루는 『조피노의 대화』(*Ragionamenti di Zoppino*)와 『세르 아그레스토의 이야기』(*Commento di Ser Agresto*)가 그것인데, 전자는 작가를 알 수 없고 후자는 안니발레 카로가 쓴 것이었다. 특히 작자가 아레티노라고 잘못 알려져온 대표적인 저작 중에는 그의 학생이었던 로렌초 베니에로의 『방랑 창녀』(*La puttana errante*)와 『자페타의 강간』(*La tretuna di Zaffetta*), 그리고 『방랑 창녀 또는 줄리아와 마딸레나의 대화』(*La puttana errante, o Dialogo di Giulia & Maddalena*)라는 제목의, 익명의 작가가 쓴 대화편이 있다. 1660년대 암스테르담에서 간행된 한 판본에는 후자와 아레티노의 대화편들이 『대화』(*Ragionamenti*)라는 이름으로 함께 수록되어 있었다. 이 작품은 아레티노의 원작과 흡사하지만 원작에 담긴 아이러니와 전복적인 위트는 전혀 발견할 수 없다. 그것은 한 소녀가 창녀로 입문하는 이야기인데, 성교 때의 수많은 체위―무어인 방식, 잠자는 소년, 나귀타기 등의 우스꽝스러운 이름으로 불리는―목록으로 끝난다.[2] 17, 8세기의 에로틱 텍스트들과 아레티노의 관계는 단지 책 한 권에 담길 내용과 분량이 아니다.

아레티노의 저작은 그가 살아 있을 때부터 전 유럽에 큰 영향을 끼쳤다. 특히 에로틱 문학의 역사에서 그의 존재는 거의 독보적이었다. '아레티노'

---

[2] Ian Frederick Moulton, "Aretino, Pietro" in *Encyclopedia of Erotic Literature*, eds. Gaëtan Brulotte & John Phillips, 2 vols. (London, Routledge, 2006), vol. 1, p. 72; Moulton, *Before Pornography*, pp. 144~157; 폴라 핀들렌, 「르네상스 이탈리아의 인문주의와 정치 그리고 포르노그라피」, 『포르노그라피의 발명: 외설성과 현대성의 기원, 1500~1800』, 린 헌트 엮음, 조한욱 옮김(책세상, 1996), 57~134쪽.

라는 이름 자체가 곧 에로틱의 상징이었다. 『6일간의 대화』는 1537년 이전에 벌써 프랑스어로 번역되어 읽히고 있었다. 한 세대도 지나기 전에 그의 작품들은 잉글랜드·네덜란드·독일·헝가리·폴란드 등지에 알려졌다. 특히 잉글랜드에서 그와 마키아벨리의 작품들은 셰익스피어를 비롯한 엘리자베스 시대 및 자코뱅 시대의 극작가들 사이에 '이탈리아풍'을 유행시키는 데 기여했다. 18세기 프랑스의 사드 후작의 저작들도 거슬러 올라가면 아레티노에게서 유래된 에로틱 문학의 계보에 속한다. 그는 어느덧 포르노그래피와 에로틱 문학의 전설이 되었다.

몇 세기 동안의 오랜 망각 끝에 우리는 이제 아레티노를 르네상스 성기인 16세기 이탈리아의 중요한 '문화 현상' 가운데 하나로 재평가하게 되었다. 그는 결코 단순한 에로틱이 아니라 일종의 성적 리얼리즘을 처음으로 제시하고 자신만의 독특하고 창발적인 방식으로 사회를 비판한 선구적인 작가이자, 기발하고 재치 넘치는 안목으로 예술품을 바라볼 줄 알았던 다재다능한 미술비평가였고, 당대의 고전주의를 비판하고 자신만의 속어 문학을 개척한 '매너리스트' 문인이었으며, 반(反)주류적 문필로 주류에 도전함으로써 엘리트 문화와 민중문화의 가교 역할을 해낸 문화적 '브로커'이기도 했다.

아레티노의 작가정신은 어떤 면에서 마키아벨리를 닮았다. 후자가 정치를 도덕적 기준이 아니라 현실적 기준으로 봐야 한다고 설파했다면, 전자는 성과 섹슈얼리티에서 동일한 주장을 했다고 볼 수 있다. 당시 이탈리아 사회의 중요한 문제들을 직시하고 나름의 처방을 제시했다는 점에서, 아레티노의 『6일간의 대화』를 마키아벨리의 『군주론』, 카스틸리오네의 『정신론』과 더불어 16세기 르네상스의 3대 저작으로 꼽아도 결코 지나치지 않을 것이다. 이제는 그를 전설에서 역사로 불러올 때이다.

■ 참고문헌

1. 아레티노의 저작

1) 초판본(간행 연대순)

Opera nova del fecundissimo giovene Pietro pictore Aretino zoé strambotti sonetti capitoli epistole barzellette et una desperata, Venezia, Niccolò d'Aristotlele detto Zoppino, 1512.
Sonetti lussuriosi in *I Modi*, Venezia, 1527.
Marfisa (due canti), Venezia, 1532; (tre canti), Venezia, Niccolò d'Aristotele detto Zoppino, 1535.
Il Marescalco, Venezia, Bernardino de Vitali, 1533.
La Cortigiana, prima red. tra 2-7/1525, Cod. Magl. VIII 84; rielaborata & stampata, Venezia, Marcolini, 1534.
Ragionamento de la Nanna e de la Antonia, Parigi [Venezia], Mazzola [Marcolini], 1534.
La passione di Gesù, Venezia, Marcolini, 1534.
I sette salmi della penitenza di David, Venezia, Marcolini, 1534.
Pronostico dell'anno MDXXXIIII, composto da Pietro Aretino, Flagello de Principi e Quinto Evangelista, [Venezia], 1534.

Humanità di Christo (tre libri), Venezia, Marcolini, 1535; (quattro libri), Venezia, Marcolini, 1538.

Angelica, Venezia, Bernardino de Vitali, 1535.

Dialogo nel quale la Nanna [......] insegna a la Pippa sua figliuola, Torino [Venezia], s.t. [Marcolini], 1536.

Ragionamento nel quale M. Pietro Aretino figura quattro amici che favellano delle corti del mondo e di quelle del cielo [Ragionamento de le corti], Venezia, Marcolini, 1538.

Il Genesi con la visione di Noè, ne la quale vede i misteri del testamento Vecchio e del Nuovo, Venezia, Marcolini, 1538.

Lettere I [editio princeps], Venezia, Marcolini, 1538.

Vita di Maria Vergine, Venezia, Marcolini, 1539.

Vita di Caterina vergine, s.l., s.t., 1540.

Orlandino, Venezia, Agostino Bindoni, 1540.

Astolfeida, Venezia, s.t., 1540.

Lettere II, Venezia, Marcolini, 1542.

Lo Ipocrito, Venezia, Marcolini, 1542.

La Talanta, Venezia, Marcolini, 1542.

Dialogo di Pietro Aretino nel quale si parla del giuoco con moralità piacevole [Dialogo del gioco = Le Carte parlanti], Venezia, Giovanni de' Farri e i fratelli, 1543.

Vita di san Tomaso, Venezia, Marcolini, 1543.

Lettere III, Venezia, Giolito, 1546.

Il Filosofo, Venezia, Giolito, 1546.

Horatia, Venezia, Giolito, 1546.

Lettere IV, Venezia, Bartolomeo Cesano, 1550.

Lettere V, Venezia, Per Comin da Trino, 1550.

Lettere VI [postumo], Venezia, Giolito, 1557.

2) 현대 판본

Le carte parlanti, a cura di Giovanni Casaglegno & Gabriella Giaccone, Palermo, Sellerio, 1992.

Cortigiana e altre opere (Pronostico. Farza. Opere nova. Testamento dell'elefante), a cura di Angelo Romano & introduzione di Giovanni Aquilecchia (Milano, Biblioteca Universale Rizzoli, 1989); Ristampa, *Cortigiana. Opere nova. Pronostico. Testamento dell'elefante. Farza*, a cura di Angelo Romano & introduzione di Giovanni Aquilecchia. 3^a ediz., Milano, Biblioteca Universale Rizzoli, 2001.

Dialoghi, a cura di Guido Davico Bonino, 2 voll., Milano, ES, 1997. Vol. I: *Ragionamento della Nanna e della Antonia*; Vol. II: *Dialogo di Messer Pietro Aretino*.

Lettere, a cura di Paolo Procaccioli, 6 voll., Roma, Salerno, 1997~2002.

Lettere a Pietro Aretino, a cura di Gonaria Floris & Luisa Mulas, riproduzione della stampa Marcolini, Venezia 1552, 3 voll., Roma, Bulzoni, 1997.

Lettere di, a, su Pietro Aretino, a cura di Paul Larivaille, Nanterre, Centre de recherches de langue et litterature italiennes, 1980.

Lettere. Il primo e il secondo libro, a cura di Francesco Flora con note storiche di Alessandro del Vita, Roma, Mondadori, 1960.

Lettere scritte a Pietro Aretino, a cura di Paolo Procaccioli, 2 voll., Roma, Salerno, 2003~2004.

Lettere scritti a Pietro Aretino, emendate per cura di Teodorico Landoni, 3 voll., Bologna, Romagnoli, 1874; Ristampa, 4 voll. in 2, Bologna, Commissione per i testi di lingua, 1968; Ripresa, 3 voll. in 2, Lexington, KY, Bibliobazar, 2010.

Lettere sull'arte di Pietro Aretino, a cura di Ettore Camesasca, 3 voll. in 4, Milano, Edizioni del Milione, 1957~1960.

I Modi ed i Sonetti lussuriosi. Secondo l'edizione clandestina stampata a Venezia nel 1527, a cura di Riccardo Braglia, Mantova, Sometti, 2000.

I Modi. The Sixteen Pleasures: An Erotic Album of the Sixteenth Century, ed. & trans. Lynne Lawner, London, Peter Owen, 1988.

Opere di Pietro Aretino e di Anton Francesco Doni, a cura di C. Cordiè, Milano, Ricciardi, 1976.

Opere religiose, 2 tomi, Tomo 2: *Vita di Maria Vergine, Vita di Santa Caterina, Vita di Tommaso d'Aquino*, a cura di P. Marino, Roma, Salerno, 2011.

Operette politiche e satiriche, 2 tomi, Tomo 2, a cura di Marco Faini, Roma, Salerno, 2012,

Pasquinate di Pietro Aretino ed anonime per il conclave e l'elezione di Adriano VI, pubblicate ed illustrate da Vittorio Rossi, Palermo, Carlo Clausen, 1891.

Pietro Aretino, introduzione di Giulio Ferroni & apparati di Carlo Serafini, Luciana Zampolli, Roma, Istituto poligrafico e Zecca dello Stato, 2002.

Le più belle pagine di Pietro Aretino, scelte da Massimo Bontempelli, Milano, Fratelli Treves, 1923.

Poemi cavallereschi, a cura di Danilo Romei, Roma, Salerno, 1995.

Poesie varie, 2 tomi, Tomo 1, a cura di G. Aquilecchia & A. Romano, Roma, Salerno, 1992.

Un pronostico satirico di Pietro Aretino, edito ed illustrato da Alessandro Luzio, Bergamo, Istituto italiano d'arti grafiche, 1900.

Prose sacre, a cura di E. Allodoli, Lanciano, Carabba, 1914; 1926.

Ragionamento delle corti, a cura di Fulvio Pevere, Milano, Murscia, 1995.

Ragionamento. Dialogo, a cura di Nino Borsellino & Paolo Procaccioli, Milano, Garzanti, 1984; 2005.

Ragionamento. Dialogo. Intro. di Giorgio Barberi Squarotti & Commento di Carla Forno, Milano, BUR, 1998.

Sei giornate, a cura di Angelo Romano. Edizione integrale commentata, Milano, Murscia, 1991.

Sonetti lussuriosi. Dubbi amorosi, a cura di T. Gurrieri, Firenze, Barbès, 2008.

Sonetti lussuriosi (i Modi) e dubbi amorosi, 3ª ediz. aggiornata, Nuova edizione integrale a cura di Riccardo Reim, Roma, Newton Compton, 1993.

Sonetti sopra I 'XVI modi', a cura di Giovanni Aquilecchia, Roma, Salerno, 1992.

Teatro, 3 tomi, Tomo 1, *Cortigiana (1525~1534)*, a cura di F. Della Corte & P. Trovato, Roma, Salerno, 2010.

Teatro, 3 tomi, Tomo 2, *Il marescalco, Talanta, Lo ipocrito*, a cura di C. Moccia, E.

Garavelli & G. Rabitti, Roma, Salerno, 2010.

Teatro, 3 tomi, Tomo 3, Il filosofo, L'Orazia, a cura di Alessio Decaria & Federico Della Corte, Roma, Salerno, 2005.

Tutto il teatro, a cura di A. Pinchera, Roma, Newton Compton Italiana, 1974.

Tutte le commedie, a cura di G. B. De Sanctis, Milano, Murscia, 1968; 1973.

L'umanità di Cristo, Roma, Colombo, 1945.

Le vite dei santi. Santa Caterina Vergine, San Tommaso d'Aquino, 1540~1543, testo con introduzione e commento di Flavia Santin, Roma, Bonacci, 1977.

Zoppino. Dialogo dello Zoppino de la vita e genealogia di tutte le cortigiane di Roma, intro. di Gino Lanfranchi, Milano, L'Editrice del libro raro [Corbaccio], 1922.

2. 18세기 이전의 글

Alberti, Leon Battista, Della Pittura, a cura di Luigi Mallè, Firenze, Sansoni, 1950 [레온 바티스타 알베르티, 노성두 옮김, 『알베르티의 회화론』, 사계절, 1998].

Ariosto, Ludovico, Orlando Furioso e cinque canti, a cura di Remo Ceserani & Sergio Zatti, 2 voll., Torino, UTET, 2006.

Bandello, Matteo, La novelle, in Tutte le opere di Matteo Bandello, a cura di Francesco Flora, Milano, Mondadori, 1942.

Baschet, Armand (a cura di), "Documenti inédites tirés des Archives de Mantoue. Documents concernant la personne de messer Pietro Aretino", Archivio Storico Italiano, serie 3, tomo 3, parte 2 (1866), pp. 105~130.

Bayle, Pierre, "Aretin, Peter" in An Historical and Critical Dictionary (1695), London, printed for C. Harper, D. Brown, J. Tonson, A. and J. Churchill, T. Horne [and 8 others in London], 1710.

Bembo, Pietro, Prose della volgar lingua. Gli Asolani. Rime, a cura di Carlo Dionisotti, Torino, UTET, 1966.

Berni, Francesco (Pseudo), Vita di Pietro Aretino scritta da Francesco Berni, Milano, G. Daelli e C., 1864.

Berni, Francesco (Pseudo), Vita di Pietro Aretino, in Opere di Francesco Berni,

Nuovamente rivedute e illustrate, 2 parte, Milano, G. Daelli e C., 1864, parte II, pp. 161~193.

Berni, Francesco, "Contro a Pietro Aretino" in *Opere di Francesco Berni*, Nuovamente rivedute e illustrate, 2 parte, Milano, G. Daelli e C., 1864, parte I, pp. 171~181.

Berni, Francesco, *Rime burlesche*, a cura di Giorgio Barberi Squarotti, Torino, Einaudi, 1969; 1991.

Boccaccio, Giovanni, *Decameron*, a cura di Vittore Branca, 2 voll., Torino, Einaudi, 1980; 1992 [보카치오, 허인 옮김, 『데카메론』, 신원문화사, 2005].

Boccalini, Traiano, *Ragguagli di Parnaso e scritti minori*, a cura di L. Firpo, 3 voll., Bari, Laterza, 1948.

Caggio, Paolo, *Iconomica*, a cura di Giovanna Ratto, 1553; Napoli, Istituto nazionale di studi sul Rinascimento meridionale, 1987.

Caporali, Cesare, *Rime*, a cura di Gennaro Monti, 2 voll., Lanciano, R. Carabba, 1916, vol. 1, "Esequie di Mecenate".

Carmina Priapea, intro., traduz., & note di Edoardo Bianchini, Testo latino a fronte, Milano, BUR, 2001.

Castiglione, Baldesar, *Il libro del Cortegiano*, a cura di Walter Barberis, Torino, Einaudi, 1998.

Cellini, Benvenuto, *Vita*, a cura di Ettore Camesasca, Milano, Biblioteca Universale Rizzoli, 1985.

Chigi, Agostino, *The Correspondence of Agostino Chigi (1466~1520) in Cod. Chigi R.V.c.*, An annotated edition by Ingrid D. Rowland, Città del Vativano, Biblioteca apostolica vaticana, 2001.

Colonna, Vittoria, *Carteggio di Vittoria Colonna, Marchesa di Pescara*, a cura di Ermanno Ferrero & Giuseppe Müller, 2^a ediz. con Supplemento, raccolto e annotato da Domenico Tordi, Torino, Loescher, 1889; 1892.

Condivi, Ascanio, *Vita di Michelangelo Buonarroti*, a cura di Giovanni Nencioni, Firenze, SPES, 1998.

Cugnoni, Giuseppe (a cura di), "Agostino Chigi il Magnifico", *Archivio della Società Romana di storia patria* 2 (1879), pp. 37~83; 209~226, 475~490; 3 (1880), pp. 213~232, 291~305, 422~448; 4 (1881), pp.

56~75, 195~216; 6 (1883), pp. 139~172, 497~539.

Cugnoni, Giuseppe (a cura di), *Appendice al Commento della Vita di Agostino Chigi Il Magnifico*, Roma, La Società Romana di Storia Patria, 1883; Ripresa, Adamant Media Corporation, 2008.

De Bujanda, Jesús Martínez (a cura di), *Indexes livres interdits*, 10 voll., Sherbrooke, Quebec, Centre d'Études de la Renaissance, 1985~1994, vol. 8: *Index de Rome. 1557, 1559, 1564. Les premiers index romains et l'index du Concile de Trente* (1990), pp. 647~649.

Dolce, Lodovico, *Dialogo della pittura intitolato l'Aretino* (1557), in *Dolce's Aretino and Venetian Art Theory of the Cinquecento*, trans. with an intro. by Mark W. Roskill, New York, New York University Press, 1968; Toronto, University of Toronto Press, 2000.

Doni, Anton Francesco, *Il terremoto di m. Anton Francesco Doni contro m. Pietro Aretino* in Francesco Berni, *Opere di Francesco Berni*, Nuovamente rivedute e illustrate, 2 voll. in un tomo, Milano, G. Daelli e C., 1864, Parte 2.

Doni, Antonio Francesco, *Contra Aretinum (Teremoto, Vita, Oratione funerale. Con un'Appendice di lettere)*, a cura di Paolo Procaccioli, Roma, Vecchiarelli, 1998.

Doni, Antonio Francesco, *La vita dello infame Aretino. Lettera CI et ultima di Anton Francesco Doni fiorentino*, a cura di Costantino Arlía, Città di Castello, Lapi, 1901.

Fonte, Moderata, *Il Merito delle donne*, a cura di Adriana Chemello, Milano, Eidos, 1942.

Franco, Nicolò, *La Priapea*, Lanciano, Carabba, 1916.

Franco, Nicolò, *Rime di Nicolò Franco contro Pietro Aretino*, a cura di E. S., Lanciano, Carabba, 1916.

Gamurrini, Eugenio, *Istoria genealogica delle famiglie nobili Toscane et Umbre*, 5 voll., Fiorenza, Onofri, 1668~1685; Ripresa, Bologna, Forni, [1972], vol. 3 (1673), "Famiglia de' Bacci", pp. 314~336.

Gaye, Johann Wilhelm & Alfred von Reumont (a cura di), *Carteggio inedito d' artisti dei secoli XIV, XV, XVI*. I: 1326~1500; II: 1500~1557; III: 1501~1672, Firenze, G. Molini, 1839; facsimile, Nabu Press, 2010.

Grazzini, Anton Francesco (a cura di), *Opere burlesche del Berni, del Casa, del Varchi, del Mauro, del Bino, del Molza, del Dolce, del Firenzuola. Ricorretto, e con diligenza ristampato*, 3 voll., Usecht al Reno [i.e. Roma], Appresso Jacopo Broedelet, 1771.

Guicciardini, Francesco, *Storia d'Italia*, in Id. *Opere*, a cura di Emanuella Scarano, 3 voll., Torino, UTET, 1970~81, Voll. 2~3.

Holanda, Francisco de, *Dialogues with Michelangelo*, trans. C. B. Holroyd with an intro. David Hemsoll, London, Pallas Athene, 2006.

Leo X, *Confessions of an Infallible Man: The Secret Memoir of Pope Leo X*, trans. from the Latin by Stanley Wallerstein, Lexington, Lulu, 2012.

Lomazzo, Giovanni Paolo, *Trattato dell'arte della pittura, scultura ed architettura*, 7 tomi, Milano, 1584; Roma, Presso S. Del-Monte, 1844; Facsim., [S. I.], Adamant Media Corporation, 2006.

Luciani, Sebastiano, detto Sebastiano del Piombo. *L'Opera completa di Sebastiano del Piombo*, presentazione di C. Volpe, apparati critici e filologici di M. Lucco, Milano, Rizzoli, 1980.

Machiavelli, Niccolò, *Mandragola · Clizia* [니콜로 마키아벨리, 곽차섭 편역·주해, 『마키아벨리와 에로스: 문학작품과 편지에 나타난 사랑과 풍자』, 지식의풍경, 2002].

Martelli, Niccolo, *Dal primo e dal secondo libro delle Lettere*, a cura di Cartesio Marconcini, Lanciano, R. Carabba 1916.

Marucci, V., A. Marzo, & A. Romano (a cura di), *Pasquinate romane del Cinquecento*, intro. di G. Aquilecchia, Roma, Salerno, 1983.

Michelangelo, *Rime e lettere*, a cura di Paola Mastrocola, Torino, UTET, 1992; 2006.

Montaigne, Michel De, *The Complete Essays of Montaigne*, trans. Donald M. Frame, Stanford, Stanford University Press, 1958; 1995.

Orlando, F. & G. Baccini (a cura di), *Cortigiane del secolo XVI. Lettere, curiosità, notizie, aneddoti, etc.*, Firenze, Il "Giornale di erudazione", 1892; Ripresa, Bologna, Forni, 1967.

Parabosco, Girolamo, *Diporti*, a cura di Donato Pirovano, Roma, Salerno, 2005.

Pozzi, Mario (a cura di), *Trattatisti del Cinquecento*, 2 voll., Milano, Ricciardi,

1978; 2007.

Rabelais, François, *Gargantua*, ed. M. A. Screech, Paris, Droz, 1970; *Pantagruel*, ed. V. I. Saulnier, Paris, Droz, 1965 [프랑수아 라블레, 유석호 옮김, 『가르강 튀아/팡타그뤼엘』, 문학과지성사, 2004].

Ridolfi, Carlo, *Le Maraviglie dell'Arte Ovvero Le vite degli illustri pittori Veneti e dello stato*, 2ª ediz., 2 tomi, Venetia, G. B. Sgaua, 1648; Padova, Cartallier, 1835; Facsimile edition, Adamant Media Corporatin, 2006.

Romano, Giulio, *Giulio Romano. Repertorio di fonti documentarie*, a cura di D. Ferrari, Roma, Ministero Beni Att. Culturali, 1992.

Rossi, Giovangirolamo de', *Vita di Giovanni de' Medici detto delle Bande Nere*, a cura di Vanni Bramanti, Roma, Salerno, 1996.

Sanudo, Marino, *I Diarii*, 58 voll., Venezia, 1879~1903; Ripresa, Bologna, Forni, 1970, vol. 57.

Tariffa delle puttane di Venegia, accompagné d'un catalogue des principales courtisanes de Venise, tiré des archives vénitiennes (XVIe siècle) et traduit pour la première fois en français, intro. essai bibliographique par Guillaume Apollinaire, Paris, Bibliothèque des curieux, [1911].

Vasari, Georgio, *Il libro delle ricordanze di Giorgio Vasari*, a cura di Alessandro Del Vita, Arezzo, Casa Vasari, 1927.

Vasari, Georgio, *La vita di Michelangelo nelle redazioni del 1550 e del 1568*, curarta e commentata da P. Barocchi, 5 voll., Milano, Ricciardi, 1962.

Vasari, Georgio, *Le vite de' piú eccellenti architetti, pittori, et scultori italiani, da Cimabue, insino a' tempi nostri*, a cura di Luciano Bellosi & Aldo Rossi, & Presentazione di Giovanni Previtali, 2 voll., Torino, Einaudi, 1986; 2ª ediz., 1991; 2005.

Vasari, Georgio, *Le vite dei più eccellenti pittori, scultori e architetti*. Edizione integrale, Intro. Maurizio Marini, Roma, Newton & Compton editori, 1991; 2002.

Veniero, Lorenzo, *La puttana errante*, a cura di Nicola Catelli, Milano, Unicopli, 2005.

Veniero, Lorenzo, *La Zaffetta*, con introduzione di Gino Raya, Catania, Libreria Tirelli di F. Guaitolini, 1929.

3. 18세기 이후의 글

Alexandrian, Sarane, *Histoire de la Littérature érotique*, Paris, Seghers, 1989 [사란 알렉상드리앙, 최복현 옮김, 『에로틱 문학의 역사』, 한숲, 2005].

Aquilecchia, Giovanni, "Pietro Aretino e altri poligrafi a Venezia" in *Storia della cultura veneta*, a cura di Girolamo Arnaldi & Manlio Pastore Stocchi. vol. 3, pt. 2, Vicenza, Neri Pozza, 1980, pp. 61~98; in Id., *Nuove schede di italianistica*, Roma, Salerno, 1994, pp. 77~138.

Aquilecchia, Giovanni. "Per l'edizione critica dei Sonetti sopra I 'XVI Modi' di Pietro Aretino", *Filologia e critica* 7.2 (1982), pp. 267~282.

Arfaioli, Maurizio, *The Black Bands of Giovanni: Infantry and Diplomacy during the Italian Wars (1526~1528)*, Pisa, Edizioni Plus, Pisa University Press, 2005.

Asor Rosa, Alberto, "Albicante, Giovanni Alberto" in *Dizionario biografico degli italiani*, Roma, Istituto della Enciclopedia Italiana, 1960~, vol. 2 (1960), pp. 1~2.

Aste, Richard, "Giulio Romano as Designer of Erotica: *I Modi*, 1524~25" in *Giulio Romano. Master Designer*, An Exhibition of Drawings in Celebration of the Five Hundredth of His Birth, ed. Janet Cox-Rearick, New York, The Bertha and Karl Leubsdorf Art Gallery, Hunter College of the City University of New York, 1999, pp. 44~53.

Azzarone, Pietro, "Cristo interpretato dall'Aretino", *Studi urbinati di storia, filosofia e letteratura* 47 (1973), pp. 61~72.

Ballaro, Beverly, "Aretino, Pietro (1492~1556)" in *The Feminist Encyclopedia of Italian Literature*, ed. Rinaldina Russell, Westport, Conn., Greenwood Press, 1997, pp. 17~19.

Barnes, Bernadine, "Aretino, the Public, and the Censorship of Michelangelo's Last Judgment" in *Suspended License: Censorship and the Visual Arts*, ed. Elizabeth Childs, Seattle, University of Washington Press, 1997, pp. 59~84.

Barnes, Bernadine, *Michelangelo's Last Judgment: The Renaissance Response*, Berkeley, University of California Press, 1998.

Barocchi, Paola, "Schizzo di una storia della critica cinquecentesca sulla sistina",

Atti e memorie dell'Accademia toscana di scienze e lettere 'La Colombaria', n.s. a. 7 (1956), pp. 194~206.

Barocchi, Paola, "Commento" in Giorgio Vasari, *La vita di Michelangelo nelle redazioni del 1550 e del 1568*, curarta e commentata da P. Barocchi, 5 voll., Milano, Ricciardi, 1962, III, pp. 1254~1263.

Bedini, Silvio A., *The Pope's Elephant*, London, Carcanet, 1997.

Bertani, Carlo, *Pietro Aretino e le sue opere, secondo nuove indagini*, Sondrio, E. Quadrio, 1901.

Bertolo, Fabio Massimo, *Aretino e la stampa. Strategie di autopromozione a Venezia nel Cinquecento*, Roma, Salerno, 2003.

Biadene, Susanna with Mary Yakush, eds., *Titian: Prince of Painters*, Venezia, Marsilio, 1990; München, Prestel, 1990.

Blow, Douglas, *In Your Face: Professional Improprieties and the Art of Being Conspicuous in Sixteenth-Century Italy*, Stanford, Stanford University Press, 2010.

Bolgar, R. R. *The Classical Heritage*, New York, Harper & Row, 1964.

Bongi, Salvatore, "Vita di Antonfrancesco Doni fiorentino", in Antonfrancesco Doni. *I Marmi*, Ripubblicati per cura di Pietro Fanfani, con la vita dell'autore scritta da Salvatore Bongi, Firenze, G. Barbera, 1863.

Bongi, Salvatore, "L'ultimo libro dell'Aretino (Sesto volume delle Lettere)", *Archivio storico italiano*, 5ª ser., tomo 2 (1888), pp. 119~127.

Bongi, Salvatore, *Annali di Gabriel Giolito de'Ferrari*, 2 voll. in 1, Roma, Presso i Principali Librai, 1890~1895; Reprint, [USA], Martino, 2000.

Bonneau, Alcide, "L'Arétin écrivain religieux", *Revue encyclopédique: recueil documentaire universel et illustré* 6 (1896), pp. 125~127.

Bonneau, Alcide, "L'Arétin vil pamphlétaire", *Revue encyclopédique: recueil documentaire universel et illustré* 6 (1896), pp. 229~234.

Borsellino, Nino, *Gli anticlassicisti del Cinquecento*, 2ª ediz., Bari, Laterza, 1975; 1982.

Bruni, Roberto L., "Polemiche cinquecentesche: Franco, Aretino, Domenichi", *Italian Studies* 32 (1977), pp. 52~67.

Bryan, Michael, "Lappoli, Matteo" in *Dictionary of Painters and Engravers,*

Biographical and Critical, New ed., rev. and enl. by Robert E. Graves & Walter Armstrong, 2 voll., London, G. Bell & Sons, 1889; 1898.

Burckhardt, Jacob, *Der Cicerone. Eine Anleitung zum Genuss der Kunstwerke italiens*, Leipzig, Alfred Kröner Verlag, 1927 [Id., *The Cicerone: An Art Guide to Painting in Italy*, trans. A. H. Clough, London, John Murray, 1879; Repr., New York, Garland, 1979; Facsimilr repr., Nabu Press, 2010].

Burckhardt, Jacob, *Die Kultur der Renaissance in Italien*, Leipzig, Kröner, 1988 [야콥 부르크하르트, 안인희 옮김, 『르네상스 이탈리아의 문화』, 푸른숲, 1999].

Burgwinkle, Bill & Cary Howie, *Sanctity and Pornography in Medieval Culture: On the Verge*, Manchester, Manchester University Press, 2010.

Cairns, Christopher, "Domenico Bollani, a Distinguished Correspondent of Pietro Aretino: Some Identifications", *Renaissance News* 19.3 (1966), pp. 193~205.

Cairns, Christopher, "Ancora sulla casa dell'Aretino sul Canal Grande", *Studi veneziani* 14 (1972), pp. 211~217.

Cairns, Christopher, *Pietro Aretino and the Republic of Venice: Researches on Aretino and His Circle in Venice 1527~1556*, Firenze, Olschki, 1985.

Campbell, Stephen J. "Fare una cosa morta parer viva: Michelangelo, Rosso, and the (Un)divinity of Art", *The Art Bulletin* 84.4 (2002), pp. 596~620.

Cartwright, Julia, *Isabella d'Este, Marchioness of Mantua 1474~1539: A Study of the Renaissance*, London, J. Murray, 1903; Repr., 2 vols., Kessinger, 2007.

Cesareo, Giovanni Alfredo, "La formazione di maestro Pasquino", *Nuova antologia*, ser. 3, vol. 51 (maggio-giugno 1894), pp. 87~107, 522~540.

Cesareo, Giovanni Alfredo, "Una satira inedita di Pietro Aretino" in Id., *Studii e ricerche su la Letteratura Italiana*, Palermo, Sandron, 1930, pp. 323~347.

Chasles, Philarète, "L'Arétin", *Revue des Deux Mondes* 15 (ottobre-dicembre 1834); Id[F. Chasles], *La vita di Pietro Aretino*, a cura di Egisto Roggero, Firenze, Istituto Editoriale 'Il pensiero', 1915.

Chastel, André, *A Chronicle of Italian Renaissance Painting*, trans. Linda & Peter Murray, Original French ed., 1983; Ithaca, Cornell University Press, 1984.

Chubb, Thomas Caldecot, *Aretino: Scourge of Princes*, New York, Reynal &

Hitchcock, 1940.

Ciavolella, Massimo, "La produzione erotica di Pietro Aretino" in *Pietro Aretino nel cinquecentenario della nascita*, 2 tomi, Roma, Salerno, 1995, tomo I, pp. 49~66.

Cleugh, James, *The Divine Aretino. Pietro of Arezzo, 1492~1556: A Biography*, London, Anthony Blond, 1965.

Clot, André, *Soliman le Magnifique*, Paris, Fayard, 1983; Id., *Suleiman the Magnificent: The Man, His Life, His Epoch*, trans. Matthew J. Reisz, London, Saqi, 1992.

Concolato, Maria Palermo, "Aretino nella letteratura inglese del Cinquecento" in *Pietro Aretino nel cinquecentenario della nascita*, 2 tomi, Roma, Salerno, 1995, tomo I, pp. 471~478.

Conconi, Bruna, "Sulla ricezione di Pietro Aretino in Francia", *Rivista di letterature moderne e comparate* 59.1 (2006), pp. 29~58.

Condé, E. R., *Scandal Sheets: A Novel Based on the Life of Pietro Aretino. The First Yellow Journalist and Set during the Italian Renaissance*, New York, G. Howard Watt, 1930.

Cottino Jones, Marga, *Introduzione a Pietro Aretino*, Bari, Laterza, 1993.

Crawford, Francis Marion, *Salve Venetia: Gleanings from Venetian History*, 2 vols., New York, Macmillan, 1905.

Croce, Benedetto, *Poesia popolare e poesia d'arte. Studi sulla poesia italiana dal tre al Cinquecento*, 2ª edizione riveduta, Bari, Laterza, 1946, pp. 414~419.

Crowe, Joseph Archer & Giovanni Battista Cavalcaselle, *The Life and Times of Titian with Some Account of His Family*, 2 vols., 2nd ed., London, John Murray, 1881; Facsimile repr. Nabu Press, 2010.

Cupperi, W., "Leoni, Leone" in *Dizionario biografico degli italiani*, vol. 64 (2005), pp. 594~598.

Dalla Man, Leone, *Un discepolo di Pietro Aretino. Lorenzo Venier e i suoi poemetti osceni (Contributo alla storia del costume veneziano nella prima metà del secolo decimosesto)*, Ravenna, Premiata Tipografia Nazion. E. Lavagna e F., 1913.

D'Amico, J. C., "Arts, lettres et pouvoir: correspondance du cardinal de Granvelle avec les écrivains, les artistes et les imprimeurs italiens", in AA.VV. *Les Granvelle et l'Italie au XVIe siècle: le mécénat d'une famille: actes du colloque international*, Besançon, Cêtre, 1996, pp. 191~224.

D'Ancona, Alessandro, *La poesia popolare italiana*, Livorno, Vigo, 1878; 2ª ediz. accresciuta, Livorno, Raffaello Giusti, 1906; Ripresa, Bologna, Forni, 1967.

D'Ancona, Paolo, *The Farnesina Frescoes at Rome*, Milano, Edizioni Del Milione, 1955.

Dante, F., "Chigi, Agostino" in *Dizionario biografico degli italiani*, vol. 24 (1980), pp. 735~743.

De Maio, Romeo, *Michelangelo e la Controriforma*, Bari, Laterza, 1978.

De Sanctis, Francesco, "Pietro Aretino", *Nuova antologia* 15 (novembre 1870), pp. 524~535.

De Sanctis, Francesco, *Storia della letteratura italiana*, a cura di N. Gallo, intro. di N. Sapegna, con una nota intro. di C. Muscetta, 1ª ediz., 1870~1871; Torino, Einaudi, 1971.

Del Vita, Alessandro, "Notizie e documenti su Pietro Aretino", *Il Vasari* 8 (1936~37), pp. 140~152.

Del Vita, Alessandro, *L'Aretino. "Uomo libero per Grazia di Dio"*, Arezzo, Edizioni Rinascimento, 1954.

Del Vita, Alessandro, "La nascita e la morte di Pietro Aretino", *Il Vasari* 18 (1960), pp. 51~61.

Del Vita, Alessandro, *Processo a Pietro Aretino*, Arezzo, Edizioni Rinascimento, 1961.

Dionisotti, Carlo, "Bembo, Pietro" in *Dizionario biografico degli italiani*, vol. 8 (1966), pp. 133~151.

Dublin, P. G., *La vie de l'Arétin*, Paris, Sorlot, 1937; Ripr., Nouvelles Editions Latines, 2004.

Eisenstein, Elizabeth L., *The Printing Revolution in Early Modern Europe*, New York, Cambridge University Press, 1983 [엘리자베스 L. 아이젠슈타인, 전영표 옮김, 『인쇄 출판문화의 원류』, 법경출판사, 1992].

El-Gabalawy, Saad, "Allusions to Aretino's Pornography", *American Notes & Queries* 13.3 (Nov. 1974), pp. 35~36.

El-Gabalawy, Saad, "Aretino's Pornography in the Later English Renaissance", *English Miscellany* 25 (1975/76), pp. 97~119.

El-Gabalawy, Saad, "Aretino's Pornography and Renaissance Satire", *Rocky Mountain Review of Languages and Literature* 30 (1976), pp. 87~99.

Findlen, Paula, "Humanism, Politics and Pornography in Renaissance Italy" in *The Invention of Pornography: Obscenity and the Origins of Modernity, 1500~1800*, ed. Lynn Hunt, New York, Zone Books, 1993, pp. 49~108. [폴라 핀들렌, 「르네상스 이탈리아의 인문주의와 정치 그리고 포르노그라피」, 『포르노그라피의 발명: 외설성과 현대성의 기원, 1500~1800』, 린 헌트 엮음, 조한욱 옮김, 책세상, 1996, 57~134쪽].

Foxon, David, *Libertine Literature in England, 1660~1745*, New Hyde Park, NY, University Books, 1965.

Frantz, David O., *Festum Voluptatis: A Study of Renaissance Erotica*, Columbus, Ohio State University Press, 1989.

Freedman, Luba, *Titian's Portraits through Aretino's Lens*, University Park, Pennsylvania State University Press, 1995.

Freedman, Luba, "Titian's Portraits in the Letters and Sonnets of Pietro Aretino" in *The Eye of the Poet: Studies in the Reciprocity of the Visual and Literary Arts from the Renaissance to the Present*, ed. Amy Golahny, Lewisburg, Bucknell University Press; London, Associated University Presses, 1996, pp. 102~127.

Gerber, Adolf. "All of the Five Fictitious Italian Editions of Writings of Machiavelli and Three of Those of Pietro Aretino Printed by John Wolfe of London", *Modern Language Notes* 22.1 (1907), pp. 2~6; 22.5 (1907), pp. 129~135; 22.7 (1907), pp. 201~206.

Gerlini, Elsa, *The Villa Farnesina alla Lungara, Rome*, Roma, Istituto poligrafico e Zecca dello Stato, 2006.

Gilbert, Felix, *The Pope, His Banker, and Venice*, Cambridge, Harvard University Press, 1980.

Ginzburg, Carlo, *Il formaggio e i vermi. Il cosmo di un mugnaio del '500*, Torino, Einaudi, 1976 [카를로 긴즈부르그, 김정하 · 유제분 옮김, 『치즈와 구더기』, 문학과지성사, 2001].

Ginzburg, Carlo, "Tiziano, Ovidio e i codici della figurazione erotica nel Cinquecento" in Id., *Miti emblemi spie. Morfologia e storia*, Torino, Einaudi, 1986, pp. 133~157.

Gnoli, Domenico, "Storia di Pasquino (dalle origini al Sacco del Borbone)", *Nuova antologia*, ser. 3, vol. 25, fasc. 1 (1890), pp. 51~75; fasc. 2 (1890), pp. 275~296.

Gnoli, Domenico, "Ancora delle Pasquinate di Pietro Aretino", pubblicate ed illustate da Vittorio Rossi, *Giornale storico della letteratura italiana* 22 (1893), pp. 262~267.

Gouwens, Kenneth, *Remembering the Renaissance: Humanist Narratives of the Sack of Rome*, Leiden, Brill, 1998.

Gouwens, Kenneth & Sheryl E. Reiss, eds., *The Pontificate of Clement VII: History, Politics, Culture*, Aldershot, Eng., Ashgate, 2005.

Graf, Arturo, *Attraverso il Cinquecento*, Torino, Loescher, 1888; Torino, Giovanni Chiantore, 1926.

Grasso, M., "Lappoli, Giovanni Antonio" in *Dizionario biografico degli italiani*, vol. 63 (2004), pp. 743~745.

Grazioli, Angelo, *Gian Matteo Giberti Vescovo di Verona. Precursore della Riforma del Concilio di Trento*, Verona, Stamperia Valdonega, 1955.

Grendler, Paul F., *Critics of the Italian World, 1530~1560: Anton Francesco Doni, Nicolò Franco and Ortensio Lando*, Madison, University of Wisconsin Press, 1969.

Hare, Christopher, pseud. [Marian Andrews], *The Romance of a Medici Warrior, being the true story of Giovanni Delle Bande Nere* ……, London, Paul, [1910].

Hauser, Arnold, *Mannerism: The Crisis of the Renaissance and the Origin of Modern Art,* trans. Eric Mosbacher, London, Routledge, 1965; Cambridge, Belknap Press of Harvard University Press, 1986 [아놀드 하우저, 김진욱 옮김, 『예술과 소외』, 종로서적, 1981].

Haynes, Alan, "Pietro Aretino", *History Today* 22.5 (1972), pp. 321~328.

Hendrix, Harald, "La funzione della morte leggendaria nella mitografia di Pietro Aretino" in *Pietro Aretino nel cinquecentenario della nascita*, 2 tomi, Roma,

Salerno, 1995, tomo I, pp. 453~469.

Hendrix, Harald, "The Construction of an Author: Pietro Aretino and the Elizabethans" in *Betraying Our Selves: Forms of Self-Representation in Early Modern English Texts*, eds. Henk Dragstra, Sheila Ottway & Helen Wilcox, New York, Palgrave Macmillan, 2000, pp. 31~44.

Hook, Judith, *The Sack of Rome: 1527*, with a new foreword by Patrick Collinson, London, Macmillan, 1972; New York, Palgrave Macmillan, 2004.

Huizinga, Johan, *Herfsttij der Middeleeuwen*, Haarlem, Tjeenk Willink, 1919; 2nd ed., 1921 [요한 하위징아, 이종인 옮김, 『중세의 가을』, 고양: 연암서가, 2012].

Hutton, Edward, "Pietro Aretino, the First Journalist", *The Nineteenth Century and After* 92 (1922), pp. 797~806.

Hutton, Edward, *Pietro Aretino: The Scourge of Princes*, London, Constable, 1922.

Imperiale, Louis, *La Roma clandestina de Francisco Delicado y Pietro Aretino*, New York, Peter Lang, 1997.

Innamorati, Giuliano, *Tradizione e invenzione in Pietro Aretino*, Messina, G. D'Anna, 1957.

Kendrick, Walter, *The Secret Museum: Pornography in Modern Culture*, New York, Viking, 1987.

Kris, Ernst & Otto Kurz, *Die Legende vom Künstler. Ein geschichtlicher Versuch*, Wien, Krystall, 1934 [에른스트 크리스·오토 쿠르츠, 노성두 옮김, 『예술가의 전설』, 사계절, 1999].

Labalme, Patricia H., "Personality and Politics in Venice: Pietro Aretino" in *Titian: His World and His Legacy*, ed. David Rosand, New York, Columbia University Press, 1982, pp. 119~132.

Lacombe, Christian, "Sade et L'Arétin: Une Consanguinité D'Esprit", *L'Infini* 84 (2003), pp. 66~74.

Laini, Giovanni, *Il vero Aretino, Saggio critico*, Firenze, Barbera, 1955.

Lamb, Harold, *Suleiman, the Magnificent, Sultan of the East*, Garden City, NY, Doubleday, 1951.

Lanciani, Rodolfo, *The Golden Days of the Renaissance in Rome, from the*

Pontificate of Julius II to That of Paul III, London, Archibald Constable; Boston, Houghton, Mifflin, 1906.

Land, Norman E., "*Ekphrasis* and Imagination: Some Observations on Pietro Aretino's Art Criticism", *Art Bulletin* 68 (1986), pp. 207~217.

Land, Norman E., *The Viewer as Poet: The Renaissance Response to Art*, University Park, Pennsylvania State University Press, 1994.

Landau, David & Peter Parshall, *The Renaissance Print, 1470~1550*, New Haven, Yale University Press, 1994.

Larivaille, Paul, "L'*Orazia* de l'Arétin, tragédie des ambitions déçues" in AA.VV., *Les Écrivains et le pouvoir en Italie à l'époque de la Renaissance (1ère série)*, Paris, CRRI, 1973, pp. 279~360; Ristampa, Id., *Varia aretiniana (1972~2004)*, Manziana, Vecchiarelli, 2005, pp. 79~159.

Larivaille, Paul, *Pietro Aretino fra Rinascimento e manierismo*, Roma, Bulzoni, 1980.

Larivaille, Paul, *Pietro Aretino*, Roma, Salerno, 1997.

Lawner, Lynne, *Lives of the Courtesans: Portraits of the Renaissance*, New York, Rizzoli, 1987.

Le Mollé, Roland, *Giorgio Vasari. L'homme des Médicis*, Paris, Grasset & Fasquelle, 1995 [롤랑 르 몰레, 임호경 옮김, 『조르조 바사리: 메디치가의 연출가』, 미메시스, 2006].

Lettieri, Michael, "Pietro Aretino's *Orazia*: A Bibliographical Essay", *Quaderni d'Italianistica* 15.1-2 (1994), pp. 173~181.

Longo, A., "Doni, Anton Francesco" in *Dizionario biografico degli italiani*, vol. 41 (1992), pp. 158~167.

Lothian, John M., "Shakespeare's Knowledge of Aretino's Plays", *Modern Language Review* 25 (1930), pp. 415~424.

Luzio, Alessandro, Recensione di Giorgio Sinigaglia, *Saggio di un studio su Pietro Aretino* (Roma, Tipografia di Roma, 1882), *Giornale storico della letteratura italiana* 1 (1883), pp. 330~337.

Luzio, Alessandro, "La famiglia di Pietro Aretino", *Giornale storico della letteratura italiana* 4 (1884), pp. 361~388; Ripubblicato con modifiche e nuove notizie nella Rivista *Il Vasari: Rivista d'arte e di studi vasariani*, anno 5, fasc. 3-4

(1932), pp. 85~118.

Luzio, Alessandro, *Pietro Aretino nei primi suoi anni a Venezia e la corte dei Gonzaga*, Torino, Loescher, 1888; Ripresa, Bologna, Forni, 1981.

Luzio, Alessandro, "Pietro Aretino e Pasquino", *Nuova antologia*, ser. 3, vol. 28 (1890), pp. 679~708.

Luzio, Alessandro, "L'Aretino e il Franco. Appunti e documenti", *Giornale storico della letteratura italiana* 29 (1897), pp. 229~283.

Mallett, Michael & Christine Shaw, *The Italian Wars 1494~1559: War, State and Society in Early Modern Europe*, New York, Addison Wesley, 2012.

Marchi, Cesare, *L'Aretino*, Milano, Rizzoli, 1980.

Mari, Giovanni, *Storia e leggenda di Pietro Aretino*, Roma, Loescher, 1903.

Marini, Quinto, "Pietro Aretino nel Seicento: una presenza inquietante" in *Pietro Aretino nel cinquecentenario della nascita*, 2 tomi, Roma, Salerno, 1995, tomo I, pp. 479~499.

Masson, Georgina, *Courtesans of the Italian Renaissance*, London, Secker & Warburg, 1975.

Matthews-Grieco, Sara F., ed., *Erotic Cultures of Renaissance Italy*, Aldershot, Eng., Ashgate, 2009.

Mazzuchelli, Gian Maria[Giammaria], *La vita di Pietro Aretino*, Padova, Comino, 1741; Brescia, Pianta, 1763; Ristampa in *Lettere sull'arte di Pietro Aretino*, commentate da Fidenzio Pertile & a cura di Ettore Camesasca, 3 voll., Milano, Edizioni del Milione, 1957~1960, vol 3, tomo 1.

McPherson, David C., "Aretino and the Harvey-Nashe Quarrel", *Publications of the Modern Language Association of America (PMLA)* 84 (1969), pp. 1551~1558.

Miller, Douglas, *Landsknechts*, Oxford, Osprey Publishing, 1994.

Molmenti, Pompeo, *La storia di Venezia nella vita privata dalle origini alla caduta della repubblica*, 3 voll., Torino, Roux e Favale, 1880; 5ª ediz., Bergamo, Istituto italiano d'arti grafiche, 1910~12; Ripresa, Ann Arbor, Reprints from the Collection of the University of Michigan Library, 2010, Parte seconda.

Morandi, Luigi, "Pasquino e Pasquinate", *Nuova antologia*, ser. 3, vol. 19, fasc. 2 (1889), pp. 271~300; fasc. 4 (1889), pp. 755~782.

Morsolin, Bernardo, *Girolamo da Schio. Vescovo e diplomatico del secolo decimosesto*, Vicenza, Tipografia Nazionale Paroni, 1875.

Moulton, Ian Frederick, *Before Pornography: Erotic Writing in Early Modern England*, New York, Oxford University Press, 2000.

Moulton, Ian Frederick, "Aretino, Pietro" in *Encyclopedia of Erotic Literature*, eds. Gaëtan Brulotte & John Phillips, London, Routledge, 2006, pp. 68~73.

Müntz, Eugène, "La Nouvelle Légende de l'Arétin et les Vraies Origines du Journalisme moderne", *Revue encyclopédique: recueil documentaire universel et illustré* 6 (1896), pp. 352~356.

Mutini, C., "Berni, Francesco" in *Dizionario biografico degli italiani*, vol. 9 (1967), pp. 343~357.

Nagel, Alexander, "Experiments in Art and Reform in Italy in the Early Sixteenth Century" in *The Pontificate of Clement VII: History, Politics, Culture*, eds. Kenneth Gouwens & Sheryl E. Reiss, Aldershot, Ashgate, 2005, pp. 385~410.

Nagel, Alexander, *The Controversy of Renaissance Art*, Chicago, University of Chicago Press, 2011.

Northcote, James, *The Life of Titian with Anecdotes of the Distinguished Persons of His Time*, 2 vols., London, Henry Colburn and Richard Bentley, 1830; Facsimile repr., Nabu Press, 2010.

Norwich, John Julius, *A History of Venice*, New York, Knopf, 1982.

Papini, Giovanni, *Vita di Michelangiolo nella vita del suo tempo*, Milano, Garzanti, 1949 [조반니 파피니, 정진국 옮김, 『미켈란젤로 부오나로티』, 파주: 글항아리, 2008].

Pariset, Camillo, *Vita e opere di Francesco Berni*, Livorno, R. Giusti, 1915.

Parrella, P. P., "Le *Pistole Volgari* di Nicolò Franco e il Ii libro delle Lettere dell'Aretino", *Rassegna critica della letteratura italiana* 4 (1899), pp. 97~122.

Partridge, Loren, et al., *Michelangelo: The Last Judgment: A Glorious Restoration*, New York, Harry N Abrams, 1997; London, Thames & Hudson, 2000.

Pastor, Ludwig von, *The History of the Popes from the Close of the Middle Ages*, 40 vols., Original German ed., Freiburg im Breisgau; St. Louis, Mo., Herder, 1886~1933, 16 vols.; London, J. Hodges, 1891; London, Kegan Paul,

Trench, Trübner, & Co., 1899.

Patrizi, G., "Colonna, Vittoria", in *Dizionario biografico degli italiani*, vol. 27 (1982), pp. 448~457.

Petrocchi, Giorgio, *Pietro Aretino tra Rinascimento e Controriforma*, Milano, Vita e Pensiero, 1948.

Pietro Aretino nel cinquecentenario della nascità, Atti del Convegno di Roma-Viterbo-Arezzo (28 settembre~1 ottobre 1992), Toronto (23~24 ottobre 1992), Los Angeles (27~29 ottobre 1992), 2 tomi, Roma, Salerno, 1995.

Pignatti, F., "Gambara, Veronica" in *Dizionario biografico degli italiani*, vol. 52 (1999), pp. 68~71.

Piscini, A., "Domenichi, Ludovico" in *Dizionario biografico degli italiani*, vol. 40 (1991), pp. 595~600.

Pon, Lisa, *Raphael, Dürer, and Marcantonio Raimondi: Copying and the Italian Renaissance Print*, New Haven, Yale University Press, 2004.

Prosperi, Adriano, *Tra evangelismo e controriforma. G. M. Giberti (1495~1543)*, Roma, Edizione di Storia e Letteratura, 1969.

Prosperi, Simonetta & Valenti Rodinò, *Three Centuries of Roman Drawings from the Villa Farnesina*, Rome, Alexandria, Virginia, Art Services International, 1993.

Quondam, Amedeo, "Nel giardino del Marcolini. Un editore veneziano tra Aretino e Doni", *Giornale storico della letteratura italiana* 157 (1980), pp. 75~116.

Quondam, Amedeo, "Aretino e il libro. Un repertorio, per una bibliografia" in *Pietro Aretino nel cinquecentenario della nascità*, 2 tomi, Roma, Salerno, 1995, tomo I, pp. 197~230.

Ranke, Leopold von, *The History of the Popes, Their Church and State, and Especially of Their Conflicts with Protestantism in the Sixteenth and Seventeenth centuries*, trans. E. Fowler, 3 vols., Original German Ed., 3 vols., 1834~1837; New York, Ungar [1966], Vol. 1, pp. 57~90.

Reiss, Sheryl, "Adrian VI, Clement VII, and Art" in *The Pontificate of Clement VII: History, Politics, Culture*, eds. Kenneth Gouwens & Sheryl E. Reiss, Aldershot, Eng., Ashgate, 2005, pp. 339~362.

Reynolds, Anne, ed., *Renaissance Humanism at the Court of Clement VII:*

Francesco Berni's Dialogue against Poets *in Context*, New York, Garland, 1997.

Richards, John, *Landsknecht Soldier 1486~1560*, Oxford, Osprey Publishing, 2002.

Richardson, Brian, *Print Culture in Renaissance Italy: The Editor and the Vernacular Text, 1470~1600*, Cambridge, Cambridge University Press, 1994; New ed., 2004.

Richardson, Brian, *Printing, Writers and Readers in Renaissance Italy*, Cambridge, Cambridge University Press, 1999.

Ridolfi, Roberto, *Vita di Niccolò Machiavelli*, Roma, A. Belardetti, 1954; 7ª ediz., Firenze, Sansoni, 1978 [로베르토 리돌피, 곽차섭 옮김, 『마키아벨리 평전』, 아카넷, 2000].

Robinson, Christopher, *Lucian and His Influence in Europe*, Chapel Hill, University of North Carolina Press, 1979.

Roeder, Ralph, *The Man of the Renaissance. Four Lawgivers: Savonarola, Machiavelli, Castiglione, Aretino*, New York, Viking Press, 1933.

Rolland, Romain, *Vie de Michel-Ange*, Paris, Hachette, [s.d.; 1900?] [로맹 롤랑, 전상범 옮김, 『미켈란젤로의 생애』, 정음사, 1976].

Romano, Angelo, "Un ignoto profilo seicentesco di Pietro Aretino", *Filologia e critica* 14.1 (1989), pp. 71~86.

Romano, Angelo, *Periegesi aretiniane. Testi, schede e note biografiche intorno a Pietro Aretino*, Roma, Salerno, 1991.

Romano, Angelo, "I biografi dell'Aretino, dallo pseudo-Berni al Mazzuchelli" in *Pietro Aretino nel cinquecentenario della nascita*, 2 tomi, Roma, Salerno, 1995, tomo II, pp. 1053~1071.

Romei, G. "Dolce, Lodovico" in *Dizionario biografico degli italiani*, vol. 40 (1991), pp. 399~405.

Rosand, David, ed., *Titian: His World and His Legacy*, New York, Columbia University Press, 1982.

Rosand, David, *Painting in Sixteenth-Century Venice: Titian, Veronese, Tintoretto*, 2nd ed., Cambridge, Cambridge University Press, 1997.

Roscoe, William, *The Life and Pontificate of Leo the Tenth*, 4 vols., Liverpool,

Printed by J. McCreery, 1805; 3 vols., 1826; Repr., Adamant Media Corporation, 2001, vol. 3.

Rosenthal, Margaret F., *The Honest Courtisan: Veronica Franco Citizen and Writer in Sixteenth-Century Venice*, Chicago, University of Chicago Press, 1992.

Rowland, Ingrid. D. "The Birth Date of Agostino Chigi: Documentary Proof", *Journal of the Warburg and Courtauld Institutes* 47 (1984), pp. 192~193.

Rowland, Ingrid. D. "Render Unto Caesar the Things Which are Caesar's: Humanism and the Arts in the Patronage of Agostino Chigi", *Renaissance Quarterly* 39.4 (1986), pp. 673~730.

Rowland, Ingrid D., *The Culture of the High Renaissance: Ancients and Moderns in Sixteenth-Century Rome*, Cambridge University Press, 1998; 2001.

Salza, Abd-el-Kader, "Pasquiniana", *Giornale storico della letteratura italiana* 43 (1904), pp. 193~243.

Saxl, Fritz, *La Fede Astrologica Di Agostini Chigi. Interpretazione dei dipinti di Baldassare Peruzzi nella Sala di Galatea della Farnesina*, Roma, Reale Accademia D'Italia, Roma, 1934.

Scarpellini, P., "Caporali, Giovan Battista, detto Bitte" in *Dizionario biografico degli italiani*, vol. 18 (1975), pp. 683~685.

Schulz, Juergen, "The Houses of Titian, Aretino, and Sansovino" in *Titian: His World and His Legacy*, ed. David Rosand, New York, Columbia University Press, 1982, pp. 73~118.

Scotti, Mario, "Gli scritti religiosi" in *Pietro Aretino nel cinquecentenario della nascità*, 2 tomi, Roma, Salerno, 1995, tomo I, pp. 121~142.

Sherr, Richard, "Clement VII and the Golden Age of the Papal Choir" in *The Pontificate of Clement VII: History, Politics, Culture*, eds. Kenneth Gouwens & Sheryl E. Reiss, Aldershot, Eng., Ashgate, 2005, pp. 227~250.

Shoemaker, Innis H. & Elizabeth Broun, *The Engravings of Marcantonio Raimondi*, Lawrence, Spencer Museum of Art, 1981.

Simon, Kate, *A Renaissance Tapestry: The Gonzaga of Mantua*, New York, HarperCollins, 1988.

Sinigaglia, Giorgio, *Saggio di un studio su Pietro Aretino*, Roma, Tipografia di Roma, 1882.

Stearns, Frank Preston, *Life and Genius of Jacopo Robusti, Called Tintoretto*, New York, Putnam's Sons, 1894; Facsimile repr., Nabu Press, 2010.

Symonds, John Addington, "Pietro Aretino" in his *Renaissance in Italy*, 7 vols., 1875~1886, vol. 7: *Italian Literature: From Ariosto to the Late Renaissance*, 1886; Repr. New York, Capricorn Books, 1964.

Tafuri, Manfredo, ed., *Giulio Romano*, trans. Fabio Barry & with an intro. Ernst Gombrich, New York, Cambridge University Press, 1998.

Talvacchia, Bette, "L'erotismo in Giulio Romano, fra decoro, decorazione, e scandalo", *La Nuova Città*, VI serie, n. 5 (maggio-agosto 1994), pp. 95~113.

Talvacchia, Bette, *Taking Positions: On the Erotic in Renaissance Cultures*, Princeton, Princeton University Press, 1999.

Tassini, Giuseppe, "Delle abitazioni in Venezia di Pietro Aretino", *Archivio veneto*, ser. 1, 31 (1886), pp. 205~213.

Toscanini, Walter, "Le operette erotiche aretinesche", *Il Vasari* 19.1 (1961), pp. 30~33.

Tosi, Wilde, *Il Magnifico Agostino Chigi*, Roma, Associazione bancaria italiana, 1970.

Tracy, James D., *Emperor Charles V, Impresario of War: Campaign Strategy, International Finance, and Domestic Politics*, Cambridge, Cambridge University Press, 2002.

Turner, James Grantham, *Schooling Sex: Libertine Literature and Erotic Education in Italy, France, and England, 1534~1685*, Oxford, Oxford University Press, 2003.

Turner, James Grantham, "Marcantonio's Lost *Modi* and Their Copies", *Print Quarterly* 21.4 (Dec. 2004), pp. 363~384.

Turner, James Grantham, "Libertine Literature Forty Years on. I: From Aretino to the *School of Venus*", *Book Collector* 54.1 (2005), pp. 29~51.

Turner, James Grantham, "Libertine Literature Forty Years on. II: From Nicolas Chorier and His Emulators", *Book Collector* 54.2 (2005), pp. 231~256.

Van Dyke, Paul., *Renascence Portraits*, New York, Scribner's, 1905; Freeport, Books for Libraries Press, 1969.

Vaughan, Herbert M., *The Medici Popes: Leo X And Clement VII*, Port Washington, NY, Kennikat Press, [1971]; Repr., Kessinger Publishing, 2007.

Villari, Pasquale, *The Life and Times of Niccolò Machiavelli*, tr. Linda Villari, 2 vols., London, T. Fisher Unwin, 1892; Repr. ed., New York, Greenwood, 1968.

Virgili, Antonio, *Francesco Berni*, Firenze, Le Monnier, 1881.

Waddington, Raymond B., "A Satirist's Impresa: The Medals of Pietro Aretino", *Renaissance Quarterly* 42.4 (1989), pp. 655~681.

Waddington, Raymond B., *Aretino's Satyr: Sexuality, Satire, and Self-Projection in Sixteenth-Century Literature and Art*, Toronto, University of Toronto Press, 2004.

Waddington, Raymond B., "Pietro Aretino, Religious Writer", *Renaissance Studies* 20.3 (2006), pp. 277~292.

Walsh, Maurice N., "Some Character Aspects of the Satirist (Pietro Aretino)", *American Imago* 18.3 (1961), pp. 235~262.

Watson, Paul F. *The Garden of Love in Tuscan Art of the Early Renaissance*, London, Associated University Presses, 1979.

Williams, Gordon, "Aretinists" in *Encyclopedia of Erotic Literature*, eds. Gaëtan Brulotte & John Phillips, London, Routledge, 2006, pp. 63~67.

Wind, Edgar, *Pagan Mysteries in the Renaissance*, rev. ed., New York, Norton, 1968.

Witcombe, Christopher L. C. E., *Copyright in the Renaissance: Prints and the 'Privilegio' in Sixteenth-Century Venice and Rome*, Leiden, Brill, 2004.

Wittkower, Margot & Rudolf, *Born under Saturn: The Character and Conduct of Artists*, intro. Joseph Connors, New York, Random House 1963; New York, New York Review Books, 2006.

Woods-Marsden, Joanna, "Toward a History of Art Patronage in the Renaissance: The Case of Pietro Aretino", *Journal of Medieval and Renaissance Studies* 24.2 (1994), pp. 275~299 & figures 40~49.

Zerner, Henry, "L'estampe érotique au temps de Titien" in *Tiziano e Venezia*, Vicenza, Neri Pozza, 1980, pp. 85~90.

Zimmermann, T. C., "Guicciardini, Giovio, and the Character of Clement VII" in *The Pontificate of Clement VII: History, Politics, Culture*, eds. Kenneth Gouwens & Sheryl E. Reiss, Aldershot, Eng., Ashgate, 2005, pp. 19~27.

Zornetta, Katja, "La vulgata londinese delle *Sei giornate* di Pietro Aretino", *Filologia e critica* 21.2 (1996), pp. 161~187.

Zorzanello, Pietro, "Un 'creato' di Pietro Aretino (note ed aggiunte a una recente pubblicazione)", *Ateneo Veneto*, a. 36, v. 1, f. 1-2 (1913), pp. 97~123.

곽차섭, 「아레티노 읽기: 16세기 한 이탈리아 논객의 삶」, 『서양사연구』 34 (2006), 37~62쪽.

곽차섭, 「'세상에서 제일 아름다운 것은……': 헤타이라와 코르티자나의 역설」, 『코기토』 62 (2007), 67~85쪽.

곽차섭, 「파노르미타의 『헤르마프로디투스』와 르네상스 휴머니즘의 딜레마」, 『서양사론』 93 (2007), 33~58쪽.

곽차섭, 「르네상스기 이탈리아의 동성애자들」, 곽차섭·임병철(편), 『역사 속의 소수자들』, 푸른역사, 2009, 17~39쪽.

곽차섭, 「줄리오 로마노의 『체위』와 아레티노의 『음란한 소네트』: 최초의 포르노그래피 탄생의 전말」, 『역사와 경계』 73 (2009), 305~333쪽.

곽차섭, 「전기(傳記) 쓰기: 인간적 공감에 기댄 이해」, 『연보와 평전』 2 (2009), 24~28쪽.

곽차섭, 「전기(傳記) 쓰기 2: 인간적 공감을 표현하는 방법들: 미켈란젤로의 전기를 중심으로」, 『연보와 평전』 5 (2010), 35~40쪽.

곽차섭, 「'고결한 주제, 음란한 언어': 미켈란젤로의 「최후의 심판」에 대한 아레티노의 비평」, 『역사와 경계』 78 (2011), 391~429쪽.

■ 찾아보기

|ㄱ|

가니메데(스) Ganymede(s) 53, 285
가무리니, 에우제니오 Eugenio Gamurrini 35, 36
가에타노, 성(聖) St. Gaetano dei Conti di Tiene 278
갈로, 안토니오 Antonio Gallo 338
게라르디, 크리스토파노 Cristofano Gherardi 237, 282
계시 249, 273 → 예언도 보라
고전주의 19, 216, 217, 292, 354
곤차가, 에르콜레 Ercole Gonzaga 135, 277, 278
곤차가, 페데리코 2세 Federico II Gonzaga 88, 90, 108, 109, 127, 135, 140, 141, 153, 155, 161, 182, 183, 186, 187, 191, 197, 198, 235, 242, 249, 260, 301
곤차가, 페란테 1세 Ferrante I Gonzaga 239
곤차가, 프란체스코 Francesco Gonzaga 140, 154
곤차가, 프란체스코 2세 Francesco II Gonzaga 109
과리쿠스, 루카스 Lucas Guaricus 161
과스토 후작 Marquis del Guasto 157
괄티에리, 라파엘로 Raffaello Gualtieri 344
구텐베르크, 요한네스 Johannes Gutenberg 117

귀차르디니, 프란체스코 Francesco Guicciardini 118, 157, 158, 160
그놀리, 도메니코 Domenico Gnoli 98
그라씨, 아킬레 Achille Grassi 87, 87
그라치아니, 펠리체 Felice Graziani 51
그랑벨, 앙투안 페레노 드 Antoine Perrenot de Granvelle 265
그레고리우스 2세 Gregorius II 287
그리마니, 비토르 Vittor Grimani 258
그리마니, 안토니오 Antonio Grimani 175, 183
그리티, 루이지 Luigi Gritti 193
그리티, 안드레아 Andrea Gritti 173, 175, 180, 181, 183, 190~193, 209
긴즈부르그, 카를로 Carlo Ginzburg 228

| ㄴ |

나르디, 도메니코 Domenico Nardi d'Arezzo 347
나르디, 야코포 Jacopo Nardi 239
나시, 토머스 Thomas Nash 228
남색(男色) 53, 54, 67, 100, 111
네스토르 Nestor Gerenios 285
넬리, 로도비코 Lodovico Nelli 346
넬리, 주스티니아노 Giustiniano Nelli 226
누치, 메도로 Medoro Nucci 34, 35, 37, 38, 132
누치, 안젤리카 Angelica Nucci 38

| ㄷ |

다니엘레 다 볼테라 Daniele da Volterra 291
다니엘레, 바르바로 Barbaro Daniele 215, 330, 342
다라고나, 마리아 Maria d'Aragona 199
다발로스, 알폰소 Alfonso d'Avalos 108, 198, 199
다타리오 지베르티 Datario Giberti → 지베르티, 조반 마테오를 보라

단돌로, 레오나르도 Leonardo Dandolo　341, 347
단돌로, 안드레아(도제) Andrea Dandolo　341
단돌로, 안드레아(제독) Andrea Dandolo　341
단돌로, 엔리코 Enrico Dandolo　341
단코나, 알레싼드로 Alessadro D'Ancona　56
달라르메, 프란체스코 Francesco da l'Arme　321
달비아노, 바르톨로메오 Bartolomeo d'Alviano　174, 177
데니, 앤터니 Anthony Denny　263, 265
데메트리오, 피에트로 파올로 Pietro Paolo Demetrio　347
데모스테네스 Demosthenes　215
데 상티스, 프란체스코 Francesco De Sanctis　223
데스테, 알폰소 Alfonso d'Este　183, 214
데스테, 이자벨라 Isabella d'Este　71, 109
데코룸　178, 242, 276, 279, 280, 282, 285~287, 289, 290, 292
델라 볼타, 아킬레 Achille Della Volta　154
델 비타, 알레싼드로 Alessandro del Vita　257
델 페로 Del Pero (=Pietro Gelido)　38, 345, 346
도나투스, 아일리우스 Aelius Donatus　260
도니, 안톤 프란체스코 Anton Francesco Doni　35, 195, 260, 261, 303
도리아, 안드레아 Andrea Doria　305
도메니키, 로도비코 Lodovico Domenichi　27
도비치, 베르나르도 Bernardo Dovizi　71, 80
돈 바르톨로메오 Don Bartolomeo (=Baccio della Porta)　31, 32, 129
돌체, 로도비코 Lodovico Dolce　44, 58, 131~133, 211, 271, 290, 291
동성애　53, 73, 213, 218, 286, 327
두르비나, 잔 Gian d'Urbina　79, 157
뒤러, 알브레흐트 Albrecht Dürer　127
디 베네데토, 카루비노 Carubino Di Benedetto　54
디오게네스 Diogenes　215
디제뇨　104, 178, 276, 284, 285

| ㄹ |

라리바유, 폴 Paul Larivaille 20, 138, 240
라멘기, 바르톨로메오 Bartolomeo Ramenghi 28, 55
라벤나 추기경 Cardinale di Ravenna → 아콜티, 베네데토를 보라
라블레, 프랑수아 François Rabelais 215
라우라 Laura 114, 115, 119
라이몬디, 마르칸토니오 Marcantonio Raimondi (=Marcantonio Bolognese) 16, 80, 124, 126~128, 132~135, 138, 141~144, 149~153, 352
라파엘로 Raffaello Sanzio 15, 55, 72~74, 80, 84, 85, 126~128, 131~133, 281, 284
라폴리, 마테오 Matteo Lappoli 31, 32
라폴리, 조반니 안토니오 Giovanni Antonio Lappoli 32
랑고네, 귀도 Guido Rangone 252, 325
랑고네, 바르바라 Barbara Rangone 325
랑고네, 톰마소 Tommaso Rangone 135
랑케, 레오폴트 폰 Leopold von Ranke 105
레오 10세 Leo X 16, 66, 68~72, 76~78, 83~87, 89~96, 100, 104~106, 108, 111, 113, 117, 131, 134, 136, 139, 250
레오나르도 다 빈치 Leonardo da Vinci 28, 29, 202
레오니, 레오네 Leone Leoni 204, 256, 298, 304~306
레제, 조반니 다 Giovanni da Legge 193
로너, 린 Lynn Lawner 133, 141
로렌체토 Lorenzetto (=Lorenzo Lotti) 72
로렌 추기경 Cardinale de Lorraine 338 → 장 드 로렌을 보라
로렌치니 Lorenzini 346
로마초, 잔 파올로 Gian Paolo Lomazzo 291
로베레, 귀도발도 2세 델라 Guidobaldo II della Rovere 239, 258, 338, 343
로베레, 프란체스코 마리아 1세 델라 Francesco Maria I della Rovere 96, 110
로셀리, 로셀로 Rosello Roselli 301
로쏘 디 산 세콘도, 피에르 마리아 Pier Maria Rosso di San Secondo 239
로씨, 비토리오 Vittorio Rossi 90, 98, 108
로씨, 조반니 Giovanni Rossi 257

로타, 디오탈레비 Diotalevi Rota 338~340
로타, 프란체스코 Francesco Rota 326
로페 데 베가, 펠릭스 아르투로 Félix Arturo Lope de Vega y Carpio 241
롤랑, 로맹 Romain Rolland 275
롤런드, 잉그리드 Ingrid D. Rowland 69
루벤스, 피에터 파우벨 Pieter Pauwel Rubens 348
루치에타 Lucietta 331
루치오, 알레싼드로 Alessandro Luzio 38, 56, 57, 65, 88, 98, 108, 152, 155, 249
루카 Lucha 33~36, 39, 41~44, 60
루크레치아 Lucrezia 40
루키아누스 Lucianus 212
루터, 마르틴 Martin Luther 104, 132, 232, 270, 278
르네상스 15, 19~21, 109, 115, 164, 177, 186, 213, 215~217, 220, 217, 220, 227, 231, 232, 288, 292, 293, 354
리돌피, 카를로 Carlo Ridolfi 182, 185, 204
리아리오, 라파엘레 Raffaele Riario 86, 96
리얼리즘 354
리오나르디, 잔 야코포 Gian Iacopo Lionardi 17
리차, 마리에타 Marietta Riccia 326
리차, 페리나 Perina Riccia 320, 321, 325~331
리키, 아고스티노 Agostino Ricchi 299, 326

| ㅁ |

마누엘 1세 Manuel I 83, 84, 250
마뉘피코 Il Magnifico → 메디치, 로렌초 데, 대인(大人)을 보라
마드리나 Madrina 115
마르가레테 Margarete 257
마르게리타 Margherita 330
마르콜리니, 프란체스코 Francesco Marcolini 183, 197, 241, 242, 297, 304, 322

마르티노 파스쿠알리고 Martino Pascualigo 307
마르티알리스 Marcus Valerius Martialis 222
마리아노 Fra Mariano Fetti 111
마리에타 Marietta 326, 327, 330, 331
마추켈리, 잠마리아 Giammaria Mazzuchelli 36, 66
마카쏠라, 프란체스코 Francesco Macassola 265
마키아벨리, 니콜로 Niccolò Machiavelli 20, 71, 92, 96, 108, 118, 160, 307, 354
막시밀리안 1세 Maximillian I 158
만토바 공작 → 곤차가, 페데리코 2세를 보라
만토바 후작 → 곤차가, 페데리코 2세를 보라
말라테스타 G. B. Malatesta 197
매너리즘/매너리스트 217
메넬라오스 Menelaos 97
메노키오 Menocchio 115
메디치, 로렌초 데, 대인(大人) Lorenzo de' Medici, Il Magnifico 29
메디치, 로렌초 데, 우르비노 공작 Lorenzo de' Medici 96, 108
메디치, 알레싼드로 데 Alessandro de' Medici 198, 315
메디치, 이폴리토 데 Ippolito de' Medici 183, 242, 312
메디치, 조반니 데(교황) Giovanni de' Medici → 레오 10세를 보라
메디치, 조반니 데(용병대장) Giovanni de' Medici → 조반니 델레 반데 네레를 보라
메디치, 줄리아노 Giuliano de' Medici 118
메디치, 줄리오 데 Giulio de' Medici → 클레멘스 7세를 보라
메디치, 카테리나 데 Caterina de' Medici 316
메디치, 코지모 데 Cosimo de' Medici 288, 345
메디치, 코지모 1세 Cosimo I de' Medici 37, 183, 239, 298
메리 Mary of England 262
메차바르바, 안토니오 Antonio Mezzabarba 19, 51, 57
멘도사, 디에고 Diego Mendoza 265, 338
멘도사, 후안 Juan Mendoza 265
모란디, 루이지 Luigi Morandi 98
모리지니, 카를로 Carlo Morisini 258

몬테제, 페란테 Ferrante Montese 163
몬페라토 후작 Marchese del Monferrato (=Bonifacio IV Paleologo) 301
몰리노, 지롤라모 Girolamo Molino 263
몽모랑시, 안 드 Anne de Montmorency 252~254
미슐레, 쥘 Jules Michelet 29
미쏘네, 빈첸초 Vincenzo Missone 105
미켈란젤로 Michelangelo Buonarroti 73, 104, 178, 181, 269~293

|ㅂ|

바냐카발로 Bagnacavallo → 라멘기, 바르톨로메오를 보라
바로크 176, 292, 348
바르바로, 다니엘레 Daniele Barbaro 330, 342
바르비로싸 Barbarossa → 하시르 알딘을 보라
바르톨로메오 디 산 마르코 Bartolomeo di San Marco → 돈 바르톨로메오를 보라
바르톨리니, 마딸레나 Maddalena Bartolini 326, 327
바르톨리니, 조반니 Giovanni Bartolini 186
바르톨리니, 폴로 Polo Bartolini 325
바릴리, 조반니 Giovanni Barili 74
바비에라 Baviera (=Baviero Carocci) 127, 131, 133
바쉬아돈나, 마리나 Marina Basciadonna 319
바스토 후작 Marchese di Vasto → 다발로스, 알폰소를 보라
바스티아노 비니치아노 Bastiano Viniziano 104
바쌀로 수도원장 Abate di Vassallo 316
바자리, 조르조 Giorgio Vasari 29~32, 41, 42, 67, 104, 105, 123, 124, 126, 127, 129, 132, 133, 135, 138, 144, 151, 184, 204, 237, 279, 289, 290, 298
바차코 Bazzacco → 폰키노, 조반니 바티스타를 보라
바치, 괄티에리 Gualtieri Bacci 39, 44, 110
바치, 니콜로자 Nicolosa Bacci 41
바치, 루이지 Luigi Bacci 34, 35, 39, 41~43, 60, 110
바치, 알레싼드로 Alessandro Bacci 44

바치, 조반니 안토니오(일 소도마) Giovanni Antonio Bazzi (il Sodoma) 67, 73
바치, 줄리안 Giulian Bacci 31, 41
바치, 프란체스코 Francesco Bacci 35, 39~41, 263
바치, 피에트로 야코포 Pietro Jacopo Bacci 35
반노티, 오라치오 Orazio Vannotti 39, 44
반델로, 마테오 Matteo Bandello 113
반디넬리, 바초 Baccio Bandinelli 124
발터 폰 데어 포겔바이데 Walther von der Vogelweide 85
베누스티, 마르첼로 Marcello Venusti 277
베니에로, 가브리엘 Gabriel Veniero 258
베니에로, 로렌초 Lorenzo Veniero 193, 194, 312, 353
베로네제 Veronese (=Paolo Cagliari) 177, 178
베르길리우스 Publius Vergilius Maro 215, 222
베르나르디노 오키노 Bernardino Occhino 225
베르니, 프란체스코 Francesco Berni 34, 35, 60, 66, 76, 169, 327, 343, 351
베르제리오, 피에르 파올로 Pier Paolo Vergerio 191
베르타니, 카를로 Carlo Bertani 204, 348
베아트리체 데 포르투갈 Beatrice de Portugal 250
베토리, 파올로 Paolo Vettori 118
벨리니, 조반니 Giovanni Bellini 177
벨트라모, 페리에리 Ferieri Beltramo 68, 77
벰보, 피에트로 Pietro Bembo 212, 220, 230, 341
보니파초 다 콜레 Bonifacio da Colle 278
보로메오, 카를로 Carlo Borromeo 291
보로메오, 페데리코 Federico Borromeo 288, 291
보르자, 루크레치아 Lucrezia Borgia 214
보르자, 체자레 Cesare Borgia 70, 214
보이아르도, 마테오 마리아 Matteo Maria Boiardo 196, 199, 237
보젤, 장 드 Jean de Vauzelles 308
보카치오, 조반니 Giovanni Boccaccio 43, 194, 220, 238, 332
본치, 니콜로 Nicolò Bonci 33, 40, 41, 65, 66
본치, 마르게리타 Margherita Bonci 29, 31, 33, 34, 41, 42, 337
본치, 파비아노 Fabiano Bonci 39

볼라니, 도메니코 Domenico Bolani 200, 201, 320
볼라니, 베네데타 Benedetta Bolani 201
볼라니, 야코포 Jacopo Bolani 200
부르봉 공작 Charles de Bourbon → 샤를 3세를 보라
부르크하르트, 야콥 Jacob Burckhardt 231, 285
부온캄비, 프란체스코 Francesco Buoncambi 49, 51
브라만테, 도나토 Donato Bramante 72
브루촐리, 안토니오 Antonio Bruccioli 227, 239
비앙코, 시모네 Simone Bianco 307
비온도, 미켈라뇰로 Michelagnolo Biondo 326
비제리, 마르코 Marco Vigeri 86, 87
비테 Bitte → 카포랄리, 잠바티스타를 보라
비텔리, 알레싼드로 Alessandro Vitelli 119
비토리아, 알레싼드로 Alessandro Vittoria 204
비트루비우스 Marcus Vitruvius Pollio 52, 186
빕비에나 Bibbiena → 도비치, 베르나르도를 보라

| ㅅ |

사누도, 마리노 Marino Sanudo 87, 58, 100, 156
사드 후작 Donatien Alphonse François, Marquis de Sade 352, 354
사라, 안젤라 Angela Sara 188, 216, 316, 317
사라치니, 마르게리타 Margherita Saracini 78
사보나롤라, 지롤라모 Girolamo Savonarola 348
사티로스 125, 203, 221, 222
산델라, 바르톨로 Bartolo Sandella 321, 322
산델라, 카테리나 Caterina Sandella 227
산소비노, 안드레아 Andrea Sansovino 186
산소비노, 야코포 Jacopo Sansovino (=Jacopo Tatti) 80, 176, 177, 186~190, 204
산소비노, 프란체스코 Francesco Sansovino 215
살비아티, 줄리아노 Giuliano Salviati 79

샤를마뉴 Charlemagne 184, 196, 198, 233, 255
샤를 3세 Charles III 157, 163~165
샤를 8세 Charles VIII 69, 173, 247, 348
세레나, 안젤라 Angela Serena 320, 321
세레나, 잔 안토니오 Gian Antonio Serena 320, 334
세르니니, 니노 Nino Sernini 277, 278
세바스티아노 델 피옴보 Sebastiano del Piombo (=Sebastiano Luciani) 72, 80, 149, 167, 180, 187, 269, 270, 322
셰익스피어, 윌리엄 William Shakespeare 236, 241, 354
소데리니, 프란체스코 Francesco Soderini 86, 87, 96
소도마 Il Sodoma → 바치, 조반니 안토니오를 보라
소도미아 53, 73, 276, 291, 327 → 동성애도 보라
소리아, 로페 디 Lope di Soria 301, 321, 328
소크라테스 Socrates 213~215
솔리마노 Solimano → 술레이만 대제를 보라
쇠퍼, 페터 Peter Schöffer 232
숌버그, 니콜로 Niccolò Schomberg(=Schönberg) 138, 155
술레이만 대제 Suleiman I 175, 190, 251
쉬피오네 Scipione 43
스카모치, 빈첸초 Vincenzo Scamozzi 177
스키오, 지롤라모 벤쿠치 다 Girolamo Bencucci da Schio 138, 153, 191
스키피오 Scipio Africanus 260
스탐파, 마씨미아노 Massimiano Stampa 301
스파다리, 가스파로 Gasparo Spadari 37, 38
스페로니, 스페로네 Sperone Speroni 214, 317, 331
스포르차, 루도비코 Ludovico Sforza 173
스피노, 피에트로 Pietro Spino 316
스피라, 포르투니오 Fortunio Spira 34, 321
시에나 추기경 Cardinale di Siena (=Giovanni Piccolomini) 100

|ㅇ|

아낙사르코스 Anaxarchos 215
아녤리, 베네데토 Benedetto Agnelli 249, 327
아녤리, 지롤라모 Girolamo Agnelli 283
아니키니, 루이지 Luigi Anichini 301
아드리아 Adria 31, 42, 86, 313, 321~324, 337~340
아드리아노 Adriano → 하드리아누스 6세를 보라
아드리안 Adrian → 하드리아누스 6세를 보라
아라스 주교 Archevéque de Arras → 그랑벨, 앙투안 페레노 드를 보라
아리스토텔레스 Aristoteles 214, 215, 238
아리스토파네스 Aristophanes 212
아리오스토, 루도비코 Ludovico Ariosto 16, 180, 196, 199, 348
아스트, 리처드 Richard Aste 133
아우구스투스 Augustus 168
아우구스티누스 St. Augustinus 77
아우스트리아 Austria 321, 322, 324
아이젠스타인, 엘리자베스 Elizabeth Eisenstein 117
아콜티, 베네데토 Benedetto Accolti 338
아콰비바, 조반니 안토니오 Giovanni Antonio Acquaviva 252, 253
아킬레우스 Akhilleus 97, 161
아트리아(아트리) 공작 Duca d'Atria → 아콰비바, 조반니 안토니오를 보라
아틸라 Attila 348
아펠레스 Apelles 184
아풀레이우스 Apuleius 55
안드레아차, 프란체스카 Francesca Andreazza 77, 78
안젤라 델 모로 Angela del Moro → 자페타, 안젤라를 보라
안젤미, 안토니오 Antonio Angelmi 330
안치아니 디 파르마 Anziani di Farma 76
안토넬로 다 메씨나 Antonello da Messina 348
안토니오 델 몬테 Antonio del Monte → 초키 델 몬테, 안토니오 마리아를 보라
안토니오 (다) 산갈로 Antonio (da) Sangallo 104
알라만니, 루이지 Luigi Alamanni (=Alamano Aloisio) 252, 253

알렉산데르 6세 Alexander VI 72
알렉산데르 7세 Alexander VII 69, 75
알렉산드로스 대왕 Alexandros 151, 161, 184, 185, 260, 272, 306
알룬노, 프란체스코 Francesco Alunno 180, 205, 206
알베르고티, 카밀로 Camillo Albergotti 39
알비치, 프란체스코 델리 Francesco degli Albizzi 158
알티에리, 발다사리 Baldasari Altieri 264
알판, 엘리아 Elia Alfan 227, 228, 307, 323, 324, 328, 329
암미라토, 쉬피오네 Scipione Ammirato 60
압바디노 Abbadino (=Giambattista Abati) 128
앙리 2세 Henri II 315
에네아 비코 파르미자노 Enea Vico Parmigiano 279
에드워드 6세 Edward VI 262
에라스무스, 데시데리우스 Desiderius Erasmus 229
에로틱/에로티카 75, 127, 129, 130, 187, 194, 199, 209, 217, 219, 220, 222~225, 351~354
에우스타키우스 데 몬테 레갈리스 Eustachius de Monte Regalis 105
에우제니아 Eugenia 43
에우제비, 잔암브로조 Gianambrogio Eusebi 79, 195, 263, 332, 334
에지디오 다 비테르보 Egidio da Viterbo 288
엘레나 발레리니 Elena Ballerini 194
예언 95, 111, 161, 162, 287, 348 → 계시도 보라
오라디니, 줄리오 Giulio Oradini 55
오르시니, 카밀로 Camillo Orsini 51
오비디우스 Publius Ovidius Naso 74, 222
오타비아노 Ottaviano 43
와이어트, 토머스 Thomas Wyatt 228
용병대장 51, 177, 198, 213, 298, 325, 338
울프, 존 John Wolfe 353
유베날리스 Decimus Junius Juvenalis 222
율리우스 2세 Julius II 66, 69~73, 78, 96, 174, 286
율리우스 3세 Julius III 342, 344, 345
이자벨 Isabel of Scotland 242

이피게니아 Iphigenia 285
인나모라티, 줄리아노 Giuliano Innamorati 92
인쇄술 129, 130, 187, 195, 229, 232, 233
임페리아 Imperia 75, 78

| ㅈ |

자티 다 브레쉬아, 바티스타 Battista Zatti da Brescia 124, 141, 152, 153
자페타, 안젤라 Angela Zaffetta 188, 312~314, 316, 318
작슬, 프리츠 Fritz Saxl 69
잔야코포 다 로마 Gianiacopo da Roma 189
장 드 로렌 Jean de Lorraine 338
저널리즘 231~233
정신(廷臣) 71, 79, 80, 94, 160, 233~235, 276 → 코르테쟈노도 보라
제르마넬로, 안젤로 Angelo Germanello 152
젠가, 지롤라모 Girolamo Genga 72
조반니 다 우디네 Giovanni da Udine 72, 74, 79, 80
조반니 델레 반데 네레 Giovanni delle Bande Nere 70, 112~116, 118, 119, 136, 139, 140, 157, 181, 247, 298
조비오, 파올로 Paolo Giovio 27, 118
종교개혁 232, 262, 270, 288
주네, 엘제아 Elzéar Genet 105
주스티니아니, 야코포 Jacopo Giustiniani 305
주안 바티스타 아퀼란 Zuan Battista Aquilan (=Giovanni Battista Branconi) 85
주폴리나 Zufolina 314~316
줄리오 다 밀라노 Giulio da Milano 303
줄리오 로마노 Giulio Romano (=Giulio Pippi) 72, 80, 124~128, 130~136, 141~143, 160, 217
지베르티, 조반 마테오 Giberti, Giovan Matteo 34, 118, 125, 134, 135, 137~140, 143, 149, 151~154, 160, 163, 169, 191, 226, 243, 343
지코토, 프란체스코 Francesco Gicotto 326

| ㅊ |

찹, 토머스 Chubb, Thomas 20
창녀 42, 75, 194, 212, 216, 218~220, 222, 225, 231, 234, 236, 284, 311, 313, 352, 353 → 코르티자나와 푸타나도 보라
체사노, 가브리엘로 Gabriello Cesano 242
체루토, 안토니오 Antonio Cerruto 343
첼리니, 벤베누토 Benvenuto Cellini 164, 165, 304, 305
초키 델 몬테, 발도비노 Baldovino Ciocchi del Monte 342, 343
초키 델 몬테, 안토니오 마리아 Antonio Maria Ciocchi del Monte 152
초키 델 몬테, 야코포 Iacopo Ciocchi del Monte 344
초키 델 몬테, 잠바티스타 Giambattista Ciocchi del Monte 342
초키 델 몬테, 조반니 마리아 Giovanni Maria Ciocchi del Monte → 율리우스 3세를 보라
치칠리아 Cicilia 319

| ㅋ |

카라바초 Michelangelo Merisi da Caravaggio 348
카라촐로, 마리노 Marino Caracciolo 180
카라파, 올리비에로 Oliviero Carafa 97, 98
카라파, 조반니 피에트로 Giovanni Pietro Carafa → 파울루스 4세를 보라
카랄리오, 조반니 야코포 Giovanni Jacopo Caraglio 204, 241
카로, 안니발레 Annibale Caro 353
카로토, 조반니 프란체스코 Giavanni Francesco Caroto 72
카르시도니오, 안토니오 Antonio Carsidonio 263
카르팡트라 Carpentras → 주네, 엘제아를 보라
카를 5세 Karl V 88, 103, 138, 156, 157, 162, 165, 166, 168, 169, 173~175, 184, 190, 235, 239, 247~251, 255~257, 261, 301, 324, 342, 343, 351
카메사스카, 에토레 Ettore Camesasca 67
카밀라 피사나 Camilla Pisana 55

카바니, 마르칸토니오 데 Marcantonio de' Cavani 347
카발리에리, 톰마소 Tommaso Cavalieri 286
카사노바, 자코모 Giacomo Casanova 311
카산드로스 Kassandros 185
카살 포 백작 Contazzo da Casal Po 115
카스텔베트로, 로도비코 Lodovico Castelvetro 98
카스틸리오네, 발다싸레 Baldassare Castiglione 109, 127, 128, 235, 354
카싼드라 Cassandra 319, 320
카이사르 Caesar 161, 168, 190, 248, 251, 254, 260, 272
카타네오, 다네제 Danese Cattaneo 36
카테리나 다라곤 Caterina d'Aragon 223, 224, 291
카테리나 성인(알렉산드리아) St. Caterina di Alexandria 261
카토, 소(小) Marcus Porcius Cato Uticensis 215
카포랄리, 잠바티스타 Giambattista Caporali 52, 54, 55, 59
카쏘날리, 체자레 Cesare Caporali 58
카포랄리, 카를로 Carlo Caporali 58, 59
카푸치, 디오니지 Dionigi Cappucci 322, 327
칼뱅, 장 Jean Calvin 270
코두치, 마우로 Mauro Coducci 176, 177
코르나로, 마르코 Marco Cornaro 106, 107, 278
코르냐, 아스카니오 다 라 Ascanio da la Corgna 49, 344
코르네유, 피에르 Pierre Corneille 241
코르넬리아 델 마르케제 Cornelia del Marchese 316
코르테자노 71, 79, 91, 94, 95, 160, 233, 234, 259 → 정신(廷臣)도 보라
코르테제, 그레고리오 Gregorio Cortese 135
코르토나 추기경 Cardinale di Cortona (=Silvio Passerini) 100, 119
코르티자나 75, 78, 130, 188, 189, 194, 212, 219, 221, 231, 234, 311~314, 316, 318, 319, 353 → 창녀도 보라
코미톨로, 이에로니모 Ieronimo Comitolo 252, 253
콘도티에레/콘도티에리 112, 174, 252, 298 → 용병대장도 보라
콘디비, 아스카니오 Ascanio Condivi 275
콘실리에리, 파올로 Paolo Consiglieri 278
콘타리니, 가스파로 Gasparo Contarini 226

콜랄토 백작 Manfreddo di Collalto 92
콜레, 베르나르도 Bernardo Colle (=Bernardo Giusti) 27
콜럼버스 Christophorus Columbus 29
콜론나, 가스파로 Gasparo Colonna 337
콜론나, 비토리아 Vittoria Colonna 123
콜론나, 아스카니오 Ascanio Colonna 338
콜론나 추기경 Cardinale di Colonna (=Pompeo Colonna) 117
쿠뇨니, 주제페 Giuseppe Cugnoni 69
쿠리오네, 첼리오 세콘도 Celio Secondo Curione 98
쿠쎄, 잠베르나르디노 Giambernardino Cusse 54
쿤지, 조반니 바티스타 Giovanni Battista Cungi 237
크로체, 베네데토 Benedetto Croce 318
크롬웰, 토머스 Thomas Cromwell 263
크세노크라테스 Xenocrates 215
클레멘스 7세 Clemens VII 86~89, 95, 96, 100, 104, 105, 107, 108, 111, 116~118, 124, 125, 132, 134, 136~139, 143, 149, 150, 161, 162, 166, 167, 175, 181, 184, 190~192, 197, 234, 269, 270, 351
클뤼프, 제임스 James Cleugh 20
키아라 Chiara 330
키지, 아고스티노 Agostino Chigi 43, 66~70, 72~80, 90, 94, 95
키지, 파비오 Fabio Chigi → 알렉산데르 7세를 보라
키케로 Marcus Tullius Cicero 212, 214, 215, 229

| ㅌ |

탈바키아, 베테 Bette Talvacchia 132, 141, 153
테르초, 야코모 Iacomo Terzo 344
테발데오, 안토니오 Antonio Tebaldeo 167
테오톨도, 베르나르디노 Bernardino Teotoldo 230
토머스, 윌리엄 William Thomas 260
토스카니니, 월터 Walter Toscanini 143, 144
톨로메이, 클라우디오 Claudio Tolomei 65

툴리아 다라고나 Tullia d'Aragona 317, 318
티치아노 Tiziano Vecellio 31, 42, 109, 151, 177, 178, 180~188, 190, 193, 202~204, 241, 243, 249, 287, 297, 301, 306, 312, 331, 337
티치오, 시지스몬도 Sigismondo Tizio 75
티타 → 본치, 마르게리타를 보라
틴토레토, 야코포 Jacopo Tintoretto (=Jacopo Comin) 177, 178, 203, 204, 318

|ㅍ|

파노르미타 Panormita (=Antonio Beccadelli) 288
파뉘, 로렌초 Lorenzo Pagni 345
파라보스코, 지롤라모 Girolamo Parabosco 259
파르네제, 알레싼드로 Alessandro Farnese 75, 240, 303
파르네제, 오타비오 Ottavio Farnese 257
파르네제, 피에르 루이지 Pier Luigi Farnese 240
파르팔리오니, 레오나르도 Leonardo Parpaglioni 79
파브리티우스 Fabritius 215
파스퀴노 57, 96~99, 155, 156, 197
파스토르, 루드비히 폰 Ludwig von Pastor 71, 78, 134
파올라 Paola 114, 119
파올리나(숙녀) Paolina 319, 320
파올리나(하녀) Paolina 319, 330, 331
파울루스 3세 Paulus III 226, 239, 240, 255, 257, 270, 287, 342
파울루스 4세 Paulus IV 226, 278, 291
파트로클로스 Patroklos 96
파피니, 조반니 Giovanni Papini 275
판돌피니, 피에르필리포 Pierfilippo Pandolfini 338
팔라비치노, 지롤라모 Girolamo Pallavicino 330
팔레올로고, 마르게리타 Margherita Paleologo 135
팔리에로, 로도비코 Lodovico Faliero 258
페데리코 파도바노 Federico Padovano 99

페라구토 디 라차라 Ferraguto di Lazzara 329
페란테, 줄리오 마르케티 Giulio Marchetti Ferrante 78
페루치, 발다싸레 Baldassare Peruzzi 72, 74
페리노 델 바가, 조반프란체스코 Giovanfrancesco Perino del Vaga (=Piero di Giovanni Bonaccorsi) 104
페리니, 게라르도 Gherardo Perini 286
페미니스트 220
페트라르카, 프란체스코 Francesco Petrarca 114, 210, 213, 216, 229, 230, 318
페트레오, 유니오 Iunio Petreo 259
펜니, 잔프란체스코 Gianfrancesco Penni (=Il Fattore) 127, 128
펠레그리노 디 레우티 Pellegrini di Leuti 305
펠루카, 파올로 Paolo Pelucca 36
포디아니, 루카 알베르토 Luca Alberto Podiani 52
포르노그래피/포르노그래픽 143, 194, 209, 211, 354
포코필라 Pocofila 330, 331
폰키노, 조반니 바티스타 Giovanni Battista Ponchino 280
폰타넬라, 지롤라마 Girolama Fontanella 114, 115
폰테, 모데라타 Moderata Fonte 220
폴, 레지날드 Reginald Pole 226
폴리그라피 195
폴리치아노, 아뇰로 Agnolo Poliziano 36
폴리티, 암브로조 카타리노 Ambrogio Catarino Politi 290
푸스트, 요한 Johann Fust 232
푸치, 로렌초 Lorenzo Pucci 86, 87
푸타나 42
풍자 45, 74, 87, 89, 97~99, 111, 161, 209, 216, 234, 235, 238, 252
프란체스카 Francesca 39, 44
프란체스키나 벨라마노 Franceschina Bellamano 188, 189, 316
프랑수아 1세 François I 103, 117, 138, 139, 156, 157, 174, 175, 242, 247, 248, 250~257, 297, 298, 351
프랑코, 니콜로 Nicolò Franco 35, 79, 194, 195, 271, 351
프랑코, 베로니카 Veronica Franco 318

프레고소, 체자레 Cesare Fregoso 140, 143
프로카촐리, 파올로 Paolo Procaccioli 89
프룬트스베르크, 게오르크 Georg Frundsberg 157, 158, 163, 164
프리쉬아네제, 프란체스코 Francesco Priscianese 188
프리아포스 221, 222 → 사티로스도 보라
프리울리, 지롤라모 Priuli, Girolamo 178
플라우투스 Titus Maccius Plautus 237
플라톤 Platon 213~215
플리니우스, 노(老) Gaius Plinius Secundus 212, 213
피렌추올라, 아뇰로 Agnolo Firenzuola 55, 67, 214
피에로 델라 프란체스카 Piero della Francesca 348
피에트로 페루지노 Pietro Perugino (=Pietro Vannucci) 72
피우스 4세 Pius IV 291
피치노, 마르실리오 Marsilio Ficino 70
피타고라스 Pythagoras 215
피티, 미니아토 Miniato Pitti 279
피틸리아노, 니콜로 디 Nicolò di Pitigliano 174
페핀 Pepin 255
필리베르트 Philibert de Châlon 157

| ㅎ |

하드리아누스 6세 Hadrianus VI 39, 103~107, 110, 116, 119, 128, 136, 161
하벨, 에드먼드 Edmund Harvell 261~264
하우저, 아르놀트 Arnold Hauser 217
하이르 알딘 Khayr al-Din al-Ramli 256
한니발 Hannibal 83
허턴, 에드워드 Edward Hutton 20, 249
헤르마프로디테 314
헤타이라 212 → 코르티자나도 보라
헥토르 Hektor 97

헨리 8세 Henry VIII 261~264
헬레네 Helene 97, 285
호메로스 Homeros 214, 215
호비, 필립 Philip Hoby 265
홀라, 바츨라브 Václav Hollar (=Wenzel Hollar) 151, 348
회이징아, 요한 Johan Huizinga 79
훌리아 Julia di Aragón 235
휴머니즘/휴머니스트 45, 71, 98, 188, 195, 211~213, 216, 229, 230, 232, 239, 288, 292